# 新立法学

杨盛达 著

中国政法大学出版社
2025·北京

声　明　1. 版权所有，侵权必究。
　　　　2. 如有缺页、倒装问题，由出版社负责退换。

**图书在版编目（CIP）数据**

新立法学 / 杨盛达著. -- 北京：中国政法大学出版社，2025.5. -- ISBN 978-7-5764-2234-4

Ⅰ. D920.0

中国国家版本馆 CIP 数据核字第 2025NY2803 号

---

| | |
|---|---|
| 出 版 者 | 中国政法大学出版社 |
| 地　　址 | 北京市海淀区西土城路 25 号 |
| 邮寄地址 | 北京 100088 信箱 8034 分箱　邮编 100088 |
| 网　　址 | http://www.cuplpress.com（网络实名：中国政法大学出版社） |
| 电　　话 | 010-58908586（编辑部）58908334（邮购部） |
| 编辑邮箱 | zhengfadch@126.com |
| 承　　印 | 固安华明印业有限公司 |
| 开　　本 | 720mm×960mm　1/16 |
| 印　　张 | 25.25 |
| 字　　数 | 430 千字 |
| 版　　次 | 2025 年 5 月第 1 版 |
| 印　　次 | 2025 年 5 月第 1 次印刷 |
| 定　　价 | 98.00 元 |

# 目 录

引　言 ·········································································································· 001
绪　论　新立法学概述 ················································································ 006
　第一节　法治、立法与高质量发展 ····························································· 006
　第二节　立法学的研究对象和界定 ····························································· 016
　第三节　立法学的实践面向和协作面向 ······················································ 023
　第四节　立法学的理论价值和实践意义 ······················································ 030
　第五节　立法学的研究方法和学习方法 ······················································ 035
　第六节　新立法学的定位、旨归和追求 ······················································ 047

## 第一编　立法原理

第一章　立法行为 ························································································ 055
　第一节　立法行为的成立要件 ···································································· 055
　第二节　立法行为的特征与功能 ································································ 063
　第三节　立法行为的民主性与合约性 ·························································· 069
　第四节　立法行为与一般法律行为 ····························································· 074
　第五节　立法原理和法律关系原理 ····························································· 077

第二章　立法原则与立法目的 ······································································ 103
　第一节　立法的指导思想 ·········································································· 103
　第二节　立法原则 ···················································································· 105

第三节　立法目的、立法宗旨与立法精神 …………………………… 109

第三章　法的形式与立法创新 ……………………………………………… 120
　　第一节　法的形式 …………………………………………………… 120
　　第二节　立法创新 …………………………………………………… 125
　　第三节　立法中的制度创新 ………………………………………… 132

第四章　立法与正义、人的尊严 …………………………………………… 136
　　第一节　立法中的利益选择和平衡 ………………………………… 136
　　第二节　立法与利益群体 …………………………………………… 140
　　第三节　立法与正义 ………………………………………………… 142
　　第四节　立法与人的尊严 …………………………………………… 144

第五章　立法与政策 ………………………………………………………… 149
　　第一节　原则、规则与政策 ………………………………………… 149
　　第二节　政策先行和制度保障 ……………………………………… 151
　　第三节　立法和改革 ………………………………………………… 157

第六章　立法的历史与未来 ………………………………………………… 166
　　第一节　立法的历史 ………………………………………………… 166
　　第二节　立法的思想先贤 …………………………………………… 173
　　第三节　数字立法新时代 …………………………………………… 179
　　第四节　立法新趋势 ………………………………………………… 182

## 第二编　立法制度

第七章　立法体制、立法主体和立法权限 ………………………………… 197
　　第一节　立法体制 …………………………………………………… 197
　　第二节　立法主体与立法权限 ……………………………………… 202
　　第三节　宪法保留、法律保留与行政保留 ………………………… 206

## 目 录

| | | |
|---|---|---|
| 第四节 | 地方立法 | 207 |

### 第八章　立法程序　215

| | | |
|---|---|---|
| 第一节 | 立法程序概述 | 215 |
| 第二节 | 法律的制定程序 | 217 |
| 第三节 | 行政法规的制定程序 | 219 |
| 第四节 | 地方性法规、自治条例和单行条例的制定程序 | 220 |
| 第五节 | 规章的制定程序 | 223 |

### 第九章　立法效力　225

| | | |
|---|---|---|
| 第一节 | 法的效力等级概述 | 225 |
| 第二节 | 我国法的效力等级及其完善 | 227 |
| 第三节 | 法的效力与法的实效 | 232 |
| 第四节 | 规范法、名义法和语义法 | 234 |

### 第十章　立法解释　236

| | | |
|---|---|---|
| 第一节 | 立法解释概述 | 236 |
| 第二节 | 全国人民代表大会常务委员会对法律的立法解释 | 241 |
| 第三节 | 最高人民法院、最高人民检察院的具体法律解释 | 247 |

### 第十一章　立法监督　255

| | | |
|---|---|---|
| 第一节 | 立法监督概述 | 255 |
| 第二节 | 我国的立法监督体制 | 257 |
| 第三节 | 我国立法监督的方式和流程 | 259 |
| 第四节 | 合宪性审查 | 261 |

## 第三编　立法过程

### 第十二章　立法观念和立法方针　267

| | | |
|---|---|---|
| 第一节 | 立法观念 | 267 |

第二节　立法方针 …………………………………………… 274

## 第十三章　立法规划与立法决策 …………………………… 284
　　第一节　立法规划 …………………………………………… 284
　　第二节　立法决策 …………………………………………… 290

## 第十四章　法案起草 ………………………………………… 295
　　第一节　法案起草概述 ……………………………………… 295
　　第二节　法案起草人 ………………………………………… 298
　　第三节　法案起草的过程与步骤 …………………………… 299
　　第四节　法案起草过程中需要注意的细节 ………………… 301

## 第十五章　立法协商与立法听证 …………………………… 303
　　第一节　立法协商概述 ……………………………………… 303
　　第二节　立法协商的必要性 ………………………………… 306
　　第三节　立法协商的方法 …………………………………… 307
　　第四节　立法听证 …………………………………………… 309

## 第十六章　立法评估和立法修正 …………………………… 313
　　第一节　立法前评估 ………………………………………… 313
　　第二节　立法后评估 ………………………………………… 315
　　第三节　立法修正 …………………………………………… 317
　　第四节　立法修改的三种形式 ……………………………… 321

# 第四编　立法技术

## 第十七章　立法体例 ………………………………………… 325
　　第一节　立法成典与立法成法 ……………………………… 325
　　第二节　"小快灵"与"大而全" ………………………… 329
　　第三节　主文、附则、附表 ………………………………… 334

## 第十八章　立法文本的结构 …… 338
### 第一节　立法文本的一般构成 …… 338
### 第二节　法律规则的分类 …… 342
### 第三节　法律规范的结构 …… 346

## 第十九章　制度设计的技术 …… 351
### 第一节　制度设计的要素 …… 351
### 第二节　权力-责任、权利-义务的对应与平衡 …… 367
### 第三节　以权利保障为中心 …… 369
### 第四节　针对性、适用性和可操作性 …… 373
### 第五节　法律责任的设计 …… 376

## 第二十章　立法文本的表述技术 …… 383
### 第一节　编章节条款项目的使用 …… 383
### 第二节　条旨的清晰与周延 …… 385
### 第三节　立法语言的特征和文字修饰环节单列的必要性 …… 387

## 结　语　立法的本土性、现代性与有效性及其实现 …… 390

## 后　记 …… 395

# 引 言

作为一本本科生兼研究生教材，我用了《新立法学》的题名，旨在追求一种创新和独立的学术定位，其实这里面既有实质立法学原理的浓重色彩，也有立法法理学的突出特征。这些定位都是在把立法学作为一门独立学科之后获得的。在某种意义上，立法学不是法理学的分支，也不是宪法学的分支，而是法学与政治学之间的交叉学科。[1]基于这些特殊性，立法学是一门独立的法学学科。本教材把立法学的研究对象定位为立法行为及其合法性和规律性研究，[2]在研究命题上也作了较多的更新。

回顾起来，2018 年春季，应单位负责人要求，我开始给本科生讲授立法学。自那时起，我几乎把国内主要的立法学教材都买来作参考，同时买了很多立法学专著来提升个人的立法学学术水平。当代的立法学教材各有独到之处，为后来者的教材编撰奠定了基础；最近的新教材也各有千秋，都试图有所创新，因而在追求创新上值得学习。同时也给我留下两点印象：①我国的立法学教材越来越多，但总体上还局限于对立法法的释义；②未能与法治之法的立法目标有机结合起来，未能与我国的发展需求密切结合起来。这多多少少意味着，我国大多数立法学教材格局不够大、定位不够高。同时，有些不接地气，不务立法实际。

鉴于上述认识，在授课时，我有一个基本定位：不断追索社会发展的立法需求，并同学生探讨如何通过法律起草助推法治和社会改革。这种立法社

---

[1] 参见［爱尔兰］谢恩·马丁、［德］托马斯·萨尔费尔德、［美］卡雷·W. 斯特罗姆编：《牛津立法研究手册》，周尚君等译，当代中国出版社 2024 年版；［美］杰克·戴维斯：《立法法与程序》（影印本·第 2 版），法律出版社 2005 年版。

[2] 对立法行为作出重点阐述的专著，有郭道晖总主编：《当代中国立法》（上），中国民主法制出版社 1998 年版，第 5~16 页。

会学的视角,激起了学生的学习热情。在 2024 年秋季撰写这部教材的同时,我开始给法律硕士生上立法实务专题课。我延续这一定位,结合中国式现代化和高质量发展的需求,参考全国人大、国务院和地方年度立法计划,探讨合适的立法主题,带着强烈的本土立法意识,鼓励研究生立足本国法治与发展需求,思考具体立法课题的必要性、可行性和起草方案。这种将立法学理结合立法实践的教学研习方式,应该说,是适合立法学这样一门实践性应用法学学科的。

另一方面,近 25 年来,我获得许多宝贵的参与立法实践和立法研究的经验。①作为 2000 年山东省委宣传部《山东省文化生活类报纸管理规定》的主要起草人,获得了省委宣传部的工作嘉奖。②从 2015 年起,我作为聊城市人民代表大会常务委员会立法咨询专家,参与了 20 部地方性法规的立法论证,提出了大量批评性意见和建设性意见,渐渐地,聊城市人大常委会工作机构习惯于喊我去参加论证。③2019 年秋天,我独立起草了建议制订《黄河保护法》[1]的提案并附上了完整的《黄河保护法》建议草案。④2016 年以来我主持论证了《聊城市水环境保护条例》等 4 部地方性法规。⑤2018 年上半年我参与了原国家质检总局《质量促进法(专家建议稿)》的起草,起草了 1/3 的法条和 3 万多字的论证说明。⑥2023 年上半年,我主持了《山东省土地管理条例(专家建议稿)》的起草工作,获得了主事官员的高度认可。⑦2023 年 8 月我获批主持山东省社科联人文社科项目《农业强国战略下山东乡村振兴地方立法制度设计研究》。⑧我忝列山东省人民政府立法审查委员会委员,参加了山东省委、山东省人民政府重要文件《关于进一步完善落实产权保护制度依法保护产权的实施意见》(鲁发〔2017〕18 号)的实施效果评估,相应评估报告获得了省委主要领导的批示。⑨作为山东省人大常委会两个立法基地[2]的成员,多次应邀为省地方性法规草案提出修改意见,多次为聊城市人大系统授课。⑩作为研究者,我发表了多篇立法学论文,这些论文探讨了我国立法实践的理论命题和现实命题,有 3 篇获得省级专业研究会或地方政府的奖励。总的来说,这些方面的实践丰富了我的立法实践经验,提高了我

---

〔1〕 为表述方便,本书涉及我国法律法规,直接使用简称,省略"中华人民共和国"字样,全书统一,后不赘述。

〔2〕 一个设于山东社会科学院法学所(济南),一个设于聊城大学法学院(聊城)。

的立法学理论水平。

所有这些阅历并不足以支撑我撰写一本有质量的《新立法学》。也许不止歇地思考，会帮助我一二。如何在国内渐多的立法学教材之外增加一本《新立法学》，有学术价值，更有实用价值，客观地讲，难度很大。鉴于我的阅读与思考范围经常超出法学之外，尽管我没有大哲学家康德为自然立法的才能，但是，我会尽量运用我所学所思成就一本稍微不一样的《新立法学》。我相信一点，即使教材，也要追求个性。这是任何精神产品获得自身生命的不二法门。

当代哲学家徐龙飞谈到其专著《立法之路：本体形上法哲学与国家政治思想研究》，这样说，"而这本《立法之路》则尝试探讨善、探讨存在之善，也就是说，尝试探讨作为人的尊严、自由、良心、正义等基本权利的存在之善、本质之善，这些不仅是哲学的、价值哲学的，而且更是法哲学、法伦理学、法政治学以及政治思想的建构性概念，是这些领域的基础理论的奠基性概念，在本体论与形而上学的意义上直接关涉对于人的存在属性的理解，直接关涉对于法律秩序、政治秩序的理解"。[1]

从法哲学上讲，立法是为了从事实到价值实现，以规范构建法律秩序乃至政治秩序，即构建一个政治共同体的生存方式、组织方式和正当秩序；立法乃为确认和保障人的尊严、自由、安全、良心、正义这些基本权利与基本利益，这是毋庸置疑的。当然，立法又是具体的，是为了实现具体体制下的具体正义、具体自由、具体安全、具体尊严和具体良心。所以立法又是繁琐的，因为在具体体制下具体语境中要衡量具体相对方的权利与义务、权力与责任、权力与权利等关系。如我国的《治安管理处罚法》需要平衡好尊重公民权与行政处罚权这两个方面。[2]

---

[1] 徐龙飞：《立法之路：本体形上法哲学与国家政治思想研究》（上册），商务印书馆2020年版，第1页。

[2] 2024年，《治安管理处罚法》修订草案提请第十四届全国人大常委会第十次会议二审。这是《治安管理处罚法》实施11年后迎来的首次"大修"。修订草案于2023年8月28日提请第十四届全国人大常委会第五次会议初审，并于会议闭幕当天9月1日在中国人大网全文公布并向社会公众征求意见。9月30日征求意见截止，共有99 375人提出125 962条意见，创下近三年法律修改参与人数之最。修订草案二审稿对各方面关注的"有损中华民族精神""伤害中华民族感情"等表述作出修改；增加公民为免受正在进行的不法侵害有权采取制止行为的规定；完善涉未成年人相关规定；健全有关处罚程序，进一步规范执法、尊重人权。

中国近代不世出的启蒙思想家梁启超论及国会之职权时这样说,"学者旧称国会为立法机关。立法事业,固非国会所得专。国会职权,亦非仅限于立法。虽然,立法为国会最重大职权之一,实无可疑也。国会之立法权,可大别为二:一曰参与改正宪法,二曰参与普通立法。"[1]所以本书所讲立法,以普通立法的调整范围为主,同时旁涉宪法。

总体来说,近代以来立法逐渐成长为国家最重要的职能。尽管各种制度仍有不完善之处,但是总体上正在不断完善之中。立法在我国这样一个巨型大国,南北差异、东西差异、沿海与内陆差异、沿海与沿边、农村与城市、大城市与小城镇、少数民族聚居区与普通行政区、行政特区与普通行政区的差异巨大,立法体制需要在坚持其共通性原则的同时,照顾体谅其特殊性差异和特殊性需求,才能真正服务于当地居民权益和高质量发展。这里就会涉及中央立法与地方立法、统一立法与自治立法的分工问题。这是本教材要处理的众多问题之一,也是中国立法体制逐渐向一体多元变化的源起。

下面我就本教材的体例做些说明。

绪论即立法学概述,主要从①法治、立法与高质量发展,②立法学的研究对象和界定,③立法学的实践面向和协作面向,④立法学的理论价值和实践意义,⑤立法学的研究方法和学习方法,⑥新立法学的定位、旨归和追求六个方面,阐述①立法的重要地位、价值与功能,②立法学作为学科的整体概述,③新立法学的追求三个方面,以此完成新立法学的绪论。

正文采取原理、制度、过程、技术四编体制。国内的立法学教材逐渐在寻求自己的体例特色,周旺生、杨临宏教授等的教材分为立法原理、制度和技术三编,朱力宇、叶传星教授合撰的教材分为立法基本原理与制度、立法过程和程序、立法技术三部分,赵谦教授分为立法理论、立法制度、立法过程三部分[2]。徐向华主编教材[3]新版分为十二章,不分编。本教材分为立法原理、制度、过程、技术四部分。[4]其中的创新就是将"立法过程"单列,并与"立法技术"并列。一次立法行为必然是由进入立法机关正式立

---

[1] 梁启超:《梁启超法学文集》,范忠信选编,中国政法大学出版社2004年版,第286页。
[2] 参见赵谦主编:《立法学》,西南大学出版社2021年版。
[3] 徐向华主编:《立法学教程》(第3版),北京大学出版社2024年版。
[4] 四编体例与冯玉军主编的《立法学》类似,但是逐编对比,每编包含的章节差异很大。请参见冯玉军主编:《立法学》,高等教育出版社2024年版。

程序的立法步骤与未进入正式立法程序的立法步骤组成，前者纳入立法程序作为立法制度的一部分，后者我称之为立法过程。其实，美国的立法专著就将其称为"立法过程"[1]。这些立法过程包括立法的前期准备、立法中的非正式步骤和立法后的完善步骤等。[2]

立法原理包括立法行为、立法原则与立法目的、法的形式与立法创新、立法与正义、立法与政策、立法的历史和未来等命题。这里主要的创新是立法行为、立法创新、立法与正义三部分。立法的载体是立法行为，立法的目标是立法创新，立法的价值在于立法正义。

立法制度包括：①立法体制、立法主体和立法权限、②立法程序、③立法效力、④立法解释、⑤立法监督。这一部分的创新是宪法保留、法律保留与行政保留；法的效力与法的实效；立法成典与立法成法；规范法、名义法和语义法；合宪性审查。这些内容，多数在其他立法学教材上尚未出现，因而有所创新。

立法过程包括：①立法观念和立法方针、②立法规划与立法决策、③法案起草、④立法协商、⑤立法评估和立法修正。这一部分的创新是立法观念和立法方针、法案起草人及其关系、公民的立法参与、立法听证。立法过程更注重立法的社会选择过程。将立法放在实际的制度选择过程中，进行界定与规范性描述。

立法技术包括：①立法体例、②立法文本的结构、③制度设计的技术、④立法文本的表述技术。这一部分的创新是立法体例、立法文本的结构、制度设计的技术、条旨的清晰与周延。前三章的内容多有创新。

结语从立法的本土性、现代性与有效性的复合性质，强调了立法的借鉴与变通，继承与创新，本土与客土，传统及现代，有效、实效与正当的关系，以回应整个《新立法学》试图阐扬法治之法与有效之法的主旨。

---

[1] [美]威廉·J.基夫、[美]莫里斯·S.奥古尔：《美国立法过程——从国会到州议会》（第10版），王保民、姚志奋译，法律出版社2019年版。

[2] 参见刘平：《立法原理、程序与技术》，学林出版社、上海人民出版社2017年版，第228~280页。

## 绪 论

# 新立法学概述

## 第一节 法治、立法与高质量发展

立法学之始,我们需要高举法治的旗帜,将立法作为追求法治的最基础环节,将①高质量立法,②为高质量执法、高质量司法提供规范基础,③保障高质量发展作为目的。我们看到,法治不仅是发达国家的一个特征,也是发达国家的一个条件。法治是最好的营商环境,而营商环境,像空气一样重要[1];没有好的营商环境,这个国家的投资、工程构建、科技研发、科技创新转化都不可能走到各国前列。"法治是中国式现代化的重要保障。必须全面贯彻实施宪法,维护宪法权威,协同推进立法、执法、司法、守法各环节改革,健全法律面前人人平等保障机制,弘扬社会主义法治精神,维护社会公平正义,全面推进国家各方面工作法治化。"[2]可以说,立法是法治之始、法治之基。按照亚当·斯密的说法:"立法权经过了一段长时期才被采用,因为制定法律、订立规则,不但约束我们自己,而且约束我们的后代,以及从来没有对所制定的法律表示同意的人,这是政府所发挥的最高威力。"[3]从这个视角看,立法对一个正在进行法治建设的国家来说极为重要。

---

[1] 罗培新:《世界银行营商环境评估:方法·规则·案例》,译林出版社2020年版,第1页。

[2] 中共中央《关于进一步全面深化改革 推进中国式现代化的决定》(2024年7月18日中国共产党第二十届中央委员会第三次全体会议通过)。

[3] [英] 坎南编著:《亚当·斯密关于法律、警察、岁入及军备的演讲》,陈福生、陈振骅译,商务印书馆1962年版,第43页。

**一、法治与立法**

法治是指以保障人的尊严、自由、安全、正义、良心为价值目标的法律之治。其与历史上维护某种垄断秩序的强力统治构成对立。而立法是通过立法权力的授予、行使，构建各种法律关系、建立各种法律制度形成特定法律体系的国家主权活动。

这里的立法首先是宪法的制定。我国宪法总体上是一部良好的社会主义宪法。只是截至目前，这部宪法的刚性实施还在探索之中。

截至 2024 年 12 月 25 日第十四届全国人大常委会第十三次会议闭幕，我国现行有效法律共 306 部，按法律部门分类[1]：第一类，宪法（1 件）；第二类，宪法相关法（52 件）；第三类，民法商法（25 件）；第四类，行政法（98 件）；第五类，经济法（87 件）；第六类，社会法（28 件）；第七类，刑法（4 件），第八类，诉讼与非诉讼程序法（11 件）。这些法律都是由全国人大及其常委会制定的。近四年我国平均每年制定 8 部法律，并修订、修正了一批法律。法律体系需要逐渐健全与完善，操之过急显然不符合立法的规律。这些法律中，经济法、行政法增长较快，这是由于我国市场经济发展、法治政府建设步伐较快，并且这两类法律尚未实现法典化，亟须制定相关单行法决定的。

下面这个资料，反映了我国法治面临的首要任务。

中共中央军委机关报《解放军报》2024 年 6 月 26 日发文说，只要存在腐败问题产生的土壤和条件，腐败现象就不可能根除，反腐败斗争也就不会停歇。要坚持零容忍的态度不变、猛药去疴的决心不减、刮骨疗毒的勇气不泄、严厉惩处的尺度不松，不获全胜，决不收兵。

文章说，腐败是危害党的生命力和战斗力的最大毒瘤，反腐败是最彻底的自我革命。新时代政治建军方略，明确军中绝不能有腐败分子藏身之地。中国军队是中共领导下的人民军队，绝对没有自己的特殊利益，更没有搞特殊化的权力。军队是拿枪杆子的，腐败问题绝不能在党内存身。

---

[1] 立法实务上的法律部门分类，与学理上的法律部门分类有一定差距，比如行政法与经济法之间的交错，《防洪法》《个人信息保护法》被划入经济法类，这样的交错，还涉及很多立法。

文章指出，冰冻三尺非一日之寒，腐败滋生的土壤和条件不是一朝一夕形成的，而是长期积累叠加的结果，要彻底铲除这些土壤和条件，也不可能一蹴而就，更不可能一劳永逸。中国国家主席习近平在二十届中央纪委三次全会上指出，新征程反腐败斗争，必须在铲除腐败问题产生的土壤和条件上持续发力、纵深推进。总的要求是，坚持一体推进不敢腐、不能腐、不想腐，深化标本兼治、系统施治，不断拓展反腐败斗争深度广度，对症下药、精准施治、多措并举，让反复发作的老问题逐渐减少，让新出现的问题难以蔓延，推动防范和治理腐败问题常态化、长效化。

文章说，反腐败斗争已经进入深水区，绝对不能回头、不能松懈、不能慈悲，必须永远吹冲锋号。要坚持零容忍的态度不变、猛药去疴的决心不减、刮骨疗毒的勇气不泄、严厉惩处的尺度不松，发现一起查处一起，发现多少查处多少，持之以恒、久久为功，不获全胜、决不收兵。要把不敢腐、不能腐、不想腐有效贯通起来，三者同时发力、同向发力、综合发力，把不敢腐的震慑力、不能腐的约束力、不想腐的感召力结合起来，推动取得更多制度性成果和更大治理效能。要贯通压实党委主体责任、纪委监督责任、行业部门廉政主管责任，拧紧责任螺丝，用好问责利器，用严的态度、实的作风、硬的惩戒，拓展反腐败斗争深度广度。

文章最后说，腐败的本质是权力滥用，许多腐败问题都与权力配置不科学、行使不规范、监督不到位有关。铲除腐败滋生的土壤和条件，要紧紧围绕权力监管做文章，完善权力配置和运行制约机制，用良好的规则保证权力科学配置、正确行使、有效监督，杜绝各种暗箱操作，最大限度减少权力寻租的空间。要丰富惩治新型腐败和隐性腐败工具箱，建立腐败预警惩治联动机制，加大对新型腐败和隐性腐败的甄别和查处力度。要加强对主要领导干部特别是高级干部履职用权全方位监管，把制度的笼子扎得更紧更牢，以"关键少数"示范带动"绝大多数"，营造风清气正的良好政治生态。[1]

无论是营商环境论，还是腐败土壤和条件论，其本质还是法治不健全，约束权力不牢靠，保障公民权利不彻底。这一点需要加强法治之法的制定与

---

〔1〕参见本报评论员：《铲除腐败滋生的土壤和条件——六论认真学习贯彻习主席在中央军委政治工作会议上的重要讲话》，载《解放军报》2024年6月26日。

实施，建立预防性法治制度体系，因为仅靠事后监督和惩罚是远远不够的。举例而言，2021年查明的呼和浩特经济技术开发区党工委原书记李建平违纪违法行为，涉案金额30亿余元，被称为"内蒙古反腐败斗争史上迄今第一大案"。政治生态方面，涉嫌违规进人862人，"劣币驱逐良币"现象在经济开发区大行其道，其本人虽被查处，但"遗毒"仍在；营商环境方面，公平竞争荡然无存，李建平看准的项目一路绿灯，没看准的项目即使明显有收益也不许上马。这些违纪、违法、犯罪行为造成的损害很难恢复或者挽回。[1]通过宪法、行政法、经济法、诉讼法等公法，建立法治所要求的权力结构，"完善权力配置和运行制约机制，用良好的规则保证权力科学配置、正确行使、有效监督，杜绝各种暗箱操作，最大限度减少权力寻租的空间"。[2]

腐败是武断决策的最常见成因。在任何地方，腐败侵蚀善治。在任何地方，腐败威胁发展。在许多国家，腐败使之倾覆。考虑到事实上或者理论上赋予政府官员太多自由裁量权的法律具有极为消极的影响。有学者以立法理论为向导，分析腐败行为的典型原因。几乎在任何地方，意志薄弱的官员们都以公众利益为代价利用机会提升他们的个人利益。在一些国家，这种趋势居然产生了一种强大而可怕的腐败文化。不过，起草者能够通过防御性地起草法律，限制官员们腐败的机会和能力，尤其是减少他们的自由裁量权，确保公开、可问责和尽最大可能参与决策的过程，降低腐败的危险性。[3]

## 二、法治之法与高质量发展

法治之法是指从根本上符合保障人的尊严、自由、安全、正义、良心这类价值目标的法律法规。与之相对立的就是非法治之法。客观地讲，如果以严格审查标准来审查，真正的法治之法并不多。不过，站在法律现实主义和文明发展阶段论上，我们采取中度审查标准，多数现有立法可以归属于法治之法。这种法治之法是以保障权利、秩序、安全和公平为旨归。

---

〔1〕 李灵娜:《一把手亦官亦商 权力运行缺乏监督——清除经开区发展的绊脚石》，载《中国纪检监察报》2021年2月27日。

〔2〕 参见本报评论员:《铲除腐败滋生的土壤和条件——六论认真学习贯彻习主席在中央军委政治工作会议上的重要讲话》，载《解放军报》2024年6月26日。

〔3〕 参见 [美] 安·赛德曼、[美] 罗伯特·鲍勃·赛德曼、[斯里兰卡] 那林·阿比斯卡:《立法学:理论与实践》，刘国福等译，中国经济出版社2008年版，第458页。

高质量发展是能够很好满足人民日益增长的美好生活需要的发展，是体现新发展理念的发展，是创新成为第一动力、协调成为内生特点、绿色成为普遍形态、开放成为必由之路、共享成为根本目的的发展。高质量发展是一个综合性的概念，它不仅仅关注经济增长的速度，更关注经济增长的质量和效益。高质量发展是以新时代的高标准新发展理念为动力和原则的发展，是对高污染、高耗能、高排放制造业发展方式的否定，是制造业的绿色低碳转型。高质量发展是新质生产力催生的先进生产力质态，为高附加值产品输出提供技术和产业基础。高质量发展的不仅是高质量制造业，还包括高质量服务业，特别是其中的金融业。高质量发展是对高科技、智能化、人本经济、社会公平、生态保护、人类命运共同体等的反映。这一发展模式强调以下几个方面：①满足人民美好生活需要：高质量发展旨在满足人民日益增长的美好生活需要，这包括保障和改善民生、提高生活质量、促进社会公平正义等方面。②体现新发展理念：高质量发展体现了创新、协调、绿色、开放、共享的新发展理念。在人工智能时代，在清洁新能源可能改变世界能源格局的时代，在超级算力提供无限可能的时代，协调包括人类与机器人的协调，开放就是一种良性互动共享的开放。③构建新发展格局：高质量发展要求构建以国内大循环为主体、国内国际双循环相互促进的新发展格局，标志是国内统一大市场的建立，国内国际市场的适度开放和流通，主动对接国际高标准经贸规则。这是根据我国发展阶段、环境、条件变化提出来的，是重塑我国国际合作和竞争新优势的战略选择。

高质量发展是一种理想发展状态的描述，问题是如何实现高质量发展？

一个国家与社会的高质量发展必须以法治之法为保障。一个国家与社会的高质量发展必然以制度为根基，近些年我国政府从上到下抓法治化营商环境、抓企业内部治理结构，优化民营经济发展环境，[1]正是强调制度的根基。企业内部治理结构的宪治化是其显例之一。[2]在某种意义上，一个国家注重从制度建设入手，从细致的制度建设中寻找发展的依托，借鉴世界先进制度优化自身的政治、经济、法律、教育、科技、金融、分配等制度，就会逐步

---

〔1〕《民营经济促进法》（2025年4月30日由第十四届全国人民代表大会常务委员会第十五次会议通过）。

〔2〕参见梅慎实：《现代公司机关权力构造论》（修订本），中国政法大学出版社2000年版。[澳] 斯蒂芬·波特姆利：《公司宪治论——重新审视公司治理》，李建伟译，法律出版社2019年版。

走向高质量发展。

适应生产力发展的制度体系→法治化营商环境→技术突破/要素优化/转型升级→高质量发展

**图 1　我国高质量发展的路径**

第一，一个国家与社会的高质量发展，首先要保障个体的自由创新、创造、创业。个体是高质量发展的基本主体，个体的创新是高质量发展的主要动力。党的二十届三中全会审议通过《关于进一步全面深化改革　推进中国式现代化的决定》，就人才激励机制作了部署："强化人才激励机制，坚持向用人主体授权、为人才松绑。建立以创新能力、质量、实效、贡献为导向的人才评价体系。打通高校、科研院所和企业人才交流通道。完善海外引进人才支持保障机制，形成具有国际竞争力的人才制度体系。探索建立高技术人才移民制度。"执政党的决定本质上是一种决策，这些决策既可以转变为政策，更重要的是制定为政策法，才能变为有执行力的人才制度体系。

第二，要促进和平和对外交往、对外贸易。和平与开放的国内外环境是高质量发展的基础条件。党的二十届三中全会就完善高水平对外开放体制机制作出专门部署，涉及扩大制度型开放、外贸体制改革、外商投资和对外投资管理、优化区域开放布局、完善推进高质量共建"一带一路"机制等。全会明确提出"开放是中国式现代化的鲜明标识"，充分说明了开放在中国式现代化建设中的地位和作用。[1]同时，和平是对外开放的基础，72 年前，"互相尊重主权和领土完整、互不侵犯、互不干涉内政、平等互利、和平共处"五项原则在亚洲诞生。72 年来，和平共处五项原则不仅指引着中国对外关系的发展，更被世界各国普遍接受和认可，成为国际关系基本准则和国际法基本原则。[2]和平共处五项原则一直是新中国的外交原则，同时也完全符合联合国宪章，是我国坚持不结盟的指导思想，也是我国作为世界大国坚持劝和促谈推动政治解决国际争端的指导思想。

---

〔1〕　甘藏春：《构建与更高水平开放型经济新体制相适应的法治体系》，载《民主与法制》2024 年第 28 期。

〔2〕　参见陶方伟、郑世波、查文晔：《和平共处五项原则——跨越时空的国际关系指南》，载 https://www.gov.cn/yaowen/liebiao/202406/content_6960069.htm，2024 年 12 月 14 日访问。

第三，要持续地保障相互冲突的利益之调整。[1]这是高质量发展的保障条件。法治通过构建一套公正、明确且普遍适用的法律规范体系，为相互冲突的利益调整提供了持续保障。它确保在解决利益冲突时，所有相关方都能在平等的法律地位上寻求救济，避免了任意性和偏见。法治原则要求法律公开透明，为公众所知悉并遵守，从而减少因信息不对称而导致的利益失衡。此外，独立的司法体系作为中立的第三方，依据法律进行裁决，有效平衡各方利益，维护社会公正。同时，法治还鼓励通过法律途径解决争议，减少暴力冲突，促进社会稳定与和谐。随着社会的发展和变化，法律体系也会适时修订完善，以适应新的利益格局，持续有效地调整相互冲突的利益。

第四，要保障自由开放、自由结合的政治-经济-法律-文化环境[2]。这是高质量发展的环境条件。法治在保障自由开放、自由结合的政治-经济-法律-文化环境，以促进高质量发展方面发挥着关键作用。首先，法治通过明确界定和保护公民的基本权利和自由，如言论自由、经济自由等，为政治经济活动的自由开展提供了坚实基础。其次，法治通过制定和执行公平、透明的法律规则，维护市场秩序，保障公平竞争，促进经济的高质量发展。同时，法治还强调法律的普遍适用性和稳定性，为文化创新和社会进步提供了可预测的法律环境。此外，法治还通过司法中立和公正审判，确保政治经济法律文化领域的争议得到公正解决，进一步促进了社会的和谐稳定。

第五，要保障与先进国家的自由交流。这是高质量发展的外在条件。法治在保障与先进国家的自由交流中发挥着重要作用。首先，法治确保了交流环境的稳定与可预期，通过制定和执行涉外法律法规，为国际交往提供了坚实的法律基础。其次，法治促进了贸易、投资等经济活动的自由化、便利化，降低了交流合作的成本和风险。同时，法治还保障了知识产权、人工智能等关键领域的权益，鼓励了技术创新和文化交流。此外，法治包括国际法治，通过加强国际合作，推动建立公正合理的国际秩序，为与先进国家的自由交流提供了更广阔的空间和更坚实的保障。"法律确保着陌生人之间的信任，是法律铺设着商品与资本的管道，是法律决定着是非曲直的尺度，是法律转换

---

[1] [美] E. 博登海默：《法理学：法律哲学与法律方法》，邓正来译，中国政法大学出版社2004年版，第406~419页。

[2] "政治-经济-法律-文化环境"这样的表达，意在表示这是一个整体的融贯的互相制约的"生态环境"。

着战争与和平的按钮。在法律之中，暗藏着将战争变为和平，将支配化为解放的另一条道路。"[1]

第六，要保障弱势群体的生存尊严。这是高质量发展的人本条件。法治在保障弱势群体的生存尊严方面，发挥着至关重要的作用，这是实现高质量发展不可或缺的人本条件。首先，法治通过制定和完善相关法律法规，如《老年人权益保障法》《妇女权益保障法》《未成年人保护法》《残疾人保障法》等，明确规定了弱势群体的基本权益，确保他们在法律上得到平等对待。建议制定《危难救济法》，为突发的、极端的个人生活生存提供最基本的救济。其次，通过法律援助、救助站、救助基金、行政救助等方式及时保障弱势群体的急、难、愁、盼、困，这就需要基层政府以服务民众和社会经济就业发展为宗旨成立服务中心。除去政府服务，法治还推动社会各界关注和支持弱势群体的生存和发展，促进资源的合理分配和社会公平正义。再次，法治通过司法实践，为弱势群体提供有效的法律救济途径，维护他们的合法权益，防止其受到歧视和侵害。通过这些措施，法治为弱势群体筑起了一道坚实的保护屏障，保障了他们的生存尊严，为高质量发展奠定了坚实的人本基础。

"2024夏季达沃斯新浪财经之夜·正和岛夜话"于2024年6月25日在大连举办。北京大学光华管理学院院长、金融学系教授刘俏出席并演讲。他以农业和金融行业为例指出，现在农业占用了25%左右的就业人口，四个就业人口里有一个从事农业的，但是只贡献了7.4%的GDP。金融行业贡献了8.2%的GDP，从业人员只有800万人，相当于1%的就业人口。刘俏同时提出疑问，金融行业对GDP的贡献虽然很大，但是我们的金融发达吗？他认为中国金融服务的质量还不够高，"现在整个金融领域给中国居民提供的财产性的收入不到GDP的4%，这个数字在美国是16%"。刘俏说，如果金融服务提高效率，把全要素生产率提升的话，我们的需求端、消费层次将是完全不一样的场景。[2]

---

〔1〕鲁楠主编：《清华法治论衡（第30辑）：迈向世界社会的国际法》，商务印书馆2024年版，编后记。

〔2〕刘俏：《农业就业人口占25%，但只贡献了7.4%的GDP》，载https://finance.sina.com.cn/hy/hyjz/2024-06-25/doc-inazyeae1400082.shtml，2024年6月27日访问。

从这个事例中的数据可以看出，我国的高质量发展还有巨大空间。若追究原因，关于"三农"的制度设计和立法质量还有重大改善空间，金融服务的制度设计和立法质量还有巨大提升空间，换句话说，农业法治、土地法治、金融法治等还有待改善。

其中农业法治、土地法治背后的城乡关系，需要进一步调整，方向是农民与市民的自由流动，农村与城市的人员、商品、资本和营业服务的自由流动，建立城乡土地统一市场，取消户口限制，真正走向城乡融合发展，打破一切身份障碍，市民可以自由流向农业农村，农民可以自由流向城市就业，这种流动只取决于市场和合同。这种制度条件，才是一体化高质量发展所亟需。同时须大大提高农村社区的公共服务和基础设施水平，保障农村社区的安全。

农业法治、土地法治、行政权利[1]平等是城乡融合高质量发展的关键。农业法治要以切实保障农业和农民的根本权益为本。农业与农民的权益主要有：①土地的权益。通过建立城乡统一的土地市场，保护农用地的出让价格，或者说土地发展权[2]，即土地发展权归农民集体和农民所有，这样就会防止农用地被廉价征收，从而保护基本农田。②通过国土空间规划，政府统一规制土地的用途，防止农村集体经济组织为获取土地出让的高价格，而大量出让土地。③农民集体在保有土地的前提下，根据地理位置和商圈方位，通过村镇规划，规划出更多的集体经营性建设用地，用于农业的工业化与商业化开发、农村资源的服务业开发。当立法能够保障上述三点时，农业农村的高质量发展就有了制度的保障。

借鉴先进国家经验，通过金融法治提高金融服务质量，促进高质量发展，需要从以下几个方面着手：首先，应学习先进国家在金融立法方面的成功经验，加快金融领域重点与新兴需求的立法进程。通过制定和完善相关法律法规，如《金融稳定法》《反洗钱法》等，为金融活动提供坚实的法律基础，确

---

[1] 参见何海波：《行政权利论》，载《中国法学》2024年第3期。何教授在文中提议，用"行政权利"作为公民、法人和其他组织在行政法上的权利的简称。并主张未来的通用行政法典宜专辟一章，列举重要的行政权利；列举的行政权利从类型上应当覆盖人身权、财产权、参与权、行政受益权、程序保障权、获得救济权等。

[2] 土地发展权指土地所有者及其他产权人因土地转换用途获得的收益与其他补偿。这种权利的制度背景往往与土地用途管制有密切关系。

保各类金融活动有法可依。包括修改完善《公司法》《商业银行法》《证券法》《保险法》《证券投资基金法》《信托法》等，制定《普惠金融法》《小企业融资法》《民间借贷法》《非存款类放贷机构法》《股权、债权保护法》《金融机构破产清算法》等，同时要适应数字经济、金融科技的发展，对影子金融、网络金融、数字金融、数字货币、金融信息披露与保护等制定法律规范。[1]并且，建立定期修法制度，确保金融法律体系能够与时俱进，适应金融发展比较迅速、不确定性加剧的实践需要。

其次，促进金融平等，在中国社会语境下，金融平等是一个多维度的概念，它涵盖了金融活动中各个主体在权利、机会和资源分配上的平等性。①金融权利平等，基本金融权利保障。确保每个社会成员都能享有基本的金融服务权利，如存取款、支付结算、贷款融资、货币兑换等，不因身份、地位、财富等因素而受到歧视或限制。通过建立健全的金融法律法规体系，为金融权利平等提供法律保障。这包括打击金融欺诈、非法集资、违法放贷等行为，保护消费者的合法权益。②金融机会均等，市场准入平等。确保各类金融机构和金融市场主体在公平竞争的环境下运营，不受政策、行政等因素的过度干扰。同时，鼓励金融创新，丰富金融市场层次和产品，为不同需求的客户提供多样化的金融服务。③金融资源配置优化、公平分配。在金融资源的配置上，应遵循公平、公正、合理的原则，确保资源能够流向最需要的地方和人群。"引导金融机构加大对科技创新、绿色转型、普惠小微、数字经济等方面的支持力度。"[2]特别是对于小微企业、农村地区、低收入群体等弱势群体，应给予更多的金融支持和倾斜。④金融服务效率提升。在保障公平的前提下，通过优化金融资源配置，提高金融服务的效率和覆盖面。利用数字科技手段提升金融服务水平，降低服务成本，使更多人能够享受到便捷、高效的金融服务。

最后，加大金融执法力度，提高违法违规成本。借鉴先进国家金融监管的先进做法，建立健全金融执法体制机制，严厉打击各类违法违规金融活动，维护金融市场秩序。通过加强执法人员的培训考核和监督管理，提高执法人员的专业化、职业化水平，确保金融执法公正、高效和廉洁。

---

[1] 王兆星：《金融法治是维护金融安全之基》，载《中国金融》2020年第C1期。
[2] 李连发：《以市场化法治化助推金融高质量发展》，载《人民论坛》2024年第7期。

## 第二节　立法学的研究对象和界定

### 一、立法学的研究对象

立法学的研究对象是立法行为、立法原理、立法制度、立法过程、立法技术。

立法行为是指立法机关和立法机关成员为了法律法规的及时颁布，依据立法权限和立法程序作出的公法行为。这种立法行为已成为立法学研究的基本对象。我国传统立法学教材并没有从立法行为视角界定研究对象。立法行为是公法行为的一种，与之并列的还有行政行为、司法行为、监察行为、军事行为等。而公法行为是法律行为之一种，与私法行为并列。立法行为的主要特征可以概括为以下几点：①特定主体性：立法由具有法定权限的特定国家机关或经授权的其他组织进行，体现了立法活动的权威性和专属性。②职权性：立法是依据国家宪法和法律赋予的职权进行的，任何立法行为都需在此职权范围内进行。③程序性：立法必须依照法定的程序进行，包括立法议案的提出、起草、讨论、审议、表决、公布等，确保立法过程的公正性和合法性。④专业性和技术性：立法活动涉及复杂的法律问题和专业知识，需要立法者具备高度的法学思维、相关专业素养和立法技术能力。⑤立法成果的普遍约束力：立法是制定、认可、修改、废止、解释或编纂法律规范的活动，其结果是产生具有普遍约束力的法律规范。这一点与其他法律行为显著不同。

立法原理是指进行立法行为有必要遵守的基本原则和法理依据。部门立法需要部门立法的理论基础，这可以从《德国民法典》[1]《法国民法典》[2]《荷兰民法典》[3]我国《民法典》的立法史[4]中得到证明。立法与立法学需要一般性的基础理论，这种基础理论就是立法所直接依据的原则和法理。正如周旺生教授的界定：它是关于立法的带有普遍性和基本规律性的事物的理论

---

[1] 参见［德］罗尔夫·克尼佩尔：《法律与历史——论〈德国民法典〉的形成与变迁》，朱岩译，法律出版社2003年版。

[2]《法国民法典》，罗结珍译，北京大学出版社2023年版。

[3]《荷兰民法典》，高圣平、夏沁译，法律出版社2024年版。

[4] 参见孙宪忠：《权利体系与科学规范：民法典立法笔记》，社会科学文献出版社2018年版。

表现，同时又是立法学体系的重要组成部分。[1]立法原理在世界上的一种典范阐述是边沁对民法与刑法立法原理的阐述。[2]世界范围内，关于立法原理的论述十分丰富，英、法、美、德、奥、意、荷等国家思想史上都有众多的思想家作出贡献。"为了判断最有益于社会的法律，应当知道自然界赋予了人以什么幸福，它在什么条件下准许人享受幸福。立法者的责任，在于促进我们结成社会的那些社会品质的实现。"[3]"凡从事立法的人都必须具备两个条件。第一，必须具有两种关于利益的知识，为了有利于前一种利益，必须决定一种法律价值；并且为了决定这种价值，必须牺牲后一种价值，一种利益的法律价值特别在同它冲突的其他利益的社会力量的限制内表现出来。在能够决定这种限制以前，必须研究两种利益的内容，并考虑每种利益的需要。第二，评估利益的正义意识应当安置在公平的地位，这在立法上被认为是必要的。凡参与立法的人，都不应该因制定一种法规所产生的自由的限制而产生个人利益或损失。解决利益冲突的正义意识，必须力求保持纯洁，并且必须避免能够限制它的全部效力的任何事物。这两个条件中，后者最为人所顾虑；因此我们在政治学说内看到无数尝试，希望实现我们可以称为没有利害关系的立法者。至于另外一个条件，就是立法者应该晓得适当的社会利益，这多少为人所忽视了。"[4]利益衡平靠立法者的正义价值观，利益冲突靠正义机制解决，被忽视的社会利益需要立法者的特别关注。

立法制度是指立法主体按照立法程序实施立法行为和保障立法行为的体制、机制、规则和标准。立法制度多数规定在宪法、立法法及相关法律法规中。立法制度是立法学研究中的重心之一。立法制度是一个包容性范畴，包括规范立法行为的各种制度、程序和标准，有成文的立法制度，也有不成文的立法制度。立法主体既要遵循立法原则和立法目的，瞄准立法功能目标，以完成法治之法的制定为考量标准；又得照顾到政治原则和政治现实，完全脱离政治原则和政治现实的纯粹立法制度，是不存在的。"议会委员会的权力，一般随着议会同政治行政领导部门之间的权力对比而变化。在一个具有强有力的和稳定的内阁制的议会政府中，委员会通常是无力的，实际上是内阁决定了议

---

[1] 周旺生主编：《立法学》，法律出版社1998年版，第33页。
[2] 参见［英］边沁：《道德与立法原理导论》，时殷弘译，商务印书馆2000年版。
[3] ［法］马布利：《马布利选集》，何清新译，商务印书馆1960年版，第5页。
[4] ［荷］克拉勃：《近代国家观念》，王检译，商务印书馆1936年版，第96页。

案是否要批准成为法律,议会往往只是采纳议案,不作重大修改。在法规制订权由分别选出的行政领导部门和立法议会分享的国家中,委员会组织就很有可能使其成员获得相对的稳定性,并拥有某个领域中的专门知识,而对政策产生相当大的影响。总而言之,在立法机构中,存在着委员会日益专业化的趋势,这同专业化的官僚机构的出现是相对应的。这些委员会力图监督,并在某种程度上控制这些专业化的官僚机构的活动,参与有关这些领域的立法工作。"[1]关于议会委员会的立法功能的当代比较研究基本印证了上述观点。[2]

立法过程是指法律制度的选择和优化过程。要使立法真正能够适应现实发展需求,必须找到立法背后的社会力量。从过程的视角,去认识一部法律的产生过程,其实就是从立法前的立法观念、立法方针、立法规划、立法预测、立法计划、立法游说,到立法中的立法起草、立法调研、立法协商,再到立法后的立法评估、立法修正,这样一个路径。在这个过程中,选择论证有效且公平正当的制度,并在初次立法后,通过评估、修正,达成新一轮的制度确认或改善。制度选择是立法过程中要解决的主要问题。"制度是一个社会的博弈规则,或者更规范地说,它们是一些人为设计的、形塑人们互动关系的约束。从而,制度构造了人们在政治、社会或者经济领域里交换的激励机制。制度变迁决定了人类历史中的社会演化方式,因而是理解历史变迁的关键。"[3]这里的制度是广义的制度,但同样适合论述法律制度。制度选择体现于众多著名的立法中,如我国《民法典》的离婚冷静期制度、《美国国家环境政策法》的环境影响评价制度等。如后文所述,法律制度是人类以内部结构设计、正当程序界定、有效讨论沟通为要素,以合意性效能产出为目标的,以法律关系、法律责任等作为保障,可持续运行的组织形式和规则体系。法律制度是人为选择或认可的,立法过程彰显法律制度的选择过程、商谈过程及优化过程。

立法过程的独立成编与哈贝马斯的商谈理论、交往理性理论构成证立关系。哈贝马斯认为现代主体性危机源于过度强调个人理性,导致社会关系和

---

[1] [美]加布里埃尔·A.阿尔蒙德、小G.宾厄姆·鲍威尔:《比较政治学——体系、过程和政策》,曹沛霖等译,上海译文出版社1987年版,第313页。

[2] [爱尔兰]谢恩·马丁、[德]托马斯·萨尔费尔德、[美]卡雷·W.斯特罗姆编:《牛津立法研究手册》,周尚君等译,当代中国出版社2024年版,第406~420页。

[3] [美]道格拉斯·C.诺思:《制度、制度变迁与经济绩效》,杭行译,格致出版社、上海三联书店、上海人民出版社2008年版,第3页。

价值观的分裂,阻碍了真正的沟通与理解。哈贝马斯认为,解决现代性危机的关键在于转向"交往理性",而非继续纠缠于以主体为中心的理性模式。他将现代性哲学史描述为在"十字路口"上的一次次错误选择,而他本人则选择了一条不同的道路——通过建立交往理性的范式来克服以主体为中心的理性,为现代性提供一个新的、规范性的基础。"交往理性"强调在平等、公开、理性的沟通中达成共识。其认为,真正的理性并非个体理性简单地叠加,而是在交往过程中,通过批判性讨论和相互理解,形成的集体理性。通过这种方式,我们可以解决社会冲突,建立更公正的制度,并最终实现启蒙运动所追求的理想社会。哈贝马斯的交往理性,简单来说,就是人与人之间平等对话、理性沟通,最终达成共识的过程。其不像传统理性那样只关注个体逻辑,而是强调通过开放的讨论和辩论,在相互尊重和理解的基础上,建立共同的理解。这种沟通以语言为核心,参与者地位平等,没有强迫,最终目标是达成共识,而不是一方的胜利。重要的是,这种理性并非空中楼阁,而是扎根于我们的日常生活,与我们的生活世界息息相关。[1]近代以来形成的独白式立法观包括三种形态,其共同之处是,它们都受主体哲学范式的影响,把孤立自足的主体作为立法活动的准绳,并基于这一基本假设建立立法理论。但是,它们分别存在着目标与理论策略矛盾、主体意志之间相冲突、无法确保公共利益的实现、在传统社会中无法兑现理论承诺,以及无法解决立法合法性的来源等问题。独白式立法观存在的这些问题来源于背后的主体哲学范式。哈贝马斯在批判主体哲学基础上创立的商谈理论,为解决独白式立法观存在的问题提供了新的哲学资源,以此为基础,确立了主体间性立法观,实现了立法观从"我立法"到"我们立法"的范式转变。然而,主体间性立法观依然面临着两大挑战。在人工智能发展突飞猛进的今天,法哲学家在应对这些挑战和考虑如何处理人类主体、赛博格[2]与人工智能体之间的关系时,必须拓展或超越20世纪的主体间性的立法观。[3]这些立法哲学上的前沿性研

---

[1] KeyTalk:《哈贝马斯:主体间的交往理性——人类所进行的大部分交往是扭曲性的"伪交往"》,载学术公众号"关键对话",2024年11月20日访问。

[2] 赛博格(英文:Cyborg),又称电子人、机械化人、改造人、生化人,即是机械化有机体,是以无机物所构成的机器,作为有机体(包括人与其他动物在内)身体的一部分,但思考动作均由有机体控制。通常这样做的目的是借助人工科技来增加或强化生物体的能力。英文"Cyborg"是"cybernetic organism"的结合,实际上表示了任何混合了有机体与电子机器的生物。

[3] 参见高诗宇:《独白式立法观的困境及其超越》,载《哲学分析》2024年第6期。

究成果值得重视。

立法技术是指立法所使用的体例、逻辑、语言和制度设计技术。从立法本身的存在形式上，立法技术是立法的存在形式，是立法学研究的重心之一。罗成典认为："立法技术乃依照一定之体例，遵循一定之格式，运用妥帖之词语（法律语言），以显现立法原则，并使立法原则或国家政策转换为具体法律条文之过程。"本教材的一个创新点是将制度设计的技术、立法体例与规模等纳入介绍。前者是立法的核心技术，就像高科技产业的核心技术；后者是立法者要考虑的重要问题之一：要制定法典，还是单行法，制定体系化的"大块头"法律法规，还是"小快灵"的立法等。本部分还包括立法文本的结构、文本的一般逻辑构成、法条的逻辑构成，而其依据就是法律规则的分类和法律规则的结构等法理学知识。

**二、立法学的界定**

立法行为是宪法制定主体或者国家立法机关通过立法权力的授予、行使，构建各种法律关系、建立各种法律制度、形成特定法律体系的国家主权活动。立法学是研究立法行为及其合法性和规律性的法学学科。

立法学知识体系可以在立法哲学、立法法理学、立法学原理、立法实务、部门立法学等层面有所界分。

立法哲学层次主要解决立法的哲学依据、本体论形式、认识论基础和方法论前提这些问题。立法哲学是探讨立法活动的哲学基础、价值追求及其实践逻辑的学科。它结合哲学思辨与法学实践，深入剖析立法的本质、目的与原则。在经典著作中，如洛克的《政府论》，立法被视为保障人们和平安全地享受财产的重要工具，体现了立法哲学中对社会秩序与正义的深刻关怀。黑格尔则从"自由意志"出发，认为法是精神的体现，立法则是自由意志的制度化表达，进一步揭示了立法哲学中自由与秩序的内在联系。立法哲学不仅关注立法的技术层面，如程序正义与规则制定，更强调立法的价值导向与伦理基础。它引导立法者在复杂的社会现实中，通过哲学的智慧与技术的规则，实现内外部条件的协调统一，构建既对立又统一的社会法律关系，从而推动社会公正与和谐的发展。柏拉图的《法律篇》、康德的《法的形而上学原理——权利的科学》、边沁的《道德与立法原理导论》、凯尔森的《法与国家的一般理论》、富勒的《法律的道德性》、哈特的《法律的概念》等，这是人类历史上的立法哲学名著。在《法的形而上学原理——权利的科学》中，康德深入探讨了法律的本质与立法活动的正当性，为立法法理学提供了坚实的哲学基础。他强调法律应基于普遍理性与自由意志，立法活动则需遵循这些原则，确保法律的公正与合理。而上文阐述的哈贝马斯的商谈伦理学为立法过程中立法商谈对话协商提供了方法论基础。哈贝马斯区分了两种类型的社会互动：符合交往理性规范的"真正交往"和不符合这些规范的"扭曲的交往"（或伪交往）。表面上看，两者都是人际互动，但本质上却迥然不同。关键在于是否实现了哈贝马斯所说的"和解"（Verständigungsverhältnissen）。真正的交往基于相互理解、尊重、平等和理性，参与者自由表达并寻求共识。相反，扭曲的交往则充斥着权力、操纵和欺骗，缺乏平等，其目的并非理解，而是控制、压迫或欺骗。哈贝马斯将人们之间有效实现沟通过程所必须遵守的基本要求表述如下：①说出某种可理解的东西；②提供（给听者）某种东西去理解；③由此使他自己成为可理解的；④达到与另一个人的默契。有人将哈贝马斯的四个有效性要求简化为三个：①真实性（Truth）：说话者对事实的陈述必须真实。这对应于哈贝马斯的"真实性/有效性"，关注沟通内容的事实准确性。②真诚性（Sincerity）：说话者的沟通意图必须真诚。这与哈贝马斯的"真实性/真诚性"相符，关注说话者对其信念和意图的诚实表达。③正确性（Rightness）：说话者的表达从规范角度看必须正确。这结合了哈贝马斯的"可理解性"和"正确性/适当性"，涵盖了表达的清晰度以及言语行为在社会语境中的适当性。它确保沟通符合相关的社会规范和规则。[1]

立法法理学主要对立法的性质、价值观、基本原则和立法的普遍理论问题进行探究，如法治与立法的关系、立法与自由的关系、立法与传统的关系、立法的社会目的等。[2] 立法法理学是研究立法过程中法理基础、法律原则及其实践应用的学科。在具体立法过程中，立法法理学发挥着重要的指导作用，促进法律制度的完善与发展。立法法理学是一门"从法律理论的角度研究立法问题"的学问，也是一种研究立法问题的新路径，主要探讨立法与理性、

---

〔1〕 Key Talk：《哈贝马斯：主体间的交往理性——人类所进行的大部分交往是扭曲性的"伪交往"》，载学术公众号"关键对话"，2024年11月20日访问。

〔2〕 参见朱振：《立法的法理学：一种社会理论的进路》，上海三联书店2021年版。

法律的数量与质量、法律的可预见性与灵活性、立法中政治与法律之间的关系、立法的边界与限度等学理性问题，以及如何制定区域性协作法等新型法律，如何利用信息技术完善立法，如何评估立法等实践性问题。立法法理学通过法理分析，指导立法实践，确保法律既符合形式逻辑，又蕴含价值追求，从而有效平衡社会各方利益，维护社会秩序与正义。

立法学原理主要解决立法行为的实践原则和法理问题。立法学原理关注立法的核心规律和指导思想，即立法的目的、价值、功能等，旨在揭示立法活动的本质和规律。它探讨立法的原则，这些原则贯穿于立法活动的始终，指导着立法实践。例如，人民意愿反映原则要求立法活动必须充分反映人民的意愿，保障人民权益；科学立法原则则强调立法活动必须遵循科学规律，确保法律的科学性和合理性。在制度方面，立法学原理关注立法体制、立法权限、立法程序等制度性安排。立法体制是指国家关于立法权限、立法权运行和立法权载体诸方面的体系和制度所构成的有机整体。立法权限则是指特定的国家机关依法享有的制定、认可、修改、废止、解释、清理等规范性法律文件的权力，是国家权力的重要组成部分。立法程序则是立法主体在制定、认可、修改、废止、解释、清理法律的活动中所必须遵循的程式、步骤和方法。此外，立法学原理还研究立法技术，即立法活动中所运用的各种方法和技巧。这包括法律规范的表达技术、法律体系的构建技术等，旨在提高立法活动的效率和法律的质量。这些研究内容对于指导立法实践、推动法治建设具有重要意义。

立法实务主要解决立法行为的操作规程、程序和方法问题，主要按照立法法规定，描述立法前准备和法案的提出、法案的审议程序、表决和公布、法律解释、立法权限和立法层级、地方政府规章的制定程序、适用与备案审查、立法技术规范等。[1]立法实务的重要性不言而喻。它是将法律理念转化为具体法律规则的关键环节，直接关系法律体系的完善与社会公平正义。立法实务通过严谨的立法程序，确保法律的科学性、民主性和可操作性，为政府依法行政、司法机关公正裁判、公民合法权益保障提供了坚实的法律基础。同时，立法实务也是回应社会变迁、解决现实问题的有效途径，能够及时调整法律规范，适应社会发展的需要。因此，加强立法实务工作，对于推进法

---

［1］ 参见张春生主编：《立法实务操作问答》，中国法制出版社2016年版，第76~82页。

治建设、维护社会稳定、促进经济发展具有重要意义。

部门立法学主要以特定部门法的立法理论、立法过程和立法技术上的针对性和特殊性问题为研究对象。[1]部门立法学的理论意义在于它深化了对特定法律领域内在规律的认识，为构建和完善该领域的法律体系提供了理论支撑。通过深入研究部门法的历史沿革、基本原则、制度框架及其实施机制，部门立法学促进了法学理论的精细化发展，丰富了法学的学科体系。其实践意义则体现在指导具体立法活动、推动法律实施与监督、解决法律争议等方面。部门立法学的研究成果为立法机关制定、修改和废止法律提供了科学依据，有助于提升立法的针对性和有效性。同时，它也为执法、司法、用法和守法活动提供了明确的法律指引，促进了法律秩序的维护和社会公平正义的实现。[2]此外，部门立法学还关注法律实施中的实际问题，为法律监督和改进提供了有力支持。[3]

## 第三节　立法学的实践面向和协作面向

### 一、立法行为、立法学的实践面向

世界本没有立法学，立法学是立法实践的学理产物。刘邦进关中，向百姓约法三章，成就汉朝文明。而明朝的非法执法、特务钓鱼执法横行造成了清朝入主中原的"历史三峡"。[4]还有，摩西在西奈山上接受上帝的石板律法，成就犹太文明。从罗马法到罗马法的复兴到《法国民法典》及《法国六法》[5]，再到《德国民法典》及《德国六法》[6]，成就了大陆法系。从英国《大宪章》和普通法、衡平法、律师制度、陪审制、辩诉对抗制[7]到美国的联邦宪法、判例法、辩诉交易与近现代立法，成就了英美法系。

---

〔1〕　因为在立法制度上，往往部门法之间没有什么不同，所以笔者未将其纳入这个定义中。
〔2〕　最新的实例，参见张明楷：《兜底规定的类型与适用》，载《清华法学》2025年第1期。
〔3〕　刘昶军：《立法工作应在理论和实践的结合上注重解决重大理论与实际问题》，载 https://www.ynrd.gov.cn/html/2007/gongzuoyanjiu_0612/2642.html，2024年8月14日访问。
〔4〕　参见王毅：《法律制度与历史三峡》，法律出版社2012年版，第54~79页。
〔5〕　李秀清、陈颐主编：《法国六法》，商务印书馆编译所编译，上海人民出版社2013年版。
〔6〕　李秀清、陈颐主编：《法国六法》，商务印书馆编译所编译，上海人民出版社2013年版。
〔7〕　王涛、徐沈康：《英美对抗式刑事审判起源考略》，载《人民法院报》2024年9月6日。

立法是指向实践需求的。立法面向国家实践、社会实践、经济发展、科技教育文化卫生、居民生活实践中的现实问题。比如1969年《美国国家环境政策法》就是为适应20世纪60年代末因工业生产破坏环境造成保护环境的迫切需要而制定的。[1]比如我国2025年《民营经济促进法》是为贯彻落实党的二十大、中央经济工作会议精神、党的二十届三中全会精神，坚持和完善社会主义基本经济制度，依法保护民营企业产权和企业家权益，进一步优化民营企业发展环境。要总结实践经验，巩固改革成果，回应企业关切，补齐短板弱项，切实从法律制度上把对国企、民企平等对待的要求用有效措施落实下来，发挥法治固根本、稳预期、利长远的保障作用。正是为适应我国民营经济亟须被平等保护的需求，我国从2024年初开始制定《民营经济促进法》。而2021年我国《乡村振兴促进法》是为适应城乡二元结构及我国乡村发展逐渐受到城市发展挤压而日渐受阻的实际而制定的。乡村振兴的实质是对乡村特有功能的振兴。[2]这个观点因为切合实际而倍加珍贵。

立法学研究的立法行为是一种重要的国家政治法律实践。这种国家实践首先在宪法中普遍规定的立法机构与立法制度中得以国家化，其次在相关宪法性法律中获得进一步规范化，有的国家专门制定了《立法法》，有的国家在其议会的组织法和议事规则中规定了提案、起草、审议、表决、公布、修正等立法制度。

立法学是面向立法实践的，应具有现实性、历史性和前瞻性。立法学有理论、有学理，这些理论和学理是面向实践的，这种实践包括现实实践、历史实践和未来实践。立法学既要讨论现实性的立法命题，也要讨论历史性的立法命题，还要讨论前瞻性的立法命题。《民法典草案的基本结构》这一民法立法学论文，在讨论中国民法典起草的理论问题时，回顾了大量国外民法典制定的历史。[3]前瞻性是立法学特别关注的一个立法品性，社会结构、人类生活与人的价值观正在发生超乎寻常的巨变，在这种形势下，局限于既有的价值选择和社会形势的立法决策和立法项目，稍稍向前推演几步，距离政治、

---

[1] [美]R.卡逊：《寂静的春天》，吕瑞兰译，科学出版社1979年版。

[2] 杜鹰：《乡村振兴的实质是对乡村特有功能的振兴》，载"新三农"学术公众号2025年1月14日。

[3] 徐国栋：《民法典草案的基本结构——以民法的调整对象理论为中心》，载《法学研究》2000年第1期。

经济、社会、文化科技等的实质性整体需求，就可能差之毫厘谬以千里。所以局限于成说，是没法生成有前瞻性的立法的。只有将价值关怀熔铸于具体的有效的、包容的制度设计中，立法的前瞻性才有保障。

人类发展正在发生巨大的变迁，技术导向、数智导向、绿色导向等正在实实在在地剧烈改变人类生活，各种研发由于人工智能的助力大幅度地提速，技术的更新换代正在以空前的速度、规模迭代呈现，同时各种实践问题，如国家竞争、通货膨胀、通货紧缩、网络犯罪、人口萎缩、心理健康、病毒袭击、基础设施老化、传统生活方式溃败等，也需要立法加以解决，比如作为所谓"拜登经济学"一部分的《基础设施投资和就业法案》《通胀削减法案》都是针对美国的现实问题与难题的。甚至主体的增生已然是一个立法哲学的命题，除去人类主体，赛博格人、人工智能体即将成为地球生存共同体中的另两类主体。[1]

全球各国最新立法领域广泛且多元，重点集中在以下几个方面：①人工智能监管：继欧盟和韩国出台首创性系统法律之后，多国先后出台或计划出台相关法律法规，以规范人工智能的开发、应用与监管，确保技术发展与社会伦理、法律框架相协调。②环境保护与可持续发展：各国立法加强环境保护，推动绿色低碳发展，应对气候变化等全球性挑战。近几年随着右翼政党的上台，在多个国家有反复。③数据安全与隐私保护：随着数字化时代的到来，数据保护与隐私保护立法成为全球趋势，旨在保护个人信息权益。各国纷纷出台网络安全法，规定企业与政府在收集和处理个人数据时必须遵循的原则，明确网络服务提供者在安全事件中的责任，并建立网络安全事件的应急响应机制。④贸易与投资：多国修订或制定贸易政策与法规，以促进贸易自由化、便利化，同时加强对外资的保护与管理。全球范围内，贸易与投资法正面临新趋势，主要体现在以下几个方面：首先，数字经济的崛起促使各国重新审视贸易规则，推动数字贸易协议的制定，如《区域全面经济伙伴关系协定》（RCEP）。其次，保护主义抬头，各国加强对外资的审查，尤其是在关键技术和基础设施领域，以维护国家安全为名，行利益垄断之实。再次，环境、社会和治理（ESG）标准日益受到重视，推动可持续投资法律的出台。最后，多边贸易体系面临挑战，区域贸易协定成为重要补充，促进区域经济一体化。

---

〔1〕 参见高诗宇：《独白式立法观的困境及其超越》，载《哲学分析》2024年第6期。

整体来看，贸易与投资法正朝向更加灵活、可持续和安全的方向发展。⑤数字经济立法：指各国为适应数字经济快速发展而制定的法律法规，旨在规范数字市场、保护消费者权益、促进创新与竞争。随着互联网技术的进步，数字经济在全球范围内迅速崛起，涵盖产业数字化、数字产业化、数据价值化、数字化治理、数字新兴领域等五大领域。⑥民生与消费者权益：立法关注民生福祉，保护消费者权益，提升公众生活质量。这些立法动向反映了全球各国在应对新时代挑战、推动社会进步方面的共同努力。⑦人口生产促进和移民问题。多数发达国家和部分发展中国家的人口正在下降，即使没有下降的国家，多数国家的人口自然增长率也在下降，人口在下降的国家，有的国家依靠移民补充，但是移民也会带来一些社会问题，所以《人口生产促进法》和《移民法》正在成为各国的立法热点。

《欧盟人工智能法案》于2024年8月1日正式生效。该法案是全球首部全面监管人工智能的法规，标志着欧盟在规范人工智能应用方面迈出重要一步。欧盟内部市场委员蒂埃里·布雷东评价该法案为"一个有效、适度且全球首创的人工智能框架"[1]，"《欧盟人工智能法案》不仅是一本规则手册，也将成为欧盟初创企业和研究人员引领全球人工智能竞赛的助推器"。[2]该法案规定，聊天机器人等人工智能系统必须明确告知用户他们在与机器互动，人工智能技术提供商必须确保合成的音频、视频、文本和图像内容能够被检测为人工智能生成的内容。此外，该法案规定，禁止使用被认为对用户基本权利构成明显威胁的人工智能系统。对有违规行为的企业，欧盟最高将对其处以全球年营业额7%的罚款。欧盟成员国需在2025年8月2日之前指定各自国家市场监督和法案适用的主管部门。欧盟委员会人工智能办公室将是该法案在欧盟层面实施的关键机构。据悉，《欧盟人工智能法案》相关规则将分阶段实施，某些规则将在该法律通过6个月后或12个月后生效，而大部分规则将于2026年8月2日开始生效。欧盟委员会于2021年4月提出《人工智能法案》提案的谈判授权草案。2023年12月，欧洲议会、欧盟成员国和欧盟委员会三方就《欧盟人工智能法案》达成协议。《欧盟人工智能法案》分为总

---

[1] 赖镇桃：《全球首部AI法案正式生效，会产生哪些影响？》，载http://www.stcn.com/article/detail/1281583.html，2025年1月12日访问。

[2] 焦授松：《人工智能治理：欧美新合作还是新博弈》，载《光明日报》2023年12月22日。

则（第一章）、禁止的人工智能实践（第二章）、高风险人工智能系统（第三章）、特定人工智能系统的提供者和部署者的透明度义务（第四章）、通用人工智能模型（第五章）、支持创新的措施（第六章）、治理（第七章）、欧盟高风险人工智能数据库（第八章）、上市后监测、信息共享和市场监督（第九章）、行为守则和指南（第十章）、授权和委员会程序（第十一章）、罚则（第十二章）、最终条款（第十三章）。

美国人工智能治理总体宽松温和，以促进发展为主，兜底风险为辅，立法相对滞后。然而，近年来在生成式预训练人工智能及相关技术引发越来越多关注和担忧后，美国政府逐步加强监管。2023年1月，美国商务部国家标准与技术研究院发布《人工智能风险管理框架》，旨在对人工智能系统全生命周期实行有效的风险管理。2023年10月，美国发布总统行政令《关于安全、可靠、可信地开发和使用人工智能行政令》，明确了美国政府治理人工智能的政策法律框架。2024年5月，美国参议院人工智能工作组发布《推动美国在AI领域的创新：参议院AI政策路线图》。2024年7月11日，美国国会通过《内容来源保护和防止编辑及深度伪造媒体完整性法案》（COPIED法案），旨在解决人工智能生成内容的"深度伪造"泛滥问题，保护知识产权人的利益。我国采取了更加包容审慎的治理方式，且采取了"小切口"的立法策略，深入特定应用领域提出监管要求。2023年8月，《生成式人工智能服务管理暂行办法》开始施行，中国成为世界上首个为生成式大模型立法的国家。英国率先成立英国人工智能安全研究所，旨在促进全球对先进人工智能的了解。英国议会于2023年11月发布《人工智能监管法（草案）》，英国科学、创新和技术部于2024年2月向英国议会提交《人工智能监管的创新方法：政府的回应》。[1]

在数字经济立法方面，在欧洲，《通用数据保护条例》（GDPR）是数字经济立法的重要里程碑，强调个人数据保护和隐私权，影响深远。欧盟还推出了《数字市场法案》（DMA）和《数字服务法案》（DSA），旨在确保公平竞争和平台责任。美国则采取相对灵活的立法方式，主要通过《反垄断法》

---

[1] 参见《全球AI监管风暴，各国立法一览！》，载 https://www.sohu.com/a/796229009_121124708，2024年11月22日访问；张薇薇：《美国的人工智能算法治理：理念、举措及影响》，载《当代美国评论》2024年第3期。

和行业自律来调控数字经济。近期，针对大型科技公司的反垄断调查和立法提案逐渐增多，反映出对市场垄断行为的关注。在中国，数字经济立法趋热，如《网络安全法》和《数据安全法》强调网络安全和数据治理。此外，《个人信息保护法》也为个人隐私提供了法律保障。数字经济立法在全球范围内呈现出多样化趋势，各国根据自身经济发展阶段和社会需求，制定相应的法律框架，以促进数字经济的健康发展。总体上，数字经济的广阔领域亟待立法指导。

在以习近平同志为核心的党中央领导下，中国立法工作坚持以习近平新时代中国特色社会主义思想为指导，全面贯彻落实党的十八大、十九大、二十大和二十届二中、三中全会精神，深入贯彻习近平法治思想。立法工作强调坚持党的领导、人民当家作主、依法治国有机统一，统筹推进国内法治和涉外法治，注重立改废释纂并举，进一步丰富立法形式，加快填补立法薄弱点和空白区，为以中国式现代化全面推进强国建设、民族复兴伟业提供坚实法治保障。重点立法领域包括：①推动高质量发展：围绕高质量发展目标，中国计划提请全国人大常委会审议多项法律草案，如《生态环境法典（草案）》《招标投标法（修正草案）》等，并制定了《公平竞争审查条例》等法规，包括国务院待制定的完善市场准入的法规[1]，以优化营商环境，激发市场活力，促进新质生产力。②加强政府自身建设：通过《统计法（修正草案）》等，加强政府统计工作的规范性和透明度，提升政府治理效能。③实施科教兴国、文化强国战略：在科教和文化领域，审议通过《科学技术普及法（修订草案）》，正在制定《全民阅读促进条例》等，以提升全民科学素质和文化素养。④增进民生福祉：围绕民生问题，计划审议《突发公共卫生事件应对法（草案）》，制定《消费者权益保护法实施条例》等，以保障人民生命安全和身体健康，维护消费者权益。⑤推动绿色发展：为应对环境挑战，计划审议《国家公园法（草案）》，制定生态保护补偿条例等，以促进生态文明建设。⑥健全国家安全法治体系：在国家安全领域，计划审议《危险化学品安全法（草案）》等，制定《网络数据安全管理条例》等，以维护国家安全和稳定。⑦加强涉外法治建设：为应对国际形势变化，计划审议

---

[1] 参见《公平竞争审查条例》（2024年6月6日），中共中央办公厅、国务院办公厅《关于完善市场准入制度的意见》（2024年8月1日）。

《仲裁法（修订草案）》等，制定《两用物项出口管制条例》等，以加强涉外法治建设，维护国家利益和国际形象。[1]

## 二、立法行为、立法学的协作面向

何为协作面向？协作是指立法是一个各方协商、妥协、平衡乃至由博弈到合作的过程。其需要立法部门、行政部门、司法部门、社会实践部门、法学研究部门乃至社会大众的广泛参与和相互协商。

为什么要协作？因为①法律是调整普遍性权益关系的规范性文件，关涉众多社会主体的切身权益，关涉社会公共治理，具有广泛的效力。社会利益之间的冲突是具有一定自然性的，没有一个协作的立法过程，实际上没法达成利益的平衡，因为相关利益者没有参与到立法过程中，没有参与到利益衡量的实际过程中，没有参与到制度选择、标准制定过程中。②具有连带关系的人们之间通过协作，建立可接受的规范，搭建起共同生活的制度框架。通过协作制定的法律法规，各方协作者都是认同的，颁布生效之后，更可能得到各方协作者的尊重和执行。这是立法取信于社会的最佳途径。③协作者从不同立场、不同职业、不同视角加入协作，一方面加大了立法的难度，另一方面提高了制度选择、规则厘定、标准达成的针对性和可接受度，保证了立法是民主和民众利益的反映，提高了立法的科学性和人本性，提高了立法的质量。④协作面向保证了立法的公约性质，提高了立法的可执行性。这里的公约是指大家根据自身的利益都能够认可的公约。"逐渐地，人们接受了一种公约，即每个人都应当和平地分享他们由于辛勤和幸运而获得的一切。这个公约具有'公共利益的普遍意识'的性质。它产生的过程类似于语言产生的过程，或类似于金、银演变成物质交换的一般等价物的过程。法律，就像语言和货币一样，是一种不断发展的社会制度，其根源不在于人类的本性，而在于社会公约。"[2]

---

[1] 参见《全国人大常委会2024年度立法工作计划》（2023年12月18日第十四届全国人民代表大会常务委员会第16次委员长会议原则通过 2024年4月16日第十四届全国人民代表大会常务委员会第23次委员长会议修改）；国务院办公厅《关于印发〈国务院2024年度立法工作计划〉的通知》（国办发〔2024〕23号）。

[2] [英]彼得·斯坦、约翰·香德：《西方社会的法律价值》，王献平译，中国人民公安大学出版社1990年版，第19页。

怎样协作？①在立法程序、立法过程中的协作。对于两院制立法体制来说，不同议院之间、不同政党之间、不同党团之间、不同地区之间立法协作与竞争往往是立法博弈的常态。②在相互沟通交流中协作。协作以沟通交流为前提，我国立法程序中需要多部门之间、不同辖区之间、实务部门与研究部门之间、立法者与执法者包括司法者之间、立法者与执政党之间、公权力机关与社会公众之间、立法者与少数群体之间等的沟通交流。③在不同部门法学之间协作。部门法学之间并没有不可超越的藩篱和壁垒，某个部门法的归属，并不影响其借鉴其他部门法学的原则和精神。我国《民法典》就引入了较多规制性原则和条款，使民法增添了些许公法色调。④不同区域之间的立法协作。这种协作是建立区域统一市场的需求，同时还是治理同一乱象和建构统一善治秩序的需求。[1]⑤在不同文化理念传统之间协作。英美法与大陆法是两种法律文化传统，个体主义与集体主义是两种政治哲学传统，在很多立法上，都需要相互借鉴。⑥在理性与传统之间协作。立法是理性追求善治的必选项，同时，任何社会都需要传统的传承，这样，理性就需要与传统协作，以防止理性至上不落地，实现不了善治，反而摧毁了社会赖以存续的传统。⑦在推动者与质疑者之间的协作。对人工智能的潜力等等重大课题，不乏质疑者，质疑者不可怕，可怕的是推动者放弃与质疑者的协作，导致重大课题的延迟，进而可能在国际竞争中失去先机。[2]

## 第四节 立法学的理论价值和实践意义

### 一、立法学的理论价值

（一）宪法学的理论延伸

立法是国家最重要的权能，是现当代国家所致力建设法治国家的主要步骤。所有国家的宪法首先规定立法机构和立法制度。

---

[1] 参见王春业：《论优化营商环境的区域协同立法及其实施制度创新》，载《政治与法律》2024年第12期。

[2] 参见 Eric Harrington：《诺奖 & 图灵奖双料得主 Geoffery Hinton："AI 质疑者一错再错，未来还会继续被打脸"》，载 https://m.163.com/dy/article/JJAF69HC0511FQO9.html，2024年12月14日访问。

从价值观上，宪法学的基本理念是法治、人权和有限政府，限制政府权力保障个人权利。这些基础价值观都需要通过立法贯彻，通过立法学的理论指导，完成法治之法的制定。

从最新生效的重大立法《欧盟人工智能法案》来看，其立法宗旨的规定就可以清晰地例证这一新型立法对宪法价值观的贯彻。"本条例旨在改善欧盟内部市场的运作，促进以人为中心、值得信赖的人工智能的应用，同时确保对《欧盟基本权利宪章》规定的包括民主、法治和环境保护在内的健康、安全、基本权利的高水平保护，使其免受欧盟内的人工智能系统的有害影响，并支持创新。"[1]服务于基本权利的保障，这是最核心的宪法价值观。

(二) 法治理论的应用

立法是法治的首要环节。在最为简洁的法治封闭结构图中，立法既是法治的专业化权力结构[2]之起点，也是法治的层级结构之基础结构[3]的基础权能。

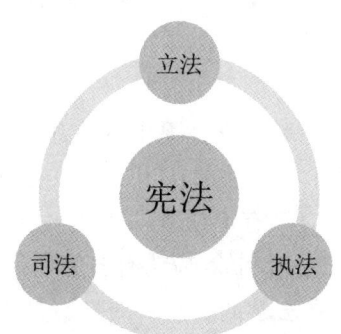

图2　法治的闭环结构图

从基础结构讲，立法是法治结构之始，好的立法是法治的前提，尽管不能说有了好的立法就一定有法治，但是高质量的立法一定能获得实效，所以，高质量的立法是法治的前提和基础。

从层级结构看，立法是体系化贯彻宪法的法治环节，没有立法层面上的

---

[1] 丁晓东译：《欧盟〈人工智能法案〉》，载公众号"网络西东"2024年8月1日。

[2] 法治的专业化权力结构是指以立法权、执法权、司法权构成的法治闭环结构。

[3] 法治的层级结构：是指由宪法作为高级法控制的法治整体结构。其基础结构就是由立法权、执法权、司法权构成的相互制约的法治闭环结构。

贯彻，宪法很难落地，当然需要除去宪法保留的事项。其实立法的主要任务是制定规则法和政策之法，立法规定清晰的权力-责任、权利-义务、特权-无权利[1]、豁免-无能力关系，及其实现方式。这些规则法和政策之法是每个人都要遵守和凭靠的生活规范体系。

宪法作为层级结构中的根本法、高级法，主要厘定权利-权力关系，这是体系化法治结构的法治关系基础。宪法另一个相关职能是厘定法治的基本价值观，它是法治结构的价值基础。[2]

(三) 立法理论本身的价值

立法理论是立法实践和制度的理论化反映，是直接指导立法实践的教程。现代立法高度复杂，需要理论的指导。举个具体例子，我国农村集体经济组织立法十分紧迫，其中合作社是重要的经济组织形式，有学者对合作社立法模式问题作了专门的探讨[3]，有助于提高我国农村集体经济组织法[4]的立法质量。

在各个主题上，立法理论指导立法实践，同时对法理学关于立法的阐述作出贡献。

(四) 系统的法治理论

立法学本身是法学理论和法学体系的内在组成部分，从实质价值观上，有助于建立系统的法治理论。立法的正当性既该有宪法控制，也该有立法法的控制。立法法的控制，应该有说明立法理由、立法评估、公开征求意见、合法性审查等必要环节。宪法控制，应该有合宪性审查这一权威制度的落地。提高立法理论的科学性和立法学的实践针对性，是中国立法学研究者的基本任务。

## 二、立法学的实践意义

(一) 提高立法质量，这是立法学最显著的实践意义

立法质量本身可能言人人殊，站在不同的立场上，所持的看法不同。但

---

[1] 放在中国语境下，用"自由-无权利"替代"特权-无权利"似乎更通俗。
[2] 这里的阐述相对简洁，所谓大道至简，需要在整个宪法学、法理学及立法学、行政法学、诉讼法学、民法学等构成的法学体系中去体悟。
[3] 参见孙晓红：《合作社立法模式问题研究》，知识产权出版社2012年版。
[4] 这里不限于那个定名《农村集体经济组织法》的立法。

是，通过相对中立的评估，经历实践的验证，还是能够评定立法质量的。在科学务实的立法学理论指导下，只能提高立法质量，这是没有疑问的。我国《民法典》总体上是一部有中国特色又有一定创新的基本法典，其质量的保障之一是众多民法学者从民法立法学上做了大量的研究，产生了海量的成果。[1]

（二）应用法学的知识体系

从整体上说，立法学与部门立法学在某种意义上就是要应用合理的法学知识体系，指导立法机关和立法参与者科学立法，保证良法的安定运行和法律功能的实现。19世纪，法国、德国先后利用罗马法复兴的伟大机遇，精研民法要津和民法立法学，终于成就近代两部伟大民法典。在20世纪末21世纪初，一批中国民法学者和立法工作者踵武前贤，矢志精研各国民法学与民法典，结合中国实际，终于完成我国第一部社会主义民法典。

（三）指导民主立法，提高立法针对性，实现依法治国和社会善治

用立法学理念、知识与技术指导民主立法，提高立法的针对性与实效性，实现依法治国和社会善治。应该在以下两个方面有所突破：

1. 法治之法与防治腐败

立法学在指导我们制定法治之法上有其独特的价值。而防治腐败必须依靠法治之法。一个社会会产生各种问题，其中一个不好处理的问题就是腐败问题。腐败首先需要预防。

有学者提出了反腐败立法的三个问题：①针对具体情况下的腐败原因选择特定救济方法的迫切性；②"主观"解释，和建立在"主观"解释基础上的救济方法的失败；③"客观"解释，特别是未受规范的自由裁量权和确保制度透明和问责的失败。[2]这样，立法起草的方向与制度设计的要津就很清楚了。

在康德的哲学中，"理性如何为自身立法？"是他致力回答的核心问题之一。他的回答是三条高度形式化的原则：普遍性原则、目的原则和自律原则。普遍性原则的具体表述是："只依据那些你可以同时愿意它成为普遍法则的准

---

[1] 如王利明、梁慧星、孙宪忠、杨立新、徐国栋等众多学者的立法论著述。

[2] [美]安·赛德曼、[美]罗伯特·鲍勃·赛德曼、[斯里兰卡]那林·阿比斯卡：《立法学：理论与实践》，刘国福等译，中国经济出版社2008年版，第462页。

则行动",这个含义与孔子所提出的"己所不欲勿施于人"相一致。目的原则的具体表述是:无论对待自己或者他人的人性,都要当成目的,绝对不能只是当成手段。这就是人的尊严所要求的。自律原则的基本观点是,每一个理性存在者的意志就是制定普遍法则的意志。换言之,每一个理性存在者都可以成为立法者。当一个人是在服从自我订立的道德法则时,他就实现了立法者和服从者的合二为一,也只有在这个时候,人不仅是自律的,同时也是自由的。[1]

如果一个国家的宪法、行政法、诉讼法、民法、刑法等具备了这三个条件:普遍性原则、目的原则、自律原则,那么,在现实的国家重大立法中,设计出权力制约和有限政府的宪法体制,腐败的防范就会取得根本的进步。

2. 法治之法与保障人权

接着上一个要点,只有法治之法才能保障人权。非法治之法不能保障人权。法治之法的制定并不是容易做到的。立法学的教导并不能只是形式的,更重要的必须是实质的。只有在根本上利于保障人权的,才称得上法治之法。

一部法律或一个法律体系能够经历罗尔斯的两个正义原则的审查,在现代社会就是一部保障人权的法律或者一个保障人权的法律体系。第一个原则:每个人对与所有人所拥有的最广泛平等的基本自由体系相容的类似自由体系都应有一种平等的权利。第二个原则:社会和经济的不平等应这样安排,使它们:①在与正义的储存原则一致的情况下,适合于最少受惠者的最大利益;并且;②依系于在机会公平平等的条件下职务和地位向所有人开放。[2]尽管罗尔斯论证的是社会制度的正义,但是社会制度的本质就是一部法律或者一个法律体系。这一点与凯尔森的观点相一致,在他看来,国家就是法律秩序,没有什么不同。[3]

在中国,从宪法相关规定[4]中可以得出这样的规范性解释:通过法治之法保障人权是全面依法治国的重要目标之一,也是中国特色社会主义法治体

---

[1] 参见周濂:《打开:周濂的100堂西方哲学课》(下卷),上海三联书店2019年版,第472~477页。

[2] [美]约翰·罗尔斯:《正义论》(修订版),何怀宏、何包钢、廖申白译,中国社会科学出版社2009年版,第237页。

[3] [奥]凯尔森:《法与国家的一般理论》,沈宗灵译,中国大百科全书出版社1996年版,第203页。

[4] 主要是我国现行《宪法》第5条、第33条。

系的核心内容。具体而言，可以从以下几个方面着手：①完善法律体系：不断健全以宪法为核心的中国特色社会主义法律体系，确保人权保障的各项原则和要求在法律法规中得到充分体现。通过立法，将公民的基本权利和自由细化、具体化，为公民权利的行使提供坚实的法律基础。②加强司法公正：深化司法体制改革，确保司法机关依法独立公正行使审判权、检察权，维护社会公平正义。通过公正审判，有效防范和纠正侵犯人权的行为，为受害者提供及时有效的法律救济。③推动依法行政：强化政府依法行政的意识和能力，确保政府行为在法律框架内进行，不越权、不滥权。建立健全行政监督和问责机制，对违法行政行为严肃追责，保障公民合法权益不受侵犯。④促进社会参与：拓宽公民有序参与立法的渠道，增强立法的民主性、科学性和针对性。同时，加强人权教育和宣传，增强全社会的人权意识和法治观念，形成尊重、保障人权的良好社会氛围。⑤加强国际合作：积极参与国际人权事务，借鉴国际人权保障的有益经验，不断完善国内人权保障制度。同时，坚决反对任何形式的外来干涉和抹黑，维护国家主权、安全和发展利益。完成这五个方面的任务，恐怕首先还是立法的任务，即使公正司法、依法行政都需要具体立法的推动，制定类似《公正司法法》《司法行为准则》《行政行为准则》《行政监督与问责法》这样的立法，并严格实施，可能是有效之举。在这方面，世界各国有各种成例可以借鉴。

## 第五节 立法学的研究方法和学习方法

### 一、立法学的研究方法

（一）价值分析法

世界法制史上所有经得住实践验证的立法都是价值观上先进的立法。立法学既然研究立法行为及其规律，就要从价值观上，即民主立法、人本立法、价值立法等方面，进行研究评价。价值分析法作为立法学研究方法，其必要性体现在多个方面。这种方法通过认知和评价法律部门、法律制度、法律规定的价值属性，揭示、批判或确证一定的社会价值或理想，对于立法学的研究和实践具有重要意义。以下通过几个例子来说明价值分析法的必要性：

(1) 确保法律的正义性和可持续性实施。在制定关于生态环境保护的法律时，价值分析法帮助立法者评估不同法律条款对社会、经济和生态环境的影响。通过价值分析，立法者可以确保法律不仅符合经济效率，还兼顾生态环境保护的正义性，防止以牺牲生态或环境为代价的经济发展。这种方法有助于制定出既促进经济发展又保护生态环境的综合法律，实现社会整体利益的最大化，从而保证法律的可持续实施。

(2) 平衡各方利益，保证法律的道德性。举例来说，在制定劳动法时，价值分析法帮助立法者平衡雇主利益与雇员利益、雇主利益与社会正义需求之间的关系。通过深入分析不同利益群体的需求和诉求，立法者可以制定出既保护劳动者权益，又不过度增加企业负担的法律条款。例如，规定合理的工时制度、加班补偿、劳动保护、工伤处理等，确保劳动关系的和谐稳定，促进社会经济健康发展。

(3) 应对社会变迁，防范侵犯人权。随着科技的快速发展，互联网、大数据、人工智能、脑机接口等新兴领域对传统法律体系提出了挑战。价值分析法帮助立法者评估这些新技术对社会、经济、文化等方面的影响，并制定出适应新技术发展的法律规范。例如，在制定《个人信息保护法》时，价值分析法帮助立法者平衡个人隐私保护与数据合理利用之间的关系，确保新技术在促进社会进步的同时，不侵犯公民的基本权利。美国《删除法案》将未经同意在网上发布真实的或 AI 合成的私密露骨影像的行为，定为犯罪，因为这种报复性色情侵犯了被侵犯人的隐私和人格尊严。

(4) 弥补法律漏洞，增进安全保护。在某些法律领域，由于立法滞后或立法技术不足等原因，可能存在法律漏洞。通过价值分析法，深入分析法律漏洞的成因和影响，帮助立法者找到弥补法律漏洞的途径。例如，在知识产权保护领域，针对网络侵权行为的法律空白，价值分析法可以帮助立法者评估不同解决方案的利弊，找到法律调整的平衡点，制定出既符合国际规则又适应国内实际情况的法律条款。[1]

(5) 促进法律国际化，维护国际关系和谐。在全球化的背景下，各国法律之间的相互影响日益加深。价值分析法帮助立法者评估国际法律趋势和最佳实践，促进本国法律与国际法律接轨。例如，在制定国际贸易法时，价值

---

[1] 参见何佳馨等：《法的国际化与本土化》，商务印书馆 2018 年版。

分析法可以帮助立法者分析 WTO 等国际组织的法律原则和规范，确保本国法律与国际法律保持一致性，促进国际贸易的顺利进行，促进我国融入国际大市场。[1]

（二）立法过程考察法

对于优质立法或者立法典范，需要从立法过程经过的环节和形式上，进行仔细研究，如我国《民法典》《法国民法典》等。现代立法实际上经历的立法过程，更为周全与繁琐，因为现代立法需要社会公众的深度认同，所以，立法过程考察法更有必要。立法过程考察法作为立法学研究方法，其必要性可以从多个角度进行阐述。

（1）确保立法的科学性与合理性。立法过程考察法要求研究者对立法活动进行细致、全面地观察和分析，从而确保立法的科学性和合理性。例如，在环境保护立法过程中，通过考察立法项目的确定、草案的起草、审议、表决等各个环节，可以及时发现并解决立法过程中可能存在的问题，如立法空白、立法重复、立法冲突等。这种考察有助于确保最终出台的法律能够科学、合理地反映社会实际需求，为环境保护提供有力的法律保障。

（2）提高立法的针对性与可操作性。立法过程考察法强调对立法实践的深入了解，有助于立法者根据社会实际情况制定具有针对性和可操作性的法律。例如，在地方立法中，针对地方特有的问题和需求，通过考察当地的经济、文化、社会等实际情况，可以制定出更加符合地方特点的法规。这种立法方式不仅能够解决地方实际问题，还能提高法规的执行力和社会认同度。

（3）促进立法的民主化与透明化。立法过程考察法要求立法活动公开透明，鼓励公民和社会组织参与立法过程，从而提高立法的民主化程度。例如，在立法过程中，通过召开座谈会、听证会等形式，广泛听取各方面的意见和建议，可以使立法更加符合民意和社会期望。这种民主化的立法方式有助于增强法律的权威性和公信力，实现法律的社会作用及其实际效果。

（4）通过立法修订应对立法滞后性与重复性问题。立法过程考察法有助于及时发现并解决立法滞后性和重复性问题。随着经济社会的发展，新的社会问题和矛盾不断涌现，而立法往往难以跟上社会发展的步伐。通过考察相关既有立法的立法过程，如考察立法过程中的民主程序缺陷，可以发现哪些

---

[1] 参见何佳馨等：《法的国际化与本土化》，商务印书馆2018年版。

领域存在立法空白或滞后现象,从而及时制定或修改相关法律。同时,对于已经存在的重复立法现象,通过考察可以发现其中的问题和原因,并采取措施加以解决。

以《立法法》的修订为例,立法过程考察法发挥了重要作用。在修订过程中,立法机关广泛征求了社会各界的意见和建议,对原有条文进行了全面梳理和修改。通过考察立法实践中的问题和需求,立法机关对立法主体、立法权限、立法程序、法律解释等方面进行了重要调整和完善。这些调整不仅提高了立法的科学性和合理性,还增强了法律的权威性和可操作性。同时,通过公开透明的立法过程,也促进了立法的民主化和透明化。

(三)"立法论"文献分析法

自古迄今,人类思想上的法学杰作,立法论占了相当大的比例,这些文献都是人类共享的思想瑰宝。立法论文献分析法作为立法学研究方法,其必要性主要体现在以下几个方面,以下通过具体实例来说明:

(1)立法思想资源的回溯式探源。据考证,美国《独立宣言》是直接汲取洛克《政府论》、卢梭《社会契约论》的思想观点写成的。[1]我们可以从查士丁尼《学说汇纂》中找到《德国民法典》的体例来源和主要制度来源,从盖尤斯的《法学阶梯》中找到《法国民法典》的体例源头和主要规范来源。

(2)理论基础构建与学术前沿追踪。举例来说,在探讨《数据安全法》的立法框架时,立法学者首先需要通过文献分析法,系统地梳理国内外关于数据保护的法律文献、学术论文、研究报告等。这一过程不仅能帮助学者构建起坚实的理论基础,如数据保护的基本原则、权利与义务框架等,还能追踪到学术前沿的热点问题,如跨境数据流动的监管、人工智能中的数据隐私保护等。通过这样的分析,立法学者能够准确把握立法需求,为制定科学合理的《数据安全法》提供理论支撑。

(3)立法经验借鉴与问题识别。在制定《消费者权益保护法》的修订案时,立法学者通过文献分析法,可以深入研究国外(如欧盟、美国)在消费者权益保护方面的立法经验和实践案例。通过对比分析,学者能够识别出我国现行法律中存在的不足和需要改进的地方,如消费者知情权保护的具体措

---

[1] 参见[美]卡尔·贝克尔:《论〈独立宣言〉:政治思想史研究》,彭刚译,商务印书馆2017年版。

施、消费者维权渠道的畅通性、网购反悔权[1]等。这种借鉴国际先进经验的方式，有助于提升我国立法的科学性和前瞻性。

（4）法律条文解释与适用性研究。在解释和适用《环境保护法》中的某些条款时，立法学者需要借助文献分析法，对相关的法律解释、司法判例、学术观点等进行全面梳理。例如，针对"谁污染，谁治理"原则的具体应用，学者可以通过分析不同案例中的裁判理由和学术观点，明确该原则的适用范围、条件和限制。这种分析有助于统一法律适用标准，减少法律适用的不确定性和争议。

（5）立法趋势预测与前瞻布局。在预测未来立法趋势时，立法学者可以通过文献分析法，对近年来国内外立法动态、政策文件、学术研究成果等进行综合分析。例如，在探讨数字经济领域的立法趋势时，学者可以关注到各国政府、地方人大纷纷出台数据保护、网络安全、电子商务等方面法律法规的立法举措。通过深入分析这些立法动态背后的原因、目的和影响，学者能够预测出未来数字经济领域立法的可能方向和重点，为立法机关的前瞻布局提供参考依据。

（四）立法史考察法

立法学的研究当然离不开国内的立法史考察与世界范围的立法史考察，由此获得成熟的立法经验和法律成长的精神向度。立法史考察法作为立法学研究方法，其必要性主要体现在深入了解法律制度的演变过程、揭示立法背后的社会背景和历史因素，以及为当前立法提供历史借鉴和参考等方面。以下通过具体实例，考察《宪法》的立法史，来说明这一点：

（1）了解宪法演变过程。通过对《宪法》立法史的考察，可以清晰地看到我国宪法制度从新中国成立初期的《共同纲领》到历次宪法修订的演变过程。这一过程不仅反映了我国政治、经济、社会等方面的巨大变迁，也体现了我国宪法制度不断完善和发展的历程。例如，从1954年第一部宪法的颁布，到1982年《宪法》的全面修订，再到后续的五次部分修改，每一次变化都承载着特定的历史使命和社会需求。[2]

（2）揭示立法背后的社会背景和历史因素。立法史考察法能够深入挖掘

---

[1] 参见《经济法学》编写组编：《经济法学》（第3版），高等教育出版社2022年版，第331页。
[2] 参见许崇德：《中华人民共和国宪法史》，福建人民出版社2003年版。

立法背后的社会背景和历史因素，从而帮助我们更好地理解法律制度的本质和内涵。以《宪法》为例，1954年《宪法》的制定是在新中国成立初期，人民当家作主、建立社会主义制度的背景下进行的；而1982年《宪法》的修改则是在改革开放初期，为了适应社会主义现代化建设的新形势、新任务而进行的。这些历史背景和社会因素对于理解宪法条文的意义和作用具有重要意义。

（3）为当前立法提供历史借鉴和参考。立法史考察法还能够为当前立法提供历史借鉴和参考。通过对历史上立法经验和教训的总结和分析，立法者可以更加科学地制定和完善法律制度。例如，在修订《宪法》的过程中，立法者可以借鉴历史上宪法修订的成功经验和失败教训，结合当前的社会实际情况和未来发展需求，对宪法条文进行必要的修改和完善。

在考察《宪法》中公民权利与义务部分时，立法史考察法能够揭示出公民权利从新中国成立初期的初步确立到逐步扩大和完善的过程。例如，1954年宪法中规定了公民的基本权利和义务，但受当时历史条件的限制，这些权利的实现还存在一定的局限性。而随着社会的发展和进步，特别是改革开放以来，我国宪法对公民权利的保护不断加强和完善。这一过程中，立法史考察法为我们提供了宝贵的历史资料和经验总结，有助于我们更好地理解当前宪法中公民权利与义务的内涵和实质。

综上所述，立法史考察法作为立法学研究方法具有重要的价值。

（五）制度分析法

立法学研究立法法，研究立法任务的达成，需要从立法本身解决的问题出发，即需要从制度设计本身出发，把握住制度设计本身的形式要领和实质要津。制度分析法作为立法学研究方法，其必要性主要体现在以下几个方面：

（1）揭示立法背后的制度逻辑。制度分析法强调从制度结构、权力关系、利益分配、制度功能等角度深入分析立法现象，揭示立法背后的制度逻辑。例如，在制定《石油天然气管道保护法》的过程中，制度分析法可以帮助立法者深入理解石油天然气产业的现有制度框架，包括资源所有权、矿业权、监管体制等，从而确保新法律能够与现有制度相协调，避免制度冲突和空白。这种分析方法有助于立法者从更宏观、更系统的角度把握立法问题，提高立法的科学性和合理性。

（2）预测立法趋势与效果。制度分析法通过对制度变迁的历史、现状和未来趋势的考察，可以预测立法可能带来的社会效果和影响。例如，在制定环境保护方面的法律时，制度分析法可以分析当前环境保护制度的缺陷和不足，预测新法律实施后可能对环境质量、经济发展、社会公平等方面产生的影响。这种预测有助于立法者更全面地评估立法的必要性和可行性，为立法决策提供科学依据。

（3）指导立法实践与创新。制度分析法不仅关注现有制度的分析和评估，还注重对未来制度创新的探索和指导。在立法过程中，制度分析法可以帮助立法者发现现有制度的瓶颈和制约因素，提出改革和创新的方向和路径。例如，在推动司法体制改革的过程中，使用制度分析法可以分析现有司法体制存在的问题和不足，提出优化司法资源配置、提高司法效率、保障司法公正等方面的改革建议。这些建议有助于立法者更加精准地制订改革方案，推动司法体制的创新和发展。

以《公司法》的修订为例，制度分析法在立法过程中发挥了重要作用。在前五次修正修订过程中，立法者运用制度分析法对公司治理结构的现状进行了深入分析，发现了股东会、董事会、监事会等机构在权力配置、职能履行等方面存在的问题。针对这些问题，立法者通过修改法律条文，明确了各机构的职责和权限，加强了公司治理结构的规范性和有效性。同时，立法者还借鉴了国际先进经验，引入了独立董事等制度创新元素，提高了公司治理的透明度和公正性。最新的修订，对有限责任公司认缴登记制度进行了完善，明确全体股东认缴的出资额由股东按照公司章程的规定自公司成立之日起5年内缴足；同时，新《公司法》施行前已登记设立的公司，出资期限超过该法规定期限的，除法律、行政法规或者国务院另有规定外，应当逐步调整至该法规定的期限以内；对于出资期限、出资数额明显异常的，公司登记机关可以依法要求其及时调整。规范公司认缴出资行为有利于督促公司及时准确履行公司义务，有利于强化社会监督、保护交易安全、建设诚信的市场环境。[1]这些修订不仅完善了公司法律制度体系，还为公司治理实践提供了有力的法律保障。

综上所述，制度分析法作为立法学研究方法具有重要意义。

（六）比较分析法

立法学的研究要使用法学研究方法中的比较分析法，没有比较，好多概

---

[1] 贾润梅：《新〈新公司〉将于今年7月1日起施行　完善认缴登记制度　营造诚信有序的营商环境》，载《中国质量报》2024年1月8日。

念、范畴、原理和过程都没法展开，只有通过比较，才能总结立法学的规律性认识。比较分析法作为立法学研究方法，其必要性体现在多个方面，通过具体实例可以更好地说明这一点。

（1）拓宽立法视野，借鉴国际经验。在制定或修订关于知识产权保护的法律时，立法者可以运用比较分析法，研究不同国家或地区在知识产权保护方面的法律制度、司法实践和政策措施。通过对比分析，可以发现各国在知识产权保护方面的共性和差异，以及各自的优势和不足。例如，美国的知识产权保护法律体系以其完备性和严格性著称，而欧洲则更注重平衡知识产权所有者与公众利益之间的关系。立法者可以借鉴这些国际经验，结合本国实际情况，制定出既符合国际趋势又适应本国需求的知识产权保护法律。

（2）揭示法律制度的优缺点，为立法提供参考。在完善《反垄断法》的过程中，立法者可以运用比较分析法，对不同国家或地区的反垄断法律制度进行比较研究。通过对比分析，可以发现各国反垄断法在立法目的、规制对象、执法机构、处罚措施等方面的异同点。这种分析有助于立法者更全面地了解反垄断法律制度的运作机制和实际效果，从而识别出本国反垄断法中存在的不足之处，并参考其他国家的先进经验进行改进和完善。

（3）预测法律发展趋势，为立法前瞻布局。在环境立法领域，随着全球气候变化和环境保护意识的增强，各国纷纷加强环境立法工作。立法者可以运用比较分析法，研究不同国家在环境立法方面的动态和趋势。通过对比分析，可以发现各国在环境立法方面的共同关注点和发展方向，如加强气候变化应对、推动绿色低碳转型等。而绿色低碳转型是一个立体化全领域的技术革新过程。[1]这种分析有助于立法者预测未来环境法的发展趋势，并为本国环境立法的前瞻布局提供参考依据。

（4）促进法律制度的国际协调与统一。在国际贸易领域，随着全球化的深入发展，各国之间的经济联系日益紧密。为了促进国际贸易的顺利进行，各国需要加强法律制度的国际协调与统一。立法者可以运用比较分析法，对不同国家在国际贸易法律制度方面的差异进行比较研究。通过对比分析，可以发现各国在国际贸易法律制度方面的共性和差异点，并探讨如何通过国际

---

[1] 参见［美］约翰·R.诺朗、帕特里夏·E.萨尔金：《气候变化与可持续发展法精要》，申进忠、曹彩丹译，南开大学出版社2016年版。

条约、协议等方式实现法律制度的协调与统一。

综上所述，比较分析法作为立法学研究方法具有必要性。[1]

在以上研究方法的基础上，兼顾国外立法经验与中国立法经验，全面研究从立法过程、立法结果到法律的实施、评价、检验及完善的整个过程，重视研究部门立法[2]的弊端，重视反思过往立法得失，重视法律实效的立法评估，等等，都是立法学研究应该注意的方面。

## 二、立法学的学习方法

（一）学理法

立法学的首要学习方法，是学理法。就是对立法行为及其规律有切实的认识和领悟。对当代民主立法原理、立法权限划分原理、法治之法原理、科学立法原理、人本立法原理等，要有清晰的逻辑认知。

学理法作为立法学学习方法，其必要性和可行性主要体现在以下几个方面：

（1）必要性：①构建扎实的理论基础：立法学是一门理论性较强的学科，涉及法律的基本概念、原则、制度以及立法技术等。学理法通过系统学习立法学的理论知识，能够帮助学生构建起扎实的法学基础，为后续深入学习、立法实践提供有力支撑。②培养法律思维能力：学理法注重培养学生的法律思维能力，包括逻辑思维、批判性思维等。这些能力对于立法者来说至关重要，能够帮助他们在复杂的法律实践中做出准确、合理的判断。③理解立法背景与目的：通过学习立法学的理论知识，学生可以更好地理解立法背后的社会背景、历史条件以及立法目的。这有助于他们更加准确地把握立法精神，提高立法的针对性和实效性。④指导立法实践：学理法不仅关注理论知识的传授，还注重将理论知识与立法实践相结合。通过学习立法学的理论知识，学生可以掌握立法的基本方法和技巧，为将来从事立法工作打下坚实的基础。

（2）可行性：①丰富的教学资源：随着法学教育的不断发展，立法学的教学资源日益丰富。高校和法律研究机构提供了大量的立法学教材、学术著

---

[1] 参见陈佳等：《比较立法研究》，法律出版社2024年版。

[2] 这里所说部门立法是指由主管部门提起并起草的法律与地方性法规，由于主管部门的利益所限，这种路径的立法可能有弊端。

作、期刊论文等教学资源,为学生系统学习立法学提供了有力保障。②多样化的教学方法:在立法学的教学过程中,教师可以采用多种教学方法,如讲授法、讨论法、案例分析法等。这些教学方法能够激发学生的学习兴趣和积极性,提高教学效果。③实践机会的增多:随着法治建设的深入推进,立法实践的机会不断增多。学生可以通过参与立法调研、立法实习等活动,将所学的理论知识应用于实践中,进一步加深对立法学的理解和掌握。④技术支持的加强:现代信息技术的发展为立法学的学习提供了更多便利。学生可以通过网络课程、在线数据库、AI对话等资源随时随地学习立法学知识,并与同学、教师进行交流讨论。

以某高校法学专业立法学课程为例,该课程采用学理法作为主要学习方法。教师首先通过讲授法向学生介绍立法学的基本概念、原则、制度等理论知识;然后结合具体案例进行分析讨论,引导学生运用所学知识分析立法问题;最后组织学生进行立法调研或立法实习活动,将所学知识应用于实践中。通过这种学习方式,学生不仅掌握了立法学的理论知识,还培养了法律思维能力和实践能力,为将来从事立法工作打下了坚实的基础。

综上所述,学理法作为立法学学习方法具有必要性和可行性。

(二) 立法案例分析法

立法学上的案例就是具体立法的制定颁布过程,或者说就是具体法典或者法律法规。考察这样一部法典或法律的立法过程和立法经验,对法典或法律的各种构件进行分析研究,就是立法学上的案例法。

立法案例分析法作为立法学学习方法,其必要性和可行性主要体现在以下几个方面:

(1) 必要性:①深入理解立法理论与实践:通过分析具体的立法案例,学生可以更直观地理解立法理论在实际操作中的应用,加深对立法原则、立法程序、立法技巧等内容的理解。立法案例是立法实践的真实反映,通过案例分析,学生能够更具体地感受到立法的复杂性和多样性。②培养解决实际问题的能力:立法学不仅仅是一门理论学科,更是一门实践性很强的学科。立法案例分析法能够帮助学生将理论知识与实际问题相结合,培养他们解决实际立法问题的能力。通过分析案例中的立法问题、立法过程、立法效果等,学生可以学会如何运用立法理论去分析和解决现实中的立法难题。③提升法律素养和法律思维:立法案例分析法注重培养学生的法律素养和法律思维。

通过分析案例中的法律问题和法律争议,学生可以学会如何运用法律思维去分析问题、解决问题,从而提升自己的法律素养和法律能力。

(2)可行性:①丰富的案例资源:随着我国法治建设的不断推进,立法实践日益丰富,产生了大量的立法案例。这些案例涵盖了不同领域、不同层次的立法问题,为立法案例分析法提供了丰富的资源。学生可以通过查阅相关法律文献、官方文件、新闻报道等途径获取这些案例资源。②灵活多样的分析方法:立法案例分析法可以采用多种分析方法,如案例对比法、案例归纳法、案例演绎法等。这些方法各有特点,可以根据具体案例的特点和教学目标进行选择和应用。通过灵活多样的分析方法,学生可以更全面地了解案例的各个方面,更深入地挖掘案例中的立法问题和立法规律。③实践教学平台的支持:越来越多的高校和法律机构开始重视实践教学环节,为立法案例分析提供了良好的实践平台。通过模拟立法、立法实习等方式,学生可以亲身参与立法过程,亲身体验立法案例分析的乐趣和挑战。这些实践教学平台不仅有助于学生将理论知识转化为实践能力,还能够提高他们的学习兴趣和积极性。

以《反垄断法》的立法过程为例,学生可以通过立法案例分析法来研究该法的立法背景、立法目的、立法过程以及立法效果等方面的问题。具体步骤如下:①收集案例资料:学生可以通过查阅相关书籍、期刊、官方网站等途径收集《反垄断法》的立法过程资料,包括立法草案、审议记录、专家意见、社会反馈等。②分析立法背景:学生可以通过分析当时的经济发展状况、市场竞争环境、政策导向等因素来了解《反垄断法》的立法背景。③探讨立法目的:学生可以通过研究立法草案和审议记录来探讨《反垄断法》的立法目的和预期目标。④分析立法过程:学生可以详细分析《反垄断法》的立法过程,包括草案的起草、审议、修改等环节,以及各方的利益博弈和妥协过程。⑤评估立法效果:学生可以通过研究《反垄断法》实施后的实际效果来评估其立法效果,包括市场竞争状况的变化、消费者权益的保护程度等方面的内容。通过以上步骤的立法案例分析法,学生可以更深入地了解《反垄断法》的立法过程和立法效果,从而加深对立法学相关论述的理解和掌握。

(三)模拟实践法

立法学上的实践法,包括①模拟立法程序或立法过程或者其中的某个环节如立法辩论、听证会等,以此加深对立法的认识;②就现实的立法主题,进行模拟起草，以全面运用所学法学知识与立法学原理；③就虚拟的立法主题，进行模拟起草，以达成综合运用所学知识的目的；④研判国家与社会现实，独立作出立法提案等。模拟实践法作为立法学学习方法，其必要性和可行性体现在多个方面。以下将结合实例详细说明这两点：

（1）必要性：①理论与实践相结合：立法学是一门应用法学学科，更强调实践应用。传统的法学教育往往侧重理论知识的传授，而模拟实践法则能够将理论知识与实际操作相结合，使学生在模拟的立法环境中亲身体验立法过程，从而更深入地理解立法的实质和复杂性。②培养实践能力：立法工作需要具备高度的实践能力，包括法律分析能力、制度设计能力、法案起草能力、法条表述能力、法律审议能力、决策能力、协调能力等。模拟实践法通过模拟真实的立法场景和流程，使学生能够在实际操作中锻炼这些能力，为将来从事立法工作打下坚实的基础。③增强学习兴趣：模拟实践法以其生动、直观的特点，能够激发学生的学习兴趣和积极性。在模拟立法过程中，学生可以扮演不同的角色，如立法者、法律顾问、利益相关者、部门代表等，通过互动和交流，加深对立法问题的理解和认识。

以某高校法学专业开展的"模拟立法"活动为例，该活动通过模拟全国人民代表大会的立法过程，让学生亲身体验立法的各个环节。具体步骤包括：①选择立法议题：教师根据当前社会热点和立法需求，选择一个具有代表性和实践意义的立法议题，如"个人信息保护法的制定"。②组建立法团队：学生根据兴趣和专长，自由组合成若干立法团队，每个团队负责不同的立法任务，如草案起草、法律论证、利益协调等。③开展立法工作：在教师的指导下，各立法团队按照全国人民代表大会的立法程序，开展立法调研、草案起草、审议讨论等工作。在此过程中，学生需要充分运用所学的立法学理论知识，结合实际情况进行分析和决策。④模拟立法会议：在立法工作完成后，组织一次模拟立法会议，邀请校内外专家、学者和实务工作者担任评委和观众。各立法团队在会上展示自己的立法成果，并接受评委的提问和点评。⑤总结反思：模拟立法活动结束后，组织学生进行总结反思，分享自己在立法过程中的收获和体会，分析存在的问题和不足，并提出改进建议。

（2）可行性：①教学资源丰富：随着法学教育的不断发展，越来越多的高校和法律机构开始重视实践教学环节，为模拟实践法提供了丰富的教学资源。这些资源包括模拟立法软件、模拟法庭、立法案例库等。②技术支持充分：现代信息技术的应用为模拟实践法提供了有力的技术支持。通过虚拟现实、人工智能等技术手段，可以构建出更加逼真、生动的立法模拟环境，提高教学效果和学生的学习体验。③师资力量雄厚：高校和法律机构拥有一支高素质的法学教师或者兼职教师团队，他们不仅具备深厚的法学理论功底，还具备丰富的实践经验。这些教师可以为模拟实践法提供有力的指导和支持。

综上所述，模拟实践法作为立法学学习方法具有显著的必要性和可行性。通过模拟真实的立法场景和流程，学生能够在实践中锻炼自己的立法能力，为将来从事立法工作打下坚实的基础。

## 第六节 新立法学的定位、旨归和追求

### 一、新立法学的定位

新立法学定位于立法学原理，而不是立法法释义学，即不是以《立法法》的条文为基础和界限来解决立法实践中的相关问题。[1]立法学原理的论题创新，不是对传统立法学教材的改写。会涉及立法法理学的部分内容，会在某些论题上，深入到立法哲学的层面。但是整体体例是立法学原理。

另一方面，基本上定位于社会理论基础上的立法学。立法正在接受社会结构变迁的影响，新闻作为第四权和网络自媒体、现代科技和自动化、大数据模型立法与数字权力、人工智能与超级算力、国际关系与交往、人口与婚姻观、身份政治等都在剧烈地改变着社会，留给国家和政府众多规制性立法的挑战，这些领域需要建立在国际交流与合作的基础上，逐步解决。

新立法学要吸收世界各国的立法经验。世界上的法治国家已经并正在向外输出立法经验。法学专业课程体系包括外国法律史等课程，同时应该增加"当代外国立法"等选修课程。

新立法学要吸收其他学科的有益研究成果。尽管有限度，现代立法受哲学、经济学、社会学、人口学、政治学、自然科学各学科、工程科学各学科、

---

[1] "立法法学主要应采取释义学方法，基于《宪法》解释《立法法》，致力于发展系统、融贯和动态的立法规则体系。"参见王建学：《立法法释义学专题研究》，中国社会科学出版社2022年版，第1页。

电子科学和人工智能、生态学、系统科学等影响日深,这显示了现代社会结构的巨大变迁。本教材中的阐述会引用一些相关研究成果,以图客观反映以上社会结构的变化。

本书针对我国社会既有立法与亟需立法,作为讨论问题、展开阐述的案例,力求增强现实思维,解决现实问题,不愿仅仅作规范或技术阐述。努力增强立法的现场感、现实问题意识、现实功用讨论。

法治已经成为中国社会的基本信仰,而另一方面我国的法律规则体系还有很多欠缺,如《国家发展规划法》《国土空间规划法》《社会救助法》《医疗保障法》《人工智能法》《机关事务管理法》《民事强制执行法》《原子能法》《见义勇为人员奖励和保障法》等关系国计民生的重大立法刚刚被列入立法计划,而像《反腐败法》《自动驾驶法》《公职人员财产公示法》《人口促进法》《全国统一大市场促进法》《人事民主促进法》《人本教育法》《司法人员责任法》《地方经济绩效评价法》《中小学生心理健康促进法》《数字服务法》《反网络暴力法》《青年创业促进法》等众多反映社会基本矛盾和症结的法律亟须列入立法计划。

## 二、新立法学的旨归

新立法学要服务于法治之法的制定,这一旨归是首要的。正如世界著名的法律史学家、法律社会学家劳伦斯·弗里德曼早年所说:"有人说20世纪是中国人的世纪,这并不仅仅指的是中国大陆,还包括超出中国国界以外使用汉语和拥有中国文化的地域。倘若果真如此,这将不是一个儒教的中国,而是一个科技发明和进步的中国,一个贸易发展和市场开放的中国。这样的中国将别无选择地借鉴美国法律中的经验。至少在一个关键点上没有悬念:那就是,它必须是一个法治的社会。"[1]法治之法在理论上可以有自己的检验标准,在具体的我国语境下,需要经受宪法条款和宪法精神的检验,如我国《宪法》第33条的检验,即法律面前一律平等、国家尊重和保障人权、权利与义务对等原则的检验。同时,不得违反具体公民权利和义务的规定。

新立法学要服务于高质量发展。法治是最好的营商环境,制度是高质量

---

[1] [美]劳伦斯·弗里德曼:《二十世纪美国法律史》,周大伟等译,北京大学出版社2016年版,封皮底页。

发展的主要驱动机制。党的二十届三中全会通过的《关于进一步全面深化改革 推进中国式现代化的决定》共 60 条，直接的制度规定占 55 条，占比 91.7%。这也是国家领导人多次论证过的。新立法学要服务于高质量发展，为法治之法的制定，为法治化营商环境，为我国制度的优化，贡献具有合法性和正当性的立法学原理，这些立法学原理获得应用，自然就促进高质量发展。世界上高质量发展的国家，如亚洲新加坡、欧洲瑞士、美洲美国、大洋洲新西兰，都是法治发达国家，其立法确实能够保障各自的高质量发展，如美国农业的发展，依靠其健全的农业法，其农业法主题广泛、综合性强、追求实效，且卷帙浩繁，如《2008 年粮食、保育和能源法》包括商品计划、保育、贸易、营养、信用、农村发展、研究及相关事宜、林业、能源、园艺和有机农业、牲畜、作物保险与救灾援助计划、商品期货、杂项条款、贸易和税务规定，共近 650 条。[1]

新立法学要服务于中国特色社会主义法治体系的建立。社会主义法治体系以宪法为高级法，任何立法都不得违反宪法规定、宪法价值观和宪法精神。同时，新立法学要有助于构建所有经典的部门法、新型的部门法和新型的单行法。新兴的立法方兴未艾，新立法学要适当介入这些新兴立法的讨论。

### 三、新立法学的追求

通过培养立法人才，提高立法质量，促进国家社会高质量发展。以创新的教材培养学生，这是大学专业教育的基础。立法学的教材逐渐多了起来，但是雷同度较高，需要更多样化一些。本教材力图有所创新。

与宪法学的价值联结。这种价值联结就是法治之法的价值联结。这是本教材的价值目标定位。法治原则作为《宪法》第 5 条规定的基本原则。其五款内容包含了法治原则的基本内容和要求。法治之法及法治体系必须经受这些内容和要求的审查，同时法治之法也需要经受《宪法》第 33 条的审查。"全面加强宪法实施和监督工作。深入学习贯彻习近平总书记关于宪法的重要论述。全面贯彻宪法规定、宪法原则、宪法精神，系统推进宪法实施、宪法解释、宪法监督，完善宪法相关法律制度，用科学有效、系统完备的制度体

---

[1] 农业部国际合作司编译:《美国农业法汇编》（上册），中国农业出版社 2014 年版，第 303-754 页。

系保证宪法实施。实施好修改后的立法法,全面发挥宪法在立法中的核心地位功能,健全法律草案的合宪性审查程序机制,确保同宪法的规定、原则和精神相符合。落实宪法解释程序机制,在合宪性审查中对宪法有关规定的含义提出解释性研究意见,说明有关情况,务实管用地回应涉及宪法有关问题的关切。"[1]

与法理学的思考联通。体现在立法原理、立法技术等板块需要法理学原理的指导;具体立法形成过程深受法哲学思想的塑造。比如自然法学对法律文明的塑造,经济分析法学对立法中制度选择的指导,法律的道德性对法律价值的厘定。实际上,法理学流派几乎主导了世界各国的立法指导。按照三大法理学流派的观点:"自然法是规范性的;法律实证主义是分析性/概念性的;社会法律理论是经验性的。"[2]由此看出,好的立法本身就是法理学思想的产物。这里的法理学流派还包括法律现实主义、法律与经济学、批判理论、法律实用主义等等。

与部门法学的适当链接。部门法学需要专门的部门立法学的指导,民法立法学、环境法立法学、刑法立法学、人工智能立法学[3]都是实质上存在的,尽管形式上未必成熟。我国的立法任务较为集中,学界围绕某种部门法的制定,往往有学理的讨论和立法体例的争论,对提高立法质量贡献巨大。但是,另一方面似乎较少从具体部门立法学意义上系统地讨论问题,如土地法立法学、农业法立法学、科技法立法学。这是因为这些部门法在我国日渐紧迫的立法任务面前,似乎并没有形成有力的系统的部门法意识。

新立法学追求推进立法质量的提高。党的二十届三中全会指出:"完善党委领导、人大主导、政府依托、各方参与的立法工作格局。统筹立改废释纂,加强重点领域、新兴领域、涉外领域立法,完善合宪性审查、备案审查制度,提高立法质量。"以此部署为指导,从知识框架上贯彻这一部署精神,是本教材的目标。①坚持党的领导,确保立法方向正确。首先,新立法学强调坚持党的领导这一基本原则。党的文件明确指出,立法工作必须始终坚持党的领

---

[1] 参见《全国人大常委会2024年度立法工作计划》。

[2] [美]布莱恩·Z. 塔玛纳哈:《法理学的第三支柱——社会法律理论》,郭晓明译,载《法理(法哲学、法学方法论与人工智能)》2021年第2期。

[3] 截至2025年1月20日,用"人工智能立法"作为主题词搜索中国知网C刊论文,已有560篇,不限C刊论文,共1407篇。

导,确保立法工作始终围绕党的中心工作大局展开。这要求立法工作要自觉贯彻落实党的重大决策部署,将党的方针政策通过法定程序转化为全社会一体遵循的行为规范和准则。通过党的领导,确保立法工作的方向正确,为立法质量的提升提供根本保障。②科学立法、民主立法、依法立法,完善立法机制。新立法学强调科学立法、民主立法、依法立法的重要性,这是提高立法质量的关键。科学立法要求立法工作必须遵循客观规律,符合实际情况,按照事物本身的性质界定法律关系,确保法律制度的科学性、合理性和可操作性。民主立法则要求立法过程要广泛听取各方面的意见和建议,保障人民群众的知情权、参与权、表达权和监督权。通过建立健全立法听证、立法协商、立法评估、立法后评估等制度,完善立法工作机制,确保立法工作的民主性和透明度。依法立法要求立法主体依照宪法规定、宪法精神、立法权限、立法程序立法,不越权,不越位,与上位法不抵触。③发挥人大及其常委会的主导作用。立法是宪法赋予人民代表大会及其常委会的一项重要职权。新立法学强调要充分发挥人大及其常委会在立法工作中的主导作用。这要求人大及其常委会在立法工作中要切实担负起责任,把握好主动权,确保立法工作更好地服务经济社会发展大局。在立项、起草、合宪性审查、审议等环节,人大及其常委会要加强统筹协调,确保立法工作的科学性、民主性和规范性。唯有如此,才能防止不正当的部门利益影响立法质量。[1]④健全社会各方参与立法的体制机制。开门立法是立法工作贯彻群众路线的具体体现,也是确保立法质量的重要途径。新立法学要求健全社会各方参与立法的体制机制,拓宽公众有序参与立法的渠道。通过完善立法建议项目公开征集意见、法律法规草案公开征求意见等制度,充分调动公众关注立法、支持立法、参与立法的积极性。同时,加强与社会组织、专家学者等的沟通协作,充分发挥其在立法中的重要作用,确保立法工作能够广泛反映民意、集中民智。⑤增强立法的及时性、协调性、系统性。法律法规的稳定性与调整对象的变动性之间存在矛盾。新立法学要求增强立法的及时性、协调性和系统性,确保法律体系能够适应经济社会发展的需要。这要求立法工作要及时关注经济社会发展中的新情况、新问题,综合运用制定、修改、废止、解释、编纂、清理等

---

[1] 参见丁渠:《立法中的不正当部门利益治理——代议制民主的视角》,中国社会科学出版社2014年版。

手段，及时制定和完善相关法律法规。同时，加强法律法规之间的衔接协调，确保法律体系内部的科学统一。此外，建立健全立法评估机制，对立法前、立法中和立法后的各个环节进行评估和反馈，为立法工作的持续改进提供有力支持。⑥提高立法者的素质和能力。立法工作是一项高度专业化的工作，要求立法工作者具备很高的素质和能力。新立法学要求加强对立法工作者的专业培训和教育，提高其思想境界和工作能力。这包括加强党的理论和路线方针政策的学习、宪法和立法法的学习、立法理论和法理学的研究，以及外国法的了解等。通过培训和教育，使立法工作者能够掌握法律基本原则和基本知识，树立科学态度和敬业精神，在立法工作中做到严谨细致、高度负责。

第一编

# 立法原理

# 第一章

# 立法行为

## 第一节 立法行为的成立要件

### 一、作为起点的立法行为

在立法原理这一编,我们主要讨论立法行为、立法原则与立法目的、法的形式与立法创新、立法与正义、立法与政策、立法的历史与未来这六章内容。

对于立法原理,目前的立法学教材各有界定,又大同小异。周旺生教授的《立法学》在立法原理之下,讨论了①立法原理总论、②立法的概念、③立法指导思想和基本原则、④立法与国情、⑤立法的历史发展。[1]朱力宇、叶传星教授主编的《立法学》(第5版),在立法基本原理之下,讨论了①立法的概念、本质和作用、②立法的历史发展、③立法原则、④立法与利益。[2]杨临宏教授的《立法学:原理、程序、制度与技术》,在立法原理之下,讨论了①立法概述、②立法体制、③立法主体、④立法目的、指导思想和基本原则。[3]邓小兵、赵嘉玲、朱秀亮的《立法学》在立法原理之下,讨论了①立法的指导思想、②立法的基本原则、③立法与国情。[4]徐向华教授的《立法学教程》在立法原理之下讨论了①立法概念、②立法原则、③立法决策。[5]代水

---

[1] 周旺生主编:《立法学》,法律出版社1998年版。
[2] 朱力宇、叶传星主编:《立法学》(第5版),中国人民大学出版社2023年版。
[3] 杨临宏:《立法学:原理、程序、制度与技术》,中国社会科学出版社2020年版。
[4] 邓小兵、赵嘉玲、朱秀亮编著:《立法学》,中国政法大学出版社2023年版。
[5] 徐向华主编:《立法学教程》(第3版),北京大学出版社2024年版。

平、谢寄博主编的《立法学》在立法原理之下，讨论了①立法概述、②当代中国的立法发展、③立法与利益、④立法与国情、⑤立法的指导思想与基本原则。[1] 高轩主编《立法学简明教程》在立法原理之下，讨论了①立法概念：其一，立法概念及分类；其二，立法学概念；其三，法的形式，②立法原则：其一，立法原则概述；其二，我国立法的指导思想；其三，我国法定的立法原则。[2]

与以上教材的体例有异：其一，《新立法学》以立法行为替代了立法的概念，立法行为（legislative behaviour）的研究有大量英文文献，[3] 但在中文文献中以立法行为为标题的论文只有 10 多篇。其二，增加了法的形式与立法创新，作为法的形式论与立法创新原理一章。立法创新是立法原理的重要一极，以立法创新为主题词，搜索中国知网，目前有 794 条结果，最早一篇发表于 1991 年，最新一篇发表于 2025 年 1 月 15 日，而且呈逐年递增趋势，这说明立法创新已成为立法学研究热点之一，从原理的视角予以总结，已属必要。其三，本教材将正义作为最重要的法律价值，在价值论原理中予以讨论，从立法价值论上，实属必要。其四，本教材将立法与政策作为立法原理之一章，乃基于政策对立法的指引与铺垫，在某种意义上，政策是法律的一种形态，当代新立法多数属于政策之法。其五，本教材对立法的历史与未来做了自己的处理，尤其对立法的未来作了展望。

## 二、立法行为的界定

本教材将立法行为作为一个规范性概念提出。立法行为是指立法主体按照立法权限和立法程序所作出的具有法定效力的行为。

立法行为是主权代表者作出的高权行为[4]。各国的立法机关都是主权代表者（之一），他们作出的立法行为代表国民意志，是一种单方面的高权行

---

[1] 代水平、谢寄博主编：《立法学》，西北大学出版社 2023 年版。
[2] 高轩主编：《立法学简明教程》，暨南大学出版社 2020 年版。
[3] [爱尔兰] 谢恩·马丁、[德] 托马斯·萨尔费尔德、[美] 卡雷·W. 斯特罗姆编：《牛津立法研究手册》，周尚君等译，当代中国出版社 2024 年版；[美] 杰克·戴维斯：《立法法与程序》（影印本·第 2 版），法律出版社 2005 年版。
[4] 立法行为在形式上是一种高权行为，但同样依据宪法和法律，其成果受合宪性审查、合法性审查、备案审查等立法监督。

为。荷兰的伟大法学家格劳秀斯将私法行为与公权行为作了最初的划分。民事法律行为是私主体的行为，与之相反的是公共机构，特别是国家，但也包括为所有其他公共团体所实施的公权行为。格劳秀斯就曾经提出，君主所实施的那些同样为其他人实施的行为，与君主以君主身份所实施的行为性质不同。[1]

立法行为是民意代表者作出的规则制定行为。民意代表作为选民的代理人，根据自己的判断，按照立法权限和立法程序，所实施的规则制定行为，是民主法治国家形成国家秩序、维护选民权利的基本需求。

立法行为是一种连续复合行为。立法行为是一种公法行为，是立法机构作出的一种连续复合行为，包括从立法动议、立法决策、草案起草、草案审议、表决到签署公布生效的一系列为达成立法目标而作出的行为。同时，它还是一种表达民意和代表立法意愿的行为。它并不是一种分散的表意行为，而是一种多数民意代表的合意表达行为。

立法行为的结果是法律规则的通过与生效，目标是厘定一种符合法治预期秩序的法律关系。这种法律关系在多数情况下是一种主导性二元关系。"立法是指依据国家统治权，确立规范国家与国民以及国民相互之间关系的一般性、抽象性成文法规范的作用。"[2]这里所说的国家与国民、国民相互之间的关系就是主导性二元关系。法治国家的起点就是法律规则的制定，没有持续的高质量法律规范的产出，就没有法治国家的维续。通过根本法、基本法、部门法和单行法，厘定符合法治预期秩序的法律关系，以此组织社会生活，激励并约束全体居民和其他主体。

立法行为在某种意义上是一种立约行为。这是因为民意代表机关通过代表间理性协商的立法程序和立法过程达成法律，相当于代表委托人即选民签署了法律合约。所以，在这个意义上，守法是公民的义务。

### 三、立法行为的成立要件

（一）宪法或法律授权的立法主体

宪法与立法法及具体部门法授权的立法主体是立法行为的主体资格条

---

[1] [德]维尔纳·弗卢梅：《法律行为论》，迟颖译，法律出版社2013年版，第40页。译文有调整。

[2] [韩]成乐寅：《韩国宪法学概论》，朴大宪、蔡永浩译，知识产权出版社2022年版，第138页。

件。从全国人大及其常委会到设区的市人大及其常委会,从国务院到设区的市人民政府,还有国务院组成部门、各级民族区域自治地方人大及其常委会和民族自治地方人民政府、中央军事委员会、国家监察委员会等都是立法主体。

宪法或法律授权的立法主体作为立法行为的核心构成要件,其重要性不言而喻,它是现代法治国家构建法律秩序、保障公民权利与自由、实现社会公正与和谐的基石。其一,立法主体的法定性确保了立法权力的正当来源与合法行使。在民主与法治的框架下,立法权并非天然归属于某一机构或个人,而是需要经由宪法或法律的明确授予。这种授权不仅限定了立法主体的范围,还规定了其立法权限、程序及责任,从而有效防止了立法权的滥用与扩张,维护了国家权力的分立(分工)与制衡。其二,立法主体的法定性对于保障立法的民主性、科学性和权威性具有决定性意义。立法过程本质上是对社会利益进行分配与调整的过程,只有经过宪法或法律授权的立法主体,才能广泛吸纳民意、集中民智,制定出反映人民意志、具有一定包容度、符合社会发展规律的良法。同时,法定立法主体的立法行为受到严格的程序约束和公众监督,这有助于提升立法的透明度、公正性和公信力,使得法律成为全社会共同遵守的行为规范。其三,立法主体的法定性还是维护国家法制统一、促进法律体系和谐发展的必要条件。在一个国家内部,可能存在多个层级的立法主体,如中央立法机关与地方立法机关等。通过宪法或法律的明确授权,可以清晰界定各立法主体的立法范围与界限,避免立法冲突与重复,确保法律体系内部的协调一致与有序运行。此外,法定立法主体在立法过程中还需遵循上位法的原则与精神,维护国家法制的统一与尊严。

(二)在其立法权限内的立法行动

立法权限是指立法主体依照宪法和法律规定或者全国人大及其常委会的授权规定,所享有的可以行使立法权能的立法类型、立法领域、立法事项或者立法项目范围。

立法权限作为立法行为的构成要件,其重要性不容忽视,它是确保立法活动合法、有序、高效进行的关键所在。以下是对立法权限重要性的详细论述:①明确立法边界,防止权力滥用。立法权限的明确界定,为立法主体划定了清晰的权力边界。它规定了哪些主体有权制定法律、制定何种性质的法律,以及这些法律之间的效力关系。这种明确的权限划分,有效防止了立法权的滥用和扩张，确保了立法活动在法定范围内进行，维护了国家权力的分工与制衡。②保障立法质量，促进良法善治。立法权限的设定，要求立法主体在行使立法权时，必须遵循一定的原则和标准，如合法性、民主性、科学性等。这些原则和标准构成了立法质量的重要保障。通过明确立法权限，可以促使立法主体在立法过程中广泛吸纳民意、深入调查研究、科学论证评估，从而制定出符合社会实际、反映人民意志、促进社会发展的良法，为实现善治提供坚实的法律基础。③维护法制统一，促进法律体系和谐。立法权限的明确划分，有助于维护国家法制的统一和尊严。"从学理上来说，立法权的分立与法制统一原则并不矛盾。"[1]在一个国家内部，可能存在多个层级的立法主体，如中央立法机关与地方立法机关等。通过明确各自的立法权限和效力范围，不仅可以避免立法冲突和重复，确保法律体系内部的协调一致和有序运行，而且各有各的侧重点，各有各的立法创新。同时，立法权限的设定还要求下位法必须符合上位法的原则和精神，从而维护国家法制的统一性和权威性。④推动社会进步，实现国家治理现代化。立法权限的合理安排和有效行使，是推动社会进步、实现国家治理现代化的重要手段。随着社会的不断发展和变革，新的社会关系和社会问题不断涌现，需要通过立法来加以规范和调整。明确立法权限，可以确保权限内立法活动及时、有效地回应社会需求和变化，为经济社会发展提供有力的法律保障和支持。同时，立法权限的行使还促进了公民参与和社会监督，增强了法律的民主性和公信力，为构建和谐社会、实现国家治理现代化奠定了坚实基础。

作为立法行为成立要件的立法行动，单指立法主体和立法主体成员依照其立法权限（包括立法授权），启动立法程序，旨在制定、改变法律规范的所有作为与活动，或者作为与活动过程，或者作为与活动形式。

立法行动包括立法提案，立法决策，法案的提出、讨论、审议、表决或决定，法律的签署与公布等活动或形式，还包括立法修改、立法废除、立法解释、法典编纂、法律认可这些作为与活动本身。

作为动态的要件，立法行动至关紧要，没有实际的立法行动，其他要件不起实际作用；有了实际的立法行动，其他要件才发挥其构成要件的实际作用，或者获得其实际存在。

---

[1] 刘平：《立法原理、程序与技术》，学林出版社、上海人民出版社2017年版，第103页。

(三) 立法程序

法律的立法程序是从立法提案或立法决策到立法草案的提出、讨论、审议、表决、通过到公布；行政法规、规章的立法程序是指立法决策、草案的提出、讨论、审议、决定和公布。行政法规、规章不实行表决，由行政首长在讨论、审议的基础上，作出决定。

立法程序作为立法行为的重要构成要件，其必要性体现在多个方面，是确保立法活动公正、高效、有序进行的基石。①立法程序是立法权有效行使的内在需要。任何未经程序化的法律权力或权利，都可能成为滥用权力或侵害他人权利的依据。立法程序通过明确的步骤、方法和时限，将立法活动规范化，确保立法权的行使在法治轨道上进行，从而避免立法的任意性和无序性。这种程序化的要求，不仅体现了对立法权力的制约，也保障了立法活动的稳定性和可预测性。②立法程序是实现立法民主、科学、公正的重要保障。立法程序要求广泛吸纳民意、深入调查研究、充分讨论协商，确保立法活动能够充分反映社会各方面的利益诉求和意见建议。通过立法程序，不同利益群体之间的分歧和矛盾可以得到有效沟通和协调，从而实现立法的民主化、科学化和公正化。这种程序化的过程，有助于提升立法的质量和公信力，增强法律的权威性和执行力。③立法程序还有助于提高立法效率和立法质量。立法程序通过设定明确的立法阶段、审议程序和表决方式等，使得立法活动能够有序进行，避免了立法过程中的混乱和拖延。"只有完善立法程序，才能使立法案从内容到形式都得到周密审慎地研究处理，使各种法案的审议都能有条不紊地进行，并使立法者集体的智慧得到充分发挥。最后达到正确立法的目的。"[1]④立法程序还注重对立法草案的反复修改和完善，确保立法内容符合社会实际和法律规定，提高立法的针对性和可操作性。这种程序化的要求，有助于提升立法工作的效率和质量，为社会经济发展提供有力的法律保障。

(四) 立法成果

立法成果是指最终公布的各种形式和位阶的法律、法规、规章、自治条例、单行条例等，也包括立法修改、解释和废止的法律、法规、自治条例、单行条例的正式文本或者关于法律的决定性文件。

立法成果作为立法行为的构成要件，其必要性体现在多个方面，是衡量

---

[1] 张根大、方德明、祁九如：《立法学总论》，法律出版社 1991 年版，第 239 页。

立法质量和效果的重要标尺。①立法成果是立法行为的具体化体现，它不仅是立法机关通过法定程序制定的规范性文件，更是国家意志的集中表达和社会管理的重要工具。立法成果的出台，标志着立法机关对某一社会领域或问题进行了深入调研、广泛征求意见和科学论证，最终形成了具有普遍约束力的法律规范。这一过程体现了立法行为的严谨性和规范性，确保了立法成果的科学性、民主性和合法性。②立法成果是法律实施和社会治理的基础。立法机关通过制定法律法规等立法成果，为社会成员提供明确的行为准则和权利义务规范，为行政机关和司法机关提供执法和司法的依据。立法成果的完善与否，直接影响到法律的实施效果和社会治理的成效。因此，立法成果的必要性在于它为社会提供稳定、可预期的法律环境，保障社会秩序的和谐稳定。如 1804 年到 1946 年，法国政局动荡不安，宪法如走马灯般轮换，而《法国民法典》作为社会治理的中流砥柱，起到了维护社会秩序和社会发展的至关重要作用。③此外，立法成果还是推动社会进步和发展的重要力量。随着社会经济的不断发展和变革，新的社会关系和社会问题不断涌现，需要立法机关及时制定新的法律规范来加以调整和规范。立法成果的出台，能够引导社会成员的行为方式，推动社会制度的创新和完善，为经济社会发展提供有力的法律保障和支持。综上所述，立法成果作为立法行为的构成要件，其必要性不仅在于它是立法行为的具体化体现和法律实施的基础，更在于它是推动社会进步和发展的重要力量。因此，在立法过程中，必须高度重视立法成果的质量和效果，确保立法成果能够真正发挥其在社会治理中的积极作用。

**四、立法行为的合法性要素**

立法行为作为现代国家治理的基石，其合法性是至关重要的。立法行为的合法性要求主要体现在以下几个方面：

（一）立法主体合法

立法主体，即有权制定法律的机构或个人，必须合法。这包括三个方面：

（1）法定的立法主体或者被授权的立法主体。法定的立法主体是指依照宪法和法律明确规定享有立法权的国家机关。这些机关的立法权是由国家的根本大法或基本法律直接赋予的，是基于其在国家机构体系中的地位而天然拥有的权力。例如，在我国全国人民代表大会及其常务委员会是国家最高立法机关，其立法权是宪法所赋予的，它们可以制定和修改刑法、民法等基本法律。被授权的立法主体是指本身没有立法权或者其立法权受到一定限制，但基于有权机关（通常是法定立法主体）的授权而获得一定立法权的主体。比如，国务院根据全国人大及其常委会的授权，可以制定行政法规。这些主体的立法权力来源于授权机关的特别授权，不是其本身固有的权力。

（2）立法权限合法。立法主体必须在自己的职权范围内进行立法活动。例如，在我国，宪法明确规定全国人民代表大会及其常务委员会有权制定法律，而行政法规则由国务院制定，规章则只能由国务院部委和具有外部行政管理职权的直属机构以及省、自治区、直辖市人民政府和较大的市的人民政府制定。这些规定确保了立法主体在法定权限内行使立法权，避免了越权立法的情况。

（3）立法主体不滥用职权。立法主体在行使立法权时，不得滥用职权，如不得利用立法权达到地方保护、部门垄断等不正当目的。此外，授权立法也应符合授权目的，确保立法活动的合法性和正当性。

（二）立法内容合法

立法内容必须合法，这是立法行为合法性的核心要求。具体来说，立法内容必须：

（1）符合宪法原则：立法内容必须与宪法保持一致，不得违背宪法的原则和精神。宪法作为国家的根本大法，具有最高的法律效力，任何法律、法规、规章的制定都必须以宪法为依据。

（2）不与上位法相抵触：立法内容必须遵循上位法的规定，不得与上位法相抵触。在我国法律体系中，宪法是最高法律，法律是基本法律，行政法规和规章则是依据法律和宪法制定的具体规范。因此，行政法规和规章的内容必须与法律保持一致，不得与法律相抵触。

（3）法律根据正确：立法内容必须有明确的法律根据，确保立法活动的合法性和权威性。法律根据可以是宪法、法律、行政法规等上位法，也可以是其他规范性文件。但无论何种情况，立法内容都必须有明确的法律根据，确保立法活动的合法性和权威性。

（4）符合社会发展需要：立法内容必须符合社会发展的客观需要，反映社会经济发展的实际情况。立法者应根据社会发展的需要，及时调整和完善法律体系，确保法律的有效性和适应性。

### (三) 立法程序合法

立法程序是立法行为的重要组成部分，其合法性要求主要体现在以下几个方面：

（1）遵循法定程序：立法过程必须遵循法定的程序，包括法律草案的起草、审议、表决等环节。这些环节都有严格的规定和要求，确保立法过程的公正、公开和公平。

（2）保障公众参与：立法过程应充分听取公众的意见和建议，保障公众的参与权和表达权。通过公开讨论、听证会等方式，公众可以表达自己的意见和建议，参与法律的制定过程。这有助于增强法律的合法性和权威性，促进公民对国家权力的认同和支持。

（3）立法监督有效：立法过程应接受有效的监督，确保立法活动的合法性和合理性。立法监督可以来自多个方面，包括国家权力机关的监督、社会监督等。这些监督方式有助于及时发现和纠正立法中存在的问题和不足，提高立法质量和效率。

### （四）立法形式合法

立法形式也是立法行为合法性的重要方面。立法形式必须符合法律规定，包括法律的名称、内容结构、发布方式等都需要遵循一定的格式和规范。这有助于确保法律的统一性和协调性，提高法律的可读性和可理解性。

综上所述，立法行为的合法性要求包括立法主体合法、立法内容合法、立法程序合法以及立法形式合法等方面。这些要求共同构成了立法行为的基本准则，确保了法律的公正、公平和有效实施。同时，这些要求也为立法者提供了明确的指导方向，有助于推动法治国家的建设和发展。

## 第二节 立法行为的特征与功能

### 一、立法行为的特征

分析立法行为的界定，有以下要点：其一，立法行为是立法主体作出的行为；其二，立法行为是立法主体在其立法权限内作出的公法行为；其三，立法行为是立法主体按照立法程序作出的公法行为；其四，立法行为是具有法定效力的公法行为；其五，立法行为既可以是阶段性行为也可以是一系列行为；其六，立法行为既指立法机关的立法行为，也指立法机关组成人员的立法行为。

从特征上，可以做如下分析：

（1）立法行为具有严格的法定位阶。一般来说，一个大型国家的立法主体是复数的立法主体，它们之间往往按照法定位阶区分，这个与其民意代表性和代表范围相一致。

（2）立法行为既带有国家主权行为特征，也有明显的议会代表的个体选择性。国家主权行为者不受法律责任追究，但其行为结果可能因合宪性审查或者合法性审查而失效。议会代表的个体选择性较为多元。"尽管越来越多的学术机构敦促国会学者考虑国会的种族化问题，但很少注意了解种族仇恨如何影响立法行为。为了填补这一空白，我们询问一个成员所在地区的种族仇恨是否以及如何影响她在新闻稿中对种族问题的立场。由于构成因素的影响，我们期望来自种族仇恨程度高的地区的立法者发布带有种族色彩的新闻稿。通过对第114届国会（2015-2017年）近400名美国众议院议员的超过54 000份新闻稿的自动内容分析，我们发现来自种族仇恨程度高的选区的共和党人更有可能发布攻击总统奥巴马的新闻稿。相反，我们没有发现种族仇恨的证据与另一位著名的民主党白人当选官员希拉里·克林顿有积极的联系。我们的研究结果表明国会可能保持种族保守的原因之一，即使代表的退出周期也可能归因于选举进程。"[1]

（3）立法行为受到立法体制的约束。立法体制是立法主体与立法权限的制度体系。具体的立法主体的立法行为受其立法权限的制约，受立法主体组织方式和结构的制约。有的立法体制下，公民团体有立法创制权，普通公民有立法提案权，包括立法请愿和立法抵抗[2]，这样，公民团体和普通公民也是立法主体，也可以作出立法行为。有的国家赋予国家元首立法否决权，或者赋予国家元首立法搁置权，当国家元首行使立法否决权，或者行使立法搁置权，或者签署批准立法，都是一种立法行为，即表达立法意愿、具有特定

---

[1] Garcia Jennifer R., "Stout Christopher T., Responding to Racial Resentment: How Racial Resentment Influences Legislative Behavior", *Political Research Quarterly*, Volume 73, Issue 4. 2020. pp. 805-818.

[2] [韩]成乐寅：《韩国宪法学概论》，朴大宪、蔡永浩译，知识产权出版社2022年版，第141页。

法律效力的行为。

（4）立法行为包含多种形态：制定、认可、修改、决定、补充、解释、废止、编纂、清理等。这些形态的立法行为，都是立法主体表达特定立法意愿并具有特定法律效力的行为。统筹立改废释纂是习近平总书记的要求。

第一，立（制定新法）的例子：制定《网络安全法》。随着互联网技术的飞速发展，网络安全问题日益凸显。为了保障国家安全、社会公共利益以及公民的合法权益，我国于2016年制定了《网络安全法》。该法明确了网络空间主权和国家安全、网络产品和服务提供者的安全义务、网络运营者的安全责任、个人信息保护、关键信息基础设施的运行安全以及网络信息安全监测预警与应急处置等方面的内容。这一立法行为体现了我国对网络空间治理的高度重视和积极应对。

第二，改（修改法律）的例子：修改《个人所得税法》。为了适应经济社会发展和居民收入水平的变化，我国多次对《个人所得税法》进行修改。例如，近年来为了提高居民的可支配收入、促进消费和经济增长，我国对个人所得税的税率结构、起征点、专项附加扣除等方面进行了调整。这些修改既使得个人所得税制度更加符合社会公平和效率的原则，也更好地发挥了税收在调节收入分配中的作用。

第三，废（废止旧法）的例子：废止《城市流浪乞讨人员收容遣送办法》。该办法曾是我国对城市流浪乞讨人员进行管理的主要法律依据。然而，随着社会文明程度的提高和人权观念的普及，该办法的合法性和合理性也受到了广泛质疑。为了保障公民的人身自由权利和其他合法权益，我国于2003年废止了《城市流浪乞讨人员收容遣送办法》。这一废止行为体现了我国法治建设的进步和对人权保障的高度重视。

第四，释（立法解释）的例子：例如，针对《刑法》中"以危险方法危害公共安全罪"这一条款的适用问题，全国人大常委会可以发布立法解释，或者由最高人民法院、最高人民检察院发布本条适用的司法解释，对该条款的具体含义、构成要件、适用情形等进行详细阐述。这种立法解释行为有助于增强法律的明确性和可操作性，减少法律适用中的争议和不确定性。

第五，纂（编纂法典）的例子：编纂《民法典》。编纂法典是对某一领域相互关联的法律进行整合、修改、补充的过程，旨在形成一个有机整体。以民法典为例，它通过对原有民事法律制度的全面梳理和整合，形成了一个系统、完整、协调的民事法律体系。这种编纂行为不仅提高了法律的规范性和统一性，也方便了公民和企业的法律适用。编纂《民法典》之外的例子——编纂《行政基本法典》。这样的编纂工作将有助于提高行政法制度的规范性和统一性，促进依法行政和法治政府建设。需要注意的是，目前这一工作仍处于探索和论证阶段，具体进展和成果需关注相关立法动态。

综上所述，立改废释纂作为立法行为的形态，在完善中国特色社会主义法律体系的过程中发挥着重要作用。通过制定新法、修改法律、废止旧法、立法解释和编纂法典等多种方式，我国不断推动法律制度的创新和完善，以适应经济社会发展的需要。

（5）立法行为的规范科学特征。我们为什么"必须"和"应该"？这涉及规范性的来源、基础和依据等。休谟在《人性论》中曾论及"是"与"应该""事实"与"价值"和"规范"之间的分裂和鸿沟。如果这种论述成立的话，就会使价值和规范成为完全主观的偏好和规定，这是很多人难以接受的。国内外学术界一直试图回答休谟的"是-应该"问题及其论述，特别是近些年来，"规范性的来源"（the source of normativity）成为国际哲学界研究的热点之一。陈波教授论述的观点是：①没有纯客观的"事实"，也没有纯主观的"规范"，事实与价值和规范的截然二分不成立；②规范源自人的特定意图和目标与客观现实之间的差距、相关的广义科学原理、社会共识（文化传统与习俗等），特别是认知-行动主体的理性思考能力；③规范是达成认知-行动主体的意图和目标的手段，它们表面上采取定言命令的形式："你应该做 Y！"实际上是连接目标与手段的假言命令形式："如果你的目标是 X，那么你应该做 Y！"④规范最终被自然化了：它们是生物进化和文化进化的产物，亦来自认知-行动主体过去实践的成功，为后者所证成；⑤价值和规范科学（至少包括伦理学和法学）不是其他科学的例外，关于价值和规范的例外论（exceptionalism）是错误的。[1]由此可见，立法行为是人类面对事实与价值的落差，必须进行的规范制定行为。这种规范制定行为，从民主性与自我约束性上讲，也是规范约定行为，其本质特征是价值关怀和制度创新；只有将价值关怀和制度创新合二为一，才是具有正当性的从事实到价值的规范制定行为。

---

[1] 陈波：《我们为什么"必须"和"应该"——架通从"是"到"应该"的桥梁》，载《中国社会科学》2024 年第 11 期。

## 二、立法行为的社会功能

通过立法行为，所实现的社会功能如下：

（1）产生法律规范，建立社会秩序。离开配备强制性手段和法律责任的法律，人类社会只能是弱肉强食的丛林。通过立法，建立社会秩序。这是法律首要的功能。这种社会秩序从强制秩序到诱致秩序都有，凯尔森和德洛分别描述了这两种秩序。"社会秩序之规定强制办法以促使个人从事于社会所希冀的行为者，称为强制秩序。作为强制秩序，它与其他一切的社会秩序，如有赏无罚的秩序，尤其是基于直接劝导而制裁的社会秩序，形成对比。"[1]"德洛认为法的直接作用——即试图直接地对个人法律主体强加法律上的义务来改变人的行为乃至人的观念——这种做法已充满危机。然而他也承认，在社会变迁的许多方面，法律能够并且确实起着十分重要的间接作用。第一，依法形成各种社会制度，通过它们来直接诱致社会变迁的性质和速度。第二，建立政府机关内部的各种组织机构以扩大对社会变迁的影响。在20世纪，西方国家经常依法建立名目繁多的局、委员会以及用于促进特殊政治目的的各种机构。第三，设立一种法律上的义务以形成一种社会环境，以此培养社会变迁的因素。"[2]

（2）反映民意，保障个体权利。法治之法以保障个体权利为中心，这是最基本的法治理念。这也是我国《宪法》第33条规定"国家尊重和保障人权"的旨归。这里的个体包括公民、非公民、法人、非法人组织等。从最早的《英国大宪章》到1996年生效的《南非宪法》都是这样的良法。"伦敦市应保有其原有之一切自由权及其自由风俗习惯，水陆皆然。朕并承认其他各城邑、市镇、口岸保有其自由权及自由风俗习惯。"[3]"任何人在法律面前都是平等的。平等地受法律保护，平等地享受法律所规定的权利。平等包括完全及公平地享受所有的权利和自由。为了促进平等的实现，可采取立法或其

---

[1] 法学教材编辑部、《西方法律思想史》编写组编：《西方法律思想史资料选编》，北京大学出版社1983年版，第643页。

[2] [英]罗杰·科特威尔：《法律社会学导论》，潘大松等译，华夏出版社1989年版，第65~66页。

[3] 法学教材编辑部、《外国法制史》编写组编：《外国法制史资料选编》（上册），北京大学出版社1982年版，第251页。

他措施以保护个人或团体。国家不得对任何人进行不公平的直接歧视或间接歧视。无论该歧视是基于种族、性别、怀孕状况、婚姻状况、族裔或社会出身、肤色、性取向、年龄、残疾、宗教、善恶观念、信仰、文化、语言、出生等任何一方面或几方面理由。"[1]

（3）组织社会和规制政府。这是立法的三个基本功能之一。任何社会都需要政府组织法、市场主体组织法、社会主体组织法等众多组织法，同时，以组织法规制政府，是法治的基础要素。政府既需要保障也需要规制，保证其权力之手服务于公民权利和公共利益的保障。在近代著名学者那里，有许多关于这方面的经典论述："国家是许多人依据法律组织起来的联合体。……每个国家包含三种权力，人民的普遍联合意志，在一种政治的'三合体'中人格化，它们就是立法权、执行权和司法权。"[2]"民主政治是料理政务的权力属于全体人民。"[3]在当代学者那里，社会变迁带来了变化。"国会是代为反映主权意思的机关。国会行使作为其本源权限的立法权，产出法律。该法律表达了主权者的一般意思。然而，随着现代行政国家化倾向，国会的作用更倾向于表现为对政府的控制、牵制权。"[4]

（4）回应社会治理需求，推动善治的形成。立法并不是越多越好，有些领域属于公民消极权利，不需要制定具体法律。但是，涉及个人权益受侵害的领域，往往需要公权力的适当介入，而公权力介入必须有法律依据、法律授权，这就是说，为回应社会治理需求，制定法律。目前各国都在应时制定人工智能法，就是一个极好的例证。

（5）各种改革方案的正当化。改革开放是社会主义中国获得活力的法宝之一，改革与法治的关系学界多有探讨。改革方案需要法制化，这是一个共识。通过制定改革法案推行改革是法治国家的规范路径，需要我们改变过去那种以政策代替法律的路径，以法律法规规章的形式保障改革的合法性和正当性。"凡属重大改革要于法有据，需要修改法律的可以先修改法律，先立后

---

[1] 孙谦、韩大元主编：《非洲十国宪法》，中国检察出版社2013年版，第214页。

[2] 法学教材编辑部、《西方法律思想史》编写组编：《西方法律思想史资料选编》，北京大学出版社1983年版，第419页。

[3] [英] 坎南编著：《亚当·斯密关于法律、警察、岁入及军备的演讲》，陈福生、陈振骅译，商务印书馆1962年版，第40页。

[4] [韩] 成乐寅：《韩国宪法学概论》，朴大宪、蔡永浩译，知识产权出版社2022年版，第123页。

破，有序进行。有的重要改革举措，需要得到法律授权的，要按法律程序进行。"[1]

（6）促进经济社会发展和文化科技进步。我国颁行的促进型的法律法规多起来了，说明政府意识到依法促进经济社会发展和文化科技进步的可靠性；在法治的轨道上，促进发展，可以说是一种必然之选。《乡村振兴促进法》《中小企业促进法》，以促进法命名的国家法律不下十几部。我国正在酝酿制定的是《数字经济促进法》。

（7）应急性处理方案的合法化。网络社会是一个应急社会，需要应急处理的问题越来越多，需要将应急处理方案纳入法治轨道，获得民意代表的多数认可，这是法治国家的必由之路。一种是依据《突发事件应对法》可处理的事务；第二种，超出日常应急处理的重大应急事务，需要另行通过单项法案处理。[2]

（8）国际义务、外交和国际政治上的授权。国家之间的联系与互动越来越密切和频繁。在承诺新的国际义务上，在外交的重大选择上，在国际政治关系上的重大应对上，都需要在法治的轨道上进行。"全面依法治国是国家治理的一场深刻革命，关系党执政兴国，关系人民幸福安康，关系党和国家长治久安。必须更好发挥法治固根本、稳预期、利长远的保障作用，在法治轨道上全面建设社会主义现代化国家。"[3]

## 第三节　立法行为的民主性与合约性

### 一、立法行为的民主性及其要求

立法行为的民主性是现代民主制度的重要特征之一，涵盖了立法过程的透明性、公众参与、代表性和问责性等多个方面。以下是从国际范围论证立法行为的民主性及其要求的几个关键点：

---

[1]　习近平：《论坚持全面依法治国》，中央文献出版社2020年版，第35页。
[2]　如《气候变化应对法》。
[3]　习近平：《高举中国特色社会主义伟大旗帜　为全面建设社会主义现代化国家而团结奋斗——在中国共产党第二十次全国代表大会上的报告》，载《人民日报》2022年10月17日。

## （一）公众参与

民主立法的核心在于公众参与。塞缪尔·亨廷顿与琼·纳尔逊在合著的《难以抉择：发展中国家的政治参与》（No Easy Choice）一书中表明，"政治参与"被定义为普通公民进行的各种意在影响政府决策的活动。①政治参与者必须亲身参与到政治过程和政治活动中；②强调民众对公民参与权的主动及积极地行使；③政治参与活动应当是带有政策预期的活动。[1]

立法过程应允许公民通过各种渠道表达意见，包括听证会、公众咨询、在线平台等。这种参与不仅增强了法律的合法性，还能确保法律反映社会的真实需求和价值观。

公众要实现实质的参与，必须借助公众团体、利益集团、社会舆论、政党等作为个人参与的基础。

## （二）透明性

立法过程的透明性是民主的重要保障。立法机构的决策过程、会议记录和投票结果应当对公众开放，以便于监督和评估。这种透明性可以防止腐败和权力滥用，增强公众对立法机构的信任。

目前的信息条件，可以借助各种网上通信手段，进行直播与线上参与、线上发布和线上立法监督，立法机关要多利用这些网上透明机制推动民主立法。

## （三）代表性

立法机构应当充分代表社会的多样性，包括不同的社会群体、性别、种族和经济背景等。通过选举产生的立法者应当反映选民的意愿和利益，确保不同声音在立法过程中得到充分表达。

无论是立法提案者，还是立法起草者，当然最重要的是立法审议者、表决者，包括立法过程中的广大参与者，都要有代表性，能够代表其背后的选民和社会阶层。

## （四）法治原则

立法行为应遵循法治原则，确保法律的制定和实施是公正的、平等的。法律应当明确、公正且可预测，以保障每个公民的基本权利和自由。同时，对权力应制约和监督，对权力的授予，对权力-权利、权力-责任的配置要符

---

[1] Samuel Huntington and Joan M. Nelson, *No Easy Choice: Political Participation in Developing Countries*, Cambridge, MA: Harvard University Press, 1976, p. 3.

合法治的基本要求。

(五) 问责制

立法者对其选民和公众应当负有问责责任。通过定期的选举和其他问责机制，公众可以对立法者的表现进行评估，促使立法者更好地履行职责，反映民意。这样的机制是通过任期制、定期选举、立法监督、合宪性审查等方式实现的，在我国，还有依法治国（省、市、县区）委员会的法治监察。

(六) 国际标准与实践

许多国际组织（如联合国、欧洲委员会等）都提出了关于民主立法的标准和指南，强调立法过程的民主性。例如，《世界人权宣言》和《公民权利及政治权利国际公约》均强调了参与治理和表达意见的权利。

立法行为的民主性是保障公民权益、促进社会公正和增强政府合法性的基础。通过确保公众参与、透明性、代表性、法治原则和问责制，立法过程能够更好地反映社会的需求和价值观，推动社会的可持续发展。因此，各国在立法过程中应当积极践行这些民主要求，以构建更加公正和包容的法律体系。

## 二、立法行为的合约本性及其要求

立法行为，作为现代国家治理的重要工具，不仅承载着规范社会行为、维护社会秩序的功能，还体现了国家与公民之间的合约关系。这种合约本性不仅要求立法行为具备合法性，还对其提出了诸多要求。本书将从立法行为的合约本性出发，探讨其内涵、表现形式以及相应的要求。

(一) 立法行为的合约本性

立法行为的合约本性，是指立法活动在本质上是一种国家与公民之间基于共同意志和利益而形成的合约关系。这种合约关系体现在以下几个方面：①宪法基础：宪法作为国家的根本大法，是立法行为的最高法律依据。宪法不仅规定了国家的基本制度、公民的基本权利和义务，还明确了立法权的来源和行使方式。因此，立法行为必须遵循宪法的规定，确保立法活动的合法性和权威性。②法律制定：立法行为的核心是制定法律。法律是公民与国家之间的一种合约，规定了公民的权利和义务，以及国家权力的行使范围和方式。通过立法，国家将公民的共同意志转化为具有普遍约束力的法律规范，从而保障社会秩序和公民权益。③民主参与：立法行为的合约本性还体现在民主参与上。民主参与是立法过程的重要组成部分,通过公开讨论、听证会等方式,公民可以表达自己的意见和建议,参与法律的制定过程。这种参与不仅增强了法律的合法性和权威性,还促进了公民对国家权力的认同和支持。④法律实施:立法行为的合约本性还体现在法律的实施上。法律的实施是立法行为的最终归宿,也是检验立法质量的重要标准。通过法律的实施,国家将法律规范转化为具体的法律行为,从而维护社会秩序和公民权益。

(二) 立法行为的合约表现形式

立法行为的合约本性在立法实践中表现为多种形式,主要包括以下几个方面:

①立法程序的规范化:立法程序的规范化是立法行为合约本性的重要体现。立法程序包括法律草案的起草、审议、表决等环节,每个环节都有严格的规定和要求。通过规范化的程序,立法行为得以在公开、公正、公平的环境下进行,从而保障了法律的合法性和权威性。②立法内容的明确性:立法内容的明确性是立法行为合约本性的另一重要体现。立法内容必须清晰、具体、可操作,以便公民能够准确理解并遵守法律规定。同时,立法内容还应体现公民的共同意志和利益,确保法律的公正性和合理性。③立法结果的公开性:立法结果的公开性是立法行为合约本性的重要保障。立法结果必须及时、准确地向社会公布,以便公民了解法律的内容和实施情况。通过公开立法结果,可以增强法律的透明度和公信力,促进公民对法律的认同和遵守。④立法监督的有效性:立法监督的有效性是立法行为合约本性的重要保障之一。立法监督包括立法审查、立法评估等环节,旨在确保立法行为的合法性和合理性。通过有效的立法监督,可以及时发现和纠正立法中存在的问题和不足,提高立法质量和效率。

(三) 立法行为的合约要求

立法行为的合约本性对其提出了诸多要求,这些要求不仅体现在立法过程中,还贯穿于法律制定、实施和监督的各个环节。①合法性要求:合法性是立法行为的基本要求。立法行为必须遵循宪法的规定和原则,确保法律的合法性和权威性。同时,立法行为还应符合国家的法律体系和法律传统,确保法律的统一性和协调性。②民主性要求:民主性是立法行为的重要要求。立法过程应充分听取公民的意见和建议,保障公民的参与权和表达权。通过民主参与,可以增强法律的合法性和权威性,促进公民对国家权力的认同和支持。③科学性要求：科学性是立法行为的重要要求之一。立法行为应基于科学的方法和理论，确保法律的合理性和可操作性。同时，立法行为还应充分考虑社会发展和公民需求的变化，及时调整和完善法律体系。④公正性要求：公正性是立法行为的核心要求。立法行为应体现公民的共同意志和利益，确保法律的公正性和合理性。同时，立法行为还应加强对弱势群体的保护，维护社会公平正义。⑤透明性要求：透明性是立法行为的重要保障。立法过程应公开透明，确保公民了解法律的制定和实施情况。同时，立法结果也应及时向社会公布，增强法律的透明度和公信力。⑥监督性要求：监督性是立法行为的重要保障之一。立法行为应接受社会监督，确保法律的合法性和合理性。通过有效的立法监督，可以及时发现和纠正立法中存在的问题和不足，提高立法质量和效率。

（四）立法行为合约本性的实践意义

立法行为的合约本性具有重要的实践意义，主要体现在以下几个方面：①增强法律的合法性和权威性：立法行为的合约本性有助于增强法律的合法性和权威性。通过遵循宪法规定、保障公民参与、加强立法监督等措施，可以确保法律的合法性和权威性，提高法律的公信力和执行力。②促进公民对国家权力的认同和支持：立法行为的合约本性有助于促进公民对国家权力的认同和支持。通过民主参与、公开透明等措施，可以增强公民对立法过程的了解和信任，提高公民对国家权力的认同和支持度。③维护社会秩序和公民权益：立法行为的合约本性有助于维护社会秩序和公民权益。通过制定明确、具体、可操作的法律规定，可以规范社会行为、维护社会秩序；同时，通过加强对弱势群体的保护、维护社会公平正义等措施，可以保障公民的合法权益。④推动法治国家建设：立法行为的合约本性有助于推动法治国家建设。通过完善法律体系、加强立法监督等措施，可以推动法治国家的建设进程；同时，通过提高立法质量和效率、促进法律实施等措施，可以推动法治国家的实践和发展。

综上所述，立法行为的合约本性是现代国家治理的重要特征之一。立法行为不仅承载着规范社会行为、维护社会秩序的功能，还体现了国家与公民之间的合约关系。这种合约关系要求立法行为具备合法性、民主性、科学性、公正性、透明性和监督性等要求。通过遵循这些要求，可以增强法律的合法性和权威性、促进公民对国家权力的认同和支持、维护社会秩序和公民权益以及推动法治国家建设。因此,在未来的立法实践中,应继续加强立法行为的合约本性建设,推动法治国家的实践和发展。

## 第四节 立法行为与一般法律行为

### 一、立法行为与一般法律行为的构成比较

第一,立法行为是立法主体公开作出的多数决公法行为。前已论述,立法行为由五大要件构成:立法主体、立法权限、立法行动、立法程序和立法成果。[1]关键的要件是立法主体在其立法权限内,为追求立法成果,按照立法程序启动立法行动。立法行为作为立法主体的一种重要活动,其特性可以概括为"立法主体公开作出的多数决公法行为"。这一表述涵盖了立法行为的几个核心要素,以下是对这一表述的简要阐述:①立法主体是指具有立法权的国家机关或经授权的组织。在我国,根据《立法法》的规定,全国人民代表大会及其常务委员会是国家的最高立法机关,享有国家立法权。此外,设区的市以上的地方人民代表大会及其常务委员会享有相应的地方立法权。这些立法主体负责制定、修改、废止法律法规等立法活动。立法机关可以将立法权限内的有些立法项目,通过授权交由行政机关,由其制定行政法规或者政府规章。②立法行为的公开性是指立法过程应当向社会公众开放,确保公众能够了解并参与立法活动。这包括立法草案的公布、立法听证会的举行、立法意见的征集等环节。公开性不仅有助于保障公众的知情权、参与权和监督权,还能提高立法的透明度和民主性,增强法律的社会认同感和执行力。③多数决是立法决策的基本原则,即立法机关在审议和表决法律草案时,遵循少数服从多数的原则。这意味着在立法过程中,即使存在不同意见和分歧,也应当以多数人的意见为准进行决策。多数决原则确保了立法决策的民主性和科学性,避免了个人或少数人的独断专行,保障了法律的公正性和权威性。④立法行为是一种公法行为,即关涉公共利益和国家权力的法律行为。与私法行为不同,立法行为具有职务性和普遍约束力,对全社会成员都具有法律

---

[1] 为了表述的方便,这里将前文界定的"在其立法权限内的立法行动"分解为立法权限、立法行动。

效力。立法行为的公法性质决定了其必须遵循严格的法定程序和原则,确保立法的合法性和正当性。

第二,一般法律行为各有成立要件、各有形式、各有法律后果。一般法律行为是学者对各种具有法律效力的主体行为的概括,[1]公法上有立法行为、行政行为、司法行为、监察行为,私法上有民事行为、商事行为。公法行为的成立要件和私法行为的成立要件各有自己的学说,这里不拟展开。

## 二、立法行为与一般法律行为的特征比较

(一) 立法行为具有公开性、法定程序性、民主参与性和非一致通过性

立法行为是一般法律行为的一种,是公法行为的一种,它具有公开性、法定程序性、民主参与性和非一致通过性。

公开性是指立法行为关键成立要件的立法行动,即一系列程序性行为,必须面向大众开放。公开规划、公开决策、公开启动、公开起草、公开讨论、公开征求意见、公开审议、公开表决、公开全部条文、公开生效日期等。

法定程序性是指立法行为是在宪法、立法法、立法机关议事规则等确定的立法程序即立法程式、步骤下,依照立法主体的立法职权作出的。

民主参与性是指立法行为是在法定的民主程序保障下,在大众和立法机关成员的广泛参与下,完成的多数人合意的立法活动。全过程人民民主是我国坚持的立法路径、原则与精神。人大常委会将扩大人民群众有序参与立法,作为践行全过程人民民主的重要实践,从征集立法项目、编制立法规划和立法计划到拟订法律法规草案,从法律法规草案提请审议、修改完善到通过后宣传解读,都通过座谈会、论证会、听证会、评估会、书面、网上等方式听取意见建议。据统计,自党的十八大召开到2021年10月,全国人大常委会已有200多件次法律草案向社会公开征求意见,110多万人次提出了300多万条意见、建议,都得到了认真研究和及时反馈。[2]

非一致通过性是指立法往往不需要一致通过,因为立法反映对利益相关方的保护力度的某种平衡,往往与既成的利益格局有差距,自然在民意代表那里,就不会有100%的通过率。所以,一般立法,过半数即可通过。这样的立法

---

[1] 舒国滢主编:《法理学导论》(第2版),北京大学出版社2012年版,第134页。
[2] 万其刚、汤建军主编:《发展全过程人民民主》,东方出版社2023年版,第175页。

行为是经由开放性讨论、审慎性审议达成最大限度的妥协，经由自由表决达成的多数决，通过多数决过滤掉不同的意见与反对意见，同时加强了能够达成一致的意见，完成了立法行为，实现了少数服从多数，完成了意志、权利与制度的选择。在多党制国家，加上政党竞争，有时候，过半数通过已经很难得了。

（二）一般法律行为具有法定成立要件性和法定效力性

相对立法行为，行政行为不需要民主参与，但是需要行政执法监督。司法行为需要严格依法组成审判庭、当事人参与、期间限制、司法文书的论证说理和司法文书的执行等。民事行为、商事行为强调当事人协商一致性、时效性、法定效力性等。

在探讨"一般法律行为具有法定成立要件性和法定效力性"时，我们可以从以下几个方面进行详细论述：（1）法定成立要件性。法律行为的成立要件是指法律行为有效成立所必须满足的基本条件。这些要件通常由法律明确规定，是判断一个行为是否构成法律行为的法定标准。法定成立要件性的存在，确保了法律行为的规范性和可预测性，维护了法律秩序的稳定。①当事人：法律行为的主体是当事人，即具有相应行为能力的自然人、法人或其他组织。在单方法律行为中，仅需一方当事人即可；在双方或多方法律行为中，则需要相应的多方当事人。②意思表示：意思表示是法律行为的核心要素，指当事人将其希望发生一定法律效果的内心意思表现于外部的行为。意思表示真实、明确是法律行为成立的关键。意思表示并不只是民事法律行为的成立要件，它还是一般法律行为的成立要件。③标的确定且可能实现：法律行为的标的，即法律行为所指向的对象或内容，必须明确且具备实现的可能性。标的的确定性和可能性是法律行为能够产生预期法律效果的基础。（2）法定效力性。法定效力性是指法律行为一旦成立并生效，即具有法律上的约束力，当事人必须按照法律行为的内容履行相应的权利和义务。法定效力性是法律行为区别于其他社会行为的重要标志，也是法律保护当事人合法权益的重要依据。其效力类型包括如下四种情形：①有效法律行为：符合法定成立要件和生效要件的法律行为，自成立时生效，具有法律上的约束力；②效力待定的法律行为：因当事人行为能力欠缺或标的物存在瑕疵等原因，法律行为暂时不能确定其效力。待相关条件成就或消除后，法律行为可能转化为有效或无效；③可撤销的法律行为：因意思表示不真实等原因，一方当事人有权请求法院或仲裁机构予以撤销的法律行为，撤销后，法律行为自始无效；④无效的法律行为：因违反宪法、法律、行政法规的强制性规定或违背公序良俗等原因，自始不产生法律效力的法律行为。

## 第五节 立法原理和法律关系原理

### 一、立法原理

存在立法原理吗？存在。立法原理就是指国家立法行为所必须遵循的原则与法理。这些原理都是立法行为合法性、正当性和合规律性的保障。如依宪立法原理、民主立法原理、科学立法原理、依法立法原理、立法明确性原理、必要性立法原理、立法安定性原理、立法前瞻性原理、公民参与立法原理、法律责任配置原理、立法可操作性原理等。这是狭义的立法原理。本编共六章论题是广义的立法原理。

（一）依宪立法原理

依宪立法原理是指只有获得宪法立法授权的主体，在立法权限范围内，依据立法程序，并在适当条件下接受合宪性审查，才能正当地行使立法权，达成反映多数民意的立法成果。依宪立法背后的原理主要有四个：一是人民主权原理；二是有限政府原理；三是宪法至上原理；四是尊重和保障人权。

依宪立法原理的规范性要求，在立法实践中体现为确保所有法律法规的制定均严格遵循宪法规定、原则和精神。以下通过实例分项阐述这一原理的规范性要求。

（1）宪法规定和原则的贯彻。以《宪法》中规定的"国家尊重和保障人权"为例，在制定《劳动法》时，立法者须确保该法律充分反映并保障劳动者的各项基本权利，如平等就业权、劳动报酬权、休息休假权、职位保有权等，这些都是对宪法上劳动权规定和平等原则的具体化和落实。

（2）法定权限的遵循。依宪立法要求立法活动必须在宪法授权的范围内进行。例如，在制定《税收征收管理法》时，立法机关必须严格遵守宪法关于税收立法权限的规定，不得超越其法定职权范围，确保税收立法的合宪性和权威性。

（3）程序正义的保障。依宪立法还强调立法程序的正当性。在制定《生态环境法典》等法律时，立法机关需遵循公开、公正、透明的立法程序，广泛听取社会各界的意见和建议,确保立法过程符合民主原则,使法律更具公信力和执行力。

(4) 宪法精神的体现。宪法精神是立法活动的灵魂。在制定《教育法》时,立法者需深刻理解和把握宪法中关于教育公平、教育公益性的精神实质,确保教育立法能够真正促进教育资源的均衡分配,保障每个公民受教育的权利。

综上所述,依宪立法原理的规范性要求体现在宪法规定和宪法原则的贯彻、法定权限的遵循、程序正义的保障以及宪法精神的体现等多个方面,这些要求共同构成了现代法治国家立法活动的基本准则。

(二) 民主立法原理

民主立法原理是指由宪法授权的民意代表机关,按照民主立法程序,以多数民意为表决基础,才能制定具有法律效力的法律法规。民主立法原理背后的原理:一是人民主权原理;二是代议制原理;三是多数决原则。民主立法原理的规范性要求,在立法实践中体现为确保立法过程广泛吸纳民意、充分反映民愿、切实体现民利。以下通过实例分项阐述这一原理的规范性要求。

(1) 立法过程的公开透明。以某地方立法机关制定《消费者权益保护条例》为例,立法机关须确保立法过程的公开透明。这包括立法规划的公布、法律草案的公开征求意见、立法听证会的举行等。通过这些措施,公民、法人和其他组织能够及时了解立法动态,表达自己的意见和建议,使立法过程更加民主、开放。

(2) 广泛吸纳民意。在制定《环境影响评价法》时,立法机关通过座谈会、问卷调查、网络征询等多种形式,广泛听取社会各界的意见和建议。特别是针对环境保护中的热点、难点问题,立法机关更是注重听取环保组织、专家学者和受影响群体的意见,确保立法决策能够充分反映民意。

(3) 保障公民参与权。民主立法要求立法过程必须保障公民的参与权。以某省制定《义务教育法实施办法》为例,立法机关通过设立公众意见箱、开通网上立法论坛等方式,为公民提供便捷的参与渠道。同时,在立法审议阶段,立法机关还邀请公民代表旁听会议,直接参与立法讨论,确保公民的参与权得到充分保障。

综上所述,民主立法原理的规范性要求体现在立法过程的公开透明、广泛吸纳民意以及保障公民参与权等多个方面。这些要求共同构成了现代法治国家立法活动的基本准则,有助于推动立法决策的科学化、民主化和法治化。

（三）科学立法原理

科学立法原理是指立法要结合民众和社会发展要求，反映社会发展和全面深化改革的需求，在制度设计上，符合法律规范目标的指向，在权利-权力、权利-义务、权力-责任、特权-无权利、豁免-无权力等的配置上具有实质合理性。

从解释《立法法》第 7 条的视角出发，科学立法原理的内涵和要求得到了深刻的阐释。

首先，科学立法原理强调立法必须从实际出发，这意味着立法工作必须深入调研，准确把握社会现实和客观规律，避免脱离实际的立法活动。例如，在制定与经济发展相关的法律时，立法者需充分了解当前经济形势和发展趋势，确保法律条款能够适应经济发展的需要和经济发展规律，促进经济持续健康发展。经济发展的规律需要从人类已有的历史，特别是从亚当·斯密（1723—1790 年）以来的经济发展史中总结。

其次，科学立法要求立法必须适应经济社会发展和全面深化改革的要求。适应经济社会发展的要求，就要运用产权保护与产权自由等方面的经济规律，提高经济制度体系的科学性与法治化营商环境的包容性，这要求立法者具有前瞻性和预见性，能够预见并回应社会发展中的新情况、新问题。在全面深化改革的过程中，立法者需密切关注改革动向，及时调整和完善法律制度，为改革提供有力的法律保障。

再次，科学立法强调立法内容的科学性和合理性。在规定公民、法人和其他组织的权利与义务、国家机关的权力与责任时，立法者需进行充分论证和评估，确保法律条款既符合社会公正和公共利益的要求，又具有可操作性和可执行性。同时，立法者还需注重法律条款之间的协调性和系统性，避免法律之间的冲突和矛盾。

最后，法律规范应当明确、具体，具有针对性和可执行性。"法律的一个重要职能就是划定国家公权力与市民社会私权利之间的界限范围。如果立法语言是模糊的、不明确的、不具体的，这就意味着这一界限并不清晰，国家公权力可能进入私权利领域，却无法受到法的制约，从而导致国家公权力的滥用，不利于公民私权利的保障。"[1]从规范设计上讲，所有的具体规范设计

---

[1] 冯玉军主编：《新〈立法法〉条文精释与适用指引》，法律出版社 2024 年版，第 18 页。

都针对一个具体的二元关系,这种二元关系必须是具体的、明确的,其权利-义务、权力-责任是有针对性的和可执行性的,如教师的教育惩戒权,本质上是一种职权[1],这种职权的配置与其责任的承担是均衡的。"教师可以成为职权主体且有相较学生的合法强制力,但教师惩戒的行为选择需受法律限制,正当惩戒是基于教育目的而非个人考虑,并须承担违规惩戒的行政法律责任,而侵权责任则由学校承担。为此,应围绕职权性质健全教师惩戒法律体系,将教育惩戒纳入教师职权条款,授予中小学和高校教师教育惩戒职权,明确教师惩戒的法治边界、正当程序与责任规范,通过嵌入准用性规范和修改《普通高等学校学生管理规定》,实现与下位立法的衔接和配套。"[2]

综上所述,《立法法》第7条所体现的科学立法原理,要求立法工作必须从实际出发、适应发展要求、确保内容科学合理。这一原理对于推动立法工作的科学化、民主化和法治化具有重要意义。

(四)依法立法原理

依法立法原理是指立法应当依照法定的权限和程序,从国家整体利益出发,维护社会主义法制的统一、尊严、权威。除了宪法的相关规定外,主要是《立法法》规定的权限和程序,还有地方立法主体制定的《制定和批准地方性法规条例》《规章制定条例》等的规定。对特别行政区来说,还有特别行政区基本法的相关规定。特别需要强调的是,从国家整体利益出发,而不是从其他特殊利益出发,目标是维护社会主义法制的统一、尊严、权威,防止内部冲突、受利益集团控制、失去法律权威。

依法立法原理的规范性要求,在国家立法和地方立法两个层面均有着深刻的体现。这一原理强调立法活动必须严格依照宪法和法律的规定进行,确保法律的合法性和权威性。

1. 国家立法层面

(1)遵循宪法和法律。国家立法活动必须严格遵循《宪法》和《立法法》等上位法的规定,确保每一项立法都经得起合宪性审查和实践检验。这要求立法者在制定法律时,必须充分理解和贯彻宪法的规定、原则和精神,

---

[1] 关于教育惩戒权的性质,有较大争议。这里不拟介入。

[2] 段斌斌:《权利还是职权:教师惩戒权的法律性质及立法规制——兼论〈教师法〉相关条款的修改》,载《华中师范大学学报(人文社会科学版)》2024年第1期;并参见张远照、熊勇先:《多维视域下教育惩戒权的行政处罚权属性证成》,载《学术探索》2021年第9期。

确保法律内容不与宪法相抵触。

（2）明确立法权限。国家立法机关在行使立法权时，必须严格遵守法定权限，不得超越宪法和法律赋予的职权范围。根据《宪法》和《立法法》的规定，各个国家立法机关的立法权限是明确的，这有助于维护国家法制的统一和尊严，防止立法权的滥用。

（3）遵循法定程序。国家立法活动必须遵循法定的立法程序，包括法律草案的起草、审议、表决和公布等环节。这有助于确保立法的民主性、科学性和规范性，使法律更加符合社会实际和人民利益。

2. 地方立法层面

（1）合理划分立法权限。地方立法机关在享有立法权的同时，必须合理划分立法权限，确保在法定范围内开展立法活动。这有助于避免地方立法与国家立法之间的冲突和矛盾，维护国家法制的统一。"对于地方立法，有三句大家耳熟能详的话，也是地方立法的三大基本原则，叫作'不抵触、有特色、可操作'。其中不抵触放在第一位，这是地方立法的底线，不可逾越的红线。"[1]

（2）结合地方实际。地方立法应当紧密结合地方经济社会发展的实际需要，因地制宜地制定地方性法规。这有助于解决地方特有的问题，促进地方经济社会发展。同时，地方立法也要注重与上位法的衔接和协调，确保法律体系的内在统一。以下是研究机构评选出的地方立法范例：

公示名单：首届"地方立法十大范例"（排名不分先后）[2]

《上海市浦东新区深化"一业一证"改革规定》

《浙江省民营企业发展促进条例》

《甘肃省废旧农膜回收利用条例》

《中国（海南）自由贸易试验区商事登记管理条例》

《河北雄安新区条例》

---

[1] 乔晓阳：《地方立法要守住维护法制统一的底线：在第二十一次全国地方立法研讨会上的即席讲话》，载 http://www.npc.gov.cn/zgrdw/npc/lfzt/rlyw/2015-09/28/content_1947291.htm，2024年10月29日登录访问。

[2] 中国法学会立法学研究会、浙江立法研究院（浙江大学立法研究院）共同发起了首届"地方立法十大范例"推选活动。来自学术公众号"浙江暨浙江大学立法研究院"。公示期为2024年11月29日至2024年12月29日。

《江西省候鸟保护条例》
《南京市国家公祭保障条例》
《杭州城市大脑赋能城市治理促进条例》
《广州市依法行政条例》
《苏州市太湖生态岛条例》

（3）加强立法监督。全国立法机关及省级立法机关应当加强对下一级立法机关立法活动的监督和管理，确保立法工作符合法定程序和要求。这有助于防止立法权的滥用和立法抵触，提高地方立法的质量和水平。

综上，依法立法原理的规范性要求在国家立法和地方立法两个层面均有着重要的意义。只有严格遵循这一原理的要求，才能确保立法活动的合法性和权威性，为全面依法治国提供坚实的法律基础。

（五）立法明确性原理

立法明确性原理是法律制定过程中的一项基本原则，它强调法律条文应当清晰、具体、无歧义，以便于公民理解、遵守，同时也为执法和司法活动提供明确的指引。这一原理要求立法者在制定法律时，必须使用准确、规范、通俗易懂的语言，避免使用模糊、含混或多重含义的词汇，确保法律的意图和适用范围能够被社会大众及法律从业者准确把握。立法的明确性不仅有助于提升法律的权威性和公信力，还能有效防止权力滥用，保护公民的合法权益，促进社会公平正义与和谐稳定。因此，在立法实践中，坚持立法明确性原理是至关重要的。

立法中免不了使用不确定法律概念。但必须同时符合以下要件，立法中使用不确定法律概念方可谓无违于法律明确性原则。①立法使用抽象概念之意义非难以理解；②其含义于个案中并非不能经由适当组成之机构依其专业知识及社会观念加以认定及判断；③为受规范者所得预见；④可经由司法审查加以确认。

（六）必要性立法原理

即必要性原则，是立法过程中一个重要的考量因素，它强调在立法时，应选择对公民权利限制最小、对社会治理最为必要的手段来达到立法目的。以一个具体例子来说明这一原理：以环境保护立法为例，随着工业化进程的加快，环境污染问题日益严重，对公众健康、生态平衡和可持续发展构成了严重威胁。为了应对这一问题，立法机关需要考虑制定相关法律法规来规范污染行为、保护环境。在立法过程中，必要性原则就显得尤为重要。立法机关需要评估各种可能的手段，如行政命令、经济激励、技术标准等，以判断哪种手段对实现环境保护目标最为必要，且对公民权利限制最小并且手段与目的成比例达到均衡。例如，相比直接禁止某些污染严重的生产活动，立法机关可能更倾向通过设定严格的排放标准、碳排放量配置与交易、提供环保补贴或税收优惠等经济激励措施，来引导企业采取更加环保的生产方式。这样的立法选择不仅能够有效保护环境减缓气候变化，还能够减少对企业经营活动的过度干预，体现了必要性原则的精神。综上所述，必要性立法原理在环境保护等立法领域具有广泛的应用价值，它要求立法机关在制定法律时充分考虑手段的必要性和合理性，以最小的代价实现最大的社会效益。

（七）立法安定性原理

立法安定性原理是法律制定与实施过程中的一项重要原则，它强调法律应当保持相对的稳定性和连续性，以确保公众对法律的信任和尊重。具体来说，立法安定性原理包含以下几个方面：①法律规则的明确性：法律条文应当清晰、具体，避免模糊和歧义，使公众能够准确理解和预测法律后果。②法律体系的稳定性：法律体系应当保持内在逻辑的一致性和连贯性，避免频繁变动和相互矛盾，以维护法律的整体性和权威性。③法律权威的树立：通过保持法律的稳定性和连续性，法律能够树立其权威地位，使公众愿意遵守并信赖法律。④社会秩序的维护：立法安定性有助于维护社会秩序的稳定和安宁，因为公众可以基于稳定的法律预期来安排自己的生活和行为。综上所述，立法安定性原理是法律制定与实施过程中的一项基本原则，它要求法律保持相对的稳定性和连续性，以维护法律的权威性和社会秩序的稳定。

（八）立法前瞻性原理

立法前瞻性原理的内涵与要求主要体现在立法过程中对未来趋势的预见与适应。这一原理要求立法者在制定法律时，不仅要解决当前存在的问题，还要具备预见性，能够洞察社会发展的长远趋势，提前对可能出现的问题进行规范和应对。以生态环境保护立法为例，立法者需要考虑到随着工业化、城市化的快速发展，环境污染问题可能会日益严峻。因此，在制定环保法律时，立法者不仅要对当前的环境污染问题进行规制，还要前瞻性地预测未来可能出现的生态环境问题，如新兴污染物、跨界污染、生态降级等，并在法律中予以明确规定，提供预防措施。这样，法律才能适应社会发展的需求，有效保护生态环境，促进可持续发展。立法前瞻性原理的要求还包括立法者应具备高度的专业素养和敏锐的社会洞察力，能够准确把握社会发展的脉搏，科学预测未来趋势，为立法工作提供有力的支持。同时，立法过程也应注重民主参与和广泛征求意见，确保法律能够真正反映人民群众的意愿和利益。

（九）公民参与立法原理

公民参与立法原理的内涵与要求主要体现在以下几个方面：首先，内涵上，公民参与立法是指公民在立法过程中积极表达意见、提出建议，参与法律、法规、规章等规范性文件的制定、修改和废止活动。这一过程体现了民主法治的精神，是保障公民知情权、参与权、表达权和监督权的重要途径。其次，要求上，公民参与立法需要满足以下几个方面的条件：①知情原则：立法机关应适时公布立法信息，确保公民在充分知情的前提下发表意见建议。这要求立法过程保持透明，让公民了解立法计划和规划、法规草案的主要内容以及立法的必要性和可行性等。②广泛参与：立法机关应广开言路、广纳群言，设法使不同社会背景和不同文化素养的公民参与到立法实践中来，确保立法过程能够适度反映社会多元化的声音。③有效反馈：立法机关应建立有效的反馈机制，确保公民的意见和建议能够得到充分重视和采纳。这要求立法机关在立法过程中保持与公民的沟通联系，及时回应公民的关切和诉求。综上所述，公民参与立法原理的内涵在于保障公民在立法过程中的主体地位和民主权利，而要求则在于确保立法过程的透明性、广泛参与性和有效性。

（十）法律责任配置原理

法律责任配置原理的内涵与要求主要体现在以下几个方面：首先，内涵上，法律责任配置是指立法者在制定法律时，根据违法行为的社会危害程度、行为主体的身份性质等因素，合理配置相应的法律责任形式，如民事责任、行政责任或刑事责任等。这一过程旨在实现法律责任的公正、合理和有效配置。其次，要求上，法律责任配置需要遵循以下原则：①责任法定原则：法律责任的设定必须依法进行，不能随意增设或减免。②因果联系原则：法律责任的配置应当与违法行为之间存在明确的因果关系，即违法行为是导致法律责任产生的直接原因。③责任相称原则：法律责任的大小、处罚的轻重应当与违法行为的性质、情节、危害程度等因素相适应，确保"过罚相当""罚当其罪"。④责任自负原则：违法行为人应当对自己的违法行为负责，不能让没有违法行为的人承担法律责任，同时排除株连或变相株连的可能性。综上所述，法律责任配置原理的内涵在于根据违法犯罪行为的性质和社会危害程度等因素合理配置法律责任形式，而要求则在于遵循责任法定、因果联系、责任相称和责任自负等原则，确保法律责任的公正、合理和有效。

实现法律责任的公正、合理和有效，需要综合多方面的因素与措施，以下是一些关键步骤和要点：①明确立法目的与原则。在制定法律时，必须明确立法的目的和基本原则，确保法律条款的设定旨在保护个人权益、社会公共利益、维护社会秩序和促进公平正义。同时，法律应当体现公正、平等、合理等核心价值。②科学设定法律责任。法律责任的设定应当基于充分的社会调研和风险评估，确保责任形式与违法行为的性质、情节、社会危害程度等因素相适应。同时，要避免过罚失当或重罪轻罚的情况，确保法律责任的公正性。③归责原则的审慎确定。归责原则的审慎确定在法律实践与社会治理中至关重要。它不仅是公平正义的体现，也是维护社会秩序、保障公民权益的基石。审慎确定归责原则，意味着在判断行为责任归属时，需综合考虑行为的性质、后果、主观意图及外部环境等多重因素，确保责任认定的合理性与公正性。一方面，过于宽松或严苛的归责原则可能导致责任逃避或过度惩罚，既不利于行为人的改过自新，也可能引发社会不满与不公感。另一方面，审慎的归责原则能够平衡各方利益，既保护受害者的合法权益，又给予行为人合理的申诉空间，促进社会的和谐稳定。此外，随着社会的快速发展与科技的日新月异，新的行为模式与法律关系不断涌现，归责原则也需与时俱进，经过审慎研究与论证，以适应复杂多变的社会现实。因此，归责原则的审慎确定不仅是法律严谨性的要求，更是社会发展与法治进步的必然体现。通过科学、合理的归责原则，我们能够更好地实现法律的公正与效率，为构建和谐社会提供坚实的法治保障。

（十一）立法可操作性原理

"立法可操作性原理"指的是立法过程中应当确保所制定的法律规范具有明确性、具体性和可执行性，即法律条文应当清晰、具体、易于理解和操作，以便执法机关和公众能够准确地理解和执行法律。以下通过实例分析来阐述"立法可操作性原理"。

（1）地方性法规对责任划分的具体化。假设某地区针对《道路交通安全法》的实施情况，制定了地方性法规，以具体解决现实中出现的责任划分问题。该地方性法规在不抵触上位法原则的前提下，制定了若干详细规定，明确了各类交通事故中不同责任主体的具体责任划分标准。例如，对于机动车与非机动车之间的交通事故，法规可能详细规定了机动车在何种情况下应承担主要责任、次要责任或无责任，以及非机动车在何种情况下应承担责任等。这样的立法使得责任划分更加明确、具体，提高了法律的可操作性。

（2）行政处罚的量化规定。在立法中，对行政处罚进行量化规定也是提高法律可操作性的重要手段。例如，某城市针对城市环境卫生管理制定了相关法规，其中对乱扔垃圾、随地吐痰等不文明行为设定了具体的罚款金额。如规定"在城市道路、公共场所乱扔垃圾的，处以50元以上200元以下罚款"。这样的量化规定使得执法机关在处罚时有了明确的依据和标准，避免了自由裁量权的滥用，提高了法律的可执行性和公信力。

（3）法律条文的清晰表述。立法中法律条文的清晰表述也是提高可操作性的关键。例如，在制定关于食品安全的法律时，应明确界定什么是"不安全食品"、如何检测食品安全问题、哪些行为属于食品安全违法行为以及相应的法律责任等。通过清晰、具体的条文表述，使得执法机关和公众能够准确理解和把握法律的要求和标准，从而提高法律的可操作性。

立法可操作性的评价标准。综合以上实例分析，立法可操作性的评价标准可以归纳为以下几点：①调整对象和范围清晰明确。法律条文应明确界定其所调整的对象和范围，避免模糊或产生歧义。②法源清、法理通。相关法律主体的权力与责任、权利与义务应清楚明确，没有交叉或重复。③具体、公开、便民。涉及行政收费、许可、审批、强制措施的条件、程序、时间等，应具体、公开、明白，便于公众了解和操作。④措施具体可行。解决问题的措施应具体可行，易执行、能落实、可检查。⑤文字表述规范。法律条文的文字表述应规范、准确、精练、通俗、易懂，便于公众理解和遵守。

可以说，"立法可操作性原理"要求立法机关在制定法律时充分考虑法律的可执行性和可操作性，确保法律条文清晰明确、具体可行，以便执法机关和公众能够准确地理解和执行法律。

## 二、法律关系原理

法律关系是法律确立、认可和保护的主体之间的权力-责任关系、权利-

义务关系、特权-无权利关系、豁免-无能力关系等。

（一）权力-责任关系

权力-责任关系是指公权力机关或者公权力委托机关所享有的权限与其对应配置的责任之间的搭配关系。

在实践中正确界定权力-责任关系，是确保组织有效运作、社会秩序稳定以及个体行为合法合规的重要基础。以下是从几个方面阐述如何在实践中正确界定权力-责任关系的建议。

1. 明确权力与责任的定义

权力，指个体或组织在特定环境中行使控制、影响和决策的能力。它可以来源于法律、地位、知识、资源等多种因素。法律上的权力必须有法律依据。

责任，指个体或组织对其行为和决策的后果负有的义务和承担的责任。责任是一种道德和法律上的约束，具有普遍性、稳定性和不可推卸性。

2. 理解权力与责任的相互关系

（1）不可分割性：权力和责任是不可分割的一个整体。有权力，必须有对应的责任；有责任，也必须有对应的权力。

（2）相互制约：权力的行使必须伴随着责任的承担。个体或组织在行使权力的同时，必须对其行为结果负责，承担相应的后果。

（3）相互补充：权力和责任是相互补充的。权力的行使需要有相应的责任来限制和约束，以防止权力滥用；而责任的承担也需要有相应的权力来支持和保障，以确保责任能够得到有效履行。

3. 在实践中界定权力-责任关系的具体方法

（1）建立健全的制度和规范，包括制定明确的权力和责任清单，明确各个职位或角色的权力和责任范围；建立完善的决策机制，确保决策过程公开透明，避免权力滥用；制定严格的责任追究制度，对失职行为进行严肃处理，以儆效尤。

（2）加强信息公开和舆论监督，主要包括推进政务公开、企务公开等制度，提高权力行使的透明度；鼓励媒体和公众对权力行使过程进行监督，及时曝光和纠正不当行为。

（3）强化教育和培训，包括加强对公职人员、企业管理人员等关键岗位人员的职业道德教育和法律法规培训；提升他们的责任意识和法律素养，确保他们在行使权力的过程中能够自觉承担责任。

（4）推动社会参与和监督，包括鼓励公众参与权力行使的决策过程，提高决策的民主性和科学性；建立健全的社会监督机制，包括公众监督、舆论监督、法律监督等多种方式，共同维护社会秩序和公共利益。

4. 不同领域中的实践应用

（1）政治领域：政府机关作为权力的代表，在行使权力的同时必须对其政策和决策所产生的后果承担责任。政府应积极推动政务公开，接受公众监督和问责。

（2）经济领域：企业作为经济活动的主体，在行使权利（包括经营特权）的同时必须对其经营行为所产生的经济效益、社会影响和环境问题承担责任。企业应积极履行社会责任，保障员工权益、保证产品质量和保护环境。

（3）社会领域：社会组织、教育机构等也应在行使权力（或权利）的过程中承担相应的责任。例如，教育机构应对学生的教育成果、学生的安全和健康等方面全面负责，不得为了升学率而忽视学生品德教育、身体健康与心理健康等[1]；社会组织应积极参与社会公益事业，为社会发展贡献力量。

小结：正确界定权力-责任关系需要在实践中不断加强制度建设、信息公开、教育培训和社会参与等方面的努力。只有这样，才能确保权力在合法合规的轨道上运行，为社会发展提供有力保障。

（二）权利-义务关系

权利-义务关系是指法律主体依法享有的权利与其所对应的其他主体所承担的相应义务之间的关系。比如，A 的债权对应 B 的债务之间的关系。

正确界定权利-义务关系，需要深入理解权利与义务的内涵、它们之间的相互关系以及这些关系在法律体系中的体现。以下是对权利-义务关系的详细界定。

1. 权利与义务的定义

权利，权利是法律赋予人实现其利益的一种力量，是公民或法人依法享有的行为自由和享有的权益。这种行为自由和权益是国家通过宪法和法律予

---

[1] 参见《上海市教育委员会关于优化上海市义务教育学校作业管理提高作业育人水平的通知》，载 https://www.shanghai.gov.cn/gwk/search/content/d8321d2c413c42abb13731f856ef18d8，2025 年 5 月 23 日访问。

以保障的。权利通常包含权能和利益的两个方面,权能是指权利主体能够作出或不作出一定行为的资格,而利益则是通过权能的行使所获得的益处。

义务,义务是指义务人为满足权利人的利益而为一定行为或不为一定行为的必要性,具有法律强制性。法律义务是基于法律的规定而产生的,需要义务人按照法律的要求去实施或禁止实施某种行为。

2. 权利与义务的关系

(1) 平等性,公民平等地享有宪法和法律规定的权利,同时也需要平等履行宪法和法律规定的义务。这种平等性体现了法律面前人人平等的原则。

(2) 相互依存性,即某一内容是自己的权利或义务时,对他人而言则相应地表现为义务或权利。这种一致性体现了权利和义务的相互依存关系,一方的权利以另一方的义务为存在条件,反之亦然。另一方面,同一主体享有的权利,是以相关的义务履行为条件的,这在公民权利、政治权利、民事权利上是一样。

(3) 对应关系,在法律关系中,任何一项法律权利都有相对应的法律义务。这种对应关系确保了法律关系的稳定和平衡,使得权利和义务在相互制约中实现动态平衡。

(4) 对等关系,权利和义务的总量在社会生活中是大体相等的。如果权利的总量大于义务的总量,那么部分权利就会成为虚设;反之,如果义务总量大于权利总量,则会导致特权现象的出现。这种对等关系体现了法律的公正性和合理性。

(5) 互补关系,法律权利的享有有助于法律义务的积极履行。权利与义务在功能上相互补充,共同构成了法律关系的完整内容。

3. 权利与义务在法律体系中的体现

宪法作为国家的根本大法,明确规定了公民的基本权利和义务。这些规定是公民权利与义务的法律基础。

除了宪法外,其他法律也根据宪法的精神和原则,对公民的权利和义务进行了具体规定。这些规定涵盖了政治、经济、文化等各个领域,为公民提供了全面的法律保障。

4. 实例说明

为了更好地理解权利与义务的关系,我们可以举一些实例:

(1) 劳动权与劳动义务:公民享有劳动权,即有权参加劳动并获得相应的报酬。同时，公民也有劳动的义务，即应当积极参加劳动，为社会创造财富。劳动权和劳动义务是相互依存、相互促进的。

（2）受教育权与受教育义务：国家保障公民的受教育权，即公民有权接受教育以提高自身素质。同时，公民也有受教育的义务，即应当按照国家的规定接受义务教育，不断提高自己的知识水平。受教育权和受教育义务共同构成了公民在教育领域的权利和义务。

综上所述，权利与义务是相互依存、相互制约的有机整体。它们之间的关系表现为平等性、相互依存性、对应关系、对等关系和互补关系。这些关系共同构成了法律制度的基石，保障了社会成员在法律框架内的平等地位和权益。

（三）"特权-无权利"关系

1. 定义与基本概念

特权（Privilege），是指某主体在特定情况下享有的超出一般法律规范或常规权利的特殊权利或豁免权。这种权利通常具有排他性、特殊性和条件性。在霍菲尔德的权利分析理论中，特权被理解为一种"可以做某事的自由"，既不需要社会或法律强制力保障，也不受他人干涉的权利。

无权利（No-Right），是与特权相对应的概念，指的是在特权行使的特定情境下，其他主体不享有要求特权主体为或不为某种行为的权利。这种无权利状态是特权存在的必然结果。在霍菲尔德的理论中，无权利即指无请求权，即某主体没有权利要求另一主体为或不为某事。

2. 特征与表现

（1）特权的特征：①特殊性：特权通常只赋予特定主体，如国家机构、公职人员、特定行业从业者等。②排他性：特权享有者在特定领域或事项上享有独占性的权利，排除其他主体的干涉。③条件性：特权的行使往往受到一定条件的限制，如时间、地点、方式等。

（2）无权利的表现：在特权行使的情境下，无权利主体无法要求特权主体改变其行为或状态。无权利主体需要接受并尊重特权主体的特殊权利或豁免权。

3. 实例说明

为了更好地理解"特权-无权利"关系，我们可以举一些实例：①外交特权：外交人员在执行外交职务期间享有外交特权，如不受驻在国法律管辖、享有通信自由等。此时，驻在国政府和相关机构在特权事项上处于无权利状态，无法直接对外交人员采取法律行动。②税收优惠政策：某些企业因符合特定条件而享有税收优惠政策，如减免税款等。这些企业在税收方面享有特权，而其他企业则处于无权利状态，无法要求享有同样的优惠政策。③紧急行政特权：在紧急行政或善意行政中，行政主体可能具有作出某种"超法律性"决定的特权，如对相对人的人身、财产等进行约束或处分。此时，相对人处于无权利状态，无法要求行政主体改变其决定。

4. 法律意义

"特权-无权利"关系在法律体系中具有重要意义。它有助于维护特定主体在特定领域内的合法权益和利益，同时限制其他主体对这些权益和利益的干涉和侵犯。通过明确特权与无权利的界限和范围，法律可以确保社会秩序的稳定和公平正义的实现。

（四）"豁免-无能力（无权力）"关系

"豁免-无能力"关系是一种特定的法律关系，主要源自分析法学派的重要理论，特别是在霍菲尔德的法律概念体系中得到了深入的阐述。[1]以下是对"豁免-无能力"关系的界定：

1. 定义

豁免（Immunity），是指一种法律状态，其中某主体在特定法律关系或行为上享有免于他人干预或改变其法律地位的自由。换句话说，豁免方在某一法律领域内具有不受他人影响的特权。

无能力（Disability），是指与豁免相对应的法律状态，即非豁免方在豁免方享有豁免的特定法律关系或行为上，缺乏改变或影响豁免方法律地位的能力。换句话说，非豁免方在豁免事项上处于无权状态。

2. 特征

（1）相互性：豁免与无能力是相互依存的。豁免方的豁免权存在，即意味着非豁免方在该领域内的无能力状态。

（2）特定性：豁免-无能力关系通常针对特定的法律关系、行为或情境。不同的法律领域和情境下，豁免与无能力的具体表现可能有所不同。

---

〔1〕［美］韦斯利·霍菲尔德：《司法推理中应用的基本法律概念》（修订译本），张书友译，商务印书馆2022年版，第85~89页。

（3）限制性：豁免的行使往往受到一定条件的限制，以防止滥用。这些限制条件可能包括时间、地点、方式等方面的规定。

3. 实例说明

为了更好地理解"豁免-无能力"关系，以下是一些实例说明：

（1）议员言论豁免：在某些国家或地区的议会制度中，议员对在国会辩论中发表的言论享有豁免权，即不论其内容是否构成诽谤或其他违法行为，议员都不受追诉。此时，对于被议员言论涉及的个人或组织而言，他们就处于无能力状态，无法追究议员的法律责任。

（2）外交人员豁免：外交人员在其执行外交职务期间，通常享有外交豁免权。这意味着他们不受驻在国法律管辖，除非他们涉嫌严重犯罪并经过特定程序后才能被起诉。相应地，驻在国政府和相关机构在豁免事项上处于无能力状态，无法直接对外交人员采取法律行动。

（3）对各种民事法律关系的豁免制度设计，多见于信托法、各种常见免责制度、偿债制度上对债务人及其家属生活必需品的豁免、宅地法上的豁免制度设计、农村集体经济组织不适用有关破产法律的规定。[1]

（4）在经济法律关系中，豁免制度有多种体现。一是国家主权豁免。传统上，国家在参与经济活动时，在一定程度上可免受他国司法管辖。例如，国家从事对外贸易等商业行为时，基于主权平等原则，其财产在他国司法程序中有豁免权，这保障了国家经济主权。但是，这些豁免都是对等享有，否则难以实施。现在的潮流是"商业活动豁免例外""侵权行为豁免例外"。[2] 二是特定行业的豁免。如一些新兴产业在发展初期，政府可能给予税收豁免。这是为了鼓励创新，降低企业负担，帮助产业成长。三是，在反垄断法领域，对于一些能够带来重大公共利益的合作行为可能给予豁免。比如，企业联合研发新技术，有助于整体经济进步，这些豁免制度对经济健康发展有着关键作用。

4. 法律意义

"豁免-无能力"关系是一种特定的法律关系，其界定涉及豁免和无能力

---

[1] 参见［美］韦斯利·霍菲尔德：《司法推理中应用的基本法律概念》（修订译本），张书友译，商务印书馆2022年版，第20页。我国《农村集体经济组织法》第6条第2款。

[2] 参见唐亚：《〈外国国家豁免法〉理解与适用中需要关注的几个重要问题》，载《国际法研究》2024年第6期。

的定义、特征以及实例说明等方面。在法律实践中，正确理解和运用"豁免-无能力"关系对于维护法律权威和公平正义具有重要意义。

### 三、立法行为既要遵循立法原理也要运用法律关系原理

（一）遵循立法原理

1. 遵循依宪立法原理

立法遵循依宪立法原理，是确保国家法律体系内部统一、维护宪法权威和尊严的重要体现。以下通过几个方面的实例来说明立法如何遵循依宪立法原理。

（1）宪法作为立法依据。①宪法基本原则的遵循：立法活动必须遵循宪法的基本原则，如人民主权原则、法治原则、基本人权原则等。例如，在制定涉及公民权利与自由的法律时，必须确保这些法律不违背宪法中关于公民基本权利和自由的规定。②宪法条文的直接引用和间接引用：在立法过程中，立法者会直接引用宪法作为立法的依据。例如，在制定《民法典》时，其第1条规定"根据宪法，制定本法"，第4条规定"民事主体在民事活动中的法律地位一律平等"，第5条明确规定了"民事主体从事民事活动，应当遵循自愿原则，按照自己的意思设立、变更、终止民事法律关系"等，这些条款都是对宪法中"公民在法律面前一律平等"等基本原则的具体化。

（2）立法权限的法定性。①立法权限的明确划分：宪法和立法法对立法权限进行了明确划分，包括全国人大及其常委会、国务院、地方人大及其常委会等的立法权限。立法行为必须严格限定在各自权限范围内，不得越权立法。②立法程序的法定性：立法活动必须遵循法定的程序，包括立法议案的提出、审议、表决、公布等各个环节。这些程序都是为了确保立法的民主性、科学性和合法性。

（3）立法内容的合宪性审查。①合宪性审查机制：在立法过程中，会建立合宪性审查机制，对立法草案进行合宪性审查，确保立法内容符合宪法的规定、原则和精神。全国人大宪法和法律委员会承担这个职能。全国人大常委会法工委法规备案审查室，负责对行政法规、地方性法规和司法解释进行备案审查。②立法后的评估与修正：立法后，还会对立法质量和实效进行评估，对发现的问题及时进行修正。这也是确保立法符合宪法要求的重要环节。

（4）具体实例。以《环境保护法》的制定为例，该法在立法过程中严格遵循了依宪立法原理：①立法依据：该法明确以宪法为依据，将宪法中关于环境保护的基本原则和规定具体化，如宪法中关于"国家保护和改善生活环境和生态环境，防治污染和其他公害"的规定在该法中得到了充分体现。②立法权限：该法由全国人大常委会制定，符合《宪法》和《立法法》对立法权限的划分。③立法程序：该法的制定经过了严格的立法程序，包括立法议案的提出、审议、表决、公布等各个环节，确保了立法的民主性、科学性和合法性。④合宪性审查：在立法过程中，对该法草案进行了合宪性审查，确保其内容符合宪法的规定、原则和精神。

综上所述，立法遵循依宪立法原理是确保国家法律体系内部统一、维护宪法权威和尊严的重要体现。通过明确立法依据、划分立法权限、建立合宪性审查机制以及进行立法后的评估与修正等措施，可以确保立法活动始终在宪法框架内进行。

2. 遵循科学立法原理

立法遵循"科学立法原理"主要体现在制定法律时，必须遵循科学理论和实践经验，确保法律的合理性、科学性和可操作性。以下通过几个实例来阐述立法如何遵循"科学立法原理"：

（1）充分进行调查研究。举例来说，在制定《大气污染防治法》时，立法机关进行了充分的调查研究。他们组织专家团队对全国范围内的大气污染情况进行了详细调查，评估了不同污染源对空气质量的影响，并分析了大气污染对人类健康和生态系统的潜在危害。这些调查研究为立法提供了科学的数据支持，确保了法律条款的针对性和有效性。

（2）民主决策。举例来说，在《食品安全法》的制定过程中，立法机关广泛听取了各方利益相关者的意见和建议。他们通过召开座谈会、组织听证会、征求意见等方式，充分吸纳了消费者、食品生产经营者、专家学者以及政府部门等多方面的意见。这种民主决策的方式确保了法律的公正性和广泛的社会认同度。

（3）合理预测。在制定《个人所得税法》时，立法机关对税法实施后的经济效果进行了合理预测。他们利用经济学理论和模型，评估了不同税率和扣除标准对纳税人负担的影响，以及对财政收入和经济增长的潜在影响。这种合理预测为税法的制定提供了科学依据，确保了税法的可行性和稳定性。

（4）实事求是。在制定《土地管理法》时，立法机关充分尊重了土地资源的实际情况和客观规律。他们根据土地资源的稀缺性、不可再生性以及地域差异性等特点，制定了相应的土地管理制度和措施。这些制度和措施既体现了对土地资源的严格保护，又兼顾了经济社会发展的实际需要，确保了法律的合理性和可操作性。

（5）遵循法律体系的内在逻辑。在立法过程中，立法机关还注重遵循法律体系的内在逻辑和立法工作规律。他们确保新制定的法律与现有法律体系相协调、相统一，避免出现法律之间的冲突和矛盾。例如，在制定《民法典》时，立法机关对原有的民事法律规范进行了全面梳理和整合，形成了一部系统完备、逻辑严密的民法典，为民事活动提供了全面的法律保障。

综上所述，立法遵循"科学立法原理"主要体现在充分调查研究、民主决策、合理预测、实事求是和遵循法律体系的内在逻辑等方面。这些原则共同构成了科学立法的基本要求，为制定高质量的法律提供了有力保障。

3. 遵循必要性立法原理

立法遵循必要性立法原理，是确保法律制定具有合理性和正当性的重要基础。必要性立法原理强调在立法过程中，必须充分考虑立法的必要性和紧迫性，确保法律规范的出台是基于社会现实的需要和对公共利益的维护。以下详细阐述立法如何遵循必要性立法原理：

（1）明确立法的必要性和紧迫性。①社会现实需求分析：立法机关在制定法律之前，需深入调研社会现实情况，分析存在的问题、矛盾和需求。通过收集数据、听取意见、评估影响等方式，明确哪些领域需要法律规范来调整和规范。②公共利益考量：立法必须站在公共利益的高度，衡量法律规范对社会的整体影响。只有当法律规范能够维护公共利益、促进社会进步时，才具有立法的必要性。③紧迫性评估：在明确必要性的基础上，立法机关还需评估问题的紧迫性。对于亟须解决、影响重大的问题，应优先立法；对于可以缓解或逐步解决的问题，则可根据实际情况适时立法。④立法目标：明确立法所要达到的目标或解决的问题。立法目标应当具体、明确，具有可操作性和可评估性。

（2）进行充分的论证和评估。在明确立法的必要性后，还需要进行充分的论证和评估，以确保立法的科学性和合理性。这包括：①必要性论证：通过收集和分析相关数据、案例和专家意见，论证立法的必要性和紧迫性。论证过程应当客观、公正，避免主观臆断和偏见。②可行性评估：评估立法在技术、经济、社会等方面的可行性。这包括法律草案是否与其他法律相衔接，是否具备实施所需的条件，以及实施后可能产生的社会效果等。

（3）遵循最小损害原则。在立法过程中，如果存在多种可以实现立法目标的手段，应当选择对公民基本权利限制最小的手段。这体现了必要性原则中的最小损害原则，也是立法活动应当遵循的重要准则。通过遵循这一原则，可以在保障公共利益的同时，最大限度地减少对公民个人权益的侵害。

综上所述，立法遵循必要性立法原理，需要明确立法的必要性、进行充分的论证和评估、遵循最小损害原则。这些措施共同构成了立法活动的基本准则和指导思想，对于提高立法质量、保障公民权益、维护社会秩序具有重要意义。

### 4. 遵循法律责任配置原理

立法遵循"法律责任配置原理"主要体现在法律责任的设定应当与法律规定的权利、义务以及违法（犯罪）行为的性质、程度等相匹配，确保法律责任的公平、合理和有效。以下通过几个方面的实例来说明立法如何遵循"法律责任配置原理"。

（1）法律责任与法定义务相对应。实例来说，在《道路交通安全法》中，对于机动车驾驶人违反交通规则的行为，如闯红灯、超速行驶等，法律明确规定了相应的法律责任，如罚款、扣分甚至吊销驾驶证等。这些法律责任的设定与机动车驾驶人应当遵守交通规则这一法定义务紧密相关，体现了"法律责任应当与法律义务相对应"的原理。

（2）法律责任与违法行为的性质、程度相匹配。以实例来说，对于轻微的交通违法行为，如未按规定使用安全带、未按规定停车等，法律通常设定较轻的法律责任，如警告或小额罚款，以体现教育与惩罚相结合的原则。对于严重危害公共安全、造成重大损失的违法行为，如酒驾、醉驾、交通肇事逃逸等，法律则设定了更为严厉的法律责任，如吊销驾驶证、拘留甚至追究刑事责任，以体现对严重违法行为的严厉打击。

（3）法律责任的多样性和灵活性。举例来说，在立法过程中，法律责任的配置并非单一固定，而是根据违法行为的性质、情节以及社会危害程度等因素进行灵活设定。例如，在《环境保护法》中，对于环境违法行为，法律既规定了罚款、责令停产整顿等行政处罚措施，也规定了生态环境损害赔偿等民事责任，还规定了构成犯罪的依法追究刑事责任，体现了法律责任的多样性和灵活性。

（4）法律责任配置的合法性和合目的性。①合法性：立法在配置法律责任时，必须遵循宪法的规范、原则与精神，不得与宪法相抵触，也不得与上位法中关于法律责任条款的具体设置相抵触。②合目的性：法律责任的配置应当符合立法目的和社会公共利益。例如，在《食品安全法》中，对于食品生产经营者的违法行为，法律设定了严格的法律责任，旨在保障人民群众的食品安全和身体健康，体现了法律责任的合目的性。

（5）法律责任配置的平衡性。举例来说，在立法过程中，还需要注意法律责任配置的平衡性。既要确保对违法行为的有效惩处和威慑作用，又要避免因法律责任过重导致的不公和负面影响。例如，在设定罚款数额时，应当充分考虑违法行为人的经济承受能力和社会危害性等因素，确保罚款数额的合理性和公正性。

综上所述，立法在遵循"法律责任配置原理"时，需要确保法律责任的设定与法定义务相对应、与违法行为的性质程度相匹配、具有多样性和灵活性、符合合法性和合目的性的要求，并注重法律责任配置的平衡性。这些原则共同构成了立法过程中法律责任配置的基本原理和框架。

5. 遵循立法可操作性原理

法律的可操作性原理在立法中的具体应用，主要体现在法律条文的明确性、具体性和可执行性上。以下通过几个实例来具体说明：

（1）细化法律条文，提高可操作性。在立法过程中，针对一些原则性、宏观性的法律规定，立法机关会通过制定实施细则或配套法规来细化法律条文，从而提高法律的可操作性。例如，在环境保护领域，虽然《环境保护法》等上位法已经规定了环境保护的基本原则和制度，但为了更好地执行这些法律，各地会根据实际情况制定具体的实施细则或地方性法规，明确排污标准、监管措施、处罚力度等具体内容，使法律条文更加具体、可操作。

（2）量化法律标准，增强可执行性。为了提高法律的可执行性，立法机关会在法律条文中设定量化的标准。这些量化标准可以是具体的数字、比例或期限等，以便执法机关和公众能够准确理解和执行。例如，在交通管理领域，《道路交通安全法》等法律明确规定了机动车的行驶速度、停车距离、酒驾标准等量化指标，使交通执法更加明确、公正。

（3）明确法律程序，保障操作制度化。法律程序是法律操作性的重要组成部分。立法机关在制定法律时，会明确规定相关程序的步骤、要求和时限等，以确保法律操作的制度化运行。例如，在行政许可领域，《行政许可法》等法律详细规定了行政许可的申请、受理、审查、决定等程序，以及听证、公示等制度，使行政许可过程更加透明、规范。

（4）设定具体罚则，强化法律约束力。为了强化法律的约束力，立法机关会在法律条文中设定具体的罚则。这些罚则既可以是罚款、拘留、吊销许可证等行政处罚措施，也可以是刑事责任追究等法律后果。通过设定具体的罚则，立法机关能够确保法律得到有效执行，对违法行为进行有力打击。例如，在食品安全领域，《食品安全法》等法律明确规定了食品安全违法行为的法律责任和处罚措施，包括罚款、吊销许可证等行政处罚以及刑事责任追究等法律后果。

以《大气污染防治法》为例，该法在立法过程中充分考虑了法律的可操作性原理。该法不仅规定了大气污染防治的基本原则和制度，还针对不同类型的污染源制定了具体的防治措施和监管要求。例如，该法明确规定了燃煤污染控制、工业污染防治、机动车船污染防治、扬尘污染防治等具体措施，并设定了相应的法律责任和处罚措施。这些具体、量化的规定使得大气污染防治工作更加有章可循、有据可查，提高了法律的可操作性和执行力。

综上所述，法律的可操作性原理在立法中的具体应用体现在多个方面，包括细化法律条文、量化法律标准、明确法律程序和设定具体罚则等。这些措施共同构成了法律可操作性的基础框架，为法律的有效执行提供了有力保障。

（二）运用法律关系原理

1. 运用权力-责任关系

立法者在运用权力-责任关系立法时，需要遵循一系列原则和方法，以确保所立之法既符合社会发展的客观规律，又能有效规制社会生活、调整社会关系，实现法治社会的目标。

立法者在运用权力-责任关系立法时，需要采取一系列策略和步骤，以确保立法的科学性、合理性和公正性。以下是一些具体的建议：

（1）明确立法宗旨与目的。立法者首先要明确立法的宗旨和目的，即解决什么问题、保护谁的利益、促进社会哪些方面的进步等。这有助于立法者在立法过程中始终围绕核心目标，确保权力的行使与责任的承担都是为了实现这些目标。

（2）平衡权力与责任。在立法过程中，立法者需要仔细权衡各种权力与责任之间的关系。一方面，要确保相关主体拥有足够的权力来履行职责；另一方面，也要明确这些权力对应的责任，防止权力滥用，以明确的责任约束权力。这要求立法者具备高度的法律素养和敏锐的社会洞察力，能够科学合理地配置权力和责任。

（3）制定明确具体的法律条款。立法者应当制定明确、具体、可操作的法律条款，避免模糊、笼统的表述。在规范权力时，要明确权力的来源、范围、行使程序和限制条件；在设定责任时，要明确责任主体、责任内容、责任形式和追究机制。这样可以确保法律条款的明确性和可操作性，减少法律适用中的争议和不确定性。

（4）科学合理地规范权力与责任。细化责任条款：在立法过程中，立法者应当注重细化责任条款，明确各类主体在行使权力时应承担的具体责任。这包括行政责任、民事责任乃至刑事责任等，以确保责任追究的可行性和有效性。

注重权利保障：在规范权力与责任的同时，立法者还应当注重保障公民、法人和其他组织的合法权益。这要求立法者在制定法律时充分考虑到各类主体的利益诉求和权利保障需求，确保法律的公正性和合理性。

加强部门间的沟通与协调：立法往往涉及多个部门和领域的利益调整。因此，立法者在立法过程中应当加强部门间的沟通与协调，确保各部门之间的权力与责任得到合理划分和有效衔接。

（5）强化法律监督与问责机制。立法者应当建立健全法律监督与问责机制，确保权力与责任的对等性。这包括建立独立的监督机构、完善监督程序、加强信息公开和公众参与等方面。同时，要明确违法行为的法律责任和处罚措施，确保对违法行为的及时查处和公正处理。尤其要设立公开公正的、不可逆的问责机制，包括政治责任（即领导责任）的追究。

综上所述，立法者在运用权力-责任关系立法时，需要明确立法宗旨与目的、平衡权力与责任、制定明确具体的法律条款、强化法律监督与问责机制等。这些措施有助于确保立法的科学性、合理性和公正性，为社会的和谐稳定和繁荣发展提供坚实的法治保障。

2. 运用权利-义务关系原理

立法者在立法过程中正确运用"权利-义务关系原理"是至关重要的，这有助于制定出既符合公平正义又具备可操作性的法律规范。以下是一些关键步骤和建议：

（1）明确权利与义务的基本概念。立法者首先需要清晰理解权利与义务的基本概念及其相互关系。权利是法律赋予个人或组织享有的某种利益或资格，而义务则是法律要求个人或组织必须履行的某种责任或任务。权利与义务在法律上是相互依存、相互贯通的，没有无权利的义务，也没有无义务的权利。

（2）平衡权利与义务的配置。合理分配权利与义务：立法者应当根据社会发展的需要和公平正义的原则，合理分配权利与义务。既要保障公民的基本权利，如生命权、自由权、财产权等，又要明确公民应尽的义务，如纳税义务、服兵役义务等。

避免权利滥用与义务逃避：立法者应当设定合理的限制条件，防止权利被滥用或义务被逃避。例如，通过设定行使权利的界限、规定违反义务的法律责任等方式，确保权利与义务得到平衡和协调。

（3）确保权利与义务的明确性。明确权利内容：立法者应当明确规定权利的具体内容、行使方式和保障措施。例如，在民事法律中明确规定合同双方的权利义务，在刑事法律中明确规定犯罪嫌疑人和被告人的诉讼权利等。

明确义务要求：立法者应当明确规定义务的具体要求、履行方式和法律责任。例如，在行政法律中明确规定行政机关的执法权限和程序、在税收法律中明确规定纳税人的纳税义务和税收机关的征税程序等。

（4）注重权利与义务的一致性。权利与义务相互对应：立法者应当确保每一项权利都有相应的义务与之对应，每一项义务也都有相应的权利作为支撑。这样可以使法律规范更加完整和协调。

权利与义务相互促进：立法者应当认识到权利与义务之间的相互促进关系。权利的行使有助于义务的履行，而义务的履行则有助于权利的实现。因此，在制定法律规范时应当注重权利与义务的协调统一。

综上所述，立法者在立法过程中应当正确运用"权利-义务关系原理"，明确权利与义务的基本概念、平衡权利与义务的配置、确保权利与义务的明确性、注重权利与义务的一致性。这些措施有助于制定出既符合公平正义又具备可操作性的法律规范。

3. 正确运用"特权–无权利"关系

在立法中正确运用"特权–无权利"关系，需要立法者深入理解和把握这一法律关系的本质和特征，并将其巧妙地融入法律条款之中。以下是一些具体的建议：

（1）合理设定特权与无权利的范围。明确特权主体：立法者应明确哪些主体可以享有特权，这通常涉及国家机构、公职人员、特定行业从业者等。

界定特权内容：特权的具体内容应清晰界定，包括特权的种类、范围、前提、行使方式等。同时，应明确特权行使的界限，防止特权滥用。

规定无权利状态：与特权相对应，立法者应明确在特权行使期间，相对方所处的无权利状态及其具体表现。

（2）平衡特权与无权利的关系。保障公平正义：在设定特权与无权利时，立法者应充分考虑公平正义的原则，确保特权的行使不会过分损害无权利方的合法权益。

设定监督与救济机制：为了防止特权滥用，立法者应设定有效的监督机制和救济途径。这包括内部监督、外部监督以及无权利方的申诉和救济机制等。

（3）增强法律条款的可操作性与明确性。一要细化法律条款。立法者应尽可能细化法律条款，减少模糊性和歧义性。这有助于法律实施者准确理解和执行法律条款。二要明确法律后果。对于特权滥用或违反无权利状态的行为，立法者应明确相应的法律后果和处罚措施。这有助于维护法律的权威性和严肃性。

如前所述，立法者在立法过程中应正确理解和运用"特权–无权利"关系，明确特权与无权利的定义、特征、范围及其相互关系，并采取相应的措施来平衡特权与无权利的关系、增强法律条款的可操作性与明确性。同时，还应加强法律宣传与教育工作，提高公众的法律意识和守法意愿。

4. 正确运用"豁免–无能力"关系

在立法中正确运用"豁免–无能力"关系，是确保法律公正性、合理性和可操作性的重要环节。以下是一些具体的建议：

（1）合理设定豁免与无能力的范围。一要明确豁免主体：立法者应明确哪些主体可以享有豁免权，这通常涉及国家机构、外交使节、特定行业从业者等。二要界定豁免内容：豁免的具体内容应清晰界定，包括豁免的种类、范围、行使条件等。同时，应明确豁免的界限，防止其被无限制地扩大。三要规定无能力状态：与豁免相对应，立法者应明确在豁免行使期间，相关主体所处的无能力状态及其具体表现。

（2）平衡豁免与无能力的关系。一要保障公平正义：在设定豁免与无能力时，立法者应充分考虑公平正义的原则，确保豁免的行使不会过分损害无能力方的合法权益。二要设定监督与救济机制：为了防止豁免权被滥用，立法者应设定有效的监督机制和救济途径。这包括内部监督、外部监督以及无能力方的申诉和救济机制等。还包括明确规定打破豁免-无能力的条件，即在何种条件下不再享有豁免地位。

（3）增强法律条款的可操作性与明确性。一要细化法律条款：立法者应尽可能细化法律条款，减少模糊性和歧义性。这有助于法律实施者准确理解和执行法律条款中关于豁免与无能力的规定。二要明确法律后果：对于滥用豁免权或违反无能力状态的行为，立法者应明确相应的法律后果和处罚措施。这有助于维护法律的权威性和严肃性。

（4）借鉴国际经验。在立法过程中，立法者还可以借鉴国际上的先进经验和做法，了解其他国家或地区在"豁免-无能力"关系立法方面的成功经验和教训。这有助于我国立法者更好地把握豁免与无能力的平衡点，制定出更加科学、合理和有效的法律规范。

如前所述，立法者在立法中正确运用"豁免-无能力"关系时，需要合理设定豁免与无能力的范围、平衡豁免与无能力的关系、增强法律条款的可操作性与明确性以及借鉴国际经验等。这些措施将有助于确保法律的公正性、合理性和可操作性。

## 第二章
# 立法原则与立法目的

## 第一节 立法的指导思想

### 一、我国立法的指导思想

按照现行《立法法》的规定,我国立法的指导思想有二:

第一,坚持中国共产党的领导,推进中国特色社会主义法治体系建设。《立法法》第 3 条的表述是:"立法应当坚持中国共产党的领导,坚持以马克思列宁主义、毛泽东思想、邓小平理论、'三个代表'重要思想、科学发展观、习近平新时代中国特色社会主义思想为指导,推进中国特色社会主义法治体系建设,保障在法治轨道上全面建设社会主义现代化国家。"坚持中国共产党的领导是中国特色社会主义的本质特征,也是中国特色社会主义立法的本质特征。这是历史、逻辑和现实的必然选择。坚持中国共产党的领导,当然要坚持党的指导思想,无论是最初舶来的马克思列宁主义,还是结合中国社会各个发展阶段具体实际的成果。这些指导思想团结指导我们全体法律人在法言法,通过立法推进中国特色社会主义法治体系建设,保障在法治轨道上全面建设社会主义现代化国家。实质的立法目的是推进法治体系建设,保障在法治轨道上,而不是人治轨道上,全面建设社会主义现代化国家。

第二,坚持以经济建设为中心,坚持改革开放,贯彻新发展理念,保障以中国式现代化全面推进中华民族伟大复兴。以经济建设为中心,是党的十一届三中全会作出的路线调整;在新时代,这个中心与坚持改革开放、贯彻新发展理念结合起来才好用,才符合当今全球化经济发展的现实。立法,只有作为制定规则、确立价值、构造体制机制的唯一选择,才能保障以中国式现代化全面推进中华民族伟大复兴。这里的新发展理念包括创新、协调、绿色、开放、共享的发展理念,而中国式现代化也有特定的内涵,即中国式现代化是中国共产党领导的社会主义现代化,它强调共同富裕、物质文明与精神文明协调发展、人与自然和谐共生及和平发展,体现了中国特色。这些理念和内涵都会随着我国的发展需求有所调整,但无论怎样调整,都是立法中制度设计的指导思想。

**二、立法指导思想与立法原则**

立法指导思想是立法原则的一部分,是立法的政治决策基础、基本方略基础。

第一,立法指导思想是立法原则的一部分。立法指导思想是立法原则的思想基础,无论是党的政治领导、指导思想的引领、法治整体目标的引领,还是坚持以经济建设为中心,坚持改革开放,贯彻新发展理念,保障以中国式现代化全面推进中华民族伟大复兴,都是宪法规定和党的二十大精神所体现的内容,当然是立法需要坚持的基本原则。

推进中国特色社会主义法治体系建设,保障在法治轨道上全面建设社会主义现代化国家,这是立法的目标原则。立法要有整体的目标,我国每一部立法的目标都是推进中国特色社会主义法治体系建设,保障在法治轨道上全面建设社会主义现代化国家。这一目标包含了法治原则、中国特色社会主义原则、全面建设社会主义现代化国家原则,这三个原则都是宪法原则,立法必须遵循宪法,因而这三个宪法原则必然是立法必须遵循的基本原则。同理,坚持以经济建设为中心,坚持改革开放,贯彻新发展理念,保障以中国式现代化全面推进中华民族伟大复兴,这些都是宪法明确规定的国家发展理念和原则,因而也是立法必须坚持的基本原则。

第二,立法指导思想是立法的政治决策基础和基本方略基础。中国共产党的政治领导、宪法界定的指导思想、法治的整体目标是立法的政治决策基础。特定的主体在特定的思想指导下立法服务于法治的整体目标,这就规定了立法的政治决策基础。坚持以经济建设为中心,坚持改革开放,贯彻新发展理念,保障以中国式现代化全面推进中华民族伟大复兴,是立法所追求的物质、政治、精神、社会、生态协调发展的决策基础。作为发展型国家的中国，必须有自己的发展策略，新的一个中心和两个基本点，即以经济建设为中心，坚持改革开放，贯彻新发展理念，既是习近平新时代中国特色社会主义思想的基本方略，也是立法所追求的物质、政治、精神、社会、生态协调发展的决策基础。

## 第二节 立法原则

### 一、立法原则概述

（一）何谓立法原则

关于何为立法原则？各位学者的表述各有侧重。有学者认为，立法基本原则是在立法指导思想的指引下，在总结立法工作的实践经验的基础上形成的，在立法工作中应遵循的，具有可操作性的基本准则。立法基本原则体现了立法的本质、规律和根本价值，是立法规范或规则的本源性依据。[1]有学者认为，立法原则是在遵循立法指导思想的指引下，在总结长期立法工作经验的基础上形成的，并且在立法工作中必须遵循的基本准则。[2]也有学者认为，立法原则是对立法规律的理性认知与归纳，也可以对以后的立法实践起着指引作用，也是检验立法是否具有合法性并具有质量的衡量标准。[3]

综上，立法原则是贯穿于整个国家立法和地方立法过程中的、反映立法行为的性质法理和基本要求、具有普遍指导意义的准则。

（二）立法原则的作用

第一，指导作用。立法原则作为制定法律的基本准则，其指导作用至关重要。它确保了法律体系的内在统一性和科学性，为立法活动提供了明确的方向和界限。通过遵循立法原则，如宪法至上、民主立法、法制统一、权利保障与权力制约等，法律制定过程能够充分体现人民意志，维护社会公平正义，促进国家长治久安。这些原则不仅指导立法内容的合理性与合法性，还

---

[1] 陈佳等：《比较立法研究》，法律出版社 2024 年版，第 61 页。
[2] 翟国强：《立法》，江苏人民出版社 2016 年版，第 9 页。
[3] 刘平：《立法原理、程序与技术》，学林出版社、上海人民出版社 2017 年版，第 90 页。

促进了法律之间的协调与衔接,避免了法律冲突与空白。因此,立法原则在保障法律质量、提升法治水平、促进社会发展等方面发挥着不可替代的指导作用。

第二,保障作用。立法原则在法治建设中扮演着至关重要的保障角色。它们作为法律制定的基石,确保了法律内容的公正性、合理性和可操作性,为公民权利与自由的实现提供了坚实的法律屏障。通过明确法律制定与实施的边界,立法原则有效防止了权力滥用和侵犯公民权益的行为,维护了社会秩序与稳定。同时,立法原则还促进了法律体系的不断完善与发展,使其能够适应时代变迁和社会需求,为国家长治久安和可持续发展提供了强有力的法律保障。

第三,规范作用。立法原则在法治体系中具有显著的规范作用。它们为立法活动设定了明确的标准和准则,确保了法律制定的规范性和系统性。通过立法原则的指导,立法者能够遵循科学、民主、公正、人本的原则,制定出符合社会发展规律、反映人民意志的法律。这些原则不仅规范了立法程序和内容,还确保了法律的统一性和权威性,防止立法过程中的随意性和主观性。因此,立法原则在维护法治秩序、保障公民权益、促进社会稳定等方面发挥着重要的规范作用。

## 二、我国的法定立法原则

### (一) 法治原则

"立法应当符合宪法的规定、原则和精神,依照法定的权限和程序,从国家整体利益出发,维护社会主义法制的统一、尊严、权威。"具体包括:①合宪性原则,即不得违反宪法的具体规定、原则性规定和宪法的原则、宪法的价值观;②依法立法原则,即不得违反宪法、法律规定的立法范围、立法程序;③从国家整体利益出发原则,即不得违反国家整体利益需求;④维护社会主义法制的统一、尊严、权威原则,即维持保护我国社会主义法律体系内部无矛盾、下位法不得与上位法冲突、不得受侵犯、有法必遵守的状况。这是立法行为合法性的基础。

### (二) 民主原则

"立法应当坚持和发展全过程人民民主,尊重和保障人权,保障和促进社会公平正义。立法应当体现人民的意志，发扬社会主义民主，坚持立法公开，保障人民通过多种途径参与立法活动。"①坚持和发展全过程人民民主。即立法整个程序和过程必须向社会公众公开，全面征求和吸收社会公众的意见和建议。"健全人大议事规则和论证、评估、评议、听证制度。丰富人大代表联系人民群众的内容和形式。健全吸纳民意、汇集民智工作机制。发挥工会、共青团、妇联等群团组织联系服务群众的桥梁纽带作用。"[1]②尊重和保障人权。即立法必须以尊重和保障人权为目的。③保障和促进社会公平正义。即立法内容和制度必须有利于保障和促进社会公平正义。④体现人民的意志，发扬社会主义民主。即立法必须体现人民的意志反映人民的需求，发挥社会主义选举民主和协商民主的优势。⑤坚持立法公开，保障人民通过多种途径参与立法活动。我国在立法决策、立法论证、立法征求意见、立法后评估等制度上加强了立法公开与民主参与。这是立法行为的合约本性所要求的，立法行为的民主原则实现得越充分，立法行为的合约本性就越有保障，人们对法律的认同与信守就越牢靠。

（三）科学原则

"立法应当从实际出发，适应经济社会发展和全面深化改革的要求，科学合理地规定公民、法人和其他组织的权利与义务、国家机关的权力与责任。法律规范应当明确、具体，具有针对性和可执行性。"科学原则要求，①从实际出发，即从社会公众的实际需求和社会发展的实际条件出发，包括从我国所处的国际关系和国际环境的实际情况出发。②适应经济社会发展和全面深化改革的要求，即立法要始终适应经济社会发展的主要需求和全面深化改革的内在要求。③科学合理地规定公民、法人和其他组织的权利与义务、国家机关的权力与责任。权利-义务、权力-责任的科学合理配置至关重要。④法律规范应当明确、具体，具有针对性和可执行性。这些要求在前面立法明确性原理、立法可操作性原理上已有阐述。这是立法行为的合约本性所做的实质要求，立法行为不具有科学性，立法行为的合约本性就缺乏内容正当性基础。

（四）价值导向原则

"立法应当倡导和弘扬社会主义核心价值观，坚持依法治国和以德治国相

---

[1] 中共中央《关于进一步全面深化改革　推进中国式现代化的决定》。

结合，铸牢中华民族共同体意识，推动社会主义精神文明建设。"价值导向原则要求，①立法应当倡导和弘扬社会主义核心价值观，社会主义核心价值观是社会主义的价值本质，必须贯穿于所有立法之中。这些核心价值观既代表人类社会一般价值观，又代表我国社会主义核心价值观。国家层面的富强、民主、文明、和谐，社会层面的自由、平等、公正、法治，个人层面的爱国、敬业、诚信、友善，这是我们对自己国家的认同，也是我们对世界的承诺。②坚持依法治国和以德治国相结合，德治是价值观之治，是与法治相辅相成的内在层面。德治是法治的基础，法治是德治的保障。公权力执掌者的政治道德[1]是国家法治的基础。公民的道德是社会法治的基石。③铸牢中华民族共同体意识，共同体意识是中华民族一体多元的生存发展基石，是立法的精神基础之一。④推动社会主义精神文明建设。奠定价值基础，引导社会价值观，抵制有害思想；保障文化传承与发展，重视文化遗产保护和文化产业规范；促进社会和谐稳定，规范社会行为，调节人际关系；提升国家综合竞争力，增强文化软实力，培养高素质人才。法律是必然带有价值倾向的，这是从国家、社会、公民、民族和个人等层面提出的价值贯彻。这是立法行为的价值导向属性，是立法成果的精神向度，是立法行为的精神使命。

（五）适应改革需要原则

"立法应当适应改革需要，坚持在法治下推进改革和在改革中完善法治相统一，引导、推动、规范、保障相关改革，发挥法治在国家治理体系和治理能力现代化中的重要作用。"这一原则要求：①立法应当适应改革需要，坚持在法治下推进改革和在改革中完善法治相统一。法治与改革的关系是中国式现代化必须处理好的重大关系，这里提出了处理原则，首先立法应当适应改革需要，其次坚持在法治下推进改革和在改革中完善法治相统一，即法治是改革的前提和目标，改革是达成法治的路径。②引导、推动、规范、保障相关改革，这是立法对改革要起到的重大规范性作用。"改革实践中，党中央非常重视将立法工作纳入改革总体布局，在研究总体改革方案和具体改革措施时，注意同步考虑改革涉及的立法问题，提出配套立法的要求。各项改革任务的牵头单位、参加单位在研究确定有关工作安排和重要改革实施方案时，

---

[1] 参见［美］罗纳德·德沃金：《自由的法：对美国宪法的道德解读》，刘丽君译，上海人民出版社2001年版。

也同步考虑涉及的立法工作,同步推进相关立法项目。这是推进改革和法治相统一的成功做法。"[1]无论是引导、推动,还是规范,抑或保障都是改革顺利进行的必要条件。③发挥法治在国家治理体系和治理能力现代化中的重要作用。法治是国家治理体系和治理能力现代化的核心特征。相对完备的法制体系是国家治理体系和治理能力现代化的基本保障。立法与改革的关系在这里得到理性的规范性约束。这是立法行为的改革面向,当代人类面临着如此之多的治理目标,有些来自新的困局,有些沿袭旧的难题。这些困局与难题只能靠有效的法律制度设计来解决。在研究改革方案和改革措施时,同步考虑改革涉及的立法问题。将实践证明行之有效的举措和成熟经验,及时上升为法律。对立法条件还不成熟、需要先行先试的,依照法定程序作出授权。对不适应改革要求的现行法律法规,及时修改或废止。做到改革与立法相统一、相促进,还需克服地方和部门利益掣肘,提高立法工作质量和效率。[2]

## 第三节 立法目的、立法宗旨与立法精神

### 一、立法目的和立法宗旨的区别与联系

立法目的和立法宗旨一般是一部法律规范第1条的规定。具体的直接意图是立法目的,宏观的理念、目标及立法追求的效果表达则是立法宗旨。立法目的一定是个体权利、国家整体利益和社会公共利益方面的具体目标。立法宗旨是国家整体利益和社会公共利益方面的宏观目标及其因果表达等。尽管可以做这样的相对区分,两者之间又有一定的重合度,需要具体辨析。

我们来分析一下《立法法》第1条的结构:这一条规定了三层结构,第一层规定了立法目的,即"为了规范立法活动,健全国家立法制度,提高立法质量,完善中国特色社会主义法律体系,发挥立法的引领和推动作用,保障和发展社会主义民主"。第二层规定了立法宗旨,即"全面推进依法治国,建设社会主义法治国家"。第三层规定了立法依据,即"根据宪法,制定本法"。

---

[1] 许安标:《坚持改革决策和立法决策相统一、相衔接》,载《民主与法制》2025年第2期。
[2] 周杰龙:《科学立法是处理改革和法治关系的重要环节》,载《光明日报》2024年12月27日。

任何实定法的规定，应根据它显而易见的目的来合理解释，正如我们提倡正当防卫是基于及时捍卫正当权益阻止不法侵害，这是刑事立法的目的之一。因此，我们应根据法律的目的及精神来判断与解释实定法上的规定。同时，立法宗旨是立法作为主权活动所追求的实质目标，这里的表述是来自宪法第5条第1款的"法治原则"表述，这就意味着立法以追求建设社会主义法治国家为目标，不得违反实质法治原则，即在价值观上尊重和保障人权，并依法限制国家权力。换言之，立法必须制定法治之法，这是立法行为所要实现的实质目标。依此可以审查法律、法规、规章、法律解释等的合宪性与合法性。

区分立法目的与立法宗旨是有必要的，因为立法宗旨表述的是立法总体目标和宗旨，也是实质的立法目的，立法宗旨离不开立法目的，同时又不仅仅局限于立法目的。第一，具体的立法目的无法完全列举，通过宏观的立法宗旨来补充之。第二，立法宗旨往往同宪法规定、宪法原则、宪法精神、中国共产党的决策有直接关联。通过立法宗旨的表述，贯彻这些重大的要素，并指导整部法律的解释与实施。第三，立法宗旨是立法的解释标准。立法宗旨是立法的旨归和实质目的，也是立法解释所遵循的价值旨归。第四，立法宗旨是立法的审查标准。以《立法法》的立法宗旨审查所有立法成果的合法性，这是合法性审查的一个重要任务。

## 二、立法精神

### （一）何为立法精神？

立法精神是指一部立法贯穿始终的基本原则和基本价值取向。民法典的立法精神是个人最大限度的自由、法律最小限度的干预，充分尊重民事主体的意思自治。民法典是指在采用成文法的国家中，用以规范平等主体之间私法关系的法典。民法典以条文的方式，以抽象的规则来规范各种民事法律行为、身份行为。

立法精神是客观认知与价值理念的统一。这种客观认知既是事物本身性质的真理性认知，也是历史经验、现实格局、未来趋势的真理性认知。这种真理性认知既需要宏观的把握能力，更需要微观具体的事实洞察。如果对人口生产的诸多方面缺乏真理性认知，对独生子女政策引起的"代际断链效应"[1]缺乏社会学与人类学的真理性认知，极易造成不可挽回的影响。其实，计划生育立法涉及的客观认知领域还包括城乡差距、家族解体、家庭人伦变革、教育管理适应、家庭生态、孩子性取向养成、孩子人格养成、婚姻走势、生育动力等。这些因素在代际断链效应中都至关重要。

价值理念是指在客观认知基础上提出的价值原则。在人口生育上，我们可以提出家庭生育生态优化这样的价值理念，引导家庭生育2个以上的孩子，让孩子们陪伴性成长，孩子人格、性取向和三观往往会更健康，为孩子们缔造适宜的家庭生态环境，防止代际断链的发生，这样的家庭就会更健康更成功。根据这一价值理念，国家立法机关或者地方立法机关可以制定《家庭生态优化法》或者《家庭生态优化条例》，贯彻家庭生育生态优化这一立法精神，提振人口生产和人口质量。

（二）立法精神要以人为本

敬畏生命、为生民立命是普适性人类价值表达[2]。"以人为本"作为立法精神，是法治理念的核心价值之一，它深刻体现了法律制定、实施和解释过程中对人权、人的尊严、人的自由与发展的尊重与保障。这一立法精神可以从以下几个方面进行解析：

（1）尊重和保护人权：人权是每个人作为人所应当享有的基本权利，包括生命权、自由权、财产权、平等权、发展权等。以人为本的立法精神要求法律必须将这些基本人权作为立法的出发点和归宿，确保法律不侵犯、不剥夺这些基本权利，并在可能的情况下积极促进这些权利的实现。

（2）关注人的全面发展：以人为本不仅关注人的生存权，更关注人的全面发展，包括经济、政治、文化、社会、生态等各个方面的权利和需求。立法应当致力于创造公平、公正、和谐的社会环境，为每个人的全面发展提供条件和机会。

（3）体现人文关怀：以人为本的立法精神强调法律应当充满人文关怀，关注弱势群体的特殊需求，通过法律手段保护他们的合法权益，防止他们受

---

[1] 所谓人口代际断链效应是指中国独生子女所呈现的背离传统伦理、代际关系、婚姻方式和生活方式的明显趋势。

[2] 参见邱仁宗：《生命伦理学》，中国人民大学出版社2010年版。王毅真：《为生民立命：周辅成伦理思想研究》，光明日报出版社2023年版。

到歧视和侵害。同时，法律也应当体现对人性弱点的理解和包容，通过合理的制度设计引导人们向善、向上。

（4）促进公平正义：公平正义是法律的基本价值之一，也是以人为本立法精神的重要体现。以人为本的立法要求法律必须公平地适用于所有人，不偏袒、不歧视，确保每个人在法律面前都享有平等的权利和机会，政府平等尊重与关怀每个人[1]。同时，法律也应当通过合理的制度设计来纠正社会不公，实现社会正义。

（5）强调民主参与：以人为本的立法精神还体现在立法过程中的民主参与上。它要求立法机关在制定法律时应当广泛征求民意、听取民意、汇聚民智，确保法律能够真正反映人民的意志和利益。同时，也要求公民积极参与立法过程，通过多种途径表达自己的意见和诉求，共同推动法治建设。

总之，"以人为本"作为立法精神，是法治理念的集中体现，它要求法律必须尊重和保护人权、关注人的全面发展、体现人文关怀、促进公平正义以及强调民主参与。只有这样，法律才能真正成为人民利益的守护者和社会进步的推动者。

所有立法都要坚持以人为本原则，尊重人本身的需求和人性，把人当作易受伤害的人格，当作目的、价值和主体。如果把人当成数字、手段、工具和客体来管理、控制，就违背了以人为本原则。对待人就要尊重其具体语境中的具体需求，尊重人就要尊重其具体语境中的具体表现，关怀人就要关怀其具体环境中的所爱、所感、所信。所以，所有立法都要坚持以人为本，即所有立法都要坚持以人的具体需求、表现、所爱所感所信为本。

有学者评论了行政法领域重罚主义的立法动向，她认为重罚主义立法违反了过罚相当原则、不当联结禁止原则、法律保留原则，"在重罚主义违反以上法律原则的背后，体现的是将个人作为治理工具，通过对个人的过度压制、羞辱、歧视来达成治理目标的惯性做法。如果纵容这种做法，就会使法治观念和人权保障意识不断滑坡，并导致法治原则的溃败，所以不能不令人警惕"。[2]

---

[1] [美]罗纳德·德沃金：《认真对待权利》，信春鹰、吴玉章译，上海三联书店2008年版，第180~183页。

[2] 赵宏：《行政处罚应避免重罚主义倾向》，载《中国社会科学报》2024年7月9日。

(三) 立法精神要吸收时代精神

什么是时代精神？所谓时代精神就是人类社会发展所展现的新的趋向与发展伦理。时代精神，是时代脉搏的跳动，是历史长河中不同文化、思想、科技相互碰撞与交融的产物。这种新趋向与发展伦理代表了时代的走向与精神需求，"发挥立法的引领和推动作用"，立法作为规则、激励、约束和后果的公共选择科学[1]，必须适应时代精神构建规则、激励、约束和后果的公共选择框架、原则和规范。那么，立法精神如何吸收时代精神呢？如社会法如何吸收弱者保护的时代精神？那就把弱者保护原则作为立法精神，清楚地表达为其基本原则，并设计周全公正的社会保障制度来实现这一基本原则。正如我们把绿色发展原则表述为民事活动的一项基本原则，在《民法典》中设计了近20个条文来贯彻。当然数字时代的社会弱者也包括数字上、人工智能上的弱势群体，这个需要设计专门制度给予保护。

这个时代的时代精神是综合竞争、多元链接、交叉融合、创新为本、开放包容、高度透明、数智制胜。

作为新时代精神的几个核心要素，综合竞争、多元链接、交叉融合、创新为本、开放包容、高度透明、数智制胜共同勾勒出了当今社会发展的新图景，以下是对这七点的简要阐述：

（1）综合竞争：在新时代背景下，竞争已不仅仅局限于单一领域或维度的较量，而是转向了全方位、多层次、细分领域的综合竞争。这种竞争涵盖了经济、科技、文化、教育、环境等多个方面，要求国家、企业乃至个人具备更强的综合实力和适应能力。综合竞争强调的是全面提升竞争力，同时又要在单项上有重大突破，通过优化资源配置、推动技术创新、加强人才培养等手段，实现可持续发展和竞争优势。

（2）多元链接：随着全球化的深入发展和信息技术的迅猛进步，世界变得更加紧密相连。多元链接意味着不同领域、不同行业、不同文化之间的交流和融合日益加深。这种链接不仅促进了资源共享和优势互补，也为创新提供了广阔的舞台。在多元链接的背景下，合作成为实现共同发展的重要途径，

---

[1] 华东师范大学法学院知名教授姜峰在其朋友圈转发了一篇美国著名宪法学家阿希尔·里德·阿马的论文，在后面表述了这样的一个观点："宪法学是一门关于规则、激励、约束和后果的公共选择科学。"在此借用以表述立法的性质。

各国、各地区、各组织之间通过构建更加紧密的合作关系,共同应对全球性挑战,推动全球治理体系的完善和发展,推进人类命运共同体理念的实践。

(3) 交叉融合:在当今全球化背景下,交叉融合已成为时代精神的重要特征。它体现在不同领域知识的跨界整合,如人工智能与医学的结合催生了精准医疗,互联网与教育的融合推动了在线教育的兴起。同时,文化间的交流互鉴也日益频繁,东西方文化的碰撞不仅丰富了人类的精神世界,也促进了全球文化的多样性和包容性。这种交叉融合不仅加速了社会进步的步伐,更激发了人类无限的创造力与想象力,引领我们共同迈向一个更加开放、协同、创新的未来。

(4) 创新为本:创新是引领发展的第一动力。在新时代,创新不仅是科技进步的源泉,也是推动经济社会发展的核心力量。创新为本强调的是将创新作为推动经济社会发展的根本动力,通过激发创新活力、优化创新环境、加强创新人才培养等措施,推动科技、产业、管理等方面的全面创新。这种创新不仅限于技术创新,还包括制度创新、文化创新、商业模式创新等多个方面,旨在通过全面创新实现经济社会的转型升级和高质量发展。

(5) 开放包容:作为时代精神的开放包容,是当今社会发展的重要动力。它倡导以开放的心态接纳多元思想、文化和观念,促进不同领域、不同背景的人们之间的交流与融合。开放包容的精神鼓励创新,为社会发展注入新的活力。在全球化的背景下,开放包容更是成为国际交流合作的基石,推动各国在经贸、科技、文化等领域开展广泛而深入的合作。通过开放包容,我们能够更好地理解和尊重彼此的差异,共同应对全球性挑战,促进人类文明的繁荣与进步。

(6) 高度透明:高度透明是现代社会治理的重要特征之一。在信息爆炸的时代背景下,公众对于信息的需求和期望日益提高。高度透明要求政府、企业等组织在决策、执行、监督等各个环节中,保持信息的公开、透明和可追溯性。这有助于增强公众对组织的信任和支持,促进民主监督和社会共治。同时,高度透明也有助于减少腐败和权力滥用等问题的发生,维护社会公平正义和和谐稳定。

(7) 数智制胜:"数智制胜"作为时代精神,体现了数字技术与智能思维在当前社会发展中的核心地位与制胜作用。当前人工智能正迎来由单一行业向所有行业、从个性问题向共性问题的发展新机遇。[1]这一精神强调,在数字化转型的大潮中,运用先进的数据要素、人工智能等数智技术,与实体经济的各领域和各环节相融合,能够提升决策效率、优化资源配置、大大提高经济效率,进而推动经济社会的高质量发展。[2]同时,"数智制胜"也倡导以智能思维引领创新,鼓励人们勇于突破传统束缚,用智慧与勇气面对挑战,把握机遇,赢得未来。这种精神不仅是科技发展的必然趋势,更是时代赋予我们的新要求和新使命。

立法精神作为法律体系的灵魂,其制定与修订应紧密契合时代精神,以确保法律的先进性和适应性。在吸收时代精神的过程中,立法者需把握以下几点:首先,立法精神应体现时代性的要求,即反映当前社会、经济、文化的最新发展趋势和价值取向。做到这一点,需要立法者密切关注社会变迁,确保法律条款与社会实践相契合,为公众提供明确的行为指引。其次,立法精神应具备前瞻性,能够预见并应对未来可能出现的新问题和新挑战。在全球化、信息化的时代背景下,立法者须具备国际视野,借鉴国际先进经验,同时结合本国国情,制定具有前瞻性的法律条款。再者,立法精神还应注重民族性与开放性的结合。在吸收时代精神的同时,要尊重并传承民族文化传统,保持法律文化的独特性和多元性。同时,也要以开放的心态接纳外来优秀法律文化,促进法律文化的交流与融合。最后,立法精神要适应时代精神的大趋势,如在立法上,加强数据收集,加强信息保护,防止信息失真,加强信息技术、数字技术、智能思维等的应用,用以保障制度的运行。综上所述,立法精神吸收时代精神是一个动态、持续的过程,需要立法者不断关注社会变化,勇于创新,确保法律体系的先进性和适应性,以更好地服务于国家和社会的发展。[3]

立法精神作为法律制定的核心指导原则,在新时代背景下,应积极吸收综合竞争、多元链接、交叉融合、创新为本、开放包容、高度透明、数智制

---

[1] 张涵音:《中国新一代人工智能发展战略研究院学术委员会会议召开》,载https://news.nankai.edu.cn/ywsd/system/2025/01/16/030065474.shtml,2025年1月17日访问。

[2] 参见杜传忠、张榕:《以体制机制改革与制度创新推动数实深度融合》,载《经济参考报》2024年12月18日。

[3] 杨芬:《弘扬法治精神:必须将其时代化》,载http://masysfy.ahcourt.gov.cn/article/detail/2015/05/id/1631444.shtml,2024年9月5日访问。

胜等新时代精神,以推动法治建设的高质量发展。以下是对如何吸收这些新时代精神的简要论述:

(1) 综合竞争。① 立法竞争力提升,立法应关注国际趋势和国内发展需求,借鉴国际先进立法经验,提升本国法律的竞争力和适应性。通过加强与国际法律体系的对话与合作,推动国内法律与国际规则接轨,提升国家在全球治理中的话语权和影响力。强化立法评估机制,对法律的实施效果进行定期评估,确保法律能够适应经济社会发展的需求,提升法律的实用性和竞争力。② 竞争环境的营造。立法应致力于营造公平竞争的市场环境,通过制定和完善反垄断、反不正当竞争等法律法规,保护市场主体的合法权益,促进市场的健康发展。加强对新兴领域和行业的立法研究,及时出台相关法律法规,为新兴产业的发展提供法律保障,推动产业结构的优化升级。

(2) 多元链接。① 立法与多元主体的链接,立法应充分听取社会各界的意见和建议,拓展人民有序参与立法的途径,建立公众参与立法的诉求收集、评估、处理、反馈机制。通过立法协商、立法听证等方式,确保立法过程的公开透明和民主公正。加强立法机关与其他国家机关、社会团体、企事业单位以及公民个人之间的沟通和协作,形成立法合力,推动法律的制定和实施。② 立法内容的多元化。立法应关注社会多元利益的平衡和协调,通过制定综合性的法律法规,对涉及多个领域和方面的问题进行统一规范。例如,在环境保护、社会保障、公共安全等领域制定综合性的法律法规,实现法律制度的系统性和整体性。加强对新兴领域和特殊问题的立法研究,及时出台相关法律法规,填补法律空白,确保法律制度的全面性和前瞻性。

(3) 交叉融合。立法精神,作为法律体系的核心与灵魂,其演进与发展深受时代精神的深刻影响。在当今这个快速变化的时代,交叉融合作为时代精神的重要特征,对立法精神的塑造产生了深远影响。立法过程中,立法者应积极吸收交叉融合的理念:①体现在对多元价值的兼顾与平衡上。随着社会的多元化发展,不同群体、不同利益之间的冲突日益复杂,立法需充分考虑经济、社会、文化、科技等多方面的因素,通过跨领域、跨学科的对话与合作,实现法律规范的全面性和适应性。②立法精神的吸收与交叉融合还体现在对新兴领域的及时回应上。随着科技的飞速发展,新兴领域如人工智能、大数据、区块链、量子计算等不断涌现,给传统法律体系带来了前所未有的挑战。立法者需紧跟时代步伐,通过跨学科研究,准确把握新兴领域的发展规律与风险点，制定科学合理的法律规范，为新技术、新业态的健康发展提供有力保障。③立法精神吸收交叉融合，还须促进法律与文化的深度融合。法律不仅是制度性规范，更是文化的体现。在立法过程中，立法者需深入挖掘本土文化精髓，同时借鉴世界优秀法治文明成果，实现法律与文化的相互滋养、相互促进，构建具有中国特色的社会主义法治文化。综上所述，立法精神吸收作为时代精神的交叉融合，是推动法律体系不断完善、适应时代发展需求的重要途径。

（4）创新为本。① 立法理念的创新。立法应坚持创新为本的理念，注重法律制度的创新和完善。通过立法推动科技创新、制度创新和管理创新等方面的发展，为经济社会发展提供法律保障和动力支持。加强对新技术、新业态、新模式的立法研究，及时出台相关法律法规，规范新兴领域的发展秩序，保障新兴产业的健康发展。②立法方式的创新。推动立法方式的创新，运用大数据、云计算、AI 等现代信息技术手段提高立法效率和质量。通过建立立法数据库、立法信息平台等方式，实现立法资源的共享和优化配置。加强立法工作的信息化和智能化建设，推动立法工作的数字化转型。通过引入人工智能等先进技术手段，实现立法过程的智能化辅助和决策支持。

（5）开放包容。①立法精神在时代的浪潮中，积极吸纳开放包容的精髓，以更加宽广的视野和胸襟，引领法治建设的新篇章。立法者深知，社会的多元化与复杂化要求法律体系具备高度的灵活性和包容性，因此，在立法过程中，他们不仅关注传统价值的传承与保护，更重视对新兴事物、多元文化的接纳与规范。②通过广泛的公众参与、专家咨询和跨领域合作，立法者努力确保法律条文能够反映社会各界的意见与需求，体现开放包容的时代精神。同时，他们还注重借鉴国际先进立法经验，结合本国实际，制定出既符合国情又具有国际视野的法律规范。③立法精神的开放包容，不仅体现在法律内容的丰富多样上，更体现在法律实施过程中的灵活性与人性化方面。它鼓励法律执行者根据实际情况，合理运用法律原则与规则，实现法律效果与社会效果的有机统一。

（6）高度透明。① 立法过程的透明。立法过程应坚持公开透明原则，通过立法听证、立法公开征求意见等方式，广泛听取社会各界的意见和建议。确保立法过程的公开透明和民主公正，提高立法的公信力和权威性。加强对立法过程的监督和制约机制建设，通过设立专门的监督机构或引入第三方评估机构等方式，对立法过程进行全程监督和评估，确保立法过程的合法性和规范性。②立法结果的透明。立法结果应及时向社会公布并接受社会监督。通过政府公报、官方网站等渠道及时发布法律法规的文本和解读信息，确保公众能够及时了解和掌握法律法规的内容和要求。③加强对法律法规实施情况的监督和评估工作，及时发现和解决法律法规实施过程中的问题和困难，确保法律法规的顺利实施和有效执行。

（7）数智制胜。新时代立法精神在吸收作为时代精神的数智制胜方面，应当注重以下几个方面的融合与实践：①立法理念的数智化转型。一是体现人民意志：立法应当坚持全过程人民民主，通过数智化手段广泛收集民意，确保立法反映人民群众的真实意愿和利益诉求。这可以通过在线问卷、立法听证会直播、社交媒体互动等方式实现，提高立法的透明度和参与度。二是坚持科学立法：运用大数据、人工智能等数智技术，对立法项目进行科学分析和预测，提高立法的针对性和实效性。例如，通过大数据分析，可以精准识别社会热点问题和民生关切，为立法提供科学依据。②立法内容的数智化创新。一是加强新兴领域立法：随着数智技术的快速发展，新兴领域如数字经济、互联网金融、人工智能等不断涌现，这些领域需要新的法律法规来规范和引导。立法应紧跟时代步伐，及时制定和完善相关法律法规，保障新兴领域的健康发展。[1]二是推动传统领域立法创新：在传统领域，数智技术也可以为立法带来新的视角和思路。例如，在环境保护领域，可以利用数智技术监测环境状况，为制定更加精准有效的环保法规提供支持。③立法程序的数智化优化。一是提高立法效率：运用数智技术优化立法程序，缩短立法周期，提高立法效率。例如，可以通过在线会议、电子投票等方式，实现立法过程的快速推进和高效决策。二是加强立法监督：数智技术还可以为立法监督提供有力支持。通过建立立法项目数据库、立法效果评估系统等，可以实时监测立法项目的实施情况，及时发现并纠正立法中存在的问题。④立法人才的数智化培养。一是提升立法工作者数智素养：立法工作者应具备较高的数智素养，能够熟练运用数智技术进行立法工作。因此，应加强对立法工作者的数智化培训，提高他们的数智技术应用能力和水平。二是培养跨领域复

---

〔1〕 李小健：《汇集代表智慧力量　做好新时代立法工作——全国人大常委会召开列席代表座谈会》，载http://www.npc.gov.cn/npc/c2/kgfb/202307/t20230707_430479.html，2024年11月3日访问。

合型人才：新时代立法需要跨领域、复合型人才的支持。因此，应加强对法律、信息技术、经济管理等多领域人才的培养和引进，为立法工作提供坚实的人才保障。

综上所述，立法精神在新时代背景下应积极吸收综合竞争、多元链接、交叉融合、创新为本、开放包容、高度透明、数智制胜等新时代精神，以推动法治建设的高质量发展。新兴军事技术，如原子武器、精确打击能力、高超音速、导航技术，以及当前的自主系统和人工智能（AI）/机器学习（ML）、量子芯片、集成传感与网络空间、人机交互界面，能源技术如核聚变技术、可再生能源发电与存储、定向能，还有生物技术、先进材料深刻颠覆了传统力量对比的计算方式，成为国家获取竞争优势的关键因素。这些技术被视为"游戏规则改变者"，不仅重塑了国家的作战方式，也对对手构成了显著威慑。[1]通过加强立法竞争力提升、多元链接、创新为本和高度透明等方面的努力，不断提高立法质量和效率，为经济社会发展提供有力的法律保障和支撑。

---

[1] 银河实验室：《美国智库揭示技术进步如何影响国际竞争格局》，载公众号"银河实验室"2024年12月27日。

# 第三章

# 法的形式与立法创新

## 第一节 法的形式

### 一、法的形式的界定与演变

法的形式是指法的具体的外部表现形态，并在效力位阶上构成的明显区分。

就我国来说，目前法的形式如下：

（1）宪法。宪法是一个国家法律框架的总枢纽，其他法律法规都是对宪法的贯彻，宪法决定着一个国家和其人民的命运。宪法主要解决国家权力的纵向和横向构造及其社会分配问题，同时宪法主要保障公民个人的权利和自由。宪法的制定、认可与修改，从立宪主体和立宪程序上，应该高于、严于、优于其他法律法规。

（2）法律。法律是国家立法机关，依据宪法的授权，按照立法权限和程序，制定的基本规则体系。一般按照部门法分为宪法、宪法相关法、行政法、民法商法、经济法、刑法、诉讼法与非诉讼程序法、社会法等几大类。[1]

（3）国际条约和国际惯例。我国所参加或者同意的国际公约或者协定以

---

［1］ 北大法宝法律法规研究组：《新增1件，修改2件！我国现行有效法律306部（截至2024年12月25日）》，载 https://mp.weixin.qq.com/s？__biz=MzI3ODUzNTIxMA==&mid=2247528084&idx=3&sn=7c5e479c2750a0a7abf4a626a7fc7bd1&chksm=ea28639128db5c60f27d1a267fcff39c31b1f979f6e3653802efd8e8ad2f406659f9e67b3544&scene=27，2025年1月3日访问。

及国际惯例属于我国社会主义法的渊源之一。[1]

（4）法律解释，是为进一步明确法律规定的具体含义，或者当法律制定后出现新的情况，需要明确适用法律依据时，由全国人民代表大会常务委员会，按照法律解释程序作出的，与法律具有同等效力的法律形式。[2]另外一种法律解释被称为司法解释，是最高人民法院、最高人民检察院作出的属于审判、检察工作中具体应用法律的解释，该解释主要针对具体的法律条文，力求符合立法的目的、原则和原意。[3]

（5）行政法规、军事法规和监察法规，这三类法规是全国人民代表大会授权国务院、中央军事委员会、国家监察委员会制定的行政执法、军事行政、监察领域的法规体系。

（6）地方性法规和自治条例、单行条例，这是省级人民代表大会、设区的市人民代表大会与民族自治地方人民代表大会依据宪法和立法法的授权，制定的在本行政辖区内实施的法规体系。

（7）部门规章，是指国务院职能部门依照宪法、立法法和其他法律授权，制定的执行性、行业政策性的规则体系。

（8）地方规章，是指设区的市人民政府以上的地方人民政府依照宪法、立法法和其他法律授权，制定的地方行政规章体系。

外国法的形式不一而足。大陆法系国家，一般以宪法、其他制定法为主，其他制定法分为不同层级。联邦制国家与单一制国家又会有差异。判例法国家主要是宪法、其他制定法、判例、行政法令等。而制定法又因联邦制国家与单一制国家，在位阶与体系上有所不同。

除此之外，还存在其他法的形式，上述概括无法涵盖所有法的形式，法的形式还可能包括法例、惯例、习俗、宗教经典、法理等。

## 二、法的形式的创新

在全球化和科技飞速发展的时代背景下，中外立法都面临着新的挑战与机遇。法的形式作为承载法律内容的外在表现方式，也在不断地创新演变，

---

[1] 参见李龙主编：《法理学》，人民法院出版社、中国社会科学出版社2003年版，第378页。
[2] 参见《立法法》第二章第四节"法律解释"。
[3] 参见《立法法》第119条。

以适应社会发展的多样化需求。

(一) 外国立法趋势下法的形式创新

1. 软法兴起

软法是指那些不具有法律约束力,但却在实际社会生活中发挥着规范作用的行为准则。例如,国际组织制定的一些指导性文件、行业协会发布的自律性规范等。软法的形式较为灵活,通常不依赖国家强制力来实施。以欧盟为例,欧盟在环境政策领域发布了许多具有软法性质的文件,如绿皮书、白皮书等。这些文件虽然没有传统法律的强制执行力,但它们通过提供政策方向、最佳实践案例等方式,引导成员国在环境治理方面的行为。

软法兴起的原因如下。全球化的发展使得跨国事务日益复杂,传统的硬法(具有强制执行力的法律)在某些领域难以快速有效地应对。软法能够在不涉及国家主权敏感问题的情况下,促进国际的合作与协调。例如,在国际互联网治理领域,由于各国法律制度和文化差异较大,很难达成具有强制执行力的国际条约。此时,互联网名称与数字地址分配机构(ICANN)等组织发布的一系列软法性质的规则,如关于域名注册和管理的指导方针,就能够在全球范围内对互联网的基本秩序进行规范。

2. 实验性立法增多

实验性立法的实践案例逐渐多起来。美国的一些州在社会政策领域进行实验性立法。例如,在大麻合法化问题上,科罗拉多州等率先通过立法允许医用大麻合法化,之后又逐渐放开部分娱乐用大麻的使用限制。这种立法是一种实验性的尝试,旨在观察法律实施后对社会、经济和公共健康等方面的影响。

实验性立法的意义在于:实验性立法可以为更广泛的法律改革提供经验教训。在面对一些具有争议性或者不确定性的社会问题时,通过在小范围内进行立法实验,可以降低大规模立法失误的风险。同时,实验性立法也能够快速响应社会变化的需求。如在新兴科技领域,像无人驾驶汽车的监管立法,通过在特定地区进行实验性立法,能够更好地探索适合新技术发展的法律规则。

3. 法典化与解法典化并存

在一些大陆法系国家,法典化仍然是重要的立法趋势。例如,法国在不断更新和完善其民法典。新的民法典在继承传统法典编纂理念的基础上,对现代社会的诸多新问题进行了规定,如数字资产的继承等问题。法典化有助于构建系统、完整的法律体系,提高法律的稳定性和可预测性。

与此同时,解法典化现象也在出现。随着社会问题的日益复杂和多元化,单一的法典难以涵盖所有的法律关系。例如,在德国,劳动法逐渐从传统的民法典体系中分离出来,形成了独立的劳动法律法规体系。这是因为劳动法律关系具有特殊性,需要专门的法律规则来进行调整,解法典化使得法律能够更加精准地适应特定领域的需求。[1]

(二) 中国立法趋势下法的形式创新

1. 法典编纂的创新

中国《民法典》的编纂是当代中国立法的重大成就。它具有鲜明的时代特色,不仅整合了以往分散的民事法律规范,还对新的民事法律问题进行了创新性规定。例如,人格权编对隐私权和个人信息保护作出了详细的规定,适应了互联网时代对公民个人隐私和信息安全保护的需求。《民法典》的编纂过程也体现了民主立法的原则,广泛征求社会各界的意见,使得法律更能反映人民群众的意愿。

法典编纂有助于完善中国特色社会主义法律体系。《民法典》将多个民事法律领域的规范进行系统整合,提高了法律的协调性和一致性。同时,《民法典》的编纂也为其他法律领域的法典化提供了经验,如未来可能进行的行政法典编纂等,推动中国法律形式向更加体系化、科学化的方向发展。

2. 立法的精细化与专门化

中国在环境、科技等领域加强了专门立法。以环境法为例,除了《环境保护法》这一基本法外,还出台了一系列专门的法律法规,如《大气污染防治法》《水污染防治法》等几十部环境立法。这些专门立法针对特定的环境问题,规定更为细致和具体的法律措施,体现了立法的精细化。并且我国正在编纂《生态环境法典》这一领域法典。

精细化与专门化的立法能够更好地解决实际问题。在科技领域,针对人工智能、区块链等新兴技术,中国也在逐步加强专门立法。这些法律能够规范新技术的发展,保障技术应用的安全和有序,同时也能够激发科技创新的

---

[1] 参见刘兆兴:《比较法视野下的法典编纂与解法典化》,载《环球法律评论》2008年第1期。陈甦主编:《法苑撷英》(上卷),中国社会科学出版社2008年版,第543~557页。

活力,为科技产业的健康发展提供法律保障。

3. 互联网时代立法形式的创新

中国在互联网立法方面进行了积极探索。例如,《网络安全法》《电子商务法》等法律法规的出台,为互联网空间的秩序维护提供了法律依据。这些法律不仅规定了网络运营者的责任和义务,也保障了网民的合法权益。

互联网立法具有较强的适应性和前瞻性。由于互联网技术的快速发展,立法需要不断适应新的技术环境和应用场景。中国的互联网立法在内容上注重对新技术、新业态的规范,在形式上也采用了一些灵活的方式,如通过发布司法解释、规范性文件等对法律进行补充和完善,以确保法律能够有效地应对互联网领域的各种问题。

(三) 中外法的形式创新的比较与融合

1. 驱动因素差异

外国的法的形式创新部分是由于跨国事务协调和对新技术谨慎探索的需要。如软法兴起主要是为应对全球化背景下国际合作难题,实验性立法是对新技术等不确定领域的尝试。而中国法的形式创新主要是为了完善法律体系、应对国内社会经济快速发展和科技进步带来的挑战。如《民法典》编纂是完善法律体系的关键举措,互联网和专门领域立法是为了适应国内行业发展需求。

2. 侧重点不同

外国在软法等领域的创新更侧重在国际或区域层面发挥作用,以及在不触动国家主权核心的情况下实现规则的引导。中国立法形式创新更侧重国内法律体系的构建和完善,以及对国内具体行业和社会事务的规范。例如,中国的《民法典》编纂是对国内民事等法律领域的系统梳理,外国的解法典化是从更微观的角度对具体法律关系进行分离和独立规制。

3. 融合趋势

(1) 在国际事务中的融合。在国际事务中,中国也在积极参与国际规则制定,如在气候变化、国际贸易等领域。中国的立法理念和实践经验可以与外国的软法等创新形式相结合。例如,在"一带一路"倡议下,中国可以借鉴国际软法的一些做法,制定适合沿线国家合作的指导性规则,同时将中国国内立法注重社会公共利益等理念融入其中,促进国际经济合作与文化交流。

(2) 在科技立法等领域的融合。在科技立法领域,中外都面临着新技术带来的挑战。中国的精细化和专门化立法思路可以与外国的实验性立法相结合。例如，在人工智能伦理立法方面，中国可以参考外国实验性立法的经验，先在特定区域或行业进行试点，同时将中国已有的关于科技伦理的一般性规定与之融合，共同探索适合全球科技发展的法律规则。

中外立法在法的形式上都在不断创新，外国的软法、实验性立法等创新形式和中国的法典编纂、精细化专门化立法等各有特点。通过比较和融合这些创新形式，可以更好地应对全球化和科技进步带来的法律挑战，促进国内外法律制度的完善和法律文化的交流，为构建更加公正、合理、有效的全球法律秩序作出贡献。

## 第二节 立法创新

### 一、立法创新的界定

立法创新是指立法机关在法律原则、法律主题、法律制度、立法技术等方面的创造与更新。立法创新还包括法律理念、法律权利等的创新。这里不拟具体讲授。

（一）法律原则的创新

其中，法律原则的创新至关重要。法律原则，作为法律活动的指导原理和准则，是法律精神最集中的体现，构成了整个法律制度的理论基础。法律原则是法律的精神品质，一条法律原则的创新可以代表法治的进步。免于社会性死亡也许是互联网时代的一条需要确立的法律原则。通过围绕这一原则的制度设计，可以保护那些因为受治安管理处罚被互联网大众炒作放大而可能被社会"放逐"的人。

在中国法制史上，法律原则的创新尤为显著。例如，在清末修律过程中，中国引入了西方的法律原则，如法治主义、权利义务观念、平等观念、人权思想等。这些原则的引入为中国古代法制向现代化转换注入了新的活力。而在西方，法律原则的创新同样丰富多彩。例如，资产阶级革命后，西方国家确立了诸如罪刑法定原则、司法独立原则等重要的法律原则。这些原则的确立，不仅推动了西方国家法制的现代化，也为世界法制的发展提供了有益的借鉴。

此外,随着全球化的发展和国际交流的加深,不同国家之间的法律原则也在相互影响和借鉴中不断创新。例如,中国《对外关系法》的制定,就体现了在对外关系中不畏强权、敢于亮剑的斗争精神和善用法治武器、坚定维权的斗争艺术,这些创新不仅为中国对外工作提供了强有力的法治保障,也为世界法制的发展贡献了中国智慧和中国方案。[1]

综上所述,法律原则的创新是法制发展的重要推动力。

(二)法律主题的创新

法律主题的创新,像人工智能法、跨性别保护法、灵活工作条例、欧盟通用产品安全法规、欧盟新电池法、REACH 2.0[2]、虚拟币法等。美国的新型立法覆盖了科技、安全、刑事司法、社会经济等多个领域,旨在应对新的挑战和问题,促进国家的全面发展。这些立法体现了美国在法律制度建设上的持续探索和创新。如《2024 年促进美国标准领导地位法案》,提出者是弗吉尼亚州民主党参议员马克·华纳和田纳西州共和党参议员玛莎·布莱克本。主要内容旨在确保美国主导制定国际关键规则和法规,提高美国在人工智能、生物技术、量子计算等新兴技术领域的标准制定活动中的领导力。该法案将责成美国国家标准与技术研究所向国会提交报告,并创建一个用户友好的门户网站,帮助利益相关者了解相关情况。

在人工智能综合立法和特定技术方向立法方面,我国也取得了显著进展。例如,深圳和上海等地颁布了促进人工智能产业发展的条例,为人工智能产生的健康发展提供了法治保障。同时,针对算法技术治理、深度合成技术等特定技术方向,我国也发布了相应的管理规定,为人工智能技术的安全应用提供了法律依据。这些立法创新不仅解决了人工智能技术发展中的法律问题和挑战,还为其未来的可持续发展奠定了坚实基础。未来,随着人工智能技术的不断发展和应用领域的不断拓展,我们还需要继续深化立法创新,为人工智能的健康发展提供更加完善的法治保障。

(三)法律制度的创新

法律制度的创新,是立法创新的主要方面之一。法律制度的创新是推动

---

〔1〕 黄惠康:《中国对外关系立法的守正创新》,载《光明日报》2023 年 7 月 2 日。

〔2〕 REACH 法规是欧盟关于化学品注册、评估、授权和限制的法规。REACH 2.0 将对该法规进行修订和更新,以加强化学品的安全管理。

社会进步和治理现代化的重要力量。以美国为例,其在法律制度创新方面有着诸多值得关注的实践。具体而言,美国在人工智能领域的立法创新是一个鲜明的例子。随着人工智能技术的飞速发展,其对社会、经济、安全等多个领域的影响日益显著。为了应对这一挑战,美国开始探索人工智能监管的新路径。比如,美国提出了 SAFE 创新框架,该框架基于价值观构建,旨在平衡人工智能的发展与安全、创新与保护之间的关系。这一框架不仅明确了人工智能发展的基本原则,还提出了具体的立法流程和监管措施,为人工智能技术的健康发展提供了有力的法律保障。此外,美国还在刑事司法领域进行了制度创新。例如,纽约州的"清零法案"就是一种创新性的法律制度。该法案规定,符合条件的轻罪和重罪犯罪记录在一定时间后将被封存,不再对犯罪者的生活产生负面影响。这一制度创新不仅有助于犯罪者的社会再融入,还体现了司法公正和人道主义精神。

晚清变法修律中特别是沈家本等法律改革者,将西方的法律原则与中国实际相结合,提出了许多具有创新性的法律观点,如旗人汉人"一体同科"、废除酷刑、民律废除奴婢买卖制度等,这些创新在中国法制史上具有重要意义。

(四)立法技术的创新

首先,各国政府正通过立法改革、审查机制优化等方式,提高专利制度的质量和效率,以促进技术创新和知识产权的有效运用,加速科技成果的产业化进程。例如,韩国知识产权局宣布将二次电池纳入专利优先审查范围,显著缩短了审查周期,提升了技术创新速度和保护力度。

其次,在人工智能领域,不同国家和地区根据其发展特点和需求,制定了相应的法律法规。美国构建了以市场主导、企业自我规制为核心的 AI 治理框架。欧盟则采取了更为严格和系统化的监管模式,通过《人工智能法》确立了统一风险分类和分级管理的框架。我国也发布了《生成式人工智能服务管理暂行办法》等规定,为人工智能技术的健康发展提供了法律保障。

此外,各国政府还通过制定综合性法律或专项法律,来推动特定领域或行业的发展。这些法律不仅规范了相关行业的行为,还为其提供了法律保障和支持。

中国立法技术的创新体现在立法过程的科学化、民主化以及部门间、地区间的协同合作等多个方面。首先,立法调研和论证的信息化水平显著提升。

立法机关建立基层立法联系点，利用大数据等现代信息技术，广泛收集社情民意，对立法项目进行科学评估和论证。这种基于数据的立法决策方式，使得立法更加符合实际情况，更加贴近人民群众的需求。其次，公众参与立法的渠道更加畅通。通过互联网、社交媒体等平台，立法机关能够直接听取公众的意见和建议，实现立法过程的公开透明。这种开放式的立法模式，不仅增强了立法的民主性，也提高了立法的公众认同度。此外，中国还积极探索立法与司法、行政等部门的协同机制。通过加强部门间、地区间的信息共享和沟通协作，实现立法资源的优化配置和立法工作的协调推进。这种协同立法的模式，有助于形成立法合力，提高立法的针对性和实效性。

这些创新不仅提高了立法的质量和效率，也为推动全面依法治国提供了有力支撑。

**二、为什么需要立法创新**

立法创新的基本理由是为了实现法律的权威和尊严，为了保证立法的有效与可预期的法治秩序。更具体现实的理由如下：

（一）社会生活的变迁与法律治理不断面临的新问题

社会生活的需要不断在更新，法律治理不断面临新问题，比如当下互联网上的大量虚假信息误导公众、AI监管的法律问题、人口自然增长率过低给越来越多国家带来的困扰、职业性的潜规则和腐败、犯罪记录影响社会再融入、跨境生物信息流通和数据安全，都要通过立法创新，并采取其他措施，综合考虑，综合解决。

（二）制度激励和改变激励的需要

诺思认为，制度是一个社会的博弈规则，或者更规范地说，它们是一些人为设计的、形塑人们互动关系的约束。从而，制度构造了人们在政治、社会或经济领域里交换的激励机制。[1]人性上需要制度激励，这恰恰是人类理性的表现。一个人的关注与精力都是有限的，需要明确的激励机制来拉动他（她）。科技创新成果的转化激励在各国科技竞争中具有相当重要的地位。使用政府基金的科研创新成果需要尽快转化，美国大学的科技创新成果转化大

---

〔1〕［美］道格拉斯·C.诺思：《制度、制度变迁与经济绩效》，杭行译，格致出版社、上海三联书店、上海人民出版社2008年版，第3页。

体上是按照国家、大学和具体科研人员各三分之一的产权分配的,三者之间产权转让高度灵活。这样能较好地激励科研成果的研发人及时转化科研成果。

(三) 法律调控范围和领域的扩展

法律调控范围和领域随着人际互动关系延伸而不断扩展。互联网虚拟空间、虚拟货币、深海、太空、极地、未来世代的生态环境资源关系、人格保护、地理标志、跨境非法移民、跨性别者群体等,都是最近几十年拓展的法律调控范围和领域。这些范围和领域与传统的范围和领域有诸多不同,需要通过立法创新来把握。

(四) 法治文明的进步需要

通过立法创新实现法治,这是法治发达国家走过的历史过程,众多国家需要循路而行。1995年4月21日,格鲁吉亚司法部部长在第比利斯法学院所作的一次纲领性讲话中强调,同其他苏联国家一样,格鲁吉亚必须通过十年的法典化活动去追补西欧和中欧国家在19世纪通过法典化所创造的法律成果。[1]我国自进入改革开放时代以来,也在诸多法律部门作出了立法创新,目前可能的立法创新是生态环境法典的编纂、行政基本法典的编纂、教育法典的编纂。人类法制史上,重要的立法创新都曾经促进本国法治进程并影响其他国家的法治,如《瑞士民法典》(1907年)。

(五) 立法自身的追求

立法,就要追求有效、管用,传统的法制已经不足用,立法创新是方向。有学者在谈到《民法典》人格权编的立法创新时,对这种创新的来源、体现和效用作了很好的概括:《民法典》人格权编在总结《民法通则》人格权的立法经验、保护人格权的司法实践经验以及人格权法理论研究成果的基础上,实现了对人格权立法的创新发展。这些创新主要表现在人格权立法体例、人格权权利性质、人格权权利体系、人格权权利类型、人格权权利内容、人格权行使规则、人格权保护方式和人格权具体保护方法等方面。《民法典》人格权编的立法创新得益于立法者在全面贯彻民法典编纂的人文主义立法立场、敢于应对时代进步和科学技术发展的挑战、勇于解决我国社会的现实需要、传承我国当代民事立法的特色和传统、吸收我国司法实践和理论研究的创新

---

[1] [德] 罗尔夫·克尼佩尔:《法律与历史——论〈德国民法典〉的形成与变迁》,朱岩译,法律出版社2003年版,第295页。

成果等方面所进行的努力。《民法典》人格权编的立法开创了民法的新立法模式，将引导形成尊重人格尊严和保护人格权的良好社会风气，为保护好民事主体人格权提供裁判依据，鼓励和推动人格权法理论的发展，推动社会文明的不断进步。[1]

（六）人类交往的需要

人类交往，从个人，到团体，到国家，包括组织、地区、各类职业人都在交往，交往就是生存。交往互动，必须有一定的规范约束，而这些规范约束一部分是非正式的，大部分却是明文规定的，都是立法创新的产物。反不正当竞争法、反垄断法等都是经济交往和秩序所需要的，也是由立法者顺应经济交往需要，创造出来的。当代人类社会的交往，越来越频繁和复杂，为了实现各自的利益，为了和平的竞争，为了防范风险，越来越多的立法创新涌现出来。其中数字立法成为时代新宠，数字技术、数字算法、数字人权、数字经济、数字贸易、数字教育、数字服务、数字信息、数字产权等专题都需要立法，构成不断丰富的数字领域的立法。[2]这是一个社会学、人类学上的事实，很难给出一致性的评价。

## 三、怎样实现立法创新？

（一）法学研究的创新和立法学的创新

法学研究的创新，包括立法学的创新是立法创新的基础。有学者专门研究了自然法思想对西方法律文明的影响，研究了其对宪法创立与创新、民商法创立与创新、国际法创立与创新的关系。[3]有学者研究了广东省改革开放以来的主动适应性立法，称之为"实验性立法研究"[4]，对这种主动适应性立法的价值取向、立法体制、立法过程和立法技术作了较为深入的研究，从理论上总结了区域法治的广东经验，这一经验会促进其他省级政府的立法创新。

---

[1] 杨立新：《我国民法典人格权立法的创新发展》，载《法商研究》2020年第4期。

[2] 参见周佑勇：《从部门立法到领域立法：数字时代国家立法新趋势》，载《现代法学》2024年第5期。

[3] 参见史彤彪：《自然法思想对西方法律文明的影响》，中国人民大学出版社2011年版。

[4] 参见范贤政：《实验性立法研究——以广东改革开放以来的立法活动为例》，中国政法大学出版社2018年版。

#### (二) 立法实践的创新

各地的立法实践都在探讨，如小快灵的立法体例创新。广东省同时委托多个高校立法基地起草一部地方性法规草案建议稿，引入竞争机制，通过评估和争论，进一步优化相关制度设计和制度创新，提高法规草案质量。有一种先搞制度试点试验，然后总结经验，进行立法创新的路径，在试错、容错、改错中进行制度设计，受到各种专业领域立法者的青睐。

#### (三) 法律理论与司法实践经验的互动结合

立法创新不仅需要法律理论的突破，还需要司法实践经验的积累，我国《民法典》上的立法创新基于民法理论的研究，同时也基于此前民事司法实践经验的积累。有些立法创新，首先由最高人民法院基于实践需要作出司法解释，司法解释在司法实践中获得实施，总结其实施经验，最后在民法典编纂中获得采纳。

#### (四) 多学科的交叉协同融合

立法创新需要多学科交叉协同。尤其涉及专业性较强的立法，哲学、逻辑学、经济学、社会学、政治学、心理学、人类学方面的知识几乎都关涉很深。生育促进立法建立在人口学、社会学、经济学、教育学、社会保障学、民族学、民俗学、传统文化等学科的研究基础之上。人工智能立法就是建立在对人工智能的认识基础之上的，不具备人工智能的基本认识，恐怕很难把握人工智能立法。经济发展方面的立法，起草者中最好有经济学者的协同，否则，制定出来的规则未必符合经济发展的需求，更谈不上立法创新。

#### (五) 开放的立法和制度天才

面向社会公众征集法律法规草案，也是某种民主立法的可选路径。当然，这种路径必须采取一定的征集形式。无论《民法典》，还是《人工智能法》，专业工作者都有能力提出专家建议稿，我国《民法典》制定过程中，产生了王利明教授、梁慧星教授、徐国栋教授分别主持的三份专家建议稿。《人工智能法》的立法正在讨论中，已经有学者提出了国内首份专家建议稿。[1] 从充分的开放中，可能会涌现立法精品，涌现法律制度设计的天才。

#### (六) 国际交流与协作

立法制度创新都需要借鉴国际经验，包括进行国际协作。现行《南非宪

---

[1] 参见《〈人工智能法 (学者建议稿)〉来了》，载 http://www.fxcxw.org.cn/dyna/contentM.php? id=26910，2024 年 8 月 24 日访问。

法》的起草有哈佛大学的宪法学者的参与。在全球化的今天,通过国际交流与协作实现立法创新已成为推动国家治理体系和治理能力现代化的重要途径。首先,加强国际法律制度的比较研究,能够借鉴他国在特定领域立法中的成功经验与先进理念,结合本国国情进行适应性改造,完成本土化,即"逐步在当地慢慢扎下根,成为其法律体系的一个有机组成部分"[1],从而丰富和完善本国法律体系。其次,建立多边或双边立法合作机制,就跨国界问题如环境保护、国际贸易、知识产权保护等开展联合立法或法律协调,确保各国法律之间的兼容性和一致性,促进国际经济活动的顺畅进行。再者,利用国际组织和论坛平台,如联合国、世界贸易组织、博鳌亚洲论坛等,加强法律专家、学者及政府官员之间的交流对话,共同探讨立法前沿问题,分享立法实践经验,为立法创新提供智力支持。最后,推动法律技术的国际合作,如利用区块链、人工智能等现代信息技术提升立法效率与质量,实现立法过程的透明化、民主化,为立法创新注入新动力。综上所述,国际交流与协作不仅拓宽了立法视野,也为立法创新提供了丰富的资源和广阔的空间。

## 第三节　立法中的制度创新

### 一、制度创新的重要地位

诺奖得主道格拉斯·C.诺思认为,制度是一个社会的博弈规则,或者更规范地说,它们是一些人为设计的、形塑人们互动关系的约束。从而,制度构造了人们在政治、社会或经济领域里交换的激励机制。制度变迁决定了人类历史中的社会演化方式,因而是理解历史变迁的关键。[2]

制度创新就是组织通过制度设计所形成的超出原来互动框架的新框架。这个组织在立法学上是指宪法或法律授权的立法主体。组织为实现其共同目的或目标,通过制度创新达致其目标。

制度创新的重要地位几乎不用论证。制度创新作为立法创新的核心。在

---

[1] 何佳馨等:《法的国际化与本土化》,商务印书馆2018年版,第250页。
[2] [美]道格拉斯·C.诺思:《制度、制度变迁与经济绩效》,杭行译,格致出版社、上海三联书店、上海人民出版社2008年版,第3页。

## 第三章　法的形式与立法创新

一个全球国家争相入局竞争、高科技日新月异的综合竞争时代，制度创新毫无疑问是立法创新的核心。

制度成为国际竞争的主要因素，其中政治、经济、法律、人事、社会、文化、教育、科技、军事、金融等制度至关重要。这种制度竞争以体制成本的降低、创新的产出为检验标准。在国际经贸关系上，既有的WTO规则体系已经被边缘化。CPTPP[1]、RCEP[2]等已经登场。高科技产业的竞争具有主导未来的意义。领土大小的竞争时代已经远去，碳中和竞争时代已经来临，太空竞争时代已经来临，综合福利竞争时代已经开启。新安全时代肇始，这种新安全时代的核心特征是只有在经济增长率或者经济增长量超过竞争对手时，才有经济安全可言。同时，全球化时代各国人口增长、迁徙和质量具有表征-支撑意义。人们用脚投票表征了一个国家的竞争力。

在这样一个综合竞争时代，作为发展中国家的我国，在此前取得的经济发展成就、科技发展成就、军事发展成就、法律发展成就的基础上，需要更上层楼，必须降低体制成本，发掘个人的内驱力。只有制度创新才可能解决

---

[1] 《全面与进步跨太平洋伙伴关系协定》（Comprehensive and Progressive Agreement for Trans-Pacific Partnership，CPTPP），是由亚太国家组成的自由贸易区，是美国退出跨太平洋伙伴关系协定（TPP）后该协定的新名字。2017年11月11日，由启动TPP谈判的11个亚太国家共同发布了一份联合声明，宣布"已经就新的协议达成了基础性的重要共识"，并决定将协定改名为"跨太平洋伙伴关系全面进展协定"。2018年3月8日，参与"全面与进步跨太平洋伙伴关系协定"谈判的11国代表在智利首都圣地亚哥举行协定签字仪式。12月30日，《全面与进步跨太平洋伙伴关系协定》正式生效。当地时间：2023年3月31日，英国时任首相里希·苏纳克称，英国已获准加入《全面与进步跨太平洋伙伴关系协定》（CPTPP）。

[2] 《区域全面经济伙伴关系协定》（Regional Comprehensive Economic Partnership Agreement，RCEP）是2012年由东盟发起，历时八年，由包括中国、日本、韩国、澳大利亚、新西兰和东盟十国共15方成员制定的协定。2020年11月15日，第四次区域全面经济伙伴关系协定领导人会议以视频方式举行，会后东盟十国和中国、日本、韩国、澳大利亚、新西兰共15个亚太国家正式签署了《区域全面经济伙伴关系协定》。《区域全面经济伙伴关系协定》的签署，标志着当前世界上人口最多、经贸规模最大、最具发展潜力的自由贸易区正式启航。2021年3月22日，中华人民共和国商务部国际司负责人表示，中国已经完成RCEP核准，成为率先批准协定的国家。4月15日，中国向东盟秘书长正式交存《区域全面经济伙伴关系协定》核准书。11月2日，《区域全面经济伙伴关系协定》保管机构东盟秘书处发布通知，宣布文莱、柬埔寨、老挝、新加坡、泰国、越南等6个东盟成员国和中国、日本、新西兰、澳大利亚等4个非东盟成员国已向东盟秘书长正式提交核准书，达到协定生效门槛。2022年1月1日，《区域全面经济伙伴关系协定》（RCEP）正式生效，首批生效的国家包括文莱、柬埔寨、老挝、新加坡、泰国、越南等东盟6国和中国、日本、新西兰、澳大利亚等非东盟4国。2022年2月1日起，RCEP对韩国生效；2022年3月18日起，对马来西亚生效；2022年5月1日起，对缅甸生效；2023年1月2日起，对印度尼西亚生效；2023年6月2日起，对菲律宾生效。

这个根本问题。

像我国的《民法典》，实际上带有相当多的国家介入的色彩，如登记离婚冷静期制度，以及此前根据最高人民法院《关于进一步深化家事审判方式和工作机制改革的意见（试行）》设置的诉讼离婚冷静期制度，都是一种维护婚姻家庭安全的制度创新。

### 二、制度创新的可靠路径

在立法过程中，制度创新是推动社会进步、适应时代发展的重要手段。确保制度创新的可靠性，需要遵循一系列科学、合理的路径。以下是六个关键要点，用于阐述立法中制度创新的可靠路径：

（1）法学研究的融会贯通与突破。法学研究是法律制度创新的基础，无论本土创新还是外来借鉴，都需要法学研究。缔约过失就是鲁道夫·冯·耶林首先提出的研究成果，根据这一研究成果才产生了缔约过失责任制度。特别是新兴领域的立法，需要较为成熟的法学研究作基础。这种研究，往往是从经典法学原理向新兴领域的拓展，需要对传统法学原理的融会贯通，能够灵活变通地适用到新兴领域。有时候，需要法学研究的突破，才能解决问题。

（2）纵横联结、部门协同与跨界融合。基于国家治理现代化的需要，领域立法已成为解决新兴交叉问题的重要法律规制范式，它通过统筹考虑各种法治资源的属性、功能及其协调关系，可以促进不同学科知识实现跨领域的交叉融合，为领域性问题提供立体化的综合性解决方案。数字时代领域立法的发展路径应以领域性的重点风险问题为立法导向，在横向上要强化传统部门立法之间的协同关系，整合各个部门法的知识体系；在纵向上则需建立法学与其他人文社会科学、自然科学等学科之间的联结关系，促进形成领域问题的跨界融合治理方案。[1]

（3）深入调研与科学论证。①广泛调研。制度创新前，必须进行充分的市场调研、社会调查以及国际比较，了解现有制度的不足、社会需求的变化以及国际先进经验。这有助于明确创新的方向和重点。②科学论证。基于调研数据，运用法学理论、经济学模型等多学科知识进行深入分析，评估创新

---

[1] 周佑勇：《从部门立法到领域立法：数字时代国家立法新趋势》，载《现代法学》2024年第5期。

制度的可行性、合法性和预期效果。通过专家咨询、公众参与等方式，确保论证过程的科学性和民主性。即使是权威专家们达成的意见，也需要在实践中，让公众以其尝试与经验验证与认同。

（4）明确立法目的与价值导向。①立法目的清晰。制度创新应紧密围绕解决现实问题、促进公平正义、保障人民权益等核心目标展开。立法目的需明确具体，避免模糊或泛化。②价值导向正确。立法过程应坚持正确的价值导向，如法治精神、人权保障、可持续发展等，确保制度创新符合社会主流价值观和国家发展大局。

（5）平衡各方利益与公众参与。①利益平衡。制度创新往往涉及多方利益调整，立法时应充分考虑并平衡各方利益诉求，避免激化社会矛盾；防止利益分配建立在单一标准基础上，造成不断累加，带来利益垄断。通过听证会、座谈会等形式，听取利益相关方的意见和建议。②公众参与。增强立法的公开性和透明度，鼓励公众参与立法过程，特别是通过网络征求意见、立法草案公示等方式，广泛吸纳民意，提高立法的民主性和科学性。

（6）持续评估与动态调整。①立法后评估。制度创新实施后，应建立定期评估机制，对制度的执行效果、社会影响等进行全面评估，及时发现并纠正存在的问题。②动态调整。根据评估结果和社会发展的实际需要，对创新制度进行必要的修改和完善，保持其适应性和生命力。同时，建立快速反应机制，应对突发事件或新情况对制度的影响。

综上所述，立法中的制度创新需要深入调研、明确目标、平衡利益、公众参与以及持续评估与调整等多方面的努力。通过这些可靠路径，可以确保制度创新的有效性和可持续性，为社会发展提供坚实的法律保障。

# 第四章

# 立法与正义、人的尊严

## 第一节 立法中的利益选择和平衡

### 一、立法中的利益选择

所有的立法都要进行利益选择和平衡。利益选择是第一步，《献血条例》首先选择以无偿献血的形式维护一种人道主义利益。这种利益是献血者、采血者、供血者与用血者之间的非金钱衡量的社会互助利益。非金钱衡量的社会互助利益就是献血法律法规选择的利益。

在立法过程中，利益选择是一项至关重要且复杂的任务，它直接关乎社会公正、经济发展与民众福祉。以环境保护与经济发展之间的立法平衡为例，可以清晰地展现立法过程中的利益选择过程。

随着工业化进程的加速，经济快速发展成为许多国家和地区追求的首要目标。然而，这一过程中往往伴随着环境污染、生态破坏等严峻问题，直接威胁到人类的生存环境和生活质量。因此，在立法时，决策者不得不面对一个核心问题：如何在促进经济发展的同时，有效保护生态环境，实现可持续发展？

在立法实践中，许多国家通过制定《环境保护法》《清洁生产促进法》等法律法规，明确规定了企业在生产过程中必须遵守的环保标准，以及对违反规定者实施的处罚措施。这些法律条款的制定，实际上是立法者在经济发展利益与环境保护利益之间做出的权衡与选择。它们既考虑到了经济发展的迫切需求，又强调了生态环境对于人类生存和社会发展的基础性作用，力求在两者之间找到一个平衡点。

具体来说，立法者可能会通过税收优惠、财政补贴等方式，鼓励企业采用清洁生产技术，减少污染物排放；同时，对严重污染环境的企业实施严厉处罚，甚至责令停产整顿，以此作为对经济发展利益的合理限制，以换取更长远、更广泛的生态利益和社会利益。

综上所述，立法中的利益选择是一个充满挑战的过程，它要求立法者具备高度的智慧、责任感和前瞻性，能够准确把握社会发展的脉搏，科学合理地配置各种资源，确保法律的制定既符合时代发展的需要，又能够最大限度地维护社会公平正义和人民群众的根本利益。

### 二、立法中的利益平衡

利益平衡是第二步，还是以《献血条例》为例，这种利益平衡包括：①献血者献血量与献血者健康之间的平衡；②无偿献血者与政府奖励及其无偿用血资格的平衡；③采血者成本、供血血库成本与用血者付费的平衡；④无偿献血者利益与供血者适度收费的平衡，等等。

立法中的利益平衡是一个复杂而关键的过程，它旨在确保不同利益群体之间的和谐共存与共同发展。以《消费者权益保护法》的制定为例，立法者需要平衡消费者与经营者之间的利益。首先，该法明确规定了消费者的各项权益，如知情权、选择权、公平交易权等，以保障消费者在交易过程中的合法权益不受侵害。这是立法对消费者利益的一种倾斜保护，体现了对弱势群体的关怀。同时，立法者也充分考虑到经营者的合理诉求，规定了经营者的义务与责任，但并未过度加重其负担。例如，要求经营者提供真实、全面的商品信息，但并不强制其承担超出合理范围的责任。通过这样的立法设计，既保护了消费者的合法权益，又促进了经营者的健康发展，实现了消费者与经营者之间的利益平衡。这种平衡不仅有利于维护市场秩序的稳定，也有利于推动经济的持续繁荣。

### 三、立法实现利益平衡的机制

现代立法主要借助权利-义务关系、权力-责任关系等的配置，保障法律主体凭借这些制度配置，实现立法者选择的个人利益、社会利益、国家利益等。

立法将其调整的利益关系转换为一种权利-义务关系，或者权力-责任关系。

立法实现利益平衡的机制主要通过权利-义务关系以及权力-责任关系的合理配置来达成。以下是对这一机制的详细阐述：

（一）权利-义务关系的配置

1. 明确权利与义务的界定

立法首先明确界定各利益主体的权利与义务范围。权利是法律赋予个体或群体享有的特定利益，而义务则是法律要求个体或群体必须履行的责任。通过明确界定，立法为利益主体提供了行为指南和预期。

2. 平衡权利与义务

立法在赋予特定利益主体权利的同时，也相应地规定其应承担的义务，以实现权利与义务的平衡。这种平衡有助于防止权利滥用，确保各利益主体在享受权利的同时也能履行相应的社会责任。[1]

3. 保护弱势群体

在权利-义务关系的配置中，立法往往对弱势群体给予特殊保护。通过倾斜性配置权利与义务，立法旨在实现社会公正和公平。例如，《消费者权益保护法》通过强化经营者的义务来保护消费者的权益。

（二）权力-责任关系的配置

1. 授权与限权

立法在赋予国家机关等公权力主体权力的同时，也对其权力范围进行明确限定。这种授权与限权的平衡旨在防止权力滥用，确保公权力在合法、合理的范围内行使。

2. 确立责任追究机制

立法明确规定公权力主体在行使权力过程中应承担的责任。当公权力主体违法行使权力或未履行法定义务时，将依法追究其责任。这种责任追究机制有助于约束公权力主体，维护法律的权威性和公信力。

3. 促进权力与责任的平衡

通过权力与责任关系的合理配置，立法旨在实现公权力主体在行使权力

---

〔1〕 郑金鹏：《法学理论视域下权利与义务的动态均衡》，载《中国社会科学报》2024年8月23日。

与承担责任之间的平衡。这种平衡有助于促进公权力主体依法行政、公正司法，维护社会公共利益和个体权益。立法实现利益平衡的机制主要通过权利-义务关系以及权力-责任关系的合理配置来达成。这种配置不仅有助于明确各类利益主体的行为规范和预期，还能有效防止权力滥用和权力腐败，促进社会的和谐稳定和可持续发展。在实践中，立法者需要根据社会发展的实际情况和利益主体的具体需求，不断调整和优化权利-义务关系以及权力-责任关系的配置方案，以实现更加科学合理的利益平衡。[1]

（三）权利-权力的配置

将权力-责任配置好，有助于权利-权力的配置。但是权利-权力的配置，需要更根本的权力警醒。

（1）不是国家权力产生公民权利，而是相反，权力来源于权利。中华人民共和国的一切权力属于人民。人民行使国家权力的机关是全国人民代表大会和地方各级人民代表大会。人民依照法律规定，通过各种途径和形式，管理国家事务，管理经济和文化事业，管理社会事务。这是《宪法》第2条的规定，这一规定说明我们认可权力是来源于权利的。[2]

（2）国家权力是手段，公民权利是目的。法律授权的目的是服务于公民权利的实现和保障。但是权力又有独立的强制支配性和自我维护性、自我繁殖性，不加制约，一定会侵害公民权利与自由。[3]所以，谨慎设置公权力，在严格必要的范围内设置公权力。权力-权利的配置，即在手段-目的的配置上，符合比例原则。

（3）以权利制约权力。中华人民共和国的国家机构实行民主集中制。全国人民代表大会和地方各级人民代表大会都由民主选举产生，对人民负责，受人民监督。国家行政机关、监察机关、审判机关、检察机关都由人民代表大会产生，对它负责，受它监督。中央和地方的国家机构职权的划分，遵循在中央的统一领导下，充分发挥地方的主动性、积极性的原则。这是《宪法》第3条的规定，这一规定"说明了国家权力受到人民权利的制约"。[4]

---

〔1〕冯玉军：《科学、民主、依法立法的真义与内涵》，载https://mp.weixin.qq.com/s/_vbxXYVvGuVf_nUpMIW1zw，2024年8月26日访问。

〔2〕参见李步云：《法理学》，人民出版社2024年版，第150页。

〔3〕参见李步云：《法理学》，人民出版社2024年版，第150页。

〔4〕参见李步云：《法理学》，人民出版社2024年版，第151页。

## 第二节　立法与利益群体

### 一、利益群体影响立法的正当方式

利益群体，往往又称为利益集团，为了适应我国的语境，使用利益群体，更为准确。[1]利益群体是指处于同一种社会结构位置、抱持基本相同价值观、共享同一种社会结构上的利益的复数个体。这种利益群体有的有自己的组织，通过组织发挥动员与立法影响；有的无自己的组织，不能通过组织发挥这种影响，相对有组织的利益群体，处于边缘和弱势地位。

利益群体影响立法的正当方式包括：

（1）提供重要资讯。利益群体可以向立法机关或议员提供与立法议题相关的全面、客观的资讯，包括研究报告、统计数据、专家意见等，以帮助立法者作出明智的立法决定。这种方式是利益群体影响立法最常见且有效的方式之一。

（2）借助民意代表提出立法建议和立法草案。通过联络民意代表，提出自己立法建议，甚至直接提出立法草案。在德国，利益群体在立法程序中的作用，除通过各种活动间接影响立法外，较直接的是向联邦政府有关部门或联邦议会两院提出参考法案。这实际上在程序上肯定并保证了利益群体在立法工作中的作用。[2]

（3）对立法草案提出意见。立法机关在立法过程中通常会公开征集社会各界的意见和建议，利益群体可以通过提交书面意见、参加听证会等方式积极参与，表达自己的立场和诉求。

（4）积极参与选举，将利益群体的代表送到民意代表机关或者行政机关任职。再通过这些代表影响立法，或推动立法改革。

（5）通过民主参与，与民意代表机关互动，提出立法、修法、废法等建议。利益群体可以根据自身利益和社会发展的需要，向立法机关提出立法建议或立法草案，推动相关领域的立法改革。

---

[1]　参见朱力宇、叶传星主编：《立法学》（第 5 版），中国人民大学出版社 2023 年版，第 91 页。

[2]　甘超英编著：《德国议会》，华夏出版社 2002 年版，第 273~274 页。

(6) 立法前论证与立法后评估。利益群体可以参与立法前的论证工作，对立法草案的合理性、可行性等进行评估，并提出修改建议。同时，立法后评估也是利益群体参与立法监督的重要途径。

(7) 参与立法协商。在立法过程中，利益群体可以与立法机关、其他利益群体等进行协商和沟通，寻求共识和妥协，以达成各方都能接受的立法方案。

(8) 通过媒体宣传立法观点。利益群体可以在报刊、广播、电视、网络等媒体上刊登或播放广告，宣传自己的立场和观点，以影响公众对特定法案的看法和态度。

(9) 组织动员。利益群体可以动员其成员或选民，通过写信、打电话、参加集会等方式向立法机关或议员表达支持或反对特定法案的意愿。

## 二、利益群体影响立法的不正当方式

利益群体影响立法的不正当方式包括：

(1) 通过部门立法的方式，将垄断性的部门利益法制化。部门立法若被滥用，可能导致垄断性部门利益被不当地法制化。这一过程往往发生在特定行业或领域内，某些拥有强大影响力的部门，利用立法权限，将自身既得利益或排他性优势直接写入法律法规中，形成法律上的保护伞。这种做法不仅限制了市场竞争，剥夺了其他主体公平参与的机会，还可能导致资源配置效率低下，损害消费者利益及公共利益。因此，加强立法透明度与公众参与，确保立法过程公正、独立，是防止部门利益法制化的关键。

(2) 贿赂相关立法决策者和立法机关成员。贿赂相关立法决策者和立法机关成员是一种极其危险和不道德的行为。这种行为不仅违反了法律，而且严重损害了社会的公平和正义。立法决策者和立法机关成员是社会的公仆，他们的职责是为人民服务，维护公共利益。通过贿赂来影响他们的决策是不道德的，也是非法的。

(3) 操纵选举。操纵选举是一种严重的违法行为，指的是通过不正当手段影响选举结果，以保护或获取特定利益。这种行为可能涉及欺诈、威胁或其他非法活动，以操控选民或选举机构的决策，从而确保特定候选人或政党的胜利。操纵选举严重损害了民主制度的公正性和公信力，破坏了社会的公平和正义原则。为了维护选举的公正性和合法性，各国都采取了严格的法律措施来打击操纵选举的行为，并鼓励公民积极参与监督，共同维护民主制度的安全和稳定。

（4）使用要挟、恐吓等非法手段影响立法行为。使用要挟、恐吓等非法手段影响立法行为，是指通过威胁、恐吓或施压等非正当方式，企图迫使立法者、立法参与者或相关机构在立法过程中作出符合特定利益集团的决策。这种行为严重破坏了立法的公正性和民主性，是对法治精神的践踏。它不仅威胁到个人安全，更损害了公共利益和社会秩序，必须依法严惩，以维护立法环境的清朗和法治的权威。

（5）以利益输送等方式影响立法起草人。以利益输送等方式影响立法起草人，指的是通过给予金钱、礼品、职位或其他形式的利益，来诱使或迫使立法起草人在制定法律草案时偏向特定利益群体或个人。这种行为违背了立法公正、客观的原则，可能导致法律条文被扭曲，以保护特定利益而损害公共利益。它破坏了法治的基石，是对民主和法治的严重侵蚀。因此，必须坚决打击和防范此类行为，确保立法过程的公正性和透明度。

（6）通过上级主管部门及其领导来影响立法决策，意图加强利益集团自身的垄断地位。通过上级主管部门及其领导来影响立法决策，是利益集团试图利用其影响力或关系网，推动制定或修改对其有利的法律法规，以巩固或加强其在市场、行业或政策上的垄断地位。这种做法扭曲了立法本意，阻碍了公平竞争，损害了社会整体利益，是对法治原则的背离，应予以警惕并加强监管，确保立法决策的公正性和独立性。

（7）通过利益群体内部推出的民意代表提出违背大多数人意愿的立法建议。利益群体内部推出的民意代表，有时可能提出与大多数人意愿相悖的立法建议。这些建议往往更多地反映群体内部利益，而非广泛的民意。这种做法扭曲了民主参与的初衷，可能导致立法偏离公共利益，损害社会公正。因此，需加强立法过程的透明度与公众监督，确保立法真正反映人民意愿。

## 第三节　立法与正义

### 一、法律与正义

谈到这个主题，我们一般使用"法律与正义"，但是实际上法律就是指立法。亚里士多德在历史上第一次宣告法律是实现正义的基本的先决条件。他对于柏拉图提出的以权力实施正义的危险加以警告。如果正义是对平等者的平等待遇，那么普遍的共通的标准必须建立起来，以之衡量平等。如果要避免专擅的差别待遇，那么这个标准必须由立法建立起来。亚里士多德承认有些事情是必须让给行政主体自由裁量的。"没有法律的正义"是可以存在的，假设统治者们和法官们是完人的话。然而他们不是，所以必须使他们决定他们同胞的命运的权力受到法律的限制。[1]

亚里士多德认为通过立法担负分配正义的功能，是法治的基本原理。分配正义是立法者的事情，就是根据平等原则将私权和政治权利分配给国民。每一个人都应该获得他基于对共同福利的贡献所应得的部分。法律根据价值的标准考量一切的人们，相等的东西授予相等的人们，不相等的东西授予不相等的人们。因此，由分配的正义所达成的平等是一种相对的、比例的平等，并非一种绝对的平等。[2]

法官根据法律执行矫正的正义。这种矫正正义的实现，一是追求分配正义的某种恢复。二是矫正正义同样需要立法，保障法官依照这些实体立法、程序立法实施矫正正义。

## 二、通过立法推动正义的降临

在社会的广阔舞台上，正义如同璀璨的灯塔，指引着人们前行的方向，确保社会的和谐与稳定。而立法，作为社会规范的重要载体，承担着将抽象的正义理念转化为具体法律条文，进而推动正义实现的重任。本书将从几个方面阐述"通过立法推动正义的降临"。

（一）立法：正义理念的制度化表达

正义，这一人类社会追求的永恒价值，往往蕴含在道德、伦理等精神层面。然而，要使正义从抽象的概念转化为现实生活中的具体行动准则，就需要通过立法这一关键环节。立法过程，实际上是社会各界对正义理念进行广泛讨论、协商与妥协的结果，最终形成的法律条文，是对正义原则的制度化表达。这一过程确保了正义理念不仅在理论层面存在并发展，更能成为指导

---

[1] 参见［美］博登海默：《博登海默法理学》，潘汉典译，法律出版社2015年版，第44页。
[2] 参见［美］博登海默：《博登海默法理学》，潘汉典译，法律出版社2015年版，第39~40页。

社会行为的刚性规范。

（二）法律：正义的守护者

法律的制定与实施，为正义的实现提供了强有力的保障。在法律框架下，每个人都享有平等的权利，承担相应的义务，任何侵犯他人权益、违背社会公德的行为都将受到法律的制裁。这种以法律为后盾的正义维护机制，有效地遏制了社会不公现象的发生，保障了社会成员的基本权益，促进了社会公平正义。

（三）立法推动社会进步

随着社会的不断发展，新的社会问题与挑战层出不穷。立法者需要紧跟时代步伐，及时回应社会关切，通过制定或修改法律来应对这些问题。例如，针对环境保护、消费者权益保护、不同所有制企业的平等保护、新科技革命等领域的立法，不仅体现了社会正义的进步，也推动了相关领域的制度完善和社会治理能力的提升。这些立法成果，如同正义之剑，斩断了阻碍社会进步的荆棘，为社会的和谐发展铺平了道路。

（四）公众参与：立法推动正义的关键

立法过程本身就是一个民主参与、集思广益的过程。公众的广泛参与，不仅有助于立法者更加全面、准确地把握社会现实和民众需求，还能增强法律的民意基础和社会认同感。当法律真正反映了大多数人的利益诉求和正义观念时，其施行效果也将更加显著。因此，加强立法过程中的公众参与，是立法推动正义降临的关键所在。

综上所述，立法作为推动正义降临的重要手段，不仅将正义理念转化为具体法律条文，还可通过法律的实施来维护社会公平正义。同时，立法过程中的公众参与也为法律的公正制定与实施注入了强大的动力。在未来的社会发展中，我们应当持续加强立法过程中的民主参与，让法律真正成为正义的守护者和推动者。

## 第四节 立法与人的尊严

### 一、人的尊严是绝对不容侵犯的

现代法治的一个基本理念是人的尊严不容侵犯。这是现代法治有别于古代法治所接受的一种普适性理念。无论是我国《宪法》第 38 条规定的人格尊严不受侵犯,还是《德国基本法》第 1 条规定的人之尊严不容侵犯,其实都是一国国家法律体系必须贯彻的最高价值。

人的尊严是指人作为人的位格的尊贵与庄严,作为人的位格的不容侵犯和侮辱,作为人的位格在任何条件下的不容否认的自我目的性质、非仅仅作为国家或其他主体手段的性质。这就意味着在法理上要求,保障每个人的权利、自由、事先约定的适当的义务和责任。

## 二、立法要维护人的尊严

通过立法维护人的尊严是立法的基本原则。每个人都是国家的目的,都是政府服务的对象。

德国法哲学家鲁道夫·斯塔姆勒(1856—1938 年)从自己的社会理想出发,推论出了"正当法律"的某些绝对要求。他指出,要实现这种社会理想,立法者就必须牢记下述四条基本原则:①绝不应当使一个人的意志内容受制于任何他人的专断权力;②每一项法律要求都必须以这样一种方式提出,即承担义务的人仍可以保有其人格尊严;③不得专断地把法律共同体的成员排除出共同体;④只有在受法律影响的人可以保有其人格尊严的前提下,法律所授予的控制权力才能被认为是正当的。[1]

康德对人的尊严与法律关系"进行了最为成熟的阐述","每个人都可以合法地请求得到他的人类同道的尊重,作为交换他也要受制于每个他人的相同请求。"康德将"尊重"理解为"承认他人的尊严,也即承认这样一种价值,它是无价的,也不具有任何可以与评价的对象交换的等价物"。在此语境中,要记起那个关于"绝对命令"的表述,他要求将他人作为"目的本身"而不仅仅是实现自己目的的手段,这恰恰是因为作为伦理意义上之人的人拥有的尊严,这种尊严是远远超出他可被用作手段的一切事情之外。在康德看来,由此就可以导出每个人都要求"尊重"其尊严的请求权,以及以相同的方式去尊重所有其他人的义务。[2]法学家卡尔·拉伦茨据此推出:相互尊重

---

〔1〕 参见 [美] 博登海默:《博登海默法理学》,潘汉典译,法律出版社 2015 年版,第 179~180 页。

〔2〕 [德] 卡尔·拉伦茨:《正确法:法伦理学基础》,雷磊译,法律出版社 2022 年版,第 38~39 页。

原则，即承认他人之人格尊严以及（从中可推知的）在一切方面都不侵害他人之人格的原则，是法的基本原则，每种法律规则都以其为出发点。[1]

按照常健教授、唐颖侠副教授的研究[2]，在中华文化的远古时期，神灵崇拜占据重要地位，如商代人笃信神灵，以占卜获取神灵指示，其统治者相信祖先与天地同在可保王位稳固。周伐商纣时提出"以德配天"，周代统治者开始更多关注天下苍生，对后世产生重要影响。至春秋时期，"人为贵"理念兴起，先秦文献中多有相关主张和争论。后世历代思想家从多个角度论证"人为贵"。

第一，人为"天地之心"，有理性智慧。《礼记》提出"人者，天地之心也"，孟子认为人类有心思之官能思维，荀子认为人有知性可以知物之理，东汉王充、三国王肃、北宋张载、明代王阳明等学者也从不同角度强调了人的心灵和理性智慧。

第二，人具备道德思辨能力。荀子认为人区别于禽兽的高贵之处，在于能够辨伦理、明道义，"人有气、有生、有知，亦且有义，故最为天下贵也"；董仲舒进一步认为人在道德上的自知之明是人的高贵之所在。

第三，人有四端，具备道德选择和发展潜能。孟子认为人生来有恻隐、羞恶、辞让、是非四个善端，可发展为仁、义、礼、智"四德"，且这种发展道德的潜能人人平等享有。儒家认为人有"善端"，所以需要道德教育。

第四，人受命于天，行仁义礼智信五常之性。董仲舒以人的生理结构与天时地貌对应论证人的高贵，认为"唯人独能偶天地""唯人独能为仁义"；宋明理学的周敦颐、程颐、朱熹等也有相关论述。

这些论证构成了中国古代尊严观的四个层次，形成了"道德尊严观"。其价值主要在于，首先将人的道德自觉和责任意识作为尊严的基础，指明了人之尊严的重要维度，人是具有道德自觉和责任意识的存在，这是人享有人的权利的重要先决条件。其次，以人的道德发展潜能作为尊严平等的依据，区分了人的道德发展潜能和道德践行实现，前者为人人平等的人格尊严提供了人性基础，后者决定了现实的道德地位和评价。最后，在中国古代社会关系

---

[1] [德]卡尔·拉伦茨：《正确法：法伦理学基础》，雷磊译，法律出版社2022年版，第39页。

[2] 安英昭：《人的尊严观如何在中华文化中传承开新？——专访南开大学人权研究中心主任常健、南开大学法学院副教授唐颖侠》，载https://mp.weixin.qq.com/s/7du9xC3sof-7MmfoJLCbAg，2024年12月1日访问。

中定义人的尊严，预设了"社群的"个人概念，通过个人在家庭等关系中的行为实现价值和尊严，既能且尊重他人尊严也能确认自己的尊严。

近代以来，随着时代变迁和西方自由观念传入，中国道德尊严观发生了视域扩展。在新文化运动中，胡适、陈独秀、李大钊等积极倡导自由民主。现代新儒家学者张君劢强调，人生是自由行为过程，认为儒家注重精神文明，追求精神自由能促进个人和民族文化发展，国民应养成自由人格，国家应保障个人自由发展，个人自由应受国家权力制约且与民族自由相互依存，同时应区分国家行政效率与社会生活中对个人自由的保护。

在中华传统文化中形成和发展的尊严观，在马克思主义指导下实现返本开新，对当代中国人权观产生了多方面影响。①在尊严主体上，中国共产党继承中华优秀传统文化中"以人为贵""以人为本"理念，提出"以人民为中心"的人权理念，强调人民是历史创造者，是决定党和国家前途命运的根本力量，要尊重人民主体地位，促进人的全面发展。这一理念的确立，使当代中国人权观更加注重人民的整体利益和个体发展的有机统一，保障人民在社会发展进程中的各项权利，让人民真正成为人权事业的主体参与者和受益者。②在尊严内涵上，从内心精神自由扩展到人的自由全面发展。中国将人的自由全面发展作为尊严重要内容，将发展权作为首要基本人权，提出"全过程人民民主"保障人民参与政治生活权利，实现多种民主形式相统一。这使当代中国人权观更加丰富立体，既关注人民物质生活改善，又注重精神文化需求满足，既保障公民政治权利，又促进社会公平正义，为每个人的自由全面发展创造良好条件。③在尊严保障上，从传统德治到法治与德治相结合。中国共产党强调依法维护和保障人民的尊严与权利，加强人权法治保障，确保人民依法享有民主权利，让人民在每一个司法案件中感受到公平正义。同时，引导公民依法维权和履行义务，开展人权宣传教育，将马克思主义人权观、当代中国人权观纳入国民教育体系，加强公职人员人权知识培训。这为当代中国人权事业提供了坚实的制度保障和良好的社会氛围，促进人权观念深入人心，推动人权实践不断发展。

从我国传统的道德尊严观到当代中国的人权尊严观，需要以保障个体的自由权作为突破点，那些集体人权的保障最终需要落实到个体自由权利的保障。这是当代中国立法者需要努力的方向。譬如如何保障中小学生的生存尊严，就需要立法者审慎发起立法行动。

中华文化注重通过个体情感与行为方面的"不偏不倚",反对走极端、行偏激的"过"或"不及",推动人际关系的和谐与社会秩序的平和稳定。基于这一思想,中华传统法律文化主张法律的制定与实施应保持适度,"执两用中",实现由"中"而"正"的法律"中正之道"。

一个健康的社会,不能仅建立在法律"底线"之上。在秩序构建方面,对于个体行为,不能仅满足于不违法不犯罪的法律"最低标准"。传承中华优秀传统法律文化,基于德法结合、礼法并用的原则,基于由"中"而"正"的法律"中正之道",我们需要在立法司法及法治宣传中,坚持"执两用中"原则,不走极端,不行偏激,即便是行使权利也必须遵循一定的"度",防止因对一种行为的禁许而促成另一种不当行为发生。同时,在全面强化道德与法律共同作用过程中,要特别注重道德原则的规范化、标准化,使其具有个体遵照执行的直观性和社会监督评价的可操作性,提升道德在秩序建构过程中的实际功效。[1]

---

[1] 朱勇:《十四届全国人大常委会专题讲座第十四讲:中华优秀传统法律文化》,载学术公众号"汉唐法史"2025年1月3日。

# 第五章

# 立法与政策

## 第一节 原则、规则与政策

按照德沃金的观点,法律由原则、规则和政策组成。这一观点是20世纪70年代以来最具影响力的观点之一。德沃金用一个例子来说明原则的这个含义,他从里格斯诉帕尔默案中抽取出"不得从过错中获利"这个原则。在这个案件中,当时的遗嘱法允许杀人犯从其受害人那里继承遗产,但是纽约上诉法院则坚持认为,鉴于过错者不得从其过错中获利的普通法原则,这一制定法规则应当予以衡平的解释。这条原则不是规则——法律确实在很多情形中允许过错者从其过错中获利。这条抽象的一般原则为规则的成立、解释和阐释提供了指引。[1]

所谓规则就是有明确的适用主体、行为模式和法律处理的规范性法则。任何法律的构成都是以规则体系为主体的。

而政策涉及的是共同体的集体福利和生活方式等,如经济、政治、社会或环境的改善,为了取得总体的效益而对不同利益进行协调,某种共同生活方式和伦理价值的维护和改善。首先政策主要在于实现集体目标,多与应对时局的策略有关。其次,政策之法[2]可以根据政治、经济和社会等变化,及时调整,而无需保持前后一致。最后,政策之法,多来自立法机构或授权行

---

[1] [美]劳伦斯·索伦:《法理词汇:法学院学生的工具箱》,王凌皞译,中国政法大学出版社2010年版,第145页。

[2] 政策之法的用法或者翻译首次见于高鸿钧、赵晓力主编:《新编西方法律思想史(现代、当代部分)》,清华大学出版社2015年版,第214页以下。在此部分,高老师随语境交替使用"政策"与"政策之法"。在此追随此例。

政机构所制定的制定法。

就立法来说,既要确认一定的原则[1],又要制定大量的规则,还要根据执政党、政府的政策,制定大量的政策之法。宪法与宪法性法律、民法、经济法总则、行政法基本原则都会确立大量的原则、一般性规则;而经济法、行政法、民商法的部门法,多数都是根据政策制定出来的,保障政策的实施的,其中有很多政策措施、政策目标、路径等。

在立法中确立原则,往往需要对相应法理与时代精神深入研究,并对世界范围内的立法例了如指掌。一般意义上的法律原则有几十个甚至上百个,各个部门法的原则也有几个到十几个,立法是否明示法律原则?在成文法系国家,这是没有疑问的。原则在法律中不仅仅发挥着价值宣告的作用,其实用意义也很显著,一般来说,法律的基本原则有三大功能:①指导立法的功能。基本原则是立法的指导思想。法律规则都应该符合基本原则的要求,基本原则是法律内部规则的统帅。立法机关制定的同类单行法违反本部门法基本原则者无效,司法机关所做裁判违背基本原则者也是无效的。②法律解释的准据功能。由于法律的各项制度和全部规范都是按照法律基本原则制定的,所以在这些制度和规范需要解释的时候,基本原则即发挥法律解释的准据作用。无论在立法、执法和司法中都需要法律解释,都需要以法律的基本原则作为准据。③法律漏洞弥补功能。法律出现漏洞时,立法者、司法者应该根据法律规定的基本原则来弥补法律的漏洞。[2]

在立法中必然以大量翔实、规范和可操作的规则,其中尤以规定公民权利和行为空间、国家权限及其行使方式、法律责任为重要。其中相关问题,笔者将在其他章节中阐述。

立法中的政策表达越来越集中,这也许是当代国家的一种立法趋势。有学者讨论了法律与政治的关系,认为有两种立法模式,一种是立法的偏私模式,另一种是立法的中立模式。在西方语境下,政党竞争对议会的控制权,是因为他们希望在这个国家的法律中反映他们的价值观、他们的意识形态以及他们的纲领。第一种模式的支持者所强调的就是,立法的态度必定是偏私的态度,只要议会中有严格的政党行为准则,议会就会依据执政党领导层的

---

[1] 参见胡建淼主编:《法律原则研究》(上、下),中国社会科学出版社2021年版。
[2] 参见孙宪忠主编:《中国民法总论》,中国社会科学出版社2009年版,第81页。

意识形态作出立法决定。第二种模式的支持者既不否认法律由各政党政治家制定，也不否认立法常常受富有争议的价值观和意识形态驱使。他们的观点是，当议会在制定一部法律的时候，议会是在以全社会的名义决定某种庄严的东西。虽然根据党派方针提出议案和讨论议案是合情合理的，但我们设计议会的决定程序不仅是要表明哪一个政党更强大，而且要表明在某个问题上，社会作为一个整体暂时的观点是什么。议会内部的讨论审议表决程序表明，法案超越了党派政治，成为一部替整个社群制定并代表整个社群利益的规范。鉴于这种政治决策观点，中立模式坚持立法是一种引起特别责任的行为。即使一项立法提案在政治上是偏私的，支持该提案的人也有责任确保这项新的法律在政治上不会如此极端，以至于社群成员——包括他们的政治反对者——难以对这样的法律表达尊重。[1]

## 第二节 政策先行和制度保障

### 一、定义与内涵

首先看一则政策方面的消息：

从特朗普政府的《人工智能倡议》到拜登政府的《国家安全战略》，美国政府打压中国 AI 发展已经不是什么新鲜事。5 月，有美媒报道称，美国商务部正在考虑增加监管措施，限制专有或闭源 AI 模型和技术对华出口，包括 ChatGPT 等 AI 模型将被纳入管制。6 月，美国政府又被曝正计划限制中国使用一种名为全环绕栅极晶体管（GAA）的尖端芯片架构技术。[2]

下面是一个政策上针锋相对的行动报道：

中国财政部等四部门联合宣布，实施支持科技创新专项担保计划，引导

---

[1] [新西兰] 杰里米·沃尔德伦：《法律：七堂法治通识课》，季筏哲译，北京大学出版社 2015 年版，第 17~23 页。

[2] 《他急催美政府：想击败中国，必须加快行动》，载 https://news.ifeng.com/c/8bXTppcKd6B，2024 年 7 月 27 日访问。

更多金融资源支持科技创新。

据中新社报道，中国财政部、科技部、工业和信息化部、国家金融监督管理总局等四部门星期五（7月26日）宣布实施上述计划，有效发挥国家融资担保基金（简称融担基金）体系引领作用，通过提高对科技创新类中小企业风险分担和补偿力度，增强地方政府性融资担保机构、再担保机构的担保意愿和担保能力，引导银行加大对科技创新类中小企业融资支持力度，撬动更多金融资源投向科技创新领域。

四部门强调，这项计划将着力解决项目有前景、技术有竞争力、发展有潜力、知识产权价值高，但因缺少有效抵质押物、难以满足银行贷款条件的科技创新类中小企业融资难融资贵问题。银行和各级政府性融资担保、再担保机构按照市场化运作和商业可持续原则，自主选择有发展潜力的科技创新类中小企业，依法合规审贷放贷、提供融资担保。

四部门介绍，银行和政府性融资担保体系分别按不低于贷款金额的20%、不高于贷款金额的80%分担风险责任。融担基金再担保业务单笔担保金额500万元以上的，再担保费率不高于0.5%；单笔担保金额500万元及以下的，再担保费率不高于0.3%。

四部门也鼓励合作机构针对不同风险水平、不同资质的经营主体实施差异化担保费率，逐步将对科技创新类中小企业收取的平均担保费率降至1%以下。[1]

这篇报道的内容是面对美国的"小院高墙"打压，我国政府部门采取的政策对应的一个实例：实施支持科技创新专项担保计划。

"欲破坚冰，政策先行，制度保障。"这是改革路径的简洁概括，在某种意义上，也是立法与政策关系的现实写照。

"政策先行"这一概念在多个领域和背景下有不同的解读，但核心思想通常指的是在政策制定和实施的过程中，政策应作为先导或前置条件，以引导和促进相关领域的发展或变革。以下是对"政策先行"的详细解释：

政策先行指的是在政策导向下，通过制定和实施一系列具有前瞻性和引

---

[1]《中国政府实施支持科技创新专项担保计划》，载 https://www.zaobao.com/realtime/china/story20240727-4376173，2024年7月28日访问。

导性的政策措施,为某个领域或项目的发展提供有力保障和支持。这是当代国家发展及国家竞争的一条路径。

政策先行之"政策",在内涵上具有前瞻性、引导性和保障性。前瞻性是指政策先行要求政策制定者具备前瞻性思维,能够预见未来发展趋势,并据此制定相应的政策措施。引导性是指政策先行通过明确的目标、任务和措施,引导社会资源向特定领域或项目倾斜,促进其发展。保障性是指政策先行还意味着在政策实施过程中,要提供必要的保障和支持,确保政策目标得以实现。

**二、政策先行的具体实例**

以政策先行推动中国人工智能产业的发展,关键在于制定前瞻性与创新性兼具的政策体系。首先,明确人工智能作为国家战略性新兴产业的地位,出台一系列鼓励性政策,包括资金支持、税收优惠等,以激发企业创新活力。其次,强化产学研合作,通过政策引导促进高校、科研机构与企业间的深度合作,共同攻克关键技术难题。同时,建立健全人工智能领域的知识产权保护体系,保护创新成果,激发创新活力。此外,推动人工智能与实体经济深度融合,制定行业应用指导政策,促进人工智能技术在各领域的广泛应用。最后,加强国际交流与合作,参与国际标准制定,提升我国在全球人工智能领域的话语权和影响力。通过这一系列政策措施的落实,将有力推动中国人工智能产业持续健康发展。[1]

在网络文化建设领域,政策先行表现为制定和实施一系列旨在推动网络文化繁荣发展的政策措施,如加强网络文化内容监管、促进网络文化产业创新、提倡文明用语和理性讨论等。这些政策为网络文化建设提供了良好的舆论环境和社会环境,推动了网络文化的健康发展。

在区域发展领域,如深圳建设中国特色社会主义先行示范区,就是政策先行的一个典型案例。通过制定和实施一系列支持深圳发展的政策措施,推动深圳在改革开放、创新驱动等方面率先突破,为全国提供可复制、可推广

---

〔1〕 前瞻产业研究院:《重磅!2024年中国及31省市生成式AI行业政策汇总及解读(全)》,载 https://new.qq.com/rain/a/20240530A07WD400?suid=&media_id=,2024年9月9日访问。赵艾:《加快推动我国人工智能发展》,载 http://www.rmlt.com.cn/2024/0307/696977.shtml,2024年9月9日访问。

的经验。

### 三、意义与作用

政策先行具有促进发展、降低风险和提升效率等客观意义与作用。

促进发展，政策先行能够明确发展方向和目标，引导社会资源向特定领域或项目倾斜，从而促进相关领域或项目的快速发展。政策的供给会带来人才、资源的集中配置，自然会带来经济社会的发展。

降低风险，通过政策先行，可以预见并应对可能出现的风险和挑战，降低发展过程中的不确定性。在紧跟而来的制度保障上寻求制度上的确定性。

提升效率，政策先行有助于优化资源配置和流程管理，提高政策实施和项目建设的效率。政策就是商机，具有拉动市场投资效率的效能。

显而易见，"政策先行"是一个具有前瞻性和引导性的概念，它要求政策制定者具备前瞻性思维并制定相应的政策措施以引导和促进相关领域的发展或变革。

### 四、从政策先行到制度保障

下面阐述从政策先行到制度保障的定义、必要性与规范路径。

如前所述，政策先行是指在社会经济发展或新兴领域（如人工智能、医疗保障等）的初期阶段，政府通过制定一系列政策措施，为相关领域的发展提供方向指引、资金支持、税收优惠等，以引导和推动该领域的快速发展。政策先行具有灵活性高、反应迅速的特点，能够快速适应外部环境的变化。

制度保障则是指通过立法、行政规章等手段，将经过实践验证的政策措施固化为具有强制约束力的制度规则，以确保政策的稳定性和连续性，为相关领域的长期稳定发展提供坚实的制度基础。制度保障具有权威性、规范性和长效性的特点。

（一）从政策先行到制度保障的必要性

（1）维护公平正义：制度保障能够确保社会各个领域的规则公正公平、透明高效，维护市场经济秩序，保障人民享有平等的发展机会和权益保护。

（2）推动可持续发展：良好的制度环境可以为经济发展创造稳定预期，促进资源的优化配置和高效利用，推动经济的稳定增长和可持续发展，而可持续发展是经济竞争的"底牌"。

(3) 保障人民权益：制度保障能够确保人民的生存权、发展权、受教育权、医疗权等基本权益得到充分保护，提升人民的生活质量和幸福感。

(4) 维护社会稳定：制度是社会稳定和谐的基础支撑。通过制度保障，可以促进社会各界的参与和共治，规范公共秩序和矛盾纠纷处理机制，维护社会的稳定和谐。

(二) 规范路径

(1) 政策评估与反馈：在政策实施过程中，要建立健全政策评估机制，及时收集反馈信息，对政策效果进行科学评估。对于证明行之有效的政策措施，应及时考虑将其上升为制度规范。

(2) 立法跟进：在充分论证和广泛征求意见的基础上，加快相关领域的立法进程。通过立法将政策转化为具有强制约束力的制度规则，确保政策的稳定性和连续性。

(3) 制度整合与优化：在制度建设中要注重整合和优化现有制度资源，避免制度间的冲突和重叠。同时，要根据实践发展的需要，不断完善和更新制度内容，确保制度的有效性和适应性。

(4) 监督与执行：建立健全制度执行的监督机制，确保制度得到有效执行。对于违反制度规定的行为要依法依规进行惩处，维护制度的权威性和严肃性。

总而言之，从政策先行到制度保障是确保相关领域长期稳定发展的重要途径。在政策先行的基础上，通过立法跟进、制度整合与优化以及监督与执行等规范路径，可以构建起坚实的制度保障体系，为相关领域的可持续发展提供有力保障。[1]

## 五、制度保障的决定性意义

在推动社会进步与发展的过程中，改革政策与制度保障是相辅相成的两大支柱，但制度保障往往扮演着决定性作用的角色。这是因为制度作为一系

---

〔1〕 朱宁宁：《专家建议加强医疗保障立法研究 健全医保法治体系保障群众生命健康权益》，载《法治日报》2023年7月25日。郑功成：《从政策性文件主导走向法治化：中国特色医疗保障制度建设的必由之路》，载《学术研究》2021年第6期。

列规则和程序的集合,为改革政策的制定、实施及效果巩固提供了坚实的框架和保障。以下从几个方面论述制度保障的决定性作用:

(1) 确立改革方向与目标:制度通过明确界定社会的基本结构和运行规则,为改革设定了清晰的方向和目标。在改革初期,制度能够引导社会各界对改革形成共识,确保改革措施不偏离既定的社会发展目标。例如,市场经济体制的确立,就为我国经济体制改革指明了方向,即通过市场机制优化资源配置,提高经济效率。

(2) 保障政策实施的连续性与稳定性:制度具有相对稳定性,能够避免因政策频繁变动而带来的不确定性,为改革政策的顺利实施提供稳定的预期环境。通过制度化、规范化的程序,可以确保改革政策在执行过程中不被随意更改或中断,从而保证改革成果的持续积累。

(3) 促进公平正义:制度的核心价值之一是维护社会公平正义。在改革过程中,合理的制度安排能够确保不同社会群体在改革红利分配中的公平性,避免因利益分配不均而引发的社会矛盾和冲突。通过建立健全的社会保障制度、教育公平制度、收入分配制度等,可以确保改革成果惠及全体人民,增强改革的合法性和社会认同度。

(4) 激发社会活力与创新:良好的制度环境能够激发社会成员的创新精神和创造力,为改革提供源源不断的动力。例如,知识产权保护制度的完善,可以激励企业加大研发投入,推动技术创新和产业升级;而灵活的市场准入制度,则能够鼓励创业活动,促进新产业、新业态的涌现。

(5) 巩固改革成果:制度保障是巩固改革成果的重要手段。通过建立健全的监督和评估机制,可以及时发现并解决改革过程中出现的问题,确保改革措施的有效落实。同时,通过法律法规等形式将改革成果固定下来,可以形成长效机制,防止改革成果因人为因素而流失或逆转。

综上所述,制度保障在改革政策先行的基础上,发挥着决定性的作用。它不仅为改革提供了方向指引和稳定预期,还促进了社会公平正义、激发了社会活力与创新,并确保了改革成果的巩固与持续。因此,在推进改革的过程中,必须高度重视制度建设和制度保障的作用,即重视创制性立法[1]、保

---

[1] 这里的创制性立法是指为改革放权、为创业奠基的类似美国1787年《西北法令》那样的立法。

障性立法[1]及其执法和司法。

## 第三节　立法和改革

2023年《立法法》第9条规定了"适应改革需要"原则。这是一个非常现实、紧迫与必要的原则。第9条是这样规定的："立法应当适应改革需要，坚持在法治下推进改革和在改革中完善法治相统一，引导、推动、规范、保障相关改革，发挥法治在国家治理体系和治理能力现代化中的重要作用。"

### 一、深化立法领域的改革

"完善以宪法为核心的中国特色社会主义法律体系，健全保证宪法全面实施制度体系，建立宪法实施情况报告制度。完善党委领导、人大主导、政府依托、各方参与的立法工作格局。统筹立改废释纂，加强重点领域、新兴领域、涉外领域立法，完善合宪性审查、备案审查制度，提高立法质量。探索区域协同立法。健全党内法规同国家法律法规衔接协调机制。建设全国统一的法律法规和规范性文件信息平台。"[2] 这里有六项重大深化改革任务：

第一，完善以宪法为核心的中国特色社会主义法律体系，健全保证宪法全面实施制度体系，建立宪法实施情况报告制度。这是重中之重。宪法是中国特色社会主义法律体系的总控，法律是宪法的贯彻。所谓总控，必须以宪法能够长出牙齿为标志，通过宪法实施，切实实现宪法的总控，我国的法治指数就会获得提升。建立宪法实施情况报告制度是首次提出的制度创新，值得我们的热切期待。

第二，完善党委领导、人大主导、政府依托、各方参与的立法工作格局。这是立法工作格局的界定。党委领导要贯彻党的决议、宗旨、路线、方针、政策。人大主导要体现人大总揽立法、科学立法、民主立法、依法立法的追求。政府依托，是指政府与政府部门发挥立法依托作用，将行政执法中的急难困阻问题付诸制度创新。各方参与是指社会各个方面的组织、团体、人员广泛参与。

---

[1] 这里的保障性立法是指由政策转化而来的保障利好政策持续性和稳定性的立法。
[2] 中共中央《关于进一步全面深化改革 推进中国式现代化的决定》。

第三，统筹立改废释纂，加强重点领域、新兴领域、涉外领域立法，完善合宪性审查、备案审查制度，提高立法质量。这项改革任务的目的是提高立法质量。立改废释纂，即制定、修改、废除、解释与法典编纂，五种立法形态都要统筹都要运用，在重点领域、新兴领域、涉外领域立法上加强立法，中共中央《关于进一步全面深化改革 推进中国式现代化的决定》提出了制定民营经济促进法、金融法、民族团结进步促进法，修改监察法，出台反跨境腐败法，编纂生态环境法典。通过完善合宪性审查、备案审查制度，提高立法质量，这两个制度是在《立法法》中规定的，即三种审查程序：应要求的合宪性审查、应建议的合宪性审查、备案审查，这是保障宪法实施的基本制度，必须进一步改革完善。

第四，探索区域协同立法。我国在城乡融合发展方面，在统一市场建设方面，在协同实施统一改革方面，在大江大河大湖和海洋跨界相毗邻方面的立法，都需要行政区域之间的协同立法。

第五，健全党内法规同国家法律法规衔接协调机制。党内法规体系是我国社会主义法治体系的重要一环。同时党内法规同国家法律法规的衔接协调机制有待完善。中共中央依法治国委员会及其各级党委的相应协调机构，中共中央纪委与国家监察委员会合署办公，是目前重要的协调机制。同时，具体的党内法规与具体的国家法律法规如何协调，如《中国共产党纪律处分条例》《公职人员政务处分法》与《监察法》《刑法》《刑事诉讼法》《行政诉讼法》等如何衔接协调？受审查和调查的干部进入公诉程序之后，司法机关有没有独立审判权？这些问题需要立法、司法、监察机关的共同努力。

第六，建设全国统一的法律法规和规范性文件信息平台。目前，这一类的信息平台有几个，但是往往不包括法律解释、规范性文件，需要通过国家补贴等方式，加强信息收集。

## 二、立法应当适应改革需要

第一，坚持在法治下推进改革和在改革中完善法治相统一。立法机关须通过制定改革法案的方式推动改革，比如我国的基础教育有渐趋僵化的趋势，亟须制定《基础教育改革促进法》，将升学培训式的基础教育拉回到不同阶段的育人为本。这样的立法实施一段时间后，通过立法评估，进一步修订完善，促进基础教育法治的实践。教育立法修法应该贯彻《教育强国建设规划纲要（2024—2035年）》的主要目标和重点任务，深化教育综合改革，同时让教育回归法治的轨道。

第二，通过立法引导、推动、规范、保障相关改革。通过赋予经济特区地方性法规制定权，让经济特区先行先试，为改革探路，为改革护航。国务院于1984—1993年间分批次批准了19个较大的市并赋予其地方立法权。1993年4月22日，苏州市和徐州市终于乘上"末班车"，被国务院批准为"较大的市"并取得地方立法权。截至2023年6月，苏州市人大及其常委会累计制定地方性法规91部，修改地方性法规89部次，废止地方性法规25部，现行有效的地方性法规共66部。总的来看，苏州市人大三十年立法可以分为三个十年，也即起步摸索、发展规范和成熟繁荣三个阶段。[1]

第三，做到改革与立法相统一、相促进，还需克服地方和部门利益掣肘，提高立法工作质量和效率。鉴于"有些部门和地方反映，立法工作和改革发展不同步，慢半拍甚至拖后腿问题比较突出"，习近平总书记指出，"各有关方面都要从党和国家工作大局出发看待立法工作，不要囿于自己那些所谓利益，更不要因此对立法工作形成干扰""立法既要广泛发扬民主，又要敢于在矛盾焦点问题上'切一刀'，不能因个别意见不一致导致立法项目久拖不决"。科学立法的核心在于尊重和体现客观规律，民主立法的核心在于为了人民、依靠人民。为此，应明确立法权力边界，从体制机制和工作程序上有效防止部门利益和地方保护主义法律化，不断提升立法工作质量和效率，以高质量立法保障和促进经济持续健康发展。[2]

## 三、坚持以制度建设为主线

在现代化进程中，制度建设是指一个国家按照现代化发展的要求，基于国家根本价值，以规则化的方式，对于社会成员的行为及其相互关系加以规范，在制度优化和创新中逐步构成国家治理体系，提高国家治理能力，激发

---

[1] 冯玉军：《中国式现代化进程中地方立法的高质量发展——以苏州市人大立法三十年为例》，载《地方立法研究》2024年第1期。

[2] 周龙杰：《科学立法是处理改革和法治关系的重要环节》，载《光明日报》2024年12月27日。

社会活力，推进生产力发展，实现国家政治稳定和长治久安的过程。[1]党的二十届三中全会通过的中共中央《关于进一步全面深化改革　推进中国式现代化的决定》提出，进一步全面深化改革的基本原则之一，是坚持以制度建设为主线，加强顶层设计、总体谋划，破立并举、先立后破，筑牢根本制度，完善基本制度，创新重要制度。

第一，加强顶层设计、总体谋划。制度建设要加强顶层设计、总体谋划。因为制度体系具有整体性、协同性和系统性。其中的体制机制具有内部原理和外部关系。尤其是横向国家权力之间的结构关系、纵向国家权力之间的结构关系至关重要，这是需要总体谋划和精心设计的。

第二，破立并举，先立后破。处于全面深化改革时期，坚决破除体制机制阻力，建立新的体制机制动力，这是破立并举；预先建立新的体制机制动力，承接国家职能，再破除形成发展阻力的体制机制。全面深化改革以"制度建设"为主线，本质上是一种特定的改革哲学，实际上蕴含着改革与稳定在时空跨度上实现有机统一的宏观战略，显示着改革者在制度变迁中对于制度创新与制度改革先后序列的选择安排，强调全面深化改革必须稳中求进，正确把握制度增量改革与制度存量改革的并行运行、并行计算、并行辩证和并行发展。立足于破立并举、先立后破，以积极向前的正向心态、以发展为要的建设取向着力于制度改革，在新旧不同体制机制比较运行优势过程中，在创新制度、建设制度合理有效牵引下，平稳实现制度更新、制度过渡和制度变革。[2]

第三，筑牢根本制度，完善基本制度，创新重要制度。社会主义制度是中华人民共和国的根本制度。从制度上维护中国共产党领导，立法上坚持党委领导，立法规划、计划的编制与法规案的起草都要接受党委的审核。我国基本政治制度、经济制度、法律制度、文化制度等需要通过立法确立并优化。相关重要制度，如行政区划制度、特别行政区制度需要做适应性创新，以维护社会发展内生活力和公民权益。

---

[1]　王浦劬：《以制度建设为主线挈领进一步全面深化改革》，载《政治学研究》2024年第4期。

[2]　王浦劬：《以制度建设为主线挈领进一步全面深化改革》，载《政治学研究》2024年第4期。

### 四、坚持全面依法治国，在法治轨道上深化改革、推进中国式现代化

第一，在法治轨道上深化改革、推进中国式现代化。如果在人治体制下，走改革之路，往往仅是利益的重新分配，无法实现公平正义，无法推进中国特色社会主义现代化。只有在法治轨道上，深化改革，才能真正推进中国式现代化。①这是现代化的客观规律和历史经验，是全面建设社会主义现代化国家的必然要求。②法治轨道具有固根本、稳预期、利长远的强大功能。③法治轨道以其科学高效的治理机制为全面建设社会主义现代化国家铸就良法善治之依托。④法治轨道确保了现代化国家建设始终沿着中国特色社会主义正确方向前进。[1]

第二，做到改革和法治相统一。价值目标的统一最关键。改革是解放生产力，建立高质量发展的制度体系，建立保障人民自由平等幸福安康的制度体系，这与法治所追求的公平正义、可预期性、公权力辅助个人等是一致的。问题是如何保障这种统一，这就需要改革家与法治人的双向奔赴。让立法、执法与司法保障改革实现其价值目标，同时，改革家要自觉遵守法治精神，自觉追求公平正义，稳定人民的预期，把公权力关进法治的笼子里，迫使其自觉地辅助个人。

第三，重大改革于法有据、及时把改革成果上升为法律制度。于法有据即重大改革法案只有通过人民代表大会获得人民的授权，才具有法理上的正当性和合法性。实际上，这也是法治国家普遍的改革模式。并及时将改革成果，即经得起改革实践验证的有效模式，上升为法律制度，即纳入更详尽的法律。

实现重大改革于法有据、及时把改革成果上升为法律制度，是确保改革在法治轨道上稳步推进、保障改革成果合法化、制度化的重要途径。以下是实现这一目标的具体措施：

（1）加强立法引领和推动作用方面，①树立立法先行理念。深入贯彻习近平总书记关于"凡属重大改革都要于法有据"的重要论断精神，树立"立法先行，引领改革"的崭新理念。这意味着在推进重大改革之前，应首先进

---

[1] 张文显：《论在法治轨道上全面建设社会主义现代化国家》，载《中国法律评论》2023年第1期。

行立法研究，确保改革有明确的法律依据。②聚焦目标导向。紧紧围绕党中央大政方针和决策部署，以及地方经济社会发展的实际需要，研究推出一批立法项目和立法成果。这些立法项目应紧密关联改革目标，为改革提供法律支撑。③提高立法质量。把提高立法质量作为全面深化改革和加强立法工作的重中之重。坚持科学立法、民主立法，完善重要立法项目论证、听证制度，确保出台的法律法规属"精品"。

（2）及时把改革成果上升为法律制度方面，①总结经验教训：在改革过程中，及时总结经验教训，提炼出可复制、可推广的制度性成果。这些成果是改革实践中的宝贵财富，也是法律制度创新的重要来源。②立法转化机制：建立健全改革成果立法转化机制，确保改革成果能够及时、有效地转化为法律制度。这包括制定立法规划、明确立法时间表、加强立法协调等。③加强法律实施和监督：法律法规出台后，应加强其实施和监督工作。通过建立健全执法机制、加强执法队伍建设、完善执法监督机制等措施，确保法律法规得到有效执行。

### 五、坚持系统观念，从立法上处理好经济和社会、政府和市场、效率和公平、活力与秩序、发展与安全等重大关系

第一，坚持系统观念。在立法上坚持系统观念，是构建中国特色社会主义法治体系、推进全面依法治国的关键所在。系统观念强调整体性、协同性、时效性和科学性，要求从战略和全局的高度来审视和推进立法工作。以下是在立法上坚持系统观念的具体做法：

（1）增强立法系统性。①分析系统结构和功能：将立法工作视为一个系统，分析其内部各要素（如立法主体、立法程序、立法内容等）的结构和功能，确保各要素之间相互协调、相互配合。②把握事物发展规律：用系统思维分析事物的本质和内在联系，从整体上把握事物发展规律，提高立法的科学性和预见性。③统筹全局：从党和国家事业发展全局的战略高度来定位立法工作，确保立法与经济社会发展相适应，与全面深化改革相衔接，与人民群众期待相呼应。

（2）增强立法整体性。①完善法律体系：注重法律体系内部的和谐统一，避免不同法律之间的冲突和矛盾，确保法律体系的完整性和一致性。②融入

国家战略:将坚持中国共产党领导、坚持中国特色社会主义等宪法原则,将实现高质量发展、发展全过程人民民主等国家战略高度融入立法宗旨和法律原则中。③协调各方利益:在立法过程中充分听取各方面意见,协调好不同利益群体的关系,确保立法能够反映最广大人民的根本利益,反映社会最小受惠阶层的生存利益。

(3)增强立法协同性。①加强部门协同:在立法过程中加强各部门之间的沟通协调,形成合力,共同推进立法工作。②促进立法与执法、司法衔接:注重立法与执法、司法的衔接配合,确保法律得到有效实施和公正执行。③推动社会共治:鼓励社会各方面积极参与立法过程,形成政府主导、社会共治的良好局面。

第二,从立法上处理好经济和社会、政府和市场、效率和公平、活力与秩序、发展与安全等重大关系。

(1)经济与社会的关系。经济发展对综合竞争时代的发展中国家十分重要,同时社会发展对综合竞争时代的发展中国家同样重要。社会问题处理不好,会形成经济发展的梗阻。比如面对人口问题、教育问题、社会保障问题等,需要适时调整立法方向,提高立法质量。

(2)政府和市场的关系。"法治"是二十届三中全会通过的决定中的高频词,进一步全面深化改革很多内容都与"法治"密切相关,比如在政府和市场的关系上,要"充分发挥市场在资源配置中的决定性作用,更好发挥政府作用""推行有效的政府治理",需要法律制度做保障。该决定第九部分专门规定"完善中国特色社会主义法治体系",其中明确提出"深入推进依法行政",有很多具体制度和体制机制需要建设,这也表明了我国未来一段时间内依法行政制度建设的重要任务、前行方向和制度脉络。在完善中国特色社会主义法治体系要求下,进一步全面深化改革,需要简政放权的一定要简政放权,需要精简机构的一定要精简机构,深入推进依法行政制度体系建设,推动我国行政法治的高质量发展。

(3)效率和公平的关系。发展中国家在国际综合竞争时代,免不了强调效率优先,有时候在兼顾公平上力不从心。其实,传统立法更多的是建立实现公平的体制机制,实现分配正义和矫正正义。综合竞争时代的现代立法旨在提供有利于竞争发展的制度环境,通过组织创新、生产要素创新性配置、技术创新激励、政府扶持等方式激励创新。效率的获得最终是为了实现做大蛋糕后的富裕分配，但是，这不是线性的结果。在立法上，加强社会公平的立法是综合竞争时代保障竞争动力和社会稳定的必要举措。

（4）活力与秩序的关系。秩序是法治的基础目标之一，在综合竞争时代，活力也是法治的基础目标之一。自动驾驶的出现是技术和智能网联发展的必然结果，但是自动驾驶冲击了出租车营运秩序和安全秩序，这就需要坚持鼓励创新、包容审慎、循序渐进的原则，实行分级分类管理，按照从低风险场景到高风险场景、从简单类型到复杂类型的要求，确保安全有序、风险可控。[1]

（5）发展与安全的关系。在追求发展速度的时代，免不了忽视安全问题，这种安全包括生产安全、国家安全、粮食安全、食品药品安全、人身安全、公共安全、企业安全、金融安全、建筑工程安全、网络安全、信息安全和环境安全等。这些年施工安全事故频发，群死群伤的安全事故多是违反施工规范、抢工期等造成的。每一种安全都有规律可循，不遵守规律就要失去安全。这就需要在立法中总揽全局、平衡发展利益与安全权益，将安全权益放在首位。

这样的关系还有很多，需要在具体立法中加以衡量。

## 六、改革要防范自我授权，防止过度管理，学会做减法，以立法保障社会自由

人类的改革经验表明，改革可能呈现两个方向，一个是放松管制，促进繁荣，另一个是加强管制，压制自由。中国特色社会主义的改革大业不容许犯方向性错误。

第一，防范"自我授权"。部门立法的一个弊端是可能的自我授权。这种自我授权是免不了的，问题是设计一种公权力，需要符合比例原则。其中职权与职责的平衡、权力的内部制约与外部监督、权力行使手段与目的的合乎比例原则，都是机构设计中必须重点处理的命题。同时，现代化又需要规范化、规制化、组织化，因而需要通过设定公权力来实现这些，但是立法授予的权力与其承担的义务及其作为执行机制的法律责任要对应、相当与平衡，合乎比例原则。

---

〔1〕 参见《上海市浦东新区促进无驾驶人智能网联汽车创新应用规定》（2022年11月23日上海市第十五届人民代表大会常务委员会第四十六次会议通过）第3条。

第二，防止过度管理、过度创建。民众的活力与效率就是国家的活力与效率。民生是当前社会面临的急迫问题，人大代表有政治责任通过职权行使改善民生。所谓过度管理就是对企业过度频繁地全生产链检查、对摊贩等居民行为自由进行过度限制、对学生等群体进行过度约束等规制社会过度并产生外溢效应的管理模式。过度创建是指在政绩指挥棒下组织社会资源动员社会公众进行非生产经营和非优化管理的各种名目的创建活动，务虚多于务实，创建目标达成，又回到创建前的状态。立法应该限制这种过度管理、过度创建的不良态势。

第三，学会做减法，为社会公众减负。降低体制成本，必然提高经济效率；企图直接拉动效率，而不先降低体制成本，往往适得其反。改革要针对社会症结，那就要通过删繁就简降低体制成本。阿根廷总统米莱进行自由市场主义改革，将部分国有企业私有化，以吸引外国投资，提高经济效率。这一举措在参议院通过的改革法案中得到了体现；米莱取消了各种价格管制，推动出口业全面市场化，以增强阿根廷经济的国际竞争力；米莱上台后裁撤了多个政府部门，以减少公共支出和提高政府效率，政府部门由18个减少至9个。[1]我国以党的十一届三中全会决议为标志开启了一个高度繁荣的时代，一直持续至今。

第四，以立法保障社会自由。总体上来说，一个国家的活力与动力来自对人性的尊重，来自对个体的平等保护，来自自由。①法治以约束权力、保障权利为价值定位。②所有的法律法规，都以最终保障权利为目的；③人大代表在履职中当以维护社会公众权益为重心；④立法史上，极端限制公众权利、个体自由的立法或政策都曾经反噬社会。

---

[1] 参考徐三郎：《米莱凭借纯粹的市场经济措施，超预期地拯救了阿根廷经济》，载https://baijiahao.baidu.com/s?id=1809468917788464999&wfr=spider&for=pc，2024年9月14日访问。

# 第六章

# 立法的历史与未来

## 第一节 立法的历史

### 一、人类立法史

人类立法史是一个有多种可能性的历史。我们站在 21 世纪 20 年代回望，其中的一条主线是一个从政治宗教领袖立法，到民众大会立法，到代议制议会立法的渐次变迁过程。

（一）政治宗教领袖立法

人类早期国家形态是宗教领袖或者政治领袖凭着巨大的威望，领导着一个信仰趋同的共同体，早期的立法就是以政治宗教领袖为主的立法。这种立法往往是其政治信仰或者宗教信仰的展开，带有特定的宗教色彩、地域文化色彩。这种立法往往以认可习惯法、强化统治关系、约束民众、维护团结、便于社会动员等为目标。

（二）民众大会立法

民众大会立法是个别民主共和国，实施的直接民主立法。如雅典民众大会立法、罗马民众大会立法，这种立法形式具有先进性。雅典城邦和罗马帝国的民众大会在立法过程中各具特色，体现了不同的政治体制和民主理念。

雅典城邦的民众大会，作为城邦的最高权力机关，其立法过程充分体现了直接民主的原则。在伯里克利时期，公民大会不仅掌握着立法权，还决定着城邦的行政和司法事务。所有具有雅典公民身份的成年人，无论财产多寡，均可参加公民大会并参与投票，对城邦的重大事务进行表决。公民大会每年召开数十次，会议地点虽不固定，但每次会议都吸引着众多公民积极参与。通过投票，公民大会制定城邦法律，决定官员任免，甚至决定战争与和平等重大事项。这种立法模式确保了公民对城邦事务的广泛参与和直接控制。

相比之下，罗马帝国的民众大会在立法过程中则呈现出更为复杂的特征。罗马的立法机构包括民众会议和参议院等多个部门，其中民众会议由全体罗马公民组成，负责最终立法决策。然而，罗马的立法过程并非完全由民众会议主导，参议院在审议和提出立法议案方面发挥着重要作用。此外，罗马的立法投票采取团体投票制，即每个投票单位（如部落或百人队）拥有一票，而非个人投票。这种制度在一定程度上削弱了个人在立法过程中的影响力，但同时也确保了不同社会阶层和利益集团在立法中的平衡。

雅典城邦的民众大会立法体现了直接民主的原则和公民对城邦事务的广泛参与；而罗马帝国的民众大会立法则通过多部门协作和团体投票制等方式，实现了不同利益集团之间的平衡与妥协。这两种立法模式各具特色，反映了不同历史背景下政治体制和民主理念的差异。

（三）代议制议会立法

所谓代议制议会立法，是一种直接民主与间接民主相结合的一种民主立法形式。就是由选民分选区选出各自的代议士，或称选区代表，组成议会，在议会内部按照议会民主程序专职从事立法。近代以来，比较成熟的代议制议会立法模式主要有英国、美国、法国、德国和日本等国的模式。

英国、美国、法国、德国和日本的代议制议会立法体制各具特色，以下是对这些国家代议制议会立法体制的精简概述：

英国的代议制议会立法体制以君主立宪制为基础，议会为国家最高立法机关，由国王（或女王）、上议院和下议院组成。其中，下议院（也称"平民院"）拥有实际立法权，通过选举产生的议员代表民众利益。议会通过的法律需经国王批准，但国王通常只是象征性地签署，不参与实际立法过程。英国议会立法遵循三权分立原则，与行政权和司法权相互制衡。

美国的代议制议会立法体制体现在其联邦制下的国会制度中。国会由参议院和众议院组成，两院分别通过选举产生议员。参议院每州两名议员，众议院则根据各州人口比例分配席位。国会负责制定法律，并监督政府行为。立法过程中，两院需分别审议并通过议案，如有差别，由两院联席会议审议协调，再交由总统签署成为法律。若总统否决议案，国会可通过三分之二多数票推翻总统的否决。此外，美国通过判例创制了司法审查权，联邦法院有权解释宪法和法律，确保立法符合宪法精神。

法国的代议制议会立法体制采用半总统半议会制。议会由国民议会和参议院组成，两者均享有立法权。国民议会由直接选举产生，代表选民利益；参议院则由间接选举产生，代表地方和职业团体的利益。立法过程中，两院需分别审议并通过议案，但总统拥有较大的权力，可以解散国民议会、提出宪法修正案等。此外，法国还设有宪法委员会，负责监督宪法实施和解释宪法。

德国的代议制议会立法体制以联邦议会和联邦参议院为基础。联邦议会由直接选举产生的议员组成，是国家的最高立法机关；联邦参议院则由各州政府代表组成，代表各州利益。在立法过程中，两院需共同审议并通过议案。德国宪法还规定了联邦总统的角色，但总统主要是象征性的国家元首，不直接参与立法过程。

日本的代议制议会立法体制体现在其国会制度中。国会由众议院和参议院组成，两者均享有立法权。众议院议员由直接选举产生，任期四年；参议院议员则由间接选举产生，任期六年，每三年改选一半。立法过程中，两院需分别审议并通过议案。日本宪法还规定了天皇的角色，但天皇主要是国家的象征，不参与实际政治活动。

综上所述，这些国家的代议制议会立法体制在具体实施上存在差异，但都体现了代议制民主的基本原则和精神。

## 二、中国立法史

（一）中国古代主要立法

中国古代的法律制度源远流长，自夏商西周时期起，就形成了由礼刑二者构成的习惯法。

1. 夏商西周时期

"禹刑"和"汤刑"：夏商两代的刑书，是刑事习惯法的统称，而非成文法典。

《周礼》：西周政权全面调整国家及各种社会关系的主要规范，包括抽象的精神原则和具体的礼仪形式。

"九刑"：有两种含义，一是指西周的九篇刑书；二是指西周的九种刑罚或者多种刑罚。[1] 第二种说法可靠一些。

《吕刑》：西周中期，周穆王命司寇吕侯所作，其内容贯彻"明德慎罚"思想，并完整规定了赎刑制度。

2. 春秋战国时期

郑国"铸刑书"：郑国执政子产将刑书铸于鼎上，这是中国历史上第一次公布成文法。

晋国"铸刑鼎"：晋国执政赵鞅、荀寅将前任执政范宣子所编刑书铸于鼎上，这是中国历史上第二次公布成文法。

《法经》：魏国李悝制定，是中国历史上第一部比较系统、完整的成文法典，分为盗、贼、网（囚）、捕、杂、具共六篇，其开创的法典篇章体例结构和内容为秦汉律所继承，奠定了中国古代成文法典的基础。

3. 秦汉时期

秦律：庞杂的单行秦律。不仅有大量的刑事立法，在民事、经济、行政、诉讼、狱政等方面也都制定了诸多法规。[2] 后人从云梦竹简等考古资料中略知一二。

《九章律》：萧何在《秦律》六篇的基础上，新增"户""兴""厩"三篇，制定《九章律》，成为汉朝基本法律。

"汉律六十篇"：包括高祖时叔孙通制定的《傍章律》18 篇，武帝时张汤制定的《越宫律》27 篇，以及赵禹制定的《朝律》6 篇，还有《九章律》9 篇，六十篇构成汉律的基本框架。

4. 魏晋南北朝时期

《曹魏律》：删繁就简，篇目18篇；《具律》改为《刑名》置于律首，突出法典总则的性质和地位；"八议"入律。

《晋律》：法典篇目20篇；《刑名》后增加《法例》，完善总则的内容；精简律令；区分律、令；增加律注（张斐、杜预作注）；首立"准五服以制罪"。

《北齐律》：共12篇，949条，篇目依次是名例、禁卫、婚户、擅兴、违

---

[1] 有学者指出"九"在中国古代是一种概数词，并非确切的数目。
[2] 何勤华：《中国法学史》（第1卷），法律出版社2006年版，第142页。

制、诈伪、斗讼、贼盗、捕断、毁损、厩牧、杂律，为隋唐律的篇章结构开创了先例。"法令明审，科条简要"为其立法经验。

《北魏律》：20篇；"五刑"体系为死、流、徒、鞭、杖。

5. 隋唐时期

《开皇律》，杨坚于开皇元年本着"帝王作法，沿革不同，取适于时，故有损益"，命令高颖等修订刑律，去重就轻，删繁就简，形成了12篇，500条，确立了笞杖徒流死五刑、十恶大罪，而且确立了八议、请、减、赎、官当等法律特权制度。

《武德律》：以《开皇律》为基础修订而成。

《贞观律》：长孙无忌、房玄龄等人制定，以《开皇律》为基础，12篇500条；增加役流刑；标志着唐朝基本法典定型。

《永徽律》：长孙无忌等人修订，12篇502条；长孙无忌等人奉命对律文进行注疏解释，称《永徽律疏》；元朝以后被称为《唐律疏议》，是中国现存最早、最完整的古代法典；是中华法系的代表作。

《唐六典》，六典是指六官之典，是关于官制的行政法典。唐玄宗开元十年（公元722年）开始编纂，查阅前代职官制度，比照周官典制，用时16年编成。自此以后，历朝历代刑法典与行政法典并行。

《大中刑律统类》：唐中后期最主要的立法活动，是中国历史上第一部刊版印行的成文法典。《大中刑律统类》将《唐律疏议》的条文按性质拆分为121门，然后将"条件相类"的令、格、式及敕附于律文之后。这种将律、令、格、式、敕混为一体，分门编排的体例，改变了自秦、汉以来的法典编纂的传统，开辟了新的立法形式，后人简称该形式为《刑统》。《大中刑律统类》的立法模式为后世效法，五代至宋，"刑统"取代"律"，成为主要的法典，如《同光刑律统类》《大周刑统》《宋刑统》等。

6. 宋元明清时期

《宋刑统》：宋朝的基本法典。

《大明律》：朱元璋亲自制订，体现了重典治国的方针，主要打击贪官污吏；效力比律更高，处罚比律更重；是中国历史上空前普及的法律。[1]

《大明律集解附例》：将《问刑条例》附于《大明律》之后，律为正文，

---

[1] 参见《大明律》，怀效峰、王旭译注，中华书局2024年版。

例为附注，开创了律例合编的法典编纂体例。

《大清律例》：以《大明律》为基础，再加以修饰。前后经历康熙、雍正、乾隆三朝修订后始定型。经过高宗御览鉴定后，正式"刊布中外，永远遵行"，形成清朝的基本法典。《钦定大清律例》共47卷，律文436条，附例1049条，依旧沿袭《大明律》分7篇，30门，惟是书从卷40至卷47为总类。所谓总类，就是把律、例条款，按照笞、杖、徒、流、死等刑罚类项分门别类列出。卷47，即最后一卷为比引律条30条。

《大清会典》：康熙、雍正、乾隆、嘉庆、光绪五朝先后编纂，合称"五朝会典"；内容包括会典、则例及事例等。

（二）中国近代主要立法

晚清时期，随着西方列强的入侵和民族危机的加深，清政府开始进行法律改革，引进西方的法律制度和理念。民国时期，政府进一步推动法律现代化，制定了一系列法律法规。

1. 晚清时期

清政府为了自救，开始修订法律，如《大清现行刑律》等，但未能彻底改变皇权专制法律制度的本质。

2. 民国时期

《中华民国临时约法》：辛亥革命后，中华民国南京临时政府制定的具有"宪法"性质的根本大法。

北洋政府时期和国民政府时期也制定了一系列法律法规，如《中华民国宪法》《中华民国刑法》《中华民国民法》等六法全书，进一步推动了法律现代化。

（三）中国现代主要立法

新中国成立后，废除了旧法统，开始建立社会主义法律体系。改革开放以来，中国立法进入快速发展阶段，制定和修订了大量法律法规。

1. 新中国成立后至改革开放前

1954年，第一届全国人民代表大会制定了《宪法》，确立了社会主义法制的基本原则。

制定了一系列社会主义法律，如《婚姻法》《土地改革法》《农业生产合作社法》等，为新中国法制建设奠定了基础。

2. 改革开放以来

为适应经济社会发展的需要，国家制定和修订了大量法律法规。如《刑法》《民法通则》《合同法》等。

21世纪初，中国立法继续完善。为适应社会主义市场经济的发展，国家进一步加强了经济领域的立法工作。同时，也加强了社会领域的立法，如《劳动法》《教育法》等，保障了公民的合法权益。

近年来，中国立法更加注重科学性和民主性。立法过程中广泛征求公众意见，加强专家论证和评估，确保法律法规的科学性和可操作性。同时，也加强了备案审查制度，确保法律法规的合法性和统一性。

综上所述，中国古代、近代与现代的立法各具特色，反映了不同历史时期的社会发展和法制建设需求。

### 三、当代立法需求

当代我国立法需要经历一个从部门立法到人大主导立法的转型。我国的立法体制目前主要还是部门立法。

（一）部门立法兼具优点与弊端

部门立法的优点是动力足、贴近行政执法实际；它的弊端是由行政部门主导，维持行政部门的一元治理。

动力足、贴近行政执法实际。行政主管部门在法治国家建设中，其往往有较为充足的立法动力，税务主管部门有动力提出税法的提案与草案，水利部门有动力提出大江大河的保护立法提案和草案。同时，它们提出的提案与草案都基于执法实践需求和行政执法经验，必然贴近行政执法实际。

维持行政部门的一元治理。行政部门本身的部门治理就有相对性，比如大部门治理与小部门治理的相对性，甚至部门治理本身的必要性提出疑问。由主管部门提出的立法提案和草案，必然带有维护部门治理本身的性质，往往设计较多的管理权或者规制管辖权，而疏于设计监督制度、自身的责任制度和相对人的权利。

（二）人大主导立法的优势与不足

人大主导立法的优势是统领全局、协调各方、均衡有度、中立公正，不足是有脱离实际的可能。

统领全局、协调各方、均衡有度、中立公正。人民代表大会是权力机关、立法机关和民意代表机关。如果由其提出立法选题、组织起草，其组织的起草小组（或委员会）会更具学术性、均衡性和代表性。如民法典的起草、环境法典的起草，各方面各领域的专家构成的起草组织，会包容各方面的意见，反映各方面的声音，借鉴既有的先进立法经验，不局限于既有的行政治理格局，立法的范围、体例和各种制度设计都会更加均衡、中立和公正。

由于实践不足，有脱离实际的可能。学者或者人大常委会工作机构主导立法起草，有脱离实际的可能。理念先进对立法来说很重要，但是，也有与社会实际生活实践接榫的问题。由于实践的习成性和路径依赖，以及实际的整体性与相互制约性，人大主导立法起草需要行业精英和社会实践家的广泛参与，以防起草上的冒进。

实际上，在我国的立法体制上，已经预留了各个部门立法的空间，那就是行政法规、部门规章、政府规章。法律、地方性法规，即使由政府提出立法提案，也应该由更有民主代表性和协同代表性的起草组织起草，继而进入审议、表决等立法程序。这样，再由政府、政府部门依法制定行政法规和规章，直接适应行政执法的需要，才符合民主立法、整体立法、科学立法、适应改革立法、人本立法等立法原则。

## 第二节 立法的思想先贤

### 一、西方的立法思想先贤

立法上的思想先贤，在人类思想史上众多。

古代的苏格拉底、柏拉图、亚里士多德、西塞罗、奥古斯丁；中世纪的阿奎那；近代的格劳秀斯、斯宾诺莎、霍布斯、洛克、孟德斯鸠、卢梭、联邦党人、康德、托克维尔、边沁、奥斯丁、耶林；现代的凯尔森、庞德、富勒、哈特、罗尔斯、德沃金、麦考密克等。

在我们看来，这些西方思想史上影响深远的法学家，绝大多数都是立法论大家，即从立法或者说制度架构的视角提出自己的主张，如约翰·洛克的《政府论》，按照吴恩裕教授的解读，《政府论》下篇归根到底不外两条：第一，政府的目的是保护私有财产；第二，最好的政府形式是议会具有最高主权的制度。[1]

## 二、中国历代立法家举例

中国古代的立法大家涵盖了从古代到近现代的不同时期，这些人物在中国法律史上留下了深刻的印记，他们的贡献不仅体现在法律制度的建立和完善上，还包括法律思想的提出和实践。以下是一些有代表性的立法大家：

舜被认为是中华民族的共同始祖之一，在位期间修缮律法，制定仪礼，体恤民情，教化万民。《尚书·舜典》记载：象以典刑，流宥五刑，鞭作官刑，扑作教刑，金作赎刑。[2]

李悝（公元前455年—公元前395年），战国初期魏国伟大的政治改革家、法学家，法家代表人物。前文已述及。

商鞅（公元前390年—公元前338年），战国中期政治家，法家代表人物。主持秦国变法达二十余年，使秦的国力大增。现存《商君书》24篇。在立法上，一是提出了"定纷止乱"的法律起源说；二是强调了"礼法以时而定，制令各顺其宜"的立法观；三是明确提出了"缘法而治"的"法治"观；四是提出了"以刑去刑"和"重刑轻罪"的主张；五是关于"壹赏""壹刑""壹教"的刑事政策。[3]

长孙无忌（594年—659年），唐朝初期宰相，长孙无忌曾主持修订《唐律疏议》，奠定唐朝两百多年的律法根本。《唐律疏议》继承魏晋南北朝以来的立法成就，创造性地于律条之后附上注疏，使得"疏在律后，律以疏存"，是中国法制史上的立法典范。它贯彻"先存百姓"的指导思想及"安人宁国"的治国方针，使立法宽平，顺乎历史潮流，因而促进了唐初经济迅速恢复与发展，对后世立法如《宋刑统》《大明律》《大清律例》等都有深远影响。

王安石（1021年—1086年），北宋著名的思想家、政治家、文学家、改革家，曾有"吏不良，则有法而莫守；法不善，则有财而莫理"等。主持变

---

[1] 吴恩裕：《论洛克的政治思想》，载［英］洛克：《政府论》，叶启芳、瞿菊农译，商务印书馆1964年版，第 viii 页。

[2] 舜把五种常用的刑罚刻画在器物上来警示世人，用流放的办法代替五刑以示宽大饶恕，用鞭笞来惩罚怠慢、贻误公事的庶人、官吏，用荆条教育不服从教化的学生，还有用金钱赎所受刑的全部或一部分。

[3] 何勤华：《中国法学史》（第1卷），法律出版社2006年版，第138页。

法期间，陆续制定均输法、青苗法、农田水利法、免役法、市易法、方田均税法、保甲法、保马法、将兵法等。

中国近代的立法大家包括沈家本、伍廷芳、董康、史尚宽、吴经熊等。

沈家本（1840年—1913年）被认为是清末法制变革中起到重要作用的法学家，他与伍廷芳被袁世凯、张之洞等保举主持修律。沈家本将"参考古今、博辑中外""汇通中西"作为修律的指导方针，并主张学习西方法治和法学，深感法律为专门之学，应有专门之人才。在他的筹办下，中国第一所法律学堂——京师法律学堂正式设立。

伍廷芳（1842年—1922年）是清末民初著名的法律改革家、司法改革实践者，曾在香港任大律师。后入李鸿章幕府任法律顾问，参与中法谈判、马关谈判等。1902年主持修订法律，提出废除酷刑、建立陪审员和律师制度等主张。1911年任中华民国军政府外交总长，主持南北议和，达成清室退位。1912年担任南京临时政府司法总长，主持民国的司法改革事宜。

董康（1867年—1947年）是中国近代著名的立法学家、杰出的司法独立者。他的法制活动与法学上的成就，在《中国近代立法大家》[1]一书中得到了分析探讨，并作出了比较客观与公允的评价。董康的法学活动及其历史资料被搜集和整理，展现了他在中国近代立法领域的重要贡献。

史尚宽（1899年—1970年）被视为中国民法第一人。他在南京国民政府期间，参与了《民法典》和"民法相关法律"的编纂工作，这些法律文件的颁布实施标志着中国近代民法立法的基本完成。尽管随后因战乱年代，这些法律的实施条件不具备，但史尚宽对民法学术的研究和贡献仍然具有重要意义。

吴经熊（1899年—1986年）作为获得世界声誉的中国法学第一人，他的法学观点和著作在国际上也有一定的影响。吴经熊的法学思想深受传统文化影响，同时作为基督徒，他对基督教文化也有着至诚的信仰。他的法学著作用英文写作，旨在向世界介绍中国法治，证明中国有能力实行法治。

这些法学家在中国近代法制建设中发挥了重要作用，他们的贡献不仅体现在立法起草和司法实践中，还包括对法学理论的研究和贡献，为中国的法治进程奠定了坚实的基础。

---

[1] 华友根：《中国近代立法大家：董康的法制活动与思想》，上海书店出版社2011年版。

中国现当代的立法大家包括多位杰出的法学家和法律专家，他们在中国的立法实践中发挥了重要作用，推动了中国特色社会主义法律体系的现代化进程。这些立法大家通过参与立法工作、提出法律建议、参与法律修订和编纂等活动，为中国的法治建设做出了显著贡献。[1]

张友渔（1898 年—1992 年）是中国法学界的泰斗，在立法方面成就斐然，以下是其主要成就：①参与宪法制定与修改。1954 年，在新中国第一部宪法的起草工作中，张友渔担任起草委员会副秘书长，协助梳理宪法框架、条文等内容，为新中国宪法体系的构建奠定了基础。1980 年秋至 1982 年，张友渔任宪法修改委员会副秘书长，参与 1982 年宪法的起草工作。他凭借深厚的法学造诣和丰富的实践经验，在诸多宪法制度的确立上起到了关键作用，比如"特别行政区制度"。当时胡绳同志提出"行政特区"制度的设想，经彭真同志批示，张友渔建议采用"特别行政区"的概念，并主张将其单独成条，这一建议被采纳，成为后来港澳基本法宪制基础的《宪法》第 31 条。②参与其他重要法律制定。1978 年党的十一届三中全会以后，张友渔作为全国人民代表大会法律委员会副主任，参与了中国多项重要法律的制定工作，为完善中国特色社会主义法律体系贡献智慧，推动了中国民主法治建设的进程。

钱端升（1900 年—1990 年）在立法领域有着不可忽视的重要贡献。其一，在宪法立法上贡献卓越。他凭借深厚的法学素养，深入研究国内外宪法实践，积极参与我国宪法的制定与完善讨论，对宪法的架构、权力分配以及公民权利保障等关键内容建言献策，助力我国宪法契合国情、与时俱进，更好地发挥根本大法的引领作用。其二，于行政法立法层面发力颇多。他敏锐洞察当时行政领域的规范需求，对行政机关的职权界定、行政程序的合理设置等展开深入钻研，提出诸多具有前瞻性与可操作性的立法思路，推动行政法体系不断健全，使得行政权力运行有章可循，提高了行政法的规范化与法治化程度。

韩德培（1911 年—2009 年）是中国当代著名法学家、中国国际法学一代宗师、中国环境法学的重要人物，对《民法通则》《环境保护法》等的制定

---

[1] 金平（1922 年—）：新中国著名的民法学家和法学教育家，被誉为"当代民法史活化石"。金平教授是新中国民事立法的亲历者和见证者，参与了 1954 年、1962 年、1979 年新中国民法典的三次起草活动。在 1981 年 5 月至 1982 年 9 月，他担任了中华人民共和国民法起草小组组长，为《民法通则》的制定与传播作出了历史性的贡献。金平教授是立法家中寿星。因其健在，特列于此。

做出了贡献，对中国的法学教育和法律实践产生了深远影响。

佟柔（1921年—1990年）是新中国民法的开创者和民法理论的奠基人之一，被誉为"中国民法之父"，其立法成就主要包括以下几个方面：①参与《民法通则》起草：佟柔担任全国人大常委会法工委《民法通则》起草专家咨询小组的主要起草人，他提出的"我国民法的调整对象是社会主义商品经济关系"等重要论断，为《民法通则》的制定奠定了理论基础。《民法通则》中的许多重要内容都体现了他的观点，比如第2条明确规定民法调整平等主体之间的关系，这一表述是佟柔坚持写入的，体现了他所强调的民法调整平等主体间横向经济关系的理念。②参与多部法律法规起草讨论：除了《民法通则》，佟柔还参与了《经济合同法》《婚姻法》《继承法》《全民所有制工业企业法》《企业破产法》《著作权法》等一系列法律法规的起草和讨论工作，为这些法律的制定和完善贡献了智慧，推动了我国民事法律体系的逐步建立和完善。③推动《民法典》编纂进程：佟柔多次大力呼吁制定《民法典》，并参与立法机关多次启动的《民法典》起草工作。尽管当时制定《民法典》的条件尚不成熟，但他提出的众多建议和意见为后来《民法典》的编纂提供了有益的参考，对我国《民法典》的编纂进程起到了重要的推动作用。

江平（1930年—2023年）在立法领域贡献卓越，主要体现在以下几个方面：①参与《民法通则》起草：1985年，江平与佟柔、王家福、魏振瀛教授合作完成《民法通则》草案第一稿，次年《民法通则》正式通过。该法被誉为中国版的"人权宣言"，确立的"平等、自愿、等价、有偿、公平、诚实、信用"原则，成为规范民商事活动的统领性要求。②牵头《行政诉讼法》起草：1987年，江平与罗豪才、应松年组成"行政立法研究组"，负责行政法和行政诉讼法的起草工作，1988年开始主攻《行政诉讼法》，1990年该法开始实施，宣告了中国几千年来民告官无法可依的历史结束。③推动《物权法》立法：江平早在1980年和1993年就发表相关文章，为《物权法》的制定奠定理论基础。《物权法》从列入立法计划到通过历经十多年，经七次审议，最终于2007年高票通过，体现了江平坚持的民主、法治、社会公平和正义的理念。④其他立法贡献：作为主要专家参与《合同法》《民法典》等立法工作，担任《信托法》起草组组长，还为宪法修订建言献策，其理念深刻影响了中国立法进程。

顾昂然（1931年—2024年）自1952年起在新中国立法战线工作，协助决策层工作，接触、参与我国的立法工作达五十多年。从 1979 年 3 月起，历任全国人大常委会法制委员会委员、资料编译室主任、研究室主任、民法国家法室主任，是新中国立法历史的重要见证人和参与者。

罗豪才（1934 年—2018 年）在立法等诸多领域有着卓越成就，其主要立法成就包括：第一，行政法基础理论构建：罗豪才教授深入研究行政法基础理论，提出了"平衡论"。该理论强调在行政机关与相对人之间应保持一种平衡关系，既保障行政权的有效行使，又维护公民的合法权益，为中国行政法的理论发展和立法实践提供了重要的理论支撑，使行政法的立法理念更加科学、全面。第二，推动行政立法完善：他积极参与《行政诉讼法》《国家赔偿法》《行政处罚法》《行政许可法》等多部重要行政法律的起草和论证工作。这些法律的制定和实施对于规范行政行为、保障公民权利、推进依法行政具有重大意义。例如，《行政诉讼法》的出台为公民提供了监督行政权力、维护自身权益的重要法律途径，罗豪才教授在其中发挥了关键作用，从理论层面为法律条文的设计和完善提供了坚实依据。第三，促进地方立法发展：罗豪才不仅关注国家层面的立法，还十分重视地方立法工作。他通过讲学、指导等方式，帮助地方立法机关提高立法水平，推动地方行政立法的规范化和科学化。

杨紫烜（1934 年—2022 年）对政府与市场关系的研究做出了重要贡献。在从计划经济时代到经济体制改革的过程中，杨紫烜教授研究了如何使政府用法律的办法实现对经济的宏观调控，提出了政府协调理论。他是第九届全国人大代表，并入选全国人大法律委员会委员。他始终关注着中国的经济立法，先后参加了《全民所有制工业企业法》《公司法》《合伙企业法》《经济合同法》《反不正当竞争法》《产品质量法》《土地管理法》《会计法》《价格法》等许多重要法律的调研、起草、座谈讨论或修改工作。

郑成思（1944 年—2006 年）倡导知识产权应成为独立的法律部门和学科体系，并引领知识产权法律制度和学科体系的建构理念与内容生成。对于知识产权制度在法律体系中的地位与作用、知识产权制度与民商法律制度之间的关系、知识产权制度的基本内容与规范结构、知识产权学科的知识体系与研究方法等，都做出了理论贡献。根据中国的经济发展与政策取向，追踪国际上最新研究成果和制度实践，适时妥当地提出完善知识产权制度的建议，其中重要的诸如，实行临时禁令制度、法定赔偿制度、制止反向假冒、保护传统知识等。这些建议既丰富了中国知识产权制度的内容构成，也充实了中国的知识产权司法保护制度。1985 年，郑成思在国际上提出了"信息产权"理论，系统阐述了知识产权客体的信息本质。郑成思先后参与了《著作权法》等法律的起草，参加了《著作权法》《专利法》《商标法》等法律的各次修订，另参加过《反不正当竞争法》《计算机软件保护条例》《民间文学艺术作品著作权保护条例（征求意见稿）》等法律法规的起草、制定。

这些立法大家通过他们的专业知识和实践经验，不仅在中国现当代立法史上留下了深刻的印记，也为中国的法治建设和法律体系的现代化作出了不可磨灭的贡献。

## 第三节　数字立法新时代

### 一、数字立法时代的立法任务

数字立法时代的立法任务主要包括以下几个方面：

（1）推进网络空间治理的法治体系建设：随着数字经济的快速发展，新的社会问题如数字孤岛、数字鸿沟、数据泄露等出现，需要加强对数字经济主体的内生激励与外部监管，通过数字技术实现自治、法治的自动运行，建立事前、事中、事后的数字时代立法监管体系，构建数字技术驱动型执法体系和司法体系。

（2）促进网络犯罪立法与解释路径转换：面对数字社会发展过程中出现的难题，需要推动传统法律治理体系向新型法律治理体系转型，通过法律手段预防和解决数字经济领域的问题，如数据安全的法律保障，重视"风险核查—数据梳理—数据保护—监控预警"预防模型建设。

（3）完善地方数据立法，助力数字中国建设：在数字中国建设中，数据权益的保护、数据利用的规范、数据安全的维护等，都离不开数据立法的保障。国家层面的数据立法侧重于数据安全与保护，而地方数据立法所涉领域更加广泛，既有综合类、促进发展类立法，也有行业性数据立法。

（4）建立健全运用互联网、大数据、人工智能、区块链、元宇宙等技术手段进行行政管理的制度规则：数字法治政府正在成为法治政府现代化建设的主导性新方向，要求行政机关在数字化转型中设定规则，委托技术企业或特定人员制定算法，同时确保算法行政权的合法性和正当性，避免算法对国家权力的僭越和分享。

（5）平衡好算力、算法、技术架构与规制之间的关系，防止过度的规制，影响人工智能的迭代创新，同时又要保护数字弱势群体，防止算法陷阱和算法诱骗等对使用者权益的侵害。特别是，全球范围内的大模型竞赛使得人工智能立法对监管力度的把握变得非常微妙。"有观点认为，哪个国家掌握了最先进的人工智能，谁就拥有了选择'对齐'哪种人类价值观的权力。最新出台的《欧盟人工智能法案》试图以风险分级的模式降低人工智能企业的义务，即便如此，仍有超过150位欧洲企业高管持反对意见并签署公开信，认为该立法将危及欧洲在大模型领域的竞争力和技术主权，无法有效应对来自国际层面的挑战。因此，在'不发展就是最大的不安全'成为社会共识的前提下，人工智能立法监管在价值基础上必须从人民的根本福祉出发，实现安全与创新之间的平衡。"[1]

这些任务共同构成了数字立法时代的主要立法方向，旨在通过法律手段规范和促进数字经济的发展，保护数据安全和权益，同时确保数字技术在行政管理中的应用符合法治原则。

**二、数字立法时代的广阔领域**

数字立法时代涵盖了广泛领域，包括但不限于数据权益保护、数据利用规范、数据安全维护、智能法律服务、数字政府建设，以及行政法的数字化发展。

随着数字技术和经济的快速发展，数字立法时代应运而生，成为推动社会进步和治理现代化的重要力量。在这一时代背景下，法学学科建设必须适应新要求、新机遇、新挑战，准确识变、科学应变、主动求变。数字技术和经济深刻改变着世界和中国，习近平总书记强调数字技术、数字经济是世界科技革命和产业变革的先机，必须抓住先机、抢占未来发展制高点。党的十八大以来，党中央高度重视数字中国建设，党的十九大作出建设数字中国的战略部署，党的二十大再次强调加快建设"网络强国、数字中国"，并把"基

---

[1] 张龑：《中国人工智能立法的价值基础与伦理治理模式》，载《探索与争鸣》2024年第10期。

本建成法治国家、法治政府、法治社会"作为基本实现社会主义现代化的总体目标之一。

在数字中国建设中,数据权益的保护、数据利用的规范、数据安全的维护等,都离不开数据立法的保障。数据立法中存在法律条款可执行性不强、数据开放主管部门不一、个人权利保护程度参差不齐、数据确权缺乏上位法依据等问题,亟待进一步完善。

数字化技术在法律领域的应用呈现出多方面特点,包括智能法律咨询和在线法律服务、智能合同管理和自动化、智能诉讼辅助和预测、智能法律文书生成和自动化,以及智能司法大数据分析和判决支持等。这些应用不仅提高了法律服务的效率,还在提升司法透明度和公正性方面发挥着重要作用。

数字法治强调数字科技与法治的双向联动,以数字科技为支撑力,以大数据为核心元素,以完善社会主义法治体系、促进法治现代化为最终目标。数字政府的推进中,数字行政法被提出并成为热点话题,数字技术的运用为数字行政法兴起提供重要的驱动力,网络监管、数据处理规制和算法规制等新的行政活动领域出现。

综上所述,数字立法不仅涉及数据立法和智能法律服务的广泛领域,还包括数字政府建设和行政法的数字化发展,这些领域的完善和发展对于推动"数字中国"建设、数字经济和数字政府的高质量发展具有重要意义。

### 三、数字立法时代的未来趋势

数字立法时代的未来趋势主要体现在以下几个方面:

(1)整合碎片化的政策规范并优化数字资源配置,保障数据安全的同时激活数据流通价值,分类型匹配行政程序,构建政府、公众与企业三者间的良性关系,持守行政法治原则作为数字法治政府建设的未来进路。

(2)基于二阶趋势的法律观察方法,通过观察数字化发展的长期趋势,解决不规则趋势的不可描述问题,创生出与数字化发展相匹配的实证规范,生成能够促进数字向善的长远规则。

(3)实现法治数字化,需要借助交叉学科研究推进数字法学的实践应用,包括对传统法治的坚守和对数字"私权力"的控制,重构数字技术基本架构中的价值取向,实现与计算机科学、信息科学等学科的动态融合。

(4) 数字赋能新型法治机制，围绕社会主义核心价值观的要求，努力打造整体智治、高效运行的数字法治工作体系，以数字赋能推进法治建设的组织机制、方式流程、手段工具全方位和系统性重塑。

(5) 构建法治协同机制，强化数治思维，提升部门数据共享和业务协同能力，创新制度保障，建立业务协同长效机制，优化业务流程，助力"互联网+政务服务"顺利推进。

这些趋势共同指向一个更加数字化、法治化的未来，其中数字技术将在法治建设中发挥越来越重要的作用，同时法治建设也将更加注重数据的保护和合理利用，以及数字技术的规范和监管。

## 第四节 立法新趋势

### 一、平权立法

**(一) 平等权利立法的现状**

1. 宪法基础

我国宪法为平等权利提供了坚实的法律基础。《宪法》第33条第2款规定："中华人民共和国公民在法律面前一律平等。"这一条款确立了公民平等权的基本原则，即无论民族、种族、性别、职业、家庭出身、居住区域、户口身份、户口所在地、宗教信仰、教育程度、财产状况、居住期限等，所有公民在法律面前都享有平等的权利和机会。

2. 部门法体现

行政法方面，行政法作为"动态的宪法"，在行政管理中必须遵循平等原则，确保行政主体在面对多个相对人时一视同仁，反对歧视。民法方面，《民法典》第4条明确规定"民事主体在民事活动中的法律地位一律平等"，在其后各编多数有平等条款的规定，如"物权编"第206条、第207条，"婚姻家庭编"第1041条、第1043条，"继承编"第1126条等。

3. 立法动态

近年来，我国在平等权利立法方面不断取得进展。国务院在立法工作中强调立改废释纂并举，注重填补立法薄弱点和空白区，以更好地保障公民的平等权利。同时，立法工作也更加注重民主化和科学化，力求使法律更加符合社会发展的需要和人民群众的意愿。

（二）平等权利立法的不足

1. 立法抽象难以操作

我国立法中经常将范围广泛的立法事项权力授予行政机关，而缺乏有力的监督。这种立法抽象原则的做法使得法律在实际操作中难以把握，容易导致行政机关在行使权力时偏离平等原则。此外，一些法律条款过于原则化，缺乏具体的操作细则和配套措施，也影响了平等权利的实现。

2. 立法空白和滞后

尽管我国已经初步形成了以宪法为核心的法律体系框架，但在某些领域仍存在立法空白和滞后的问题。例如，在市场经济、社会保障、环境保护等方面，还需要进一步完善相关法律法规以更好地保障公民的平等权利。此外，随着社会的不断发展和变化，一些新的平等权利问题也需要及时纳入立法范畴加以规范。

（三）平等权利立法的成因

我国平等权利立法的成因和立法设想，可以从城乡融合发展、全国统一大市场、消除干部特权、男女平权等多个维度进行深入探讨。

1. 城乡融合发展需求

长期以来，城乡二元结构导致农村经济发展滞后，为了打破这种不平等局面，实现城乡融合发展，必须通过立法保障城乡公民享有平等的权利。这包括迁徙自由权、劳动权、财产权、就业权、担任公职权等，以消除城乡差距，促进资源要素的自由流动和优化配置。

如通过立法推动农村土地制度改革，保障农民的土地权益，将土地发展权赋予农民集体；完善农村社会保障体系，提高农民的生活水平；加强农村基础设施建设，改善农村生产生活条件等。

2. 全国统一大市场建设

全国统一大市场的建设要求打破地方保护主义和市场分割，实现商品和要素在全国范围内的自由流通。这必然要求立法上的统一，以确保市场规则的公平、公正和透明。通过平等权利立法，可以消除市场主体在参与市场竞争过程中的不平等现象，促进市场的公平竞争和健康发展，《反不正当竞争法》修正案、《民营经济促进法》就是重大努力的一部分。

如制定全国统一的市场准入规则、公平竞争规则、知识产权保护规则等，确保各类市场主体在同等条件下参与市场竞争；加强反垄断和反不正当竞争执法力度，维护市场秩序和消费者权益等。

3. 消除干部特权现象

特权现象的存在严重破坏了社会公平正义和法治秩序。为了消除特权现象，必须通过立法明确权力的边界和行使方式，确保权力在阳光下运行。如制定严格的反腐败法律法规，加大对腐败行为的惩处力度；完善权力监督制约机制，加强对权力运行的监督和制约；加强公职人员的职业道德教育和法治教育，提高其依法履职的能力和水平等。

瑞典为保证官员的廉洁，早在1919年便制定了禁止在商业活动中行贿的法律。1962年又制定了防止公职人员受贿和腐败的法律。1978年又制定了反贿赂的法律，这项法律既适用于中央及地方的公职人员，也适用于私人企业中的经理、经纪人等。[1]其议会督查专员制度专门督促查处官员腐败案件，只对议会负责，即对人民负责，十分有效，并为其他国家所移植。无论立法还是机构设立，都可以为我国借鉴。

4. 男女平权

目前我国在法律、政治、就业上总体是倡导和保障男女平等的，但仍存在一些个别现象：（1）法律上，部分法律法规在执行过程中，对女性的特殊权益保护有时难以完全落实，如一些农村地区在土地分配、集体收益分配等方面，存在侵害女性权益的村规民约，而法律纠正力度不够。在教育领域，在一些偏远地区，受传统观念影响，家庭可能更倾向于让男孩接受更高层次的教育，女孩则较早辍学回家帮忙。在社会观念层面，对女性的外貌评价往往比男性更苛刻。比如女性更容易因外貌而遭受职场歧视或网络暴力。而且在一些家庭财产继承上，虽然法律规定男女平等，但在某些农村地区，习俗上还是倾向于把更多财产留给儿子。（2）政治上，女性在政治参与的某些领域和高层职位中比例相对较低，在一些重要决策层中女性的声音和影响力较弱，政治资源分配上存在一定程度的不均衡。（3）就业上，部分企业招聘时存在隐性性别歧视，同等条件下更倾向于录用男性，女性晋升机会相对较少，

---

[1] 肖扬：《反贪报告：共和国第一个反贪污贿赂工作局诞生的前前后后》，法律出版社2009年版，第60页。

而且在薪酬待遇上，女性整体收入低于男性。（4）买卖婚姻与家庭暴力等践踏女性尊严的现象仍有发生。除了公权力部门外，社会组织是阻止家庭暴力的重要机构。但由于缺乏资源，全中国只有73家反家暴社会组织，大部分在三线以上发达城市，仅23.3%的组织能向边远、不发达的农村地区提供服务。[1]

（四）平等权利立法的设想

1. 完善法律体系

以宪法为基础，完善相关法律法规体系，确保各项权利都有明确的法律保障。特别是要加强社会法、经济法等领域的立法工作，为城乡融合发展、全国统一大市场建设等提供坚实的法律支撑。

2. 强化法律实施

加大法律实施力度，确保各项法律法规得到有效执行。建立健全法律监督机制，加强对执法、司法活动的监督制约，防止权力滥用和腐败现象的发生。同时，加强普法教育工作，提高全民的法律意识和法治素养。

3. 推动制度创新

在立法过程中注重制度创新，探索符合中国国情和时代要求的法律制度模式。如通过立法推动户籍制度改革、农村土地制度改革等关键领域的制度创新；通过立法完善弱势群体社会保障体系、适应新人口形势的教育公平等领域的制度设计等；建立更有效的救济女性权利的渠道与机制，通过鼓励建立女性自治组织，让女性发出声音，让政府与公众关注关爱女性权益的实现。

4. 加强国际合作

在平等权利立法过程中加强国际合作与交流，借鉴国际先进经验和做法。积极参与国际人权条约的制定和实施工作，推动中国的人权事业与国际接轨并取得更大发展。

如上所述，我国平等权利立法的成因在于城乡融合发展、全国统一大市场建设以及消除干部特权现象等现实需求。未来的立法设想应围绕完善法律体系、强化法律实施、推动制度创新以及加强国际合作等方面展开，以推动我国平等权利保护事业的不断发展进步。

---

[1] 察客：《下午察：16次家暴后的女权控诉和争论》，载 https://www.zaobao.com/realtime/china/story20250101-5674630，2025年1月4日访问。

## 二、重点领域立法

当前及未来十年,中国重点领域立法面临的任务是多样且复杂的,这些任务旨在加强国家治理体系和治理能力现代化,推动经济社会持续健康发展,保障人民权益,以及提升中国在国际舞台上的法治话语权。以下是一些具体领域的立法任务举例:

(一)生态环境保护领域

编纂《生态环境法典》。这是当前立法工作的一项重点任务,旨在通过系统整合、编订修纂现行的生态环境法律制度规范,形成高质量的《生态环境法典》,为生态环境保护提供更为全面、系统的法律保障。

《生态环境法典》的制定,一要结合我国实际;二要借鉴世界先进国家的同类立法;三是要尊重生态学家、环境科学家、生物学家、气候学家等的意见。这部法律,其专业性、科学性十分突出,缺乏科学性、前瞻性、整体性的规范体系,恐怕难成佳作。

(二)经济领域

制定民营经济权利保障法。为了激发市场活力,推动经济高质量发展,在新鲜出炉的《民营经济促进法》基础上,制定《民营经济权利保障法》成为立法工作的重要任务。该法将为民营企业发展提供更加公平、透明的法治环境,保障其合法权益,促进民营经济持续健康发展。同时,制定《反商业贿赂法》,为公平竞争和法治化营商环境铺路奠基。

修改《会计法》《招标投标法》等法律。这些法律的修改旨在进一步完善市场经济法律体系,维护市场秩序,保护公平竞争,促进经济健康发展。

(三)社会民生领域

制定突发公共卫生事件应对法。鉴于近年来全球范围内公共卫生事件的频发,制定突发公共卫生事件应对法成为紧迫任务。该法将明确政府、社会和个人在应对公共卫生事件中的职责和义务,提高应对能力和效率,尤其要规定建立扁平结构的疫情直报制度、开放的吹哨者制度,实现及时预警及时止损不留尾巴。

(四)国家安全领域

在国家安全领域,亟须制定的法律可能涉及经济安全、文化安全、生态安全等方面，以填补现有法律体系的空白，增强法律法规的协调性、融贯性，从而构建更加全面、严密的国家安全法治体系。

按照党的文件和人大的立法计划，未来五年国家安全领域亟须制定的法律可能包括但不限于以下两个方面：①应急管理法及相关条例：提高突发事件预防和应对管理能力，保障国家安全和社会稳定。②人口促进法或案例：人口安全也是我国极为现实的安全问题。人口增长率倒挂，对我国这样的一个爬坡过坎的发展中国家极为不利，直接带来经济安全问题和深度的社会发展安全问题。

这些法律的制定将进一步完善国家安全法律体系，提升国家安全治理能力。

（五）其他重点领域

为推进依法行政和公正司法，制定民事强制执行法、修改《仲裁法》《监狱法》等法律将进一步加强司法和行政领域的法治建设，提高司法公正性和效率性。

总之，当前及未来十年中国重点领域立法面临的任务繁重而艰巨。这些任务旨在通过加强立法工作，推动国家治理体系和治理能力现代化，为全面建设社会主义现代化国家提供坚实法治保障。

### 三、新兴领域立法

中国当前新兴领域立法的主要任务，结合党的二十大报告、二十届三中全会决定以及具体案例，可以归纳为以下几个方面：

（一）加强科技创新领域立法

党的二十大报告强调，要加快实施创新驱动发展战略，加强科技创新领域立法是保障这一战略实施的重要举措。新兴技术的发展如人工智能、生物科技等，需要相应的法律框架来规范其研发、应用和管理，确保技术发展的同时不损害社会公共利益和个人权益。

具体来说，对于人工智能立法，近年来，人工智能技术的快速发展带来了许多新的法律问题和挑战，如数据隐私、算法歧视、科研造假等。全国人大常委会已将制定人工智能法纳入立法规划，旨在通过立法为人工智能技术的健康发展提供法律保障。

### (二) 完善数字经济领域立法

党的二十大报告提出，要加快发展数字经济，促进数字经济和实体经济深度融合。数字经济作为一种新兴的经济形态，其快速发展需要完善的法律体系来支撑和保障。当前，我国在数字经济领域已经出台了一系列法规和政策，但仍需进一步加强立法，以应对数字经济带来的新挑战。

具体来说，《数据安全法》和《个人信息保护法》这两部法律的出台，为数据安全和个人信息保护提供了法律基础，保障了数字经济健康有序发展。《杭州市数字贸易促进条例》作为国内出台的首部数字贸易领域的地方性法规，明确了数字贸易的法定概念、范围和业态模式，为地方立法促进数字贸易发展提供了杭州方案。

数字经济领域还有哪些立法任务需要完成呢？在数字经济领域，我国仍有多项立法任务需要完成，以进一步推动数字经济的高质量发展，并为其提供坚实的法治保障。以下是一些主要的立法任务：

1. 数字经济基础制度立法

**数据产权制度立法**：①任务概述：明确数据权属关系，构建数据产权制度，是数字经济立法的核心任务之一。这包括确立数据资源的持有权、加工使用权、产品经营权等，以及制定数据交易、流通、共享等方面的法律规范。②具体举措：加快制定数据产权相关法律法规，明确数据资源的权利归属、使用范围、交易规则等，促进数据要素的有效保护和充分利用。

2. 数据安全与隐私保护立法

①任务概述：随着数字经济的快速发展，数据安全和个人隐私保护问题日益凸显。加强数据安全与隐私保护立法，是保障数字经济健康发展的关键。②具体举措：完善《数据安全法》《个人信息保护法》等法律法规，细化数据收集、存储、处理、传输等环节的安全规范，加大对违法行为的惩处力度。

3. 数字经济促进与监管立法

**数字经济促进法**：①任务概述：制定数字经济促进法，旨在通过法律手段推动数字经济的创新发展，促进数字技术和实体经济的深度融合。②具体举措：明确数字经济发展的战略目标、重点任务和保障措施，为数字经济的创新发展提供法律支持。

**数字经济监管立法**：①任务概述：加强数字经济监管立法，旨在规范数字经济市场秩序，保护消费者权益，防范和化解数字经济领域的风险。②具体举措：制定和完善《电子商务法》《网络交易监督管理办法》等相关法律法规，明确数字经济市场的监管主体、监管对象、监管手段等，加大对违法行为的打击力度。

4. 细分领域立法

人工智能立法：①任务概述：人工智能作为数字经济的重要驱动力，其快速发展需要相应的法律框架来规范。制定人工智能相关法律法规，旨在促进人工智能技术的健康发展，防范潜在风险。②具体举措：制定人工智能法或相关条例，明确人工智能技术的研发、应用、管理等环节的法律规范，加强对人工智能产品的监管和评估。

区块链立法：①任务概述：区块链技术作为数字经济的重要基础设施，其应用日益广泛。制定区块链相关法律法规，旨在规范区块链技术的开发和应用，促进区块链产业的健康发展。②具体举措：加快区块链立法进程，明确区块链技术的法律地位、应用范围和监管要求，为区块链产业的发展提供法律保障。

5. 国际合作与治理立法

数字经济国际规则制定：①任务概述：积极参与数字经济国际规则制定，加强与国际社会的合作与交流，推动构建公平、公正、合理的数字经济国际治理体系。②具体举措：加强与国际组织、其他国家和地区的合作，共同制定数字经济相关国际标准和规则，推动数字经济领域的国际合作与治理。

综上，数字经济领域的立法任务涉及多个方面，包括基础制度立法、促进与监管立法、细分领域立法以及国际合作与治理立法等。这些立法任务的完成将为数字经济的健康发展提供坚实的法治保障。

（三）推进公共卫生领域立法

面对全球公共卫生事件的挑战，党的二十大报告和二十届三中全会决定都强调了加强公共卫生体系建设的重要性。公共卫生领域立法是构建公共卫生体系的重要组成部分，旨在提高应对突发公共卫生事件的能力和水平，保障人民生命安全和身体健康。

我国正在制定《突发公共卫生事件应对法》。该法律的制定将进一步完善我国公共卫生法律体系，明确各级政府、社会组织和公民在应对突发公共卫生事件中的职责和义务，提高应急响应速度和效率。

统而言之，中国当前新兴领域立法的主要任务包括加强科技创新、数字经济、公共卫生和涉外法治等领域的立法工作，以应对新时代发展带来的新挑战和新机遇。

### 四、涉外领域立法

中国当前及未来几年在涉外领域立法的主要任务，可以结合党的二十大报告、二十届三中全会决定以及具体案例来详述。以下是对主要任务的归纳：

（一）加强涉外法治体系构建

就背景与任务而言，党的二十大报告明确提出要加强涉外领域立法，统筹推进国内法治和涉外法治，以良法促进发展、保障善治。党的二十届三中全会决定也强调了涉外法治的重要性，提出了一系列加强涉外法治建设的举措。

就具体任务来说，①制定和完善涉外法律法规：加快制定与国际接轨的涉外法律法规，如《对外关系法》《外国国家豁免法》等，以法律形式体现中国奉行的对外关系基本立场、方针及政策。②完善涉外法律体系：对现行涉外法律法规进行全面梳理和评估，及时修订和完善不适应时代发展需要的法律法规，确保涉外法律体系的系统性和协调性。

（二）强化涉外安全保障

就背景与任务而言，随着全球化的深入发展，中国与世界各国的交往日益频繁，涉外安全风险也随之增加。加强涉外安全保障是涉外领域立法的重要任务之一。

就具体任务来说，①制定反跨境腐败法：根据党的二十届三中全会决定，制定反跨境腐败法，加大对跨境腐败行为的打击力度，维护国家安全和利益。②完善国家安全法律体系：加强国家安全重点领域的立法，完善国家安全风险监测预警及应急管理体系建设方面的专门立法，加大对境内外危害中国国家安全行为的刑事惩罚力度。

（三）促进对外开放与合作

就背景与任务而言，对外开放是中国的基本国策，也是推动经济发展的重要动力。加强涉外领域立法，有助于促进对外开放与合作，为经济发展提供法律保障。

就具体任务来说，①制定民营经济促进法：根据党的二十届三中全会决定，制定民营经济促进法，为民营经济的发展提供法律支持，促进民营经济在对外开放中发挥更大作用。②完善涉外经贸法律法规：在对外经贸领域相关立法中积极采纳高标准国际经贸规则，以法律形式固定自由贸易试验区建设形成的可复制推广的法律规则，推动形成更高水平的对外开放格局。

（四）提升国际法治话语权

就背景与任务而言，加强涉外领域立法，有助于提升中国在国际法治领域的话语权和影响力，推动构建人类命运共同体。

就具体任务来说，①加强涉外司法协助：完善涉外司法协助制度，加强与其他国家在刑事司法协助、引渡等方面的合作，为打击跨国犯罪提供法律支持。②参与国际法治建设：积极参与国际法治建设，推动构建更加公正合理的国际法治秩序，为中国在国际事务中发挥更大作用提供法律保障。

简言之，中国当前及未来几年在涉外领域立法的主要任务包括加强涉外法治体系构建、强化涉外安全保障、促进对外开放与合作以及提升国际法治话语权等方面。这些任务的完成将有助于推动中国涉外法治的不断发展和完善，为中国的对外开放和经济发展提供坚实的法律保障。

（五）细化反跨境腐败法的内容

自跨境腐败成为全球性议题以来，各个国家结合本国制度先后制定了专门性反跨境腐败法律，一些国际组织也形成了相应的指南或公约。美国于1977年出台《反海外腐败法》，并经1988年、1994年、1998年三次修正，从最初仅适用于美国国内企业和个人到修正后管辖范围扩展至外国企业和个人，形成了所谓的"长臂管辖"；英国于2010年出台《反贿赂法》，该法不仅明确了对一般性贿赂罪的惩处措施，还提出了商业组织预防贿赂失职罪，对企业提出了更严格的要求；2013年，巴西出台《廉洁企业法》，明确规定法人以法人名义且全部或部分为了法人利益的贿赂行为，承担严格的行政责任和民事责任。[1]

反跨境腐败法是中国为了加强跨境腐败治理，维护国家安全和利益而需要制定的一部重要法律。虽然目前该法律尚未正式出台，但根据已公布的信息和相关领域的专家观点，可以对其可能包含的内容进行细化推测。

---

〔1〕 宋伟：《反跨境腐败法：深化反腐败国际合作的重要支撑》，载《人民论坛》2024年第16期。

1. 定义与适用范围

跨境腐败的定义：明确跨境腐败是指跨境组织和人员实施的贪污贿赂、利益输送、失职渎职和自洗钱等违法犯罪行为。这些行为可能涉及公职人员、国有企业管理人员、私营企业人员以及外国在华机构及其人员等。

适用范围：涵盖国内外发生的跨境腐败行为，特别是针对中国公民、企业和组织在境外的腐败行为，以及外国公民、企业和组织在中国境内或利用中国资源进行的跨境腐败行为。

2. 惩治措施与法律责任

加大惩治力度：对跨境腐败行为实行"零容忍"政策，加大刑事处罚力度，提高违法成本。对于情节严重的腐败分子，将依法追究其刑事责任，并可能面临没收违法所得、罚款、禁止从业等处罚。

完善追逃追赃机制：建立健全跨境腐败追逃追赃工作机制，加强与国际刑警组织、各国司法机关等的合作，共同打击跨境腐败行为。对于潜逃境外的腐败分子，将采取一切必要措施将其追捕归案并追回赃款赃物。

3. 预防与监管

建立廉洁合规制度：要求国内企业在"走出去"过程中建立廉洁合规制度，加强内部管理和监督，防范跨境腐败风险。同时，鼓励企业开展反腐败教育和培训，增强员工的廉洁意识和法律意识。

加强国际合作：积极与国际社会开展反腐败合作，共同构建反腐败国际合作网络。加强与国际组织、各国司法机关、执法机构等的沟通与合作，共同打击跨境腐败行为。

4. 管辖与司法协助

明确管辖权：对跨境腐败行为的管辖权进行明确规定，确保中国司法机关在必要时能够行使管辖权。同时，加强与其他国家在管辖权方面的协调与合作，避免管辖冲突和重复调查。

司法协助与合作：加强与国际社会在司法协助方面的合作，共同应对跨境腐败案件的调查取证、资产追回等难题。建立健全司法协助机制，为跨境腐败案件的办理提供有力支持。

5. 其他关键内容

强化信息披露与透明度：要求金融机构、企业等主体加强信息披露和透明度建设，防止腐败资金通过金融渠道跨境流动。同时，加强对金融市场的监管和监测,及时发现和打击跨境腐败行为。

加强社会监督与公众参与:鼓励社会各界积极参与跨境腐败治理工作,加强舆论监督和社会监督。建立健全举报奖励制度,鼓励公众积极举报跨境腐败线索和行为。

需要注意的是,以上内容仅为对反跨境腐败法可能包含内容的细化推测,并非最终的法律条文。具体的法律条文和细节还需等待法律的正式出台和公布。同时,反跨境腐败法的制定和实施需要全社会的共同努力和支持,以确保其有效实施并发挥应有的作用。

第二编

# 立法制度

# 第七章

# 立法体制、立法主体和立法权限

## 第一节 立法体制

### 一、立法体制解决的问题

立法体制解决一个国家的立法权构成问题,即各类立法主体的立法权限的来源、归属、关系等方面构成的制度体系。其中的关键词是立法主体、立法权限。

立法体制要解决立法权限的来源问题。这是其他教材和学者尚未涉猎的观点。立法权限的来源是指在法理上,立法主体享有的立法权限来自何处?我们说,有了宪法,来自宪法的授权;没有宪法之前,往往来自统治者的自我授权。

立法权限的归属实际上指的是哪些立法主体享有立法权限。现代国家中很少有国家只有单一的立法主体,除去那些构成极为简单的国家。单一制国家可以划分为中央立法权限、地方立法权限;联邦制国家可以划分为联邦立法权限、各邦立法权限和其他主体立法权限。

立法权限的关系即立法主体之间的关系,如两院制立法体制下两院之间的立法关系。还有联邦国家中联邦立法机关与各邦立法机关之间的立法权限划分关系,单一制国家中央立法机关与地方立法机关、中央立法机关与地方自治主体立法机关之间的立法权限划分关系等。

从立法权限划分的角度看,我国的立法体制是中央统一领导和地方一定程度分权,人民代表大会主导,多领域并列、多层级并存、多类别相结合的立法体制。

(1) 中央统一领导和地方一定程度分权。这是从中央-地方立法权限关系上，界定我国的立法体制。中央层面，首先是中国共产党的领导，其次是全国人民代表大会及其常务委员会行使国家立法权，再次是国务院依照宪法和法律规定，制定行政法规，国务院组成部门和具有行政管理职能的直属机构根据法律和国务院行政法规、决定、命令，在本部门的权限范围内，制定部门规章；最后是中央军事委员会、国家监察委员会分别制定军事法规和监察法规，以及中央军事委员会各总部、军兵种、军区、中国人民武装警察部队根据法律和中央军事委员会的军事法规、决定、命令，在其权限范围内制定军事规章。地方层面，依据宪法和立法法等的规定，①设区的市以上的地方人民代表大会及其常务委员会能够制定地方性法规；②民族自治区、自治州、自治县人民代表大会能够依照当地民族的政治、经济和文化的特点制定自治条例、单行条例；③香港、澳门特别行政区立法会分别根据《香港特别行政区基本法》《澳门特别行政区基本法》规定并依照法定程序制定、修改和废除法律；④设区的市以上的地方人民政府能够依据法律、行政法规和本省、自治区、直辖市的地方性法规的授权，制定规章。设区的市、自治州人民政府制定的地方政府规章限于城乡建设与管理、生态文明建设、历史文化保护、基层治理等方面的事项。⑤经济特区所在地的省、市的人民代表大会及其常务委员会根据全国人民代表大会的授权决定，制定法规，在经济特区范围内实施。⑥上海市人民代表大会及其常务委员会，根据全国人民代表大会常务委员会的授权决定，制定浦东新区法规，在浦东新区实施。⑦海南省人民代表大会及其常务委员会根据法律规定，制定海南自由贸易港法规，在海南自由贸易港范围内实施。

(2) 人民代表大会主导。全国人民代表大会及其常务委员会行使国家立法权。宪法明确规定全国人民代表大会修改宪法、监督宪法的实施、制定和修改刑事、民事、国家机构的法律和其他的基本法律。而全国人民代表大会常务委员会解释宪法，监督宪法的实施；制定和修改除应当由全国人民代表大会制定的法律以外的其他法律；在全国人民代表大会闭会期间，对全国人民代表大会制定的法律进行部分补充和修改，但是不得同该法律的基本原则相抵触；解释法律。这些立法权限已经彰显全国人民代表大会及其常委会在国家立法上的主导地位。同时，在地方立法层面，也是由地方人民代表大会及其常务委员会主导。法律以下的行政法规、地方性法规、自治条例和单行条例均需提交全国人民代表大会常务委员会备案，除去特别行政区的立法和军事法规。

（3）多领域并列、多层级并存、多类别相结合：①多领域并列，即在多个功能领域，如行政执法领域、司法领域、军事领域、监察领域等，都设定了立法主体和相应立法权限。②多层级并存，即国家级、省部级（包括副省级）、设区的市级立法主体依照宪法和法律（或者国务院的行政法规、决定、命令）享有相应立法权限。③多类别相结合，宪法、法律、法律解释、行政法规、军事法规及军事规章、监察法规、行政特区立法、地方性法规、规章、自治条例、单行条例、司法解释等立法权限相结合，自主立法与授权立法相结合。

### 二、立法体制的分类

按照立法权限的来源，立法体制可以区分为宪定立法体制和非宪定立法体制，或者区分为民主立法体制、非民主立法体制。宪定立法体制是指由宪法规定的立法权限的划分；非宪定立法体制是指并非由宪法而是根据约定俗成或者其他形成的立法体制。以民主选举机关为立法主体的立法体制，称为民主立法体制，以非民主立法机关为立法主体的立法体制，称为非民主立法体制。按照立法权限的归属分类，立法体制可以区分为单一制立法体制和复合制立法体制。按照立法权限的关系分类，立法体制可以区分为集权立法体制和分权立法体制。

这是对全球范围内各国立法体制的划分。各国因现代民主法治文明的发展阶段不同，各国宪法体制不同，各国大小、政府层级差异巨大，分属不同的立法体制。

下面概述一下美、英、法、德、日五国的立法体制。

（一）美国立法体制

联邦制下的立法权分配：美国是典型的联邦制国家，其立法体制呈现联邦和州两级立法主体并存的局面。联邦立法权主要由国会行使，包括制定涉及国防、外交、货币、邮政等事务的法律。例如，有关军队建设和部署等重大事务的立法权力归属于联邦国会。国会分为参议院和众议院。法案通常要经过两院的审议、通过，并由总统签署才能生效。

州立法权的范围和特点：州立法机构可以就本州范围内的事务进行立法，如教育、交通、州内商业管理等。各州都有自己的州议会，其立法程序和联邦国会有相似之处。以教育为例，各州可以根据本州的情况制定教育标准、学校管理等相关法规。而且州法律在不与联邦宪法和法律相冲突的情况下，在本州内具有法律效力。同时，州与州之间的法律可能会因为历史、社会和经济等因素而存在差异。

（二）英国立法体制

议会主权原则下的立法机构：英国实行议会至上的立法体制。英国议会由上议院和下议院组成，下议院在立法过程中起主导作用。下议院议员由普选产生，代表选民利益。英国议会可以制定、修改和废除任何法律，法律的权威高于行政和司法部门。例如，对于税收等重大事务，议会通过立法来决定税率、税收范围等关键要素。

立法程序及法律传统的影响：立法程序通常包括法案的提出、一读、二读、委员会审议、报告阶段、三读等环节。英国的法律体系有着深厚的历史传统，许多法律原则和概念是在长期的历史发展过程中形成的。普通法传统对立法有着深远的影响，法官在司法实践中对法律的解释也在一定程度上影响着立法的方向。

（三）法国立法体制

半总统半议会制下的立法架构：法国是半总统半议会制国家。国民议会在立法过程中扮演关键角色，它由选民直接选举产生。同时，参议院也参与立法，但其权力相对国民议会较小。例如，国民议会在财政立法等重要事务中有优先权。政府也能够通过多种方式参与立法过程，包括提出法案等。总统在立法程序中也有重要权力，如可以要求议会对法案进行重新审议等。

中央集权传统对立法的影响：法国有着较强的中央集权传统，立法体制也体现了这一特点。国家层面的立法在许多领域占主导地位，能够对全国事务进行较为统一的规范。这种中央集权式的立法有助于国家政策的推行和实施，使得法国在经济、社会等诸多领域能够按照国家意志进行统一的规划和管理。同时，法国实行地方自治，大区、省、市镇都有相应的地方立法

第七章　立法体制、立法主体和立法权限

权限。[1]其他还有一些特殊行政区划[2]，自治的立法权限更大。

（四）德国立法体制

联邦制和议会民主制相结合的立法模式：德国是联邦制国家，同时实行议会民主制。联邦议院是主要的立法机构，议员通过选举产生。联邦参议院代表各州利益参与立法，尤其是在涉及州权和联邦与州关系的事务上发挥重

---

[1] 1. 中央立法权的主导地位：(1) 宪法规定的范围：法国是一个单一制国家，中央立法权在整个立法体制中占据主导地位。法国宪法明确规定了议会立法的范围，涉及国家主权事务、国防、外交、货币、司法组织等众多关键领域。例如，在国防方面，有关军队的组织、装备、战略部署等法律都由中央立法机关制定。这些法律确保了国家在关键事务上的统一决策和行动。(2) 法律的统一实施：中央立法机关通过的法律在全国范围内具有普遍约束力，以保证国家法律秩序的统一性。这有助于法国作为一个整体在经济、社会和政治等各个领域推行连贯的政策。比如，在税收政策方面，由中央立法规定主要税种的税率和征收范围，确保在全国范围内公平、统一地实施税收制度。

2. 大区的立法权限：(1) 经济和文化事务立法参与：大区在经济发展和文化事务方面有一定的立法参与权。在经济领域，大区可以根据本地区的经济特点和发展需求，在一定范围内制定促进地方经济发展的法规和政策。例如，对于地方产业园区的建设和管理，大区可以制定相关的规划和规则，包括土地使用、企业优惠政策等方面的规定。在文化方面，大区能够对本地区的文化遗产保护、文化活动开展等事务进行立法。(2) 与中央立法的协调配合：大区的立法必须符合中央立法的基本原则，不能与中央法律相冲突。大区的立法更多是对中央立法在地方实施的细化和补充。例如，在职业培训方面，中央立法规定了职业培训的基本框架和目标，大区则可以根据本地区的产业需求和劳动力特点，制定具体的培训计划和课程设置等相关法规。

3. 省的立法角色：(1) 社会事务立法补充：省主要在社会事务方面发挥立法补充作用。在社会福利方面，省可以在中央立法的基础上，对地方社会福利设施的建设、福利资金的分配等进行具体规定。例如，对于养老院、残疾人康复中心等社会福利机构的设立和管理，省可以根据本地的人口结构和需求，制定详细的法规。在教育资源分配方面，省可以对本省内的学校布局、教育资源的均衡分配等事项立法。(2) 对中央和大区立法的落实：省的立法工作很大程度上是将中央和大区的立法在更小的行政区域内进行落实。比如，在地方道路建设方面，中央立法规定了道路建设的基本标准和资金来源渠道，大区可能对区域内道路网络规划提出总体要求，省则负责具体制定本地道路建设的年度计划、施工标准等法规，确保道路建设工作能够在本地顺利开展。

4. 市镇的立法职能：(1) 地方公共事务立法：市镇主要负责地方公共事务的立法。在市政设施维护方面，市镇可以制定关于街道照明、公共停车场管理等方面的法规。例如，规定公共停车场的收费标准、开放时间等。在环境卫生方面，市镇能够立法规范垃圾收集和处理、街道清洁等事务。在治安方面，市镇可以制定关于本地治安巡逻、公共场所安全管理等方面的规定。(2) 基层实施的灵活性：市镇立法具有很强的基层实施灵活性，它可以根据本地居民的实际需求和特点进行立法。由于法国各地的市镇在地理、人口、经济等方面存在差异，这种灵活性使得每个市镇能够更好地管理本地事务。例如，一个旅游胜地的市镇可能会制定更为严格的环境卫生和公共秩序法规，以应对大量游客带来的挑战。

[2] 特殊行政区划主要包括：(1) 海外行政区：包括圣皮埃尔和密克隆、圣巴泰勒米、法属圣马丁、瓦利斯和富图纳、法属波利尼西亚，这些地区在行政上具有一定的自主性。(2) 特殊集体：如新喀里多尼亚，具有特殊的政治地位和行政体制。(3) 海外领地：法属南部和南极领地，面积较大，但人口稀少，主要用于科学研究和环境保护等。

要作用。例如,在财政均衡等事务上,联邦参议院的意见对于立法有着关键的影响。

立法程序中的协商机制:立法过程中非常强调联邦议院和联邦参议院之间的协商。法案在联邦议院通过后,通常需要经过联邦参议院的审议,双方可能会就法案内容进行协商和修改。这种协商机制不仅有助于平衡联邦和州之间的利益,同时也使得立法能够充分考虑到不同层面的需求。[1]

(五) 日本立法体制

议会制下的立法机关构成:日本是议会制国家,国会是国家的最高立法机关,由众议院和参议院组成。众议院在立法等事务中有更重要的地位,如在预算等重要法案的审议上,众议院的决议如果和参议院不一致,经过一定的协调程序后,众议院的决议优先。议员们代表不同的政党和选区利益参与立法过程。[2]

立法受外部因素的影响:日本立法体制受多种外部因素影响。一方面,日本宪法是在二战后在美国等国的影响下制定的,其立法原则和内容有一定的国际因素考量。另一方面,日本的经济团体等社会力量也会对立法产生影响。例如,在经济立法方面,企业界的利益诉求会通过各种渠道反映到立法过程中。

## 第二节 立法主体与立法权限

### 一、立法主体

所谓立法主体就是立法行为的实施机关、组织、团体和个人。前文对立法行为已有界定。

立法主体往往是依据宪法和法律规定获得的立法主体资格。除去国家机关外,组织、团体和个人依据法律规定或者经国家有权机关授权,可以成为立法主体,如一些国家宪法规定了全民公决立法制度,每个适格的公民都是

---

[1] 参见《联邦立法程序概况》,载[德]克劳斯·弗里德里希·阿恩特、沃尔夫冈·海德、格布哈德·齐勒尔:《德国的法制》,德意志联邦共和国大使馆,第72~73页。

[2] 参见杨建顺编著:《日本国会》,华夏出版社2002年版。

全民公决立法主体。一些国家规定了公民或者公民组织（团体）的立法请愿权。这意味着公民个人和公民组织（团体）是立法主体。一些研究组织、学术团体在立法机关的授权下，参与立法起草、立法论证、立法听证，成为立法参与主体。而立法参与主体是广义立法主体。

在我国，立法机关是专职立法主体和职业化立法主体，除去立法机关，行政机关、司法机关、监察机关、军事机关依据宪法和立法法，都享有一定的立法权限，也属于特定的立法主体。

## 二、立法权限

依据宪法和法律享有法定立法权的主体即为立法主体。法定立法权即立法权限，立法权限是指立法主体依据宪法、法律或者授权立法文件所享有的立法权范围及其限度。

联邦立法体制下的立法权限划分在美国、德国宪法上，有清晰的规定，《德国基本法》详细定义了联邦与各州的立法权范围，主要分为联邦专有、联邦与各州共有以及各州专有立法权，在共有立法权上，联邦有优先立法权，只有在联邦不作为的情况下，各州才可以行使共有立法权。

立法权限在立法权能上表现为制定、修订、修正、认可、补充、解释、审查、撤销、废除、编纂、清理等立法行为权能形式。

我国的立法权限划分，根据我国的宪法与立法法，我国的立法体制涉及如下十六类立法主体与其相应的立法权限。

表 1　我国的十六类立法主体与其立法权限[1]

| 立法主体 | 立法权限 |
| --- | --- |
| （1）全国人民代表大会 | 修改宪法，制定和修改刑事、民事、国家机构的和其他的基本法律 |
| （2）全国人民代表大会常务委员会 | （1）制定和修改除应当由全国人民代表大会制定的法律以外的法律；（2）在全国人民代表大会闭会期间，对全国人民代表大会制定的法律进行部分补充与修改；（3）根据全国人民代表大会授权制定相关法律；（4）解释法律 |

---

[1] 参见《中华人民共和国民法典》（实用版），中国法制出版社2023年版，封里。

续表

| 立法主体 | 立法权限 |
|---|---|
| (3) 国务院 | 根据宪法和法律，制定行政法规。<br>行政法规可以就下列事项作出规定：<br>(一) 为执行法律的规定需要制定行政法规的事项；<br>(二) 宪法第 89 条规定的国务院行政管理职权的事项。<br>应当由全国人民代表大会及其常务委员会制定法律的事项，国务院根据全国人民代表大会及其常务委员会的授权决定先制定的行政法规，经过实践检验，制定法律的条件成熟时，国务院应当及时提请全国人民代表大会及其常务委员会制定法律 |
| (4) 省、自治区、直辖市的人民代表大会及其常务委员会 | 根据本行政区的具体情况和实际需要，在不同宪法、法律、行政法规相抵触的前提下，制定地方性法规 |
| (5) 设区的市、自治州的人民代表大会及其常务委员会 | 在不同上位法相抵触的前提下，可对城乡建设与管理、生态文明建设、历史文化保护、基层治理等事项制定地方性法规 |
| (6) 经济特区所在地的省、市的人民代表大会及其常务委员会 | 根据全国人民代表大会的授权决定，制定法规，在经济特区领域内实施 |
| (7) 上海市人民代表大会及其常务委员会 | 根据全国人民代表大会常务委员会的授权决定，制定浦东新区法规，在浦东新区实施 |
| (8) 海南省人民代表大会及其常务委员会 | 根据法律规定，制定海南自由贸易港法规，在海南自由贸易港范围内实施 |
| (9) 民族自治地方的人民代表大会 | 有权依照当地民族的政治、经济和文化的特点，制定自治条例和单行条例。<br>对法律和行政法规的规定作出变通规定，但不得违背法律或者行政法规的基本原则，不得对宪法和民族区域自治法的规定以及其他有关法律、行政法规专门就民族自治地方所作的规定作出变通规定 |
| (10) 国务院各部、委员会、中国人民银行、审计署和具有行政管理职能的直属机构以及法律规定的机构 | 可以根据法律和国务院的行政法规、决定、命令，在本部门的权限范围内，制定规章。<br>部门规章规定的事项应当属于执行法律或者国务院的行政法规、决定、命令的事项。没有法律或者国务院的行政法规、决定、命令的依据，部门规章不得设定减损公民、法人和其他组织权利或者增加其义务的规范，不得增加本部门的权力或者减少本部门的法定职责 |

续表

| 立法主体 | 立法权限 |
|---|---|
| (11) 省、自治区、直辖市和设区的市、自治州的人民政府 | 可以根据法律、行政法规和本省、自治区、直辖市的地方性法规，制定规章。<br>地方政府规章可以就下列事项作出规定：<br>（一）为执行法律、行政法规、地方性法规的规定需要制定规章的事项；<br>（二）属于本行政区域的具体行政管理事项。<br>设区的市、自治州的人民政府根据本条第一款、第二款制定地方政府规章，限于城乡建设与管理、生态文明建设、历史文化保护、基层治理等方面的事项。已经制定的地方政府规章，涉及上述事项范围以外的，继续有效。<br>没有法律、行政法规、地方性法规的依据，地方政府规章不得设定减损公民、法人和其他组织权利或者增加其义务的规范 |
| (12) 中央军事委员会 | 根据宪法和法律，制定军事法规，在武装力量内部实施军事法规、军事规章的制定、修改和废止办法，由中央军事委员会依照立法法规定的原则规定 |
| (13) 中国人民解放军各战区、军兵种和中国人民武装警察部队 | 可以根据法律和中央军事委员会的军事法规、决定、命令，在其权限范围内，制定军事规章，在武装力量内部实施 |
| (14) 国家监察委员会 | 根据宪法和法律、全国人民代表大会常务委员会的有关决定，制定监察法规，报全国人民代表大会常务委员会备案 |
| (15) 最高人民法院、最高人民检察院 | 作出属于审判、检察工作中具体应用法律的解释。解释应当主要针对具体的法律条文，并符合立法的目的、原则和原意 |
| (16) 香港特别行政区立法会、澳门特别行政区立法会 | 根据香港特别行政区基本法、澳门特别行政区基本法规定并依照法定程序制定、修改和废除法律，澳门立法会还有权"暂停实施"法律 |

## 第三节 宪法保留、法律保留与行政保留

### 一、宪法保留

所谓宪法保留,即,基于主权国家中事项的性质,只宜由宪法直接规定的事项,杜绝宪法以下位阶的法律法规规章等的规定。

即是说,是指对于某些极其重要的事项,这种事项是宪法共和国构成性的事项,或者说是政治契约事先约定的事项,不可在契约达成之后再去分配或作其他处分,只能由宪法调整,法律及以下位阶规范性文件不得调整的事项。特定事项由宪法保留,是宪法产生的前提和存在根基,是彰显该事项重要程度和确保其规定获得重视和遵守的需要,是防范代议机关"多数人暴政"的需要。一般来说,基本权利和国家权力结构属于宪法保留事项。

宪法保留原则通过明确立法权限,确保关乎人民基本权利和自由的重要事项由宪法来规定,从而防止立法机关滥用权力侵犯公民权利或不正当限制公民权利。

### 二、法律保留

所谓法律保留原则,简单地说,就是对于某些重要事项,这些事项,只有以全国人大代表或者全国人大常委会多数决的民主形式,获得的分配或处分,才有正当性,即只有全国人大及其常委会通过制定法律才能做出调整的原则。见《立法法》第 11 条:"下列事项只能制定法律:(一)国家主权的事项;(二)各级人民代表大会、人民政府、监察委员会、人民法院和人民检察院的产生、组织和职权;(三)民族区域自治制度、特别行政区制度、基层群众自治制度;(四)犯罪和刑罚;(五)对公民政治权利的剥夺、限制人身自由的强制措施和处罚;(六)税种的设立、税率的确定和税收征收管理等税收基本制度;(七)对非国有财产的征收、征用;(八)民事基本制度;(九)基本经济制度以及财政、海关、金融和外贸的基本制度;(十)诉讼制度和仲裁基本制度;(十一)必须由全国人民代表大会及其常务委员会制定法律的其他事项。"

法律保留原则本质上是通过对行政权力的限制，防止其过度扩张和滥用。它要求行政机关在行使权力时必须遵守法律的规定和程序，确保行政行为的合法性和合理性。同时，法律保留原则也促进了行政机关与立法机关之间的权力制衡和相互监督，有助于构建更加完善的国家治理体系。

### 三、行政保留

所谓行政保留原则是指受宪法保障的行政自主地位，强调立法对行政的尊重。它与宪法保留原则不同，宪法保留原则基于基本权利的绝对保障，体现了对立法者的立法禁止；旨在界分立法权与行政权的法律保留的目的是尊重民意立法的抉择，由此保障人民民主或者人民主权。行政保留原则的典型体现在法国 1958 年宪法中，其中第 34 条列举了国会立法的范围，而第 37 条规定，凡在第 34 条列举范围之外的事项都属于条例的范围。这表明，在行政保留原则下，行政机关在一定的范围内享有自主权，而立法机关则尊重这种自主权，不直接干预行政机关的抽象行政行为和具体管理活动。

行政保留原则与法律保留原则的区别在于，法律保留原则强调行政对立法的服从，而行政保留原则则强调立法对行政的尊重。这种区分体现了立法权与行政权之间的相对独立性，同时也保证了行政机关在一定的范围内享有自主决策的权力。行政保留原则的实施，有助于维护行政机关的独立性和专业性，确保其在特定领域的决策能够更好地适应实际情况，提高行政管理效率。

此外，行政保留原则的实施也受到宪法和法律的明确规定和限制，以确保行政权的行使不会超越其法定权限，从而维护法治的统一和权威。在具体实践中，行政保留原则的应用范围和条件由国家宪法和相关法律规定，确保了行政权的合法性和正当性。

## 第四节 地方立法

### 一、中央立法与地方立法的界定

中央立法是指中央立法机关制定、修改、认可、废除、编纂、清理宪法、法律、行政法规、部门规章、军事法规及军事规章、监察法规及进行法律解释、司法解释的活动。

地方立法是指由适格的地方人民代表大会和地方人民政府制定、修改、认可、废除、清理地方性法规、经济特区法规、政府规章和自治条例、单行条例的活动。

中央立法是代表国家主权的立法行为，也是全国人民意志的体现与表达。地方立法是最高国家权力机关授权的产物，也是地方人民意志和利益的体现与表达，是在中央立法之下的地方立法灵活性和补充性的体现，自治条例和单行条例是民族自治地方人民自治空间的体现和保障。

**二、地方立法与上位法的关系原则**

地方立法与上位法的关系原则主要体现为下位法服从上位法的原则，即地方立法在制定和实施过程中必须遵循和服从上位法的规定。以下是具体的关系原则：

（一）宪法和法律至上原则

宪法是国家的根本大法，具有最高的法律效力。一切法律、行政法规、地方性法规、自治条例和单行条例、规章都不得同宪法相抵触。

按照法律效力层级，法律的效力高于行政法规、地方性法规、规章。这意味着地方立法在制定时，必须严格遵循宪法和法律的规定，不得超越其法律效力层级。

（二）不抵触原则

（1）内容不抵触：地方立法的内容不得与宪法、法律、行政法规等上位法相抵触。这要求地方立法在立法目的、基本原则、具体规定等方面都要与上位法保持一致，不得作出与上位法相矛盾或相冲突的规定。

（2）精神不抵触：除了内容上的不抵触外，地方立法还应在立法精神上与上位法保持一致。即地方立法应贯彻上位法的立法宗旨和原则，体现上位法的立法精神。精神不抵触主要体现于立法目的、立法宗旨、法律原则、主要制度、具体条文上，从立法目的和立法宗旨上，是否有所抵触要仔细分析下位法的深层目的和深层宗旨。法律原则上是否抵触需要分析上下位法基本原则之间是否乖违冲突，下位法的主要制度不得违反上位法的立法目的、立法宗旨和立法精神。下位法的立法条文在立法价值导向上不得抵触上位法。

（三）法制统一原则

（1）维护法制统一：地方立法作为国家法律体系的重要组成部分，必须维护社会主义法制的统一和尊严。这要求地方立法在立法过程中要充分考虑与上位法的衔接和协调，确保国家法律体系内部的和谐一致。

（2）避免法律冲突：在立法实践中，地方立法应避免与上位法发生法律冲突。当地方立法与上位法存在不一致时，应优先适用上位法的规定。

（四）适度干预原则

（1）合理干预：地方立法机关在行使立法权时，应坚持适度干预的原则。即地方立法应根据本地区的实际情况和需要，合理确定立法范围和内容，避免过度干预或不必要的立法。

（2）保护公共利益：在干预过程中，地方立法应权衡各方利益，保护弱势群体和公共利益。同时，要尽可能减少对市场和社会秩序的不良影响，避免无谓的行政干预和过度管制。

（五）程序法定原则

（1）遵循法定程序：地方立法应遵循法定的立法程序进行。这包括立法规划、立法起草、立法审议、立法表决和立法公布等各个环节都要按照法定程序进行。

（2）确保立法质量：通过遵循法定程序进行立法工作，可以确保地方立法的合法性和科学性，提高立法质量。质量是立法的重心，高质量立法才能保障高质量发展。

综上所述，地方立法与上位法的关系原则主要包括宪法和法律至上原则、不抵触原则、法制统一原则、适度干预原则和程序法定原则。

### 三、不抵触、有特色、可操作

地方立法的"不抵触、有特色、可操作"原则，是地方立法工作中必须遵循的重要指导方针。以下是对这三个原则的具体解释：

（一）不抵触原则

不抵触原则是地方立法的底线和红线，它要求地方立法必须遵循宪法、法律和行政法规的规定，不得与其相抵触。这一原则主要体现在以下几个方面：

（1）宪法至上：所有法律法规的制定都不能违背宪法的精神和原则，宪法具有至高无上的法律效力。宪法至上是国家维护社会主义法制统一和尊严的拱顶石。

（2）下位法不抵触上位法：地方性法规作为下位法，其内容和规定不能与宪法、法律、行政法规等上位法相冲突或违背。这意味着地方立法机关在制定地方性法规时，必须确保其与国家层面的法律法规保持一致性和协调性。

（3）同位阶法之间不矛盾：即使是同一层级的法律规范之间，也应当保持和谐统一，避免出现相互矛盾或冲突的情况。同一层级的立法之间发生矛盾或冲突，与宪法规定的法制统一原则、法治原则相抵触。

（二）有特色原则

有特色原则强调地方立法应当充分反映和体现地方特色，即根据本地区的实际情况和特殊需求来制定法规。这一原则主要包括以下几个方面：

（1）针对性立法：地方立法应当针对本地区经济社会发展中的实际问题进行立法，解决地方特有的矛盾和难题。例如，对于具有地方特色的非物质文化遗产、风景名胜等资源的保护，可以制定专门的地方性法规。

（2）创新性立法：在遵循上位法的基础上，地方立法可以结合本地实际进行制度创新，形成具有地方特色的法规体系。这种创新性不仅体现在法规内容的创新上，还包括立法理念、立法技术和立法程序等方面的创新。

（3）避免照搬照抄：地方立法应当避免简单地照搬照抄上位法或其他地区的法规，而是要根据本地实际情况进行有针对性的立法。只有这样，才能确保地方立法的有效性和实用性。

（三）可操作原则

可操作原则要求地方立法必须具有可执行性和可操作性，即法规的内容应当明确具体、易于理解和执行。这一原则主要包括以下几个方面：

（1）法规内容明确具体：地方性法规的条款应当明确具体，避免使用模糊、笼统的表述方式。同时，对于需要规范的事项和行为应当进行详细的规定和说明，以确保法规的明确性和可操作性。

（2）主体明确：法规中应当明确规定相关主体的权利和义务，或者相关主体的权力与职责，以及违反法规应承担的法律责任。这样有助于确保法规的有效执行和违法行为的及时查处。

（3）程序规范：地方立法应当注重程序规范的建设和完善，确保立法过程的合法性和公正性。同时，法规中应当规定明确的执行程序和操作流程，以便于相关责任主体按照法规要求进行具体操作和执行。

（4）主体性二元关系权益均衡：这里说的主体性二元关系是指地方立法调整的法律关系双方。如果甲方享有权力、权利、特权或豁免，其责任、义务配置不足，或者乙方完全处于其相应的相反地位：无能力、无权利、义务、责任，呈现一种压倒性优势，这样的立法肯定是非均衡且不公平的，也是无法长久实施的，因为乙方会千方百计地规避这样的立法，而甲方实施立法的成本过高。

总之，"不抵触、有特色、可操作"原则是地方立法工作中必须遵循的重要指导方针。只有坚持这些原则，才能确保地方立法的合法性、有效性和实用性，为地方经济社会发展提供有力的法治保障。

**四、地方立法工作应当如何坚持"不抵触有特色可操作"**

地方立法工作坚持"不抵触、有特色、可操作"的原则，是确保立法质量、提升立法效能的关键。以下是如何在具体工作中坚持这些原则的建议：

（一）坚持不抵触原则

1. 严格遵循宪法和法律

地方立法必须严格遵循宪法、法律、行政法规等上位法的规定，确保不与其相抵触。在立法过程中，要对上位法进行深入研究和分析，确保地方性法规的合法性。可以请权威法学家做不抵触审查，也可以请精英法官从司法视角做司法解释上的不抵触审查，还可以请行业执法骨干做执法上的不抵触审查。尤其是宪法与立法法的规定，特别是关于立法权限的规定，地方立法必须遵守。

2. 加强立法审查

建立健全立法审查机制，对地方性法规进行严格的合法性审查，确保其与上位法保持一致。引入专家咨询、公众参与等机制，提高立法审查的科学性和民主性。《立法法》第110条、第111条规定了提起审查的程序、备案审查即主动审查、专项审查等制度，全国人大及其常委会、国务院据此行使审查权，第114条规定了其他接受备案的机关的审查。

3. 注重立法协调

立法主体内部的协调包括人大与政府协调、人大内部协调和不同层级地方立法主体协调。人大与政府协调，主要包括立项沟通、起草协作、审议联动。人大内部协调，主要包括内部委员会分工明确、信息共享机制有效。不同层级地方立法主体协调，包括：①避免冲突：在同一行政区域内，不同层级（如省级和设区的市）或相邻城市间立法可能产生冲突。通过建立立法信息比对系统，定期梳理法规条款，省级立法机关加强对下级立法机关的指导，及时发现并解决冲突。②协同立法：对于跨区域公共事务，如流域生态保护、区域交通一体化等，地方立法主体要协同立法。以长三角地区为例，在跨区域轨道交通建设立法方面，上海、江苏、浙江等地立法机关联合调研，共同确定建设标准、运营管理等规则，形成统一有效的法规体系。

立法主体外部协调包括与上级立法机关协调、与社会公众协调、与司法机关协调。与上级立法机关协调，要求地方立法必须遵循上位法，地方立法机关应主动配合立法监督。与社会公众协调，包括公众参与渠道拓宽、意见处理透明化。与司法机关协调，包括立法质量保障、法规解释沟通等。

（二）坚持有特色原则

1. 立足地方实际

地方立法要紧密结合本地经济社会发展实际，针对地方特有的问题和需求进行立法。深入调研，广泛听取各方面意见，确保立法反映地方特色和实际需求。

2. 突出地方特色

在立法内容上，要注重体现地方特色和文化传承，形成具有地方特色的法规体系。鼓励创新，在遵循上位法的基础上，结合地方实际进行制度创新。

3. 避免重复立法

加强对已有法规的梳理和评估，避免重复立法和浪费立法资源。对于上位法已经明确规定的事项，地方立法可以不再作重复性规定。[1]

---

〔1〕 朱宁宁：《狠抓地方立法质量 实现"不抵触、有特色、可操作"》，载《法制日报》2016年9月13日。

### （三）坚持可操作原则

1. 明确具体规定

地方性法规的条款应当明确具体，避免使用模糊、笼统的表述方式。对于需要规范的事项和行为，要进行详细的规定和说明，确保法规的可操作性。

2. 细化责任主体

明确相关责任主体的权利和义务，以及违反法规应承担的法律责任。确保责任主体清晰明确，便于法规的执行和监督。

3. 制度设计要公正均衡

在处理主导性二元关系上，坚持以人为本、权利本位、必要性原则，即使为维护公共利益，也首先要保护个人权利，不允许顾此失彼，厚此薄彼，比如关于规定过于严苛的民营企业合规指标，将监督检查之手伸入生产现场和工艺全流程，就明显干扰了其生产经营自由。

4. 完善执行程序

制定详细的执行程序和操作流程，确保相关责任主体能够按照法规要求进行具体操作和执行。加强执法队伍建设，提高执法人员的素质和能力，确保法规得到有效执行。

### （四）综合措施

1. 加强立法能力建设

提高立法人员的专业素养和立法能力，加强立法培训和交流，培养立法业务骨干与精英。引入专业机构和专家参与立法工作，提高立法的科学性和专业性。建议提高地方立法机关人员的跨领域实践经验和认知水平，一个是请进来，请进来专业精英做讲座，另一个是走出去，参加相关学术会议，到相关行业挂职锻炼。

2. 推进立法民主化

加强立法公开和公众参与，广泛听取各方面意见和建议。通过座谈会、听证会、基层立法联系点等形式，让公众参与到立法过程中来，提高立法的民主性和透明度。常委会会议讨论审议地方性法规，邀请有相关行业经验的人大代表参加，请相关行业精英、社会公众参加，对于提出可行性建议的公众代表，给予公开表彰和奖励。

3. 强化立法监督

建立健全立法监督机制，对立法过程进行全程监督，防止立法政绩工程，防止部门利益作祟,防止地方保护主义,防止借法律为特定利益集团服务,危害社会公平正义,违反习近平总书记强调的"民生为大"。同时,立法监督机关要体谅被监督机关的地方性需求,充分尊重地方立法的多元性与改革元素。加强对地方性法规实施情况的监督检查,确保法规得到有效执行和遵守。

总之,地方立法工作应当坚持"不抵触、有特色、可操作"的原则,通过加强立法审查、立足地方实际、明确具体规定、细化责任主体、完善执行程序等综合措施,不断提升立法质量和效能。

# 第八章

# 立法程序

## 第一节 立法程序概述

### 一、立法程序的含义

所谓立法程序，是指立法主体制定、修改、认可、废除、解释法律法规所遵循的法定化的程式、步骤、时限、标准、顺序。

最主要的立法程序包括提案、审议、表决、通过、公布。这里并没有把立项、法律法规草案起草正式纳入立法程序。因为①立项并不是正式的立法程序，但是它是立法程序前的立法决策，或者它与提案有互相替代之可能；②法律法规起草并不是立法程序的组成部分，而是立法过程的重要一环，法案起草往往在提交人大正式立法程序前完成。

程式是指立法行为各个环节所遵循的形式。这种形式是为适应立法行为的特点而特别设计的，比如人大代表提出议案的形式，法律法规公布的形式，法案表决的形式等。各种程式服务于立法行为的组织和实施，保障立法行为的质量和效率。

步骤是指立法行为向前推进所需要采取的环节和安排。这种环节和安排都是法律法规和立法惯例所严格界定的，比如国家元首签署之后的公布，表决之后的文字修饰，审议遵循的步骤，如三读审议，或者在特殊情况下的两读审议。

时限是指立法环节、立法环节之间所需经过的时间限制。比如国家元首行使立法搁置权的时限；《立法法》仅在第31条第1款规定，除特殊情况外，应当在常委会会议举行的七日前将法律草案发给常委会组成人员。《江西省立法条例》也仅在第32条，增加要求"拟提请常务委员会会议第一次审议的法规案，一般应当在常务委员会会议召开二十日前报送常务委员会"。

标准是指执行立法行为某个程式或者环节的法定指标和准据。比如通过法律案的表决比例，或者人大代表提出法律案的联署人数等。

顺序是指立法行为程式和环节之间的线性次序。这是不能乱的，比如三读审议的顺序，先审议后表决的顺序。

## 二、立法程序的作用

第一，有利于规范立法行为，有利于民意代表履行自己的职责，或者行使自己的权利。立法行为需要在一定的程序规范下作出，这样才符合立法权力行使郑重和严谨的要求。民意代表行使立法权力，也需要确定的程式和顺序。

第二，有利于实现立法行为的民主化和科学化，提高立法质量。立法行为与行政行为、司法行为相比较，其民主特征和科学特征较为突出，这些立法程序，就是为实现这两大特征服务的，程序的民主化和科学化至关重要，以此保障立法质量。

第三，有利于提高立法效率。按照确定的立法程式、顺序、时限、步骤向前推进具体的立法，这是提高立法效率的基本保障。立法程序按照立法规律和功能设计，一路走下来，就能够解决立法中的问题，完成立法目标。

第四，有利于民主参与和社会监督。立法行为需要民主参与、社会监督，这是由立法本身要达成的普遍性规则所内在要求的。如果搞"密室立法"，故意回避社会监督，隔绝民主参与，那么制定出来的法律会获得人们的普遍认同与自觉遵守吗？

审议法律中的"三读"是立法机关在审议和通过议案时的一种程序，尤其常见于以英国议会为首的西敏制（威斯敏斯特体系 Westminster System）议会中。这种程序在审议法律草案时具有特定的含义和步骤，具体如下：

（1）"三读"的含义。"三读"是指对法案或议案的草案进行三次不同阶段的审议和表决过程。这一程序旨在确保法律草案在经过充分讨论、修改和完善后，能够公平、公正、有效地被立法机关通过。

（2）"三读"的具体步骤：①"一读"（First Reading）：又称为"初读"，是审议法律草案的起始阶段。在此阶段，提议者会宣读议案的名称或要点，并简要说明其目的和主要内容。一读的主要目的是让议会成员了解议案的基本框架和意图，而不是进行深入讨论或表决。一读后，议案通常会被交由相关委员会进行进一步的审查和研究。②"二读"（Second Reading）：在"二读"阶段，委员会审查后的议案内容和原则会被提交到议会进行辩论。议员们会就议案的原则、目的、影响等方面进行深入的讨论和辩论。如果议案在"二读"阶段获得通过，它可能会被再次提交给相关委员会进行进一步的修改和完善。修改后的议案会再次回到议会进行辩论，并可能根据议员的意见和建议进行进一步的修改。③"三读"（Third Reading）："三读"是审议法律草案的最后阶段。在此阶段，经过修正或未经修正的法案、议案的草案会进行文字上的辩论和最终表决。议员们会就法案的最终文本进行审议，并确认是否所有必要的修改都已完成。如果法案在"三读"阶段获得通过，它将被视为正式立法，并可能随后由相关机构进行公布和实施。审议法律中的"三读"程序是一个严谨而复杂的立法过程，它确保了法律草案在经过充分讨论、修改和完善后能够被立法机关通过。[1]这一程序不仅提高了立法的质量和公正性，还增强了公众和其他立法主体如联邦参议院议员对法律的理解和信任。[2]在中国，虽然"三读"制不是直接应用于审议法律的程序，但全国人大常委会在实践中逐渐完善起来的"三审"制也体现了类似的审议和表决过程。

## 第二节　法律的制定程序

中国法律的制定程序是一个严谨而复杂的程式，它确保了法律的合法性、科学性和权威性。这一过程主要可以概括为以下几个阶段：

### 一、提出法案

主体范围包括具有立法提案权的国家机关、组织和人员，如全国人民代

---

〔1〕德国联邦议院的三读程序见［德］克劳斯·弗里德里希·阿恩特、沃尔夫冈·海德、格布哈德·齐勒尔：《德国的法制》，德意志联邦共和国大使馆，第54~57页。

〔2〕甘超英编著：《德国议会》，华夏出版社2002年版，第271~291页。

表大会主席团、常务委员会和各专门委员会、国务院、中央军委、最高人民法院、最高人民检察院,以及全国人民代表大会的一个代表团或30名以上的代表、全国人民代表大会常务委员会组成人员10人以上等。

内容是依据法定程序向有权立法的机关提出关于制定、认可、变动规范性法律文件的提议和提案的专门活动。

### 二、审议法案

主要由全国人民代表大会或其常务委员会进行审议。

审议过程中,会对法律草案进行细致的探讨,可能会经过多次会议和修改,以确保法律草案的合理性、科学性和可行性。例如,全国人大常委会会议审议的法律案,一般经过三次常务委员会会议审议后交付表决。

在全国人民代表大会全体会议上,由提案人作有关立法议案的说明,然后召开各代表团会议进行审议。全国人民代表大会宪法和法律委员会汇集各代表团的意见在宪法和法律委员会会议上审议,提出修改(或不修改)的意见。

### 三、表决和通过法案

立法机关对经过审议的法律草案进行表决,以决定是否将其通过成为法律。表决通常采取投票的方式,需要达到法定多数才能通过。

一般法律要由全国人大全体代表或常务委员会全体组成人员超过半数通过,而宪法修改草案须经全体代表的三分之二以上的多数通过。

### 四、公布法律

获得通过的法律会依法定形式公之于众,这一环节由中华人民共和国主席以命令的形式公布。以便公众了解和遵守新制定的法律。这里笔者建议公布法律以及时到达全体人民为最佳,利用最新的传媒通信技术,在公布的第一时间,全体公民收到法律公布的消息,了解法律的内容。

### 五、其他注意事项

如果是制定行政法规或地方性法规,还可能涉及备案等程序。例如,省、自治区、直辖市的人民代表大会及其常务委员会制定的地方性法规,需要报全国人民代表大会常务委员会和国务院备案。

国务院根据宪法和法律,制定行政法规,这些行政法规的制定也需要遵循一定的程序,并经过相应的审议和批准,并需要报全国人民代表大会常务委员会备案审查。

综上所述,中国法律的制定程序是一个从提出法案到审议、表决、通过,再到公布的完整流程,体现了我国立法的严谨性和民主性。

## 第三节　行政法规的制定程序

国务院行政法规的制定程序是一个严谨且系统的过程,旨在确保行政法规的合法性、合理性和有效性。以下是对该程序的简要概述:

### 一、立法准备阶段

主要包括立法调研、论证和征求意见。国务院相关部门或机构会进行深入的立法调研和论证,明确立法的必要性和可行性。并与相关利益方进行磋商和征求意见,确保法规的合理性和可操作性。

### 二、起草阶段

起草人员根据前期的调研和论证结果,编写行政法规的具体内容和条款。这一过程需要综合考虑法律原则、实际情况和社会反馈,确保法规的合法性和有效性。

### 三、审查阶段

这一阶段主要包括内部审查和法制审核。法规草案提交给相关部门或机构进行内部审查,目的是检查法规的合规性、合理性和完整性。在内部审查之后,还可能提交给司法部进行法制审核,以确保法规符合法律的规定和程序要求。

### 四、公开征求意见阶段

经过内部审查和法制审核后,行政法规草案将公开征求社会各界的意见和建议。这一阶段的目的是广泛听取各方的声音,充分考虑各方利益和意见,以便完善法规内容。公开征求意见的时间一般不少于 30 日。

### 五、修改和定稿阶段

根据公开征求意见的结果,起草人员将对行政法规草案进行修改和完善,形成最终的定稿版本。这一过程可能需要多次修改和反复商讨,以确保法规的准确性和合理性。

### 六、审议和通过阶段

定稿后,行政法规草案将提交给国务院常务会议或者全体会议进行审议。审议通过后,由总理签署国务院令予以公布。如果审议未通过,可以根据情况修改后再次提交审议,或者终止制定程序。

### 七、公布和实施阶段

行政法规签署公布后,应及时在国务院公报以及在全国范围内发行的报纸上刊载。在国务院公报上刊登的行政法规文本为标准文本。行政法规一般应当自公布之日起 30 日后施行,但涉及国家安全、外汇汇率、货币政策的确定以及公布后不立即施行将有碍行政法规施行的,可以自公布之日起施行。此外,还可能制定实施细则和措施,以确保法规的有效实施。

这些程序遵循《立法法》及《行政法规制定程序条例》的相关规定,体现了我国立法工作的科学性和民主性,有助于推动我国的法治国家建设。

## 第四节 地方性法规、自治条例和单行条例的制定程序

### 一、地方性法规的制定程序

地方性法规的制定程序主要遵循《立法法》及相关规定。

（一）地方性法规草案的提出

地方性法规草案的提出主体包括省、自治区、直辖市的人民代表大会及其常务委员会，以及设区的市、自治州的人民代表大会及其常务委员会。

在提出地方性法规草案时，需根据本行政区域的具体情况和实际需要，并确保与宪法、法律、行政法规不相抵触。

（二）地方性法规草案的审议

地方性法规草案需提交相应的人民代表大会或其常务委员会进行审议。

审议过程中，会对法规草案的合宪性、合法性、合理性、可行性等进行全面审查，并可能进行多次讨论和修改。

（三）地方性法规的通过

地方性法规的通过必须经过会议正式表决，以代表大会全体代表或常务委员会全体组成人员的过半数通过。

这一环节体现了立法程序的民主性和科学性，确保法规的制定符合多数人的意愿和利益。

（四）地方性法规的公布

由人民代表大会通过的地方性法规，以人民代表大会主席团公告公布；由人民代表大会常务委员会通过的地方性法规，以常务委员会公告公布。

公布时需明确法规的生效日期和适用范围，以便公众知晓和遵守。

（五）地方性法规的备案

省、自治区、直辖市人民代表大会及其常务委员会制定的地方性法规，需报全国人民代表大会常务委员会和国务院备案；设区的市、自治州的人民代表大会及其常务委员会制定的地方性法规，由省、自治区的人民代表大会常务委员会报全国人民代表大会常务委员会和国务院备案。

备案是为了确保地方性法规的合法性和统一性，避免与上位法相抵触。

综上所述，地方性法规的制定程序包括草案的提出、审议、通过、公布和备案五个阶段。这一过程体现了立法工作的严谨性和民主性，有助于推动地方立法工作的规范化和科学化。

## 二、自治条例和单行条例的制定程序

自治条例和单行条例的制定程序是民族自治地方立法活动的重要组成部

分,其制定过程体现了民族自治地方的特殊性和自主性。以下是对该制定程序的简要概括:

(一)起草阶段

关于起草主体,通常由民族自治地方的人大常委会或者政府指定机构、人员负责。

关于内容要求,根据本地区的民族特点、政治、经济和文化的实际情况进行起草,确保条例的针对性和实用性。

(二)审议阶段

起草完成后,条例需提交给民族自治地方的人民代表大会法制委员会或者常委会法制工作委员会进行审议。

对条例的合法性、合理性、科学性进行全面审查,提出修改意见和建议。

(三)通过和批准阶段

审议通过后,条例需提交给民族自治地方的人民代表大会进行正式表决,以全体代表过半数通过。

自治区制定的自治条例和单行条例,需报全国人民代表大会常务委员会批准后生效。

自治州、自治县制定的自治条例和单行条例,则需报省、自治区的人民代表大会常务委员会批准后生效,并报全国人民代表人会常务委员会备案。

(四)公布阶段

条例经批准后,由制定条例的民族区域自治地方的人民代表大会常务委员会公布,公布时需明确条例的生效日期和适用范围,确保公众知晓和遵守。

(五)备案阶段

自治州、自治县制定的自治条例和单行条例在报省、自治区的人民代表大会常务委员会批准后,还需报全国人民代表大会常务委员会备案,确保自治条例和单行条例的合法性和统一性,维护国家法制的统一和尊严。

综上所述,自治条例和单行条例的制定程序是一个严谨而复杂的过程,涉及起草、审议、通过和批准、公布以及备案等多个环节。这一程序充分体现了民族自治地方的立法自主权和民主立法原则,有助于推动民族自治地方的法治建设和经济社会发展。

## 第五节 规章的制定程序

规章的制定程序是一个包括立项、起草、审查、决定、公布、解释的系统过程，此过程确保了规章的合法性、科学性和可操作性。

### 一、立项

由部门的内设机构或其他机构向该部门提请立项。国务院部门有立项决定权，部门内设机构或下属机构需提出立项报告。涉及两个以上国务院部门职权范围的事项，应提请国务院制定行政法规或由国务院有关部门联合制定规章。地方规章，由所属部门、下级政府向该省、自治区、直辖市或设区的市政府、自治州人民政府报请立项。

国务院部门及地方政府可以向社会公开征集规章制定项目建议。

法制机构对制定规章的立项申请和公开征集的项目建议进行评估论证，拟订年度规章制定工作计划，并报批准后向社会公布。

### 二、起草

国务院部门可以确定由其一个或几个内设机构具体负责起草工作，也可以确定由其法制机构起草或组织起草。地方政府既可以确定由其一个或几个部门具体负责起草工作，也可以确定由其法制机构起草或组织起草。

起草过程中应广泛听取各方意见，可采取书面征求意见、座谈会、论证会、听证会等多种形式。涉及其他部门的职责或与其他部门关系紧密的，起草单位应充分征求其他部门的意见。

起草专业性较强的规章时，可吸收相关领域的专家参与起草工作，或委托有关专家、教学科研单位、社会组织起草。

### 三、审查

政府法制机构负责审查规章送审稿。通过发送征求意见函、实地听取、会议听取或社会公布与听证等方式征求意见。对送审稿进行修改，形成规章草案和对草案的说明，并报请审议。

### 四、决定

部门规章由部门的部务会议或委员会会议决定。地方政府规章由政府常务会议或全体会议决定。审议规章草案时,由法制机构或起草单位作说明。

### 五、签署与公布

部门规章由部门首长签署后,在国务院公报或部门公报、中国政府法制信息网以及全国范围内发行的报纸上刊载。地方政府规章由省长、自治区主席、市长或自治州州长签署命令予以公布,并在本级人民政府公报、中国政府法制信息网以及本行政区域范围内发行的报纸上刊载。在公报上刊登的规章文本为标准文本。

### 六、施行与备案

规章一般自公布之日起 30 日后施行,但涉及国家安全等特殊情况的可自公布之日起施行。同时,规章应当自公布之日起 30 日内按规定向有关机关备案,其中部门规章报国务院备案;省级政府规章同时报本级人大常委会和国务院备案;设区的市政府规章分别报国务院、省级人大常委会、省级政府和本级人大常委会备案。

### 七、解释

部门规章的解释权属于制定机关。政府规章的解释权属于政府。

# 第九章

# 立法效力

## 第一节 法的效力等级概述

在世界范围内,法的效力等级是一个复杂而多层次的概念,它涉及不同国家和地区的法律体系、国际条约以及国际习惯法等多个方面。

### 一、不同国家和地区的法律体系

在几乎所有国家,宪法都具有最高的法律效力,是国家的基础组织法,是制定其他法律的基础和依据。宪法规定了国家的基本制度、公民的基本权利和义务等核心内容。

法律,由国家立法机关制定或认可,其效力仅次于宪法。法律是调整社会关系、规范人们行为的主要规则,是国家法律体系主体部分。

行政法规,在一些国家,特别是那些实行行政主导型政治体制的国家,行政法规由行政机关制定,其效力低于法律,但高于地方性法规或规章。

地方性法规,由地方立法机关制定,其效力范围限于制定机关所在的行政区域,且低于宪法、法律和行政法规。在联邦制国家,地方性法规被称为州法,其效力一般低于联邦法。

规章,包括部门规章、地方政府规章、独立机构规章等。一方面,其效力层次相对较低,通常作为执行法律、行政法规和地方性法规的具体规定,另一方面,有相当多的部门规章和地方政府规章自成一体。[1]

---

[1] 参见〔美〕杰弗里·吕贝尔斯:《美国规章制定导论》,江澎涛译,中国法制出版社2016年版。

## 二、国际条约

国际条约是指国家间缔结的双边条约、多边条约,即具有法律约束力的协议。多边条约可以分成"造法性"多边条约、编纂性多边条约和建立国际组织的多边条约。[1]国际条约的效力等级通常取决于其缔约国的意愿和条约的具体内容。

一般来说,国际条约在缔约国之间具有与国内法相同的法律效力,甚至在某些情况下可能优先于国内法(如"条约必须信守"原则)。[2]

不同国家对于国际条约与国内法的关系有不同的规定。一些国家规定国际条约在国内直接适用,而另一些国家则需要通过国内立法程序将国际条约转化为国内法才能适用。

## 三、国际习惯法

国际习惯法是指在长期国际实践中形成并被广泛接受的行为规则或习惯做法。当实践中的行为方式满足了国际法中习惯法构成要件时,就会成为一个国际法规则。习惯法具有客观和主观要素,即形成惯例的国家实践和法律确信。如果一国自某个实践出现起,就持续不断地持明确的反对态度,那么这个实践所导致的习惯法规则就不会对该国产生拘束力。[3]

关于国际习惯法的效力等级,学界存在不同的观点。一种观点认为,国际习惯法与条约、一般法律原则等国际法渊源在效力上是等同的,至少在国际法院决议案中,它们的地位应该是相同的。然而,也有学者认为,虽然这些渊源被并列规定在《国际法院规约》中,但在实际适用中,它们的效力等级是存在差异的。

具体来说,造法性条约由于其目的是确立或修改某些国际法原则、规则或制度,因此其效力等级通常高于契约性条约和国际习惯法。而国际习惯法作为国际法的古老渊源,其效力等级仅次于造法性条约。对于契约性条约,

---

[1] 贾兵兵:《国际公法:和平时期的解释与适用》,清华大学出版社 2015 年版,第 26 页。
[2] 胡建淼主编:《法律原则研究》(下),中国社会科学出版社 2021 年版,第 12 页。
[3] 贾兵兵:《国际公法:和平时期的解释与适用》,清华大学出版社 2015 年版,第 31 页、第 36 页。

其效力仅限于缔约国之间，对非缔约国没有约束力。但是，如果契约性条约的内容被广泛接受，也可能逐渐转化为国际习惯或一般法律原则。

**四、总结**

超出我国法律的体系，世界范围内的法的效力等级是一个和而不同的体系。在这个体系中，宪法通常具有最高的法律效力，而国际条约和国内法之间的效力关系则取决于具体的法律规定和国际实践。同时，国际惯例虽然不具有强制性的法律效力，但在国际法律实践中发挥着重要作用。

## 第二节 我国法的效力等级及其完善

我国法的效力等级及其完善是一个涉及法律体系内部结构和法律实施效果的重要问题。以下是根据最新资料和一般法律理论对我国法的效力等级及其完善的概述。

### 一、我国法的效力等级

我国法律的效力等级具体表现为六级，从高到低依次是：

根本法：即宪法，作为国家的最高法律，具有最高的法律效力。宪法规定公民的宪法地位、国家的基本制度和基本原则，是制定其他法律的依据。

基本法：是仅次于宪法的法律，包括由全国人民代表大会制定的刑事、民事、国家机构等方面的法律。这些法律的制定和修改需经全国人民代表大会过半数代表通过，局部修改和解释权属于全国人大常委会。

普通法：除了应当由全国人民代表大会制定的法律以外的其他法律，由全国人民代表大会常务委员会制定。普通法的效力低于宪法，与基本法处于同一等级。

行政法规：由国务院根据宪法和法律制定的有关国家行政管理活动的规范性文件的总称，其效力低于宪法、法律。

地方性法规和国务院部门规章：前者由省、自治区、直辖市以及设区的市的人民代表大会及其常务委员会制定，效力范围仅限于本行政区域，效力低于宪法、法律、行政法规。后者是国务院各部委根据宪法、法律和行政法规等制定和发布的规范性文件,效力低于宪法、法律、行政法规。如果两者对同一事项的规定不一致,由国务院提出使用意见。国务院认为应当适用地方性法规的,应当适用地方性法规。国务院认为应当适用部门规章的,应当提请全国人大常委会裁决。[1]

地方政府规章:各省、自治区、直辖市的人民政府和省、自治区的人民政府所在地的市以及设区的市人民政府根据宪法、法律和行政法规等制定和发布的规范性文件,效力低于宪法、法律、行政法规、地方性法规、国务院部门规章。

孙宪忠教授从民法和我国法律体系的构成入手,指出宪法是国家的根本大法,民法则处于基本法的地位,在法律体系中的地位非常之高。民法具有如下特点:①以社会基本关系为调整对象。民法调整的财产关系和人身关系,具有基本性,是社会建立和发展的基础。②调整的社会关系最为广泛。自然人、企业、团体、国家机关等,任一社会主体须臾不可脱离民事活动。③体现的基本概念和制度为其他法律所吸纳。民法为现行法律体系中的其他法律提供了绝大部分基本概念和制度基础,其他法律都对民法具有依赖性。④蕴含的基本法律关系原理为其他法律构建的基础。民法上法律关系的科学原理属于基本法学原理,其他法律的制定和实施都是依据法律关系的原理来展开的。因而,第一,其他基本法律一定程度上也需遵循民法规定。上述民法不同于其他基本法律的特点展现出,民法因其特殊性,对其他基本法律也发挥着一种遵循的作用。第二,单行法律需要贯彻民法。无论何种领域的单行法律都或多或少关涉民事权利义务关系如何设定,如何取得、如何行使、如何消灭,以及民事义务如何履行。因此,单行法律必须遵守民法典的相关规则。第三,地方立法需要贯彻民法。《立法法》明确规定地方立法不得与法律相抵触,且地方立法的权限、内容等离不开民法的规定。如设区的市的立法权限,即城乡建设与管理、生态文明建设、历史文化保护等方面的事项,与民法密切相关,必须服从我国民法典的规定。[2]

---

[1]《立法法》第 106 条。
[2]《"我国立法贯彻民法典的几点思考"讲座成功举办》,载"法宝学堂"公众号 2025 年 1 月 3 日。

## 二、我国法的效力等级的完善

随着我国法治建设的不断推进,法律体系不断完善,法的效力等级制度也在逐步健全。以下是一些完善我国法的效力等级的建议:

(一) 加强宪法实施和监督

宪法是国家的根本大法,具有最高的法律效力。因此,加强宪法的实施和监督,确保宪法在实践中得到有效贯彻,通过合宪性审查,处理涉嫌违宪的法律法规规章,保障宪法的高级法和法治保障法的最高位阶,是完善法的效力等级的重要前提。

(二) 立法贯彻宪法

宪法是最高位阶的高级法和根本大法,是我国法律体系的拱顶石。所有的立法都是对宪法的贯彻,既要贯彻宪法的原则,也要贯彻宪法的规则,还要贯彻宪法规定的基本国策,同时还要贯彻宪法的精神。立法的底线是不得违反宪法,即包括不得违反宪法的规定和精神,这是立法贯彻宪法的前提,但是仅仅做到这一点还不够,必须积极立法贯彻宪法。在立法贯彻宪法上,《民法典》就是对宪法的模范贯彻。我国《民法典》极大地提升了人民人身权利保障的力度:第109条规定对人格尊严和人身自由的保护,将这样的一般人格权写入民法,在世界民法史上为首例;《民法典》将人格权独立成编,贯彻了宪法的精神。可见,我国民法对公民的宪法基本权利的落实,也是我国其他立法的基本遵循。[1]

(三) 立法贯彻《民法典》

立法如何贯彻《民法典》——应从法思想、法技术、法感情三个方面理解、贯彻。法思想是立法者制定法律的指导思想,立法者想借助法典,通过立法来推动社会的进步,指导思想首先要贯彻其中。法技术即法律制定所贯彻的科学法理、科学逻辑,立法不是一麻袋土豆可以不加区分地放在同一篮子,法律规范有共同点也有差异点,通过科学、逻辑才能达到外在和内在体系的和谐。法感情指普通人民群众对于法律所设立的权利义务规则如何认识和接受的心理状态,我国是社会主义国家,必须尊重人民群众对法律的基本

---

[1]《"我国立法贯彻民法典的几点思考"讲座成功举办》,载"法宝学堂"公众号2025年1月3日。

看法；这三者和《立法法》规定的科学立法、民主立法、依法立法的原则完全一致，是理解《民法典》的内在思想体系和外在制度体系的金钥匙。

首先在思想层面。第一，民法立法目的和基本原则蕴含着深厚的法思想。立法目的体现着保护民事主体合法权利、调整民事关系、维护社会和经济秩序、适应中国特色社会主义发展要求和弘扬社会主义核心价值观的思想，揭示了国家立法最基本的思想。平等、自愿、公平、诚信、合法、绿色和公序良俗七条基本原则体现了立法者对于民事主体开展民事活动的基本要求，体现了立法者希望建立的社会秩序和经济秩序的基本观念。这些要求也应该在立法中得到贯彻。第二，《民法典》彰显着民事主体自我决定权的法思想。《民法通则》规定的法律行为强调合法性，即指行为之所以受到法律承认，是因为行为人遵从法律的规定。而《民法典》第133条规定，民事法律行为产生效果的核心在于民事主体自我决定。《民法通则》强调的是依据法律，而《民法典》则强调依据自己的意思表示，极大地拓宽了法律承认和保护的民事活动范围，应为其他立法所重视。除此之外，民法对财产权利、民众财产权、社会权利等的规定均展现着法思想，值得其他立法理解贯彻。

其次在技术层面。《民法典》的编纂遵循着法律编制的科学和逻辑，其内含的法技术对立法具有指导意义。第一，法典化的逻辑。法典基本的初衷就是要构造法律规范的和谐体系，消除法律规范的内在矛盾和冲突，实现司法、执法、裁判上的统一，以形成体系化效应，达到形式理性原则的要求。《民法典》编纂的目的就是法典体系化。第二，规范逻辑。从立法对社会发挥作用的角度来看，法律规范核心可以分为行为规范和裁判规范。行为规范引导社会大众行为，裁判规范引导执法、司法机关来判断。我国《民法典》规定大量行为规范，而并不直接指向裁判规范，这点值得地方立法采纳。第三，总则和分则的区分。采取提取公因式的方法把共性凝练为总则，抽象具体的规定化为分则，运用归纳和抽象的方法统合繁多的法律规范内容，这点值得其他立法学习。第四，对法律规范条款类型的划分。《民法典》涵盖多种类型的规范条款，包括共同性规则、一般性条款、具体条款、专门条款或者特别条款、但书条款、援引条款，这些均为立法技术上经常适用的规范类型。第五，法律关系理论应为法律编制的基本逻辑。法律关系的逻辑，表现为主体-客体-权利-义务-责任这五个方面的内在联系，这些要素都必须明确肯定、特定化，而这是立法工作、法律实践工作和法学学习最基本的要求。第六，民法启示要研究组织体立法。组织体的立法，在我国现实中经常被忽略，关键在于对主体特定化的原则没有理解落实。第七，民事权利体系应为立法加以应用。最后在感情层面。立法需重视民众的法感情问题。立法关涉民众的权利义务乃至法律责任的承担，因此，立法必须建立在调查研究、对社情民意充分了解的基础上。以人民为中心，重视民众的法感情，是党领导下的、社会主义国家中的立法机关应当时刻注意的。[1]

（四）提高立法质量

立法质量直接影响法律的效力和实施效果。因此，在立法过程中应注重科学立法、民主立法、依法立法，确保法律内容合理、程序合法、表达准确。立法质量体现在多个方面，立法对上位法来说，不仅要做到不抵触，还需要贯彻上位法；立法质量还体现在立法效能、立法对善治达成的贡献、立法的前瞻性和稳定性等方面。

（五）完善法律解释制度

法律解释是法律适用过程中的重要环节。完善法律解释制度，明确法律解释的主体、权限、程序和效力，有助于确保法律在适用过程中的统一性和权威性。法律解释不得违反上位法，法律解释受上位法的指导等，是法律体系原理所内在要求的。

（六）加强法律监督

法律监督是保障法律实施的重要手段。加强法律监督，包括立法监督、行政监督、司法监督、监察监督和社会监督等，有助于确保法律得到正确、有效的实施。法律监督要树立法律尊严的理念、要树立执法为民的理念、要树立保障人权的理念、要树立程序正义的理念、要树立公正优先的理念。[2]

（七）推动法律体系的协调发展

法律体系内部各法律部门之间应相互衔接、协调一致。推动法律体系的协调发展，有助于避免法律冲突和重复立法，提高法律体系的整体效力和权威性。首先，需要以宪法为核心，立法贯彻宪法；其次，立法贯彻《民法典》；最后，立法要注重特色，非必要不重复上位法的规定。

---

[1]《"我国立法贯彻民法典的几点思考"讲座成功举办》，载"法宝学堂"公众号2025年1月3日。

[2] 李步云：《法理学》，人民出版社2024年版，第278~289页。

综上所述，我国法的效力等级制度是一个复杂而有序的结构体系，它确保了法律在实施过程中的统一性和权威性。随着法治建设的不断推进和社会发展的不断变化，我们需要不断完善这一制度以适应新的需求和挑战。

## 第三节　法的效力与法的实效

在探讨法的效力与法的实效时，汉斯·凯尔森的相关理论为我们提供了深刻的见解。凯尔森作为纯粹法学的代表人物，其理论对于理解法律效力与实效的关系具有重要意义。以下是根据凯尔森理论对法的效力与法的实效的分析：

### 一、法的效力

（一）定义与特性

凯尔森认为，法的效力是规范的特殊存在，即法律规范对其所指向的人及其他主体具有约束力或强制力。这种效力是一种"应当性"的陈述，表明人们及其他主体应当依据法律规范来行为。

法律效力是法律规范本身的属性，它并不依赖于人们的实际行为是否符合法律规范。换句话说，即使人们实际上不遵守法律规范，也并不影响法律规范的效力。

（二）来源与层次

在凯尔森的理论中，法律体系的效力是分层次的。较低层次的法律规范的效力来源于较高层次的法律规范，最终整个法律体系内的规范的效力都归于一个在法律思维中预设的基本规范。这个基本规范是构成法律体系的诸多法律规范的效力理据。

值得注意的是，凯尔森强调基本规范并非立宪者的意志或主权者的意志，而是一种纯粹的规范存在，它体现了法律体系内部的逻辑一致性和连贯性。

### 二、法的实效

（一）定义与特性

"法律效力的意思是法律规范是有约束力的，人们应当像法律规范所规定的那样行为，应当服从和适用法律规范。法律实效意思是人们实际上就像根据法律规范规定的应当那样行为而行为，规范实际上被适用和服从。效力是法律的一种特性；所谓实效是人们实际行为的一种特性，是法律本身的一种特性。法律是有实效的说法仅意指人们的实际行为符合法律规范。因而，效力和实效指的是完全不同的现象。"[1]

法的实效指的是法律规范实际上得到了适用、遵守和服从的状态。它是一种事实上的存在，描述了人们实际行为与法律规范之间的一致性。

与法律效力不同，法的实效是一种"实际性"的陈述，它关注的是人们实际行为是否符合法律规范。

（二）法的实效与法的效力的关系

凯尔森认为，法的效力与法的实效之间虽然存在区别，但也有重要联系。法的效力是法的实效的前提和基础，因为只有当法律规范具有效力时，它才有可能被实际适用和遵守。

同时，法的实效也是法律效力的宏观条件。一个法律体系如果缺乏实效，即其规范没有得到广泛的遵守和服从，那么该法律体系的效力也会受到质疑和挑战。

### 三、总结

凯尔森的理论深刻揭示了法的效力与法的实效之间的区别与联系。法律效力是法律规范本身的属性，它体现了法律规范对人们的约束力或强制力；而法的实效则是法律规范实际上得到适用、遵守和服从的状态。两者共同构成了法律运行的两个重要方面。

在凯尔森看来，法律效力与法的实效的分离状态源于哲学的"应当"与"是"之间的区别。法律效力是"应当"的陈述，而法的实效则是"是"的陈述。然而，这种分离并不意味着两者之间没有联系。相反，法律效力是法的实效的前提和基础，而法的实效则是法律效力的宏观条件。两者相互依存、相互促进，共同构成了法律体系的完整性和有效性。

---

[1] [奥]凯尔森：《法与国家的一般理论》，沈宗灵译，中国大百科全书出版社1996年版，第42页。

## 第四节　规范法、名义法和语义法

在卡尔·罗文斯坦的宪法分类学说中，他将宪法分为规范性宪法、名义性宪法和语义性宪法。[1]以下是根据这一分类，对规范法、名义法和语义法进行类比阐述。

### 一、规范性宪法与规范法

（一）规范性宪法

规范性宪法是不仅在法律效力上，而且也在实际政治生活中具有法律实效的宪法。它与国家的政治生活融为一体，支配着政治权力的运行，规范着社会生活的全过程。换言之，规范性宪法的规定能贯彻到社会中去。

强调宪法规范的实际执行力和对政治生活的实际影响力。

（二）规范法

规范法是指那些不仅在法律文本中明确规定，而且在实际社会生活中得到严格执行和遵守的法律规范。

规范法具有高度的约束力和执行力，能够确保社会秩序的稳定和公正。它要求人们的行为必须符合法律规范，否则将受到相应的法律制裁。

### 二、名义性宪法与名义法

（一）名义性宪法

名义性宪法是指内容远离国家的实际政治生活之外，不能规范国家政治生活的宪法。在这种宪法下，政治权力形成和运行过程并未依照宪法所规定的内容而运行。

名义性宪法虽然存在于法律体系中，但其规定与实际政治生活脱节，无法有效约束政治权力的运行。

（二）名义法

名义法是指那些在法律文本上存在，但在实际生活中很少被执行或遵守

---

[1]　[美]卡尔·罗文斯坦：《现代宪法论》，王锴、姚凤梅译，清华大学出版社2017年版。

的法律规范。

名义法往往因为缺乏实际执行力度或社会认同度而形同虚设，无法发挥其应有的法律作用。它可能由于法律条文的模糊性、执行机构的懈怠或社会观念的转变等原因而失去约束力。

### 三、语义性宪法与语义法

(一) 语义性宪法

语义性宪法是指为维护实际掌握国家统治权力的人之独占利益，而将现有的政治权力状况按其原状予以形式化的宪法。它是专制主义和极权主义国家用以掩盖其本质、愚弄人民群众、欺骗社会舆论、使其统治地位合法化的工具。

语义性宪法在形式上符合宪法的某些特征，但实际上与真实的政治权力运行状况相脱节。它的存在更多是为了满足某种政治需要或宣传目的，而非真正为了规范政治生活。

(二) 语义法

语义法是指那些在法律文本上具有一定的法律意义，但在实际操作中往往被曲解或误用，以至于无法准确反映其立法原意或实现其立法目的的法律规范。

语义法可能由于法律条文的模糊性、解释者的主观性或社会环境的复杂性等原因而产生歧义或误解。它可能导致法律执行过程中的混乱和不公，甚至可能背离立法的初衷和目的。

综上所述，罗文斯坦的宪法分类学说为我们提供了一个理解宪法性质和功能的独特视角。通过将其类比至规范法、名义法和语义法等领域，我们可以更深入地理解不同法律规范在实际社会生活中的作用和局限性。

# 第十章

# 立法解释

## 第一节 立法解释概述

### 一、立法解释在中国法、英美法、大陆法中的应用和重要性

(一) 立法解释在中国法中的应用和重要性

在中国,立法解释主要由全国人民代表大会常务委员会进行,针对宪法和法律进行解释,以确保法律适用的准确性和一致性。立法解释在中国法律体系中具有极高的权威性,对于解决法律适用中的争议、填补法律空白具有重要意义。

中国法强调法律的稳定性和可预测性,立法解释通过明确法律条文的含义和适用范围,增强了法律的可操作性和公正性。同时,中国法还注重立法解释的及时性和针对性,以应对社会发展和法律实践中的新情况、新问题。

(二) 立法解释在英美法中的应用和重要性

在英美法系中,虽然立法解释的角色不如司法解释(即法官通过判例对法律进行解释)那么突出,但立法解释仍然具有一定的地位。议会(立法机构)通过立法文件、立法说明等方式对法律进行解释,以指导法律的适用。[1]此外,法院在审判过程中也会参考立法意图和立法背景来解释法律。

英美法系的立法解释注重法律的灵活性和适应性,通过判例法制度,法

---

[1] 由于英美法系的条文皆非常详细而冗长,所以大陆法系意义上的立法解释在英美法系中不常见。这里所说的立法解释,是以司法机关对制定法的解释而言。请读者注意转换。参见王泽鉴主编:《英美法导论》,北京大学出版社2012年版,第123~124页。

官可以在法律适用过程中不断发展和完善法律规则。立法解释虽然不如司法解释那样直接和频繁，但在确保法律体系的连贯性和一致性方面发挥着重要作用。

（三）立法解释在大陆法中的应用和重要性

大陆法系国家强调成文法的重要性，立法解释在大陆法系中具有举足轻重的地位。立法机关通过制定法律解释性文件、立法说明等方式对法律进行解释，以确保法律条文的准确理解和适用。同时，法官在审判过程中也会参考立法解释来解决法律适用中的争议。

大陆法系的立法解释注重法律的明确性和系统性，通过立法解释可以确保法律条文的清晰无误和法律的统一适用。此外，大陆法系还注重立法解释的权威性，立法解释具有与法律条文同等的法律效力。

## 二、立法解释在法律制定和实施过程中的关键作用

立法解释在法律制定和实施过程中发挥着关键作用。一方面，立法解释有助于明确法律条文的含义和适用范围，解决法律制定过程中的模糊和不确定性问题；另一方面，立法解释还可以填补法律空白、解决法律冲突、指导法律的适用和实施。通过立法解释，可以确保法律体系的稳定性和可预测性，促进法律的有效实施和社会秩序的维护。

立法解释解决违反上位法的问题：一是立法起草者必然使用立法解释初步解决这一问题；二是立法草案审议者和表决者使用立法解释进一步解决这一问题；三是立法审查者使用立法解释解决可能的违反宪法和上位法问题。

立法解释有助于明确法律条文的含义和适用范围，解决法律制定过程中的模糊性和不确定性问题。

立法解释还可以填补法律空白、解决法律冲突、指导法律的适用和实施。

## 三、中国法、英美法、大陆法在立法解释中的特色和优势

在立法解释方面，中国法、英美法、大陆法各自展现出独特的特色和优势。以下是对这三者在立法解释中的特色和优势的具体论述：

（一）中国法

强调法律的稳定性和可预测性，注重立法解释的及时性和针对性。能够

迅速应对社会发展和法律实践中的新情况、新问题，确保法律的适应性和公正性。

1. 特色

（1）权威性与统一性：中国法的立法解释主要由全国人大常委会进行，其解释具有极高的权威性和统一性。全国人大常委会作为最高立法机构，其解释能够确保法律解释与立法原意的一致性，为法律适用提供明确指导。

（2）及时性与针对性：中国法注重立法解释的及时性和针对性。面对社会发展和法律实践中的新情况、新问题，全国人大常委会能够迅速作出立法解释，以填补法律空白、解决法律冲突，确保法律的适应性和公正性。

（3）民主性与参与性：在立法解释过程中，中国法强调民主性和参与性。立法解释往往是在广泛征求各方意见、充分讨论的基础上形成的，体现了人民当家作主的原则和民主立法的精神。

2. 优势

（1）增强法律的可操作性：立法解释通过明确法律条文的含义和适用范围，增强了法律的可操作性，使法律在实践中更容易被理解和执行。

（2）维护法律体系的稳定性：立法解释有助于解决法律适用中的争议和模糊地带，维护了法律体系的稳定性和可预测性，"可以解决法律的稳定性与社会生活发展的内在矛盾"[1]。

（3）促进社会和谐与公正：立法解释通过确保法律的公正适用，促进了社会和谐与公正，保障了人民群众的合法权益。

（二）英美法

注重法律的灵活性和适应性，通过判例法制度不断发展和完善法律规则。能够在法律适用过程中不断适应社会发展的需要，保持法律体系的活力和连贯性。

1. 特色

（1）判例法基础：英美法的立法解释往往与判例法紧密相关。法官在审判过程中通过判例对法律进行解释和发展，形成了丰富的判例法体系。这种解释方式具有灵活性和适应性强的特点。

（2）法官主导：在英美法系中，法官在立法解释中扮演着重要角色。他

---

[1] 舒国滢主编：《法理学导论》（第2版），北京大学出版社2012年版，第243页。

们通过判例的创制和解释来发展法律规则，使法律能够适应社会发展的需要。

（3）间有立法机关的立法解释。英国国会有时会自己对所使用的法条用语加以解释。①国会可能一般性地通过一个制定法解释所有制定法所常用词语的意义；②英国国会亦可能个别地在各制定法中纳入解释条款。[1]

（4）注重程序正义：英美法在立法解释过程中注重程序正义。法官在解释法律时必须遵循严格的程序规则，确保解释过程的公正性和透明度。

2. 优势

（1）灵活适应社会发展：判例法制度使法律能够灵活适应社会发展的需要，法官可以通过判例对法律进行解释和发展，以应对新情况和新问题。

（2）维护法律体系的连贯性：判例法体系中的立法解释有助于维护法律体系的连贯性和一致性，确保法律规则之间的协调和统一。

（3）促进司法公正：注重程序正义的立法解释方式有助于促进司法公正，保障当事人的合法权益。

（4）注重类比推理，灵活突破先例：这是与大陆法等不同的优势，大陆法更多运用演绎推理，无法突破法律规定，而英美法在先例之间广泛运用类比推理、区别技术，务实灵活地突破先例和陈规，即创造新先例。

（三）大陆法

强调成文法的重要性，注重法律的明确性和系统性。通过立法解释可以确保法律条文的清晰无误和法律的统一适用，维护法律体系的稳定性和权威性。

1. 特色

（1）成文法传统：大陆法具有悠久的成文法传统。立法解释往往是对成文法典中的法律条文进行解释和说明，以确保法律条文的准确理解和适用。

（2）体系化解释：大陆法在立法解释中注重体系化解释。法官和学者在解释法律时通常会考虑法律条文在整个法律体系中的位置和作用，以确保解释结果的协调性和一致性。

（3）严格遵循立法原意：大陆法在立法解释中严格遵循立法原意。法官在解释法律时必须尊重立法者的意图和目的，以确保法律解释与立法原意的一致性。

---

[1] 王泽鉴主编：《英美法导论》，北京大学出版社2012年版，第124~125页。

2. 优势

（1）增强法律的明确性：立法解释通过明确法律条文的含义和适用范围，增强了法律的明确性，减少了法律适用中的模糊地带。例如，在涉及知识产权的案件中，如果法律条文对某一具体行为的界定不够清晰，立法解释可以明确该行为的法律性质，为法院审判提供明确指导。这样不仅有助于法官在审判中准确适用法律，还能增强公众对法律的认知和遵守。

（2）维护法律体系的权威性：立法解释作为对成文法典的官方解释，具有极高的权威性，有助于维护法律体系的权威性和尊严。在大陆法系国家，立法解释通常是由立法机关或其授权的机构作出的，其解释结果具有法律效力。这种权威性有助于维护法律体系的稳定和统一，确保法律在不同地区和不同时间段的适用中保持一致性。例如，在德国，联邦宪法法院的立法解释对各级法院和行政机关具有约束力，确保了宪法和法律在全国范围内的统一实施。

（3）促进法律适用的统一性：体系化解释方式有助于促进法律适用的统一性，确保类似案件在类似情况下得到类似处理。大陆法在立法解释中注重体系化解释，即考虑法律条文在整个法律体系中的位置和作用，以确保解释结果的协调性和一致性。例如，在处理合同纠纷时，如果法律对合同效力的规定不够明确，立法解释可以从合同法的基本原则和制度出发，结合具体案件情况，对合同效力进行统一解释和认定，从而避免不同法院在类似案件中的判决结果出现差异。

以法国的一起植物新品种权案例为例：法国一家花卉公司培育出一种特殊的荷花品种，并在市场上销售。另一家公司未经授权擅自繁殖和销售该品种荷花，被诉至法院。在此案中，法院依据大陆法的立法解释原则，对植物新品种权的相关法律条文进行了深入解释和适用。法院认为，擅自繁殖和销售他人植物新品种的行为构成侵权，因为这种行为侵犯了原育种者的合法权益，违反了《植物新品种保护法》的相关规定。通过立法解释，法院明确了植物新品种权的保护范围和法律后果，为类似案件的处理提供了有力支持。

大陆法在立法解释中的优势主要体现在增强法律的明确性、维护法律体系的权威性和促进法律适用的统一性等方面。这些优势有助于确保法律在实践中的有效实施和公正适用。

综上所述，中国法、英美法、大陆法在立法解释中各具特色和优势。这些特色和优势不仅体现了不同法系在立法解释方面的独特性和多样性，也为全球法律体系的完善和发展提供了有益的借鉴和参考。

## 第二节 全国人民代表大会常务委员会对法律的立法解释

### 一、全国人大常委会立法解释的权限

全国人大常委会作为最高立法机构的常设机关，承担着对法律进行立法解释的重要职责。

根据《宪法》与《立法法》的相关规定，全国人大常委会具有解释宪法和法律的权力。这一权力确保了宪法和法律在实施过程中的准确性和权威性。《立法法》第48条明确指出，法律解释权属于全国人大常委会。当法律条文需要进一步明确具体含义，或者在法律制定后出现新的情况需要明确适用法律依据时，全国人大常委会会遵循立法解释程序进行立法解释。

（一）法律的规定需要进一步明确具体含义的有两种情形

第一，法律条文需要进一步明确法律界限的。举实例如下：

**全国人民代表大会常务委员会**
**关于全国人民代表大会宪法和法律委员会职责问题的决定**

（2018年6月22日第十三届全国人民代表大会常务委员会第三次会议通过）

根据宪法有关规定，第十三届全国人民代表大会第一次会议决定设立全国人民代表大会宪法和法律委员会。为了明确宪法和法律委员会的职责，全国人民代表大会常务委员会决定：

一、《中华人民共和国全国人民代表大会组织法》《中华人民共和国立法法》《中华人民共和国各级人民代表大会常务委员会监督法》《中华人民共和国全国人民代表大会议事规则》《中华人民共和国全国人民代表大会常务委员会议事规则》中规定的"法律委员会"的职责，由宪法和法律委员会承担。

二、宪法和法律委员会在继续承担统一审议法律草案等工作的基础上，增加推动宪法实施、开展宪法解释、推进合宪性审查、加强宪法监督、配合宪法宣传等工作职责。

第二，法律条文的规定自身存在歧义的。举实例如下：

**全国人民代表大会常务委员会关于《中华人民共和国香港特别行政区基本法》第二十二条第四款和第二十四条第二款第（三）项的解释**

（1999年6月26日第九届全国人民代表大会常务委员会第十次会议通过）

第九届全国人民代表大会常务委员会第十次会议审议了国务院《关于提请解释〈中华人民共和国香港特别行政区基本法〉第二十二条第四款和第二十四条第二款第（三）项的议案》。国务院的议案是应香港特别行政区行政长官根据《中华人民共和国香港特别行政区基本法》第四十三条和第四十八条第（二）项的有关规定提交的报告提出的。鉴于议案中提出的问题涉及香港特别行政区终审法院1999年1月29日的判决对《中华人民共和国香港特别行政区基本法》有关条款的解释，该有关条款涉及中央管理的事务和中央与香港特别行政区的关系，终审法院在判决前没有依照《中华人民共和国香港特别行政区基本法》第一百五十八条第三款的规定请全国人民代表大会常务委员会作出解释，而终审法院的解释又不符合立法原意，经征询全国人民代表大会常务委员会香港特别行政区基本法委员会的意见，全国人民代表大会常务委员会决定，根据《中华人民共和国宪法》第六十七条第（四）项和《中华人民共和国香港特别行政区基本法》第一百五十八条第一款的规定，对《中华人民共和国香港特别行政区基本法》第二十二条第四款和第二十四条第二款第（三）项的规定，作如下解释：

一、《中华人民共和国香港特别行政区基本法》第二十二条第四款关于"中国其他地区的人进入香港特别行政区须办理批准手续"的规定，是指各省、自治区、直辖市的人，包括香港永久性居民在内地所生的中国籍子女，不论以何种事由要求进入香港特别行政区，均须依照国家有关法律、行政法规的规定，向其所在地区的有关机关申请办理批准手续，并须持有有关机关制发的有效证件方能进入香港特别行政区。各省、自治区、直辖市的人，包括香港永久性居民在内地所生的中国籍子女，进入香港特别行政区，如未按国家有关法律、行政法规的规定办理相应的批准手续，是不合法的。

二、《中华人民共和国香港特别行政区基本法》第二十四条第二款前三项规定："香港特别行政区永久性居民为：（一）在香港特别行政区成立以前或以后在香港出生的中国公民；（二）在香港特别行政区成立以前或以后在香港通常居住连续七年以上的中国公民；（三）第（一）、（二）两项所列居民在香港以外所生的中国籍子女"。其中第（三）项关于"第（一）、（二）两项所列居民在香港以外所生的中国籍子女"的规定，是指无论本人是在香港特别行政区成立以前或以后出生，在其出生时，其父母双方或一方须是符合《中华人民共和国香港特别行政区基本法》第二十四条第二款第（一）项或第（二）项规定条件的人。本解释所阐明的立法原意以及《中华人民共和国香港特别行政区基本法》第二十四条第二款其他各项的立法原意，已体现在1996年8月10日全国人民代表大会香港特别行政区筹备委员会第四次全体会议通过的《关于实施〈中华人民共和国香港特别行政区基本法〉第二十四条第二款的意见》中。

本解释公布之后，香港特别行政区法院在引用《中华人民共和国香港特别行政区基本法》有关条款时，应以本解释为准。本解释不影响香港特别行政区终审法院1999年1月29日对有关案件判决的有关诉讼当事人所获得的香港特别行政区居留权。此外，其他任何人是否符合《中华人民共和国香港特别行政区基本法》第二十四条第二款第（三）项规定的条件，均须以本解释为准。

（二）在法律制定后出现新的情况需要明确适用法律依据的

举例如下：

根据《中华人民共和国澳门特别行政区基本法》第十八条和附件三的规定，《中华人民共和国国籍法》自1999年12月20日起在澳门特别行政区实施。考虑到澳门的历史背景和现实情况，对《中华人民共和国国籍法》在澳门特别行政区实施作如下解释：

一、凡具有中国血统的澳门居民，本人出生在中国领土（含澳门）者，以及其他符合《中华人民共和国国籍法》规定的具有中国国籍的条件者，不论其是否持有葡萄牙旅行证件或身份证件，都是中国公民。……[1]

---

[1] 全国人民代表大会常务委员会《关于〈中华人民共和国国籍法〉在澳门特别行政区实施的几个问题的解释》（1998年12月29日第九届全国人民代表大会常务委员会第六次会议通过）。

## 二、立法解释的程序

可以向全国人大常委会提出法律解释要求的机关，包括国务院、中央军事委员会、国家监察委员会、最高人民法院、最高人民检察院、全国人民代表大会各专门委员会以及省级人大常委会。为什么规定这些机关可以提出解释要求？这是因为：第一，只有在法律执行中遇到的问题，才可以提出解释要求，不是法律执行中遇到的问题，如研究中遇到的问题，可以采取讨论或法律询问的方式解决，不需要采取立法解释的方式解决。第二，在法律执行过程中遇到需要作法律解释时，应当先向其上级机关提出，上级机关能答复解决的，则无须提出立法解释要求。[1]

（一）研拟法律解释草案

法律解释要求提出后，统一由常务委员会工作机构，即法制工作委员会，按照制定该法律的原意，研究拟订法律解释草案，由委员长会议决定列入常委会会议议程审议。比如，1999年6月国务院提出解释《香港特别行政区基本法》有关条款的要求后，就是由法制工作委员会按照基本法的立法原意，研究拟订了解释草案，由委员长会议决定列入常委会会议进行审议的。

（二）审议法律解释草案

法律解释草案须有相应的说明，先在常委会全体会议上听取法制工作委员会作法律解释草案的说明，然后由常委会分组会议进行审议，提出修改意见。

（三）再审议、修改，提出法律解释草案表决稿

由宪法和法律委员会根据常务委员会组成人员的审议意见进行再审议、修改，提出法律解释草案表决稿。

（四）表决通过和公布

法律解释草案一般实行一审制，如果解释的问题比较复杂，也可以实行二审制。[2]宪法和法律委员会提出的法律解释草案表决稿经常委会审议后，如果常委会组成人员没有大的分歧意见，则由委员长会议提请常委会全体会议表决，以常委会全体组成人员的过半数通过。

---

[1] 张春生主编：《立法实务操作问答》，中国法制出版社2016年版，第115页。
[2] 张春生主编：《立法实务操作问答》，中国法制出版社2016年版，第117页。

表决通过的法律解释,由常委会发布公告予以公布。其效力等同于被解释的法律。

### 三、立法解释的作用和方式

立法解释的主要作用在于明确法律条文的含义,使其更具体、明确,并弥补法律可能存在的漏洞或不足。立法解释的方式多样,包括事前解释和事后解释。事前解释即在法律制定或修订时,对法律条文进行解释和说明;事后解释则是在法律实施过程中,针对具体问题进行解释和澄清。

在最新的学术资料中,全国人大常委会的立法解释工作得到了广泛关注和深入研究。学者普遍认为,立法解释是完善法律体系、确保法律实施的重要手段。特别是在面对新兴领域、复杂问题以及法律条文的模糊表述时,立法解释显得尤为重要。

例如,在生态环境领域,随着生态文明建设的深入推进,《生态环境法典》的编纂工作也在加速进行。全国人大常委会在编纂过程中,通过立法解释对现行生态环境法律制度规范进行系统整合、编订修纂,以确保法典的科学性、系统性和可操作性。在这一过程中,立法解释不仅明确了法律条文的含义,还解决了法律适用中的疑难问题,为生态环境保护提供了坚实的法治保障。

### 四、立法解释与司法实践

立法解释与司法实践密切相关。在实践中,司法机关在处理具体案件时,往往需要参考全国人大常委会的立法解释来明确法律适用。立法解释不仅为司法机关提供了明确的法律依据,还确保了法律适用的统一性和公正性。

### 五、立法解释制度的完善

(一)行政法规的解释

关于行政法规的解释,《行政法规制定程序条例》(以下简称《条例》)[1]第六章作了较为完备的规定。

---

[1] 《行政法规制定程序条例》(中华人民共和国国务院令第694号公布)。

首先,《条例》规定了行政法规需要解释的法定情形:①行政法规的规定需要进一步明确具体含义的;②行政法规制定后出现新的情况,需要明确适用行政法规依据的。

其次,《条例》规定了行政法规解释的步骤:①国务院法制机构研究拟订行政法规解释草案;②报国务院同意后,由国务院公布或者由国务院授权国务院有关部门公布。

再次,《条例》规定了行政法规的解释与行政法规具有同等效力。

复次,规定了行政法规解释要求的提出:国务院各部门和省、自治区、直辖市人民政府可以向国务院提出行政法规解释要求。

最后,《条例》规定了行政工作中具体应用行政法规的问题答复制度:对属于行政工作中具体应用行政法规的问题,省、自治区、直辖市人民政府法制机构以及国务院有关部门法制机构请求国务院法制机构解释的,国务院法制机构可以研究答复;其中涉及重大问题的,由国务院法制机构提出意见,报国务院同意后答复。

(二) 地方性法规的解释

关于地方性法规的解释,各地在其地方性法规制定条例中,都有相关规定。

首先,规定解释权属于相应的常务委员会。地方性法规有下列情况之一的,由常务委员会解释:①地方性法规的规定需要进一步明确具体含义的;②地方性法规制定后出现新的情况,需要明确适用地方性法规依据的。

其次,规定地方性法规的解释要求提出主体。

再次,规定地方性法规解释草案的研拟。

复次,规定解释草案经常委会全体会议审议提出意见后,由法制委员会根据常委会组成人员的意见审议、修改,提出解释草案表决稿。

最后,由常委会全体会议过半数表决通过,发布公告予以公布。同时,规定地方性法规的解释与地方性法规本身具有同等效力。

(三) 规章的解释

关于规章的解释,《规章制定程序条例》[1]第六章有较为完备的规定。

首先,规章解释权属于规章制定机关。规章有下列情形之一的,由制定

---

[1]《规章制定程序条例》(中华人民共和国国务院令第695号公布)。

机关解释：①规章的规定需要进一步明确具体含义的；②规章制定后出现新的情况，需要明确适用规章依据的。

其次，规章解释由规章制定机关的法制机构参照规章送审稿审查程序提出意见，报请制定机关批准后公布。同时，规章的解释同规章具有同等效力。

## 第三节　最高人民法院、最高人民检察院的具体法律解释

最高人民法院、最高人民检察院在中国的法律体系中扮演着至关重要的角色，它们不仅负责案件的审判和检察工作，还承担着对法律进行具体解释的重要职责。以下是对两者具体法律解释及其完善的举例说明：

### 一、司法解释的起源和依据

1981年6月10日第五届全国人民代表大会常务委员会第十九次会议通过全国人民代表大会常务委员会《关于加强法律解释工作的决议》，主要条文如下：

一、凡关于法律、法令条文本身需要进一步明确界限或作补充规定的，由全国人民代表大会常务委员会进行解释或用法令加以规定。

二、凡属于法院审判工作中具体应用法律、法令的问题，由最高人民法院进行解释。凡属于检察院检察工作中具体应用法律、法令的问题，由最高人民检察院进行解释。最高人民法院和最高人民检察院的解释如果有原则性的分歧，报请全国人民代表大会常务委员会解释或决定。

三、不属于审判和检察工作中的其他法律、法令如何具体应用的问题，由国务院及主管部门进行解释。

四、凡属于地方性法规条文本身需要进一步明确界限或作补充规定的，由制定法规的省、自治区、直辖市人民代表大会常务委员会进行解释或作出规定。凡属于地方性法规如何具体应用的问题，由省、自治区、直辖市人民政府主管部门进行解释。……

而现行《立法法》第119条的规定与之一脉相承：

第一百一十九条 最高人民法院、最高人民检察院作出的属于审判、检察工作中具体应用法律的解释，应当主要针对具体的法律条文，并符合立法的目的、原则和原意。遇有本法第四十八条第二款规定情况的，应当向全国人民代表大会常务委员会提出法律解释的要求或者提出制定、修改有关法律的议案。

最高人民法院、最高人民检察院作出的属于审判、检察工作中具体应用法律的解释，应当自公布之日起三十日内报全国人民代表大会常务委员会备案。

最高人民法院、最高人民检察院以外的审判机关和检察机关，不得作出具体应用法律的解释。

## 二、司法解释的两种类型

（一）最高人民法院的法律解释

最高人民法院通过制定司法解释，对法律的具体应用问题进行解释和说明。这些司法解释对全国各级法院在审理案件时具有普遍的指导意义。例如，最高人民法院发布的《关于适用〈中华人民共和国民法典〉合同编通则若干问题的解释》中，对合同成立、履行、变更、转让等问题进行了详细解释，为法院在审理合同纠纷案件时提供了明确的法律依据。

此外，最高人民法院还通过发布指导性案例的方式，对法律的具体应用进行示范和引导。这些案例涵盖了民事、刑事、行政等多个领域，对各级法院在审理类似案件时具有重要的参考价值。

最高人民法院关于正确确定强制拆除行政诉讼案件被告及起诉期限的批复（2024年6月3日最高人民法院审判委员会第1921次会议通过，自2024年8月8日起施行）

宁夏回族自治区高级人民法院：

你院关于如何理解《中华人民共和国行政诉讼法》第四十六条规定的"知道或者应当知道作出行政行为"与《最高人民法院关于适用〈中华人民共和国行政诉讼法〉的解释》第六十四条中"知道或者应当知道行政行为内容"等的请示收悉。经研究，批复如下：

公民、法人或者其他组织对强制拆除其建筑物或者其他设施不服提起诉讼的，以作出强制拆除决定的行政机关为被告；没有强制拆除决定书的，以具体实施强制拆除行为的行政机关为被告；未收到强制拆除决定书，实施强制拆除行为的主体不明确的，可以以现有证据初步证明实施强制拆除行为的行政机关为被告。人民法院在案件审理过程中，认为原告起诉的被告不适格且能够确定适格被告的，应当告知原告变更被告；原告拒绝变更的，应当裁定驳回起诉。人民法院经审查各方当事人提供的证据或者依职权调查后，仍不能确定适格被告的，可以依据《中华人民共和国行政诉讼法》第六十六条的规定，视情将有关材料移送有关机关调查并裁定中止诉讼。

《中华人民共和国行政诉讼法》第四十六条规定的六个月起诉期限与《最高人民法院关于适用〈中华人民共和国行政诉讼法〉的解释》第六十四条规定的一年起诉期限，应当从公民、法人或者其他组织知道或者应当知道行政行为内容且知道或者应当知道该行为实施主体之日起计算。被告主张原告自知道或者应当知道行政行为内容及实施主体之日起已经超过法定起诉期限的，应当承担举证责任。

此复。

该司法解释的发布，对及时正确确定因强制拆除行为引发的行政诉讼案件被告，防止程序空转，实质解决争议，及时高效保障人民群众合法权益，监督行政机关依法行使强制拆除职权，发挥积极作用。[1]

（二）最高人民检察院的法律解释

最高人民检察院作为我国的法律监督机关，拥有对法律进行解释的权力，以确保法律的正确实施和统一适用。

根据《人民检察院组织法》的规定，人民检察院拥有对诉讼活动实行法律监督的职权，这包括了对判决、裁定等生效法律文书的执行工作实行法律监督。这种监督职能赋予了检察机关对法律实施中遇到的问题进行解释的权力。例如，在刑事案件中，如果最高人民检察院发现各级人民法院已经发生法律效力的判决和裁定确有错误，有权按照审判监督程序向同级人民法院提

---

[1] 耿宝建、阎巍、易旺：《〈最高人民法院关于正确确定强制拆除行政诉讼案件被告及起诉期限的批复〉的理解与适用》，载《人民法院报》2024年8月22日。

出抗诉。在这一过程中,对判决、裁定错误的认定,往往涉及对相关法律规定的解释。

最高人民检察院的司法解释权不仅体现在对具体案件的监督上,还体现在其发布的指导性案例和司法解释文件中。这些文件旨在明确法律条款的具体含义和适用范围,为下级检察机关和审判机关提供办案指导。例如,在办理涉及枪支认定的案件中,如果最高人民检察院认为原判决存在错误,可以通过司法解释来明确枪支认定的标准和依据,从而指导下级检察机关和审判机关在类似案件中的处理。

此外,最高人民检察院在制定司法解释时,需要遵循一定的程序和规定,如《最高人民检察院司法解释工作规定》等。这些规定要求司法解释应当主要针对具体的法律条文,并符合立法的目的、原则和原意。同时,司法解释工作应当依法接受全国人民代表大会及其常务委员会的监督。

最高人民检察院主要通过制定检察规则、发布指导性案例等方式,对法律在检察工作中的具体应用进行解释和说明。例如,最高人民检察院发布的《人民检察院刑事诉讼规则》中,对刑事诉讼中的各项程序、证据收集、审查起诉等问题进行了详细规定,为检察机关办理刑事案件提供了明确的操作指南。

同时,最高人民检察院也注重通过发布指导性案例,指导全国各级检察机关依法履行检察职责,确保法律的正确实施。

综上所述,最高人民检察院的司法解释权是其法律监督职能的重要组成部分,通过解释法律、指导办案等方式,确保法律的正确实施和统一适用。

### 三、司法解释的完善

(一) 加强解释的统一性和权威性

为了确保法律解释的统一性和权威性,最高人民法院和最高人民检察院在制定司法解释和检察规则时,需要严格遵循法律的规定和精神,确保解释内容符合立法原意。同时,两院之间也需要加强沟通和协调,避免出现相互矛盾或冲突的解释。下面提供一个联合解释的实例。

**最高人民法院、最高人民检察院关于办理强奸、猥亵未成年人刑事案件适用法律若干问题的解释**

(2023年1月3日由最高人民法院审判委员会第1878次会议、2023年3月2日由最高人民检察院第十三届检察委员会第一百一十四次会议通过,自2023年6月1日起施行)

为依法惩处强奸、猥亵未成年人犯罪,保护未成年人合法权益,根据《中华人民共和国刑法》等法律规定,现就办理此类刑事案件适用法律的若干问题解释如下:

第一条 奸淫幼女的,依照刑法第二百三十六条第二款的规定从重处罚。具有下列情形之一的,应当适用较重的从重处罚幅度:

(一)负有特殊职责的人员实施奸淫的;

(二)采用暴力、胁迫等手段实施奸淫的;

(三)侵入住宅或者学生集体宿舍实施奸淫的;

(四)对农村留守女童、严重残疾或者精神发育迟滞的被害人实施奸淫的;

(五)利用其他未成年人诱骗、介绍、胁迫被害人的;

(六)曾因强奸、猥亵犯罪被判处刑罚的。

强奸已满十四周岁的未成年女性,具有前款第一项、第三项至第六项规定的情形之一,或者致使被害人轻伤、患梅毒、淋病等严重性病的,依照刑法第二百三十六条第一款的规定定罪,从重处罚。

第二条 强奸已满十四周岁的未成年女性或者奸淫幼女,具有下列情形之一的,应当认定为刑法第二百三十六条第三款第一项规定的"强奸妇女、奸淫幼女情节恶劣":

(一)负有特殊职责的人员多次实施强奸、奸淫的;

(二)有严重摧残、凌辱行为的;

(三)非法拘禁或者利用毒品诱骗、控制被害人的;

(四)多次利用其他未成年人诱骗、介绍、胁迫被害人的;

(五)长期实施强奸、奸淫的;

(六)奸淫精神发育迟滞的被害人致使怀孕的;

(七)对强奸、奸淫过程或者被害人身体隐私部位制作视频、照片等影像资料,以此胁迫对被害人实施强奸、奸淫,或者致使影像资料向多人传播,暴露被害人身份的；

（八）其他情节恶劣的情形。

第三条　奸淫幼女，具有下列情形之一的，应当认定为刑法第二百三十六条第三款第五项规定的"造成幼女伤害"：

（一）致使幼女轻伤的；

（二）致使幼女患梅毒、淋病等严重性病的；

（三）对幼女身心健康造成其他伤害的情形。

第四条　强奸已满十四周岁的未成年女性或者奸淫幼女，致使其感染艾滋病病毒的，应当认定为刑法第二百三十六条第三款第六项规定的"致使被害人重伤"。

第五条　对已满十四周岁不满十六周岁的未成年女性负有特殊职责的人员，与该未成年女性发生性关系，具有下列情形之一的，应当认定为刑法第二百三十六条之一规定的"情节恶劣"：

（一）长期发生性关系的；

（二）与多名被害人发生性关系的；

（三）致使被害人感染艾滋病病毒或者患梅毒、淋病等严重性病的；

（四）对发生性关系的过程或者被害人身体隐私部位制作视频、照片等影像资料，致使影像资料向多人传播，暴露被害人身份的；

（五）其他情节恶劣的情形。

第六条　对已满十四周岁的未成年女性负有特殊职责的人员，利用优势地位或者被害人孤立无援的境地，迫使被害人与其发生性关系的，依照刑法第二百三十六条的规定，以强奸罪定罪处罚。

第七条　猥亵儿童，具有下列情形之一的，应当认定为刑法第二百三十七条第三款第三项规定的"造成儿童伤害或者其他严重后果"：

（一）致使儿童轻伤以上的；

（二）致使儿童自残、自杀的；

（三）对儿童身心健康造成其他伤害或者严重后果的情形。

第八条　猥亵儿童，具有下列情形之一的，应当认定为刑法第二百三十七条第三款第四项规定的"猥亵手段恶劣或者有其他恶劣情节"：

（一）以生殖器侵入肛门、口腔或者以生殖器以外的身体部位、物品侵入被害人生殖器、肛门等方式实施猥亵的；

（二）有严重摧残、凌辱行为的；

（三）对猥亵过程或者被害人身体隐私部位制作视频、照片等影像资料，以此胁迫对被害人实施猥亵，或者致使影像资料向多人传播，暴露被害人身份的；

（四）采取其他恶劣手段实施猥亵或者有其他恶劣情节的情形。

第九条　胁迫、诱骗未成年人通过网络视频聊天或者发送视频、照片等方式，暴露身体隐私部位或者实施淫秽行为，符合刑法第二百三十七条规定的，以强制猥亵罪或者猥亵儿童罪定罪处罚。

胁迫、诱骗未成年人通过网络直播方式实施前款行为，同时符合刑法第二百三十七条、第三百六十五条的规定，构成强制猥亵罪、猥亵儿童罪、组织淫秽表演罪的，依照处罚较重的规定定罪处罚。

第十条　实施猥亵未成年人犯罪，造成被害人轻伤以上后果，同时符合刑法第二百三十四条或者第二百三十二条的规定，构成故意伤害罪、故意杀人罪的，依照处罚较重的规定定罪处罚。

第十一条　强奸、猥亵未成年人的成年被告人认罪认罚的，是否从宽处罚及从宽幅度应当从严把握。

第十二条　对强奸未成年人的成年被告人判处刑罚时，一般不适用缓刑。

对于判处刑罚同时宣告缓刑的，可以根据犯罪情况，同时宣告禁止令，禁止犯罪分子在缓刑考验期限内从事与未成年人有关的工作、活动，禁止其进入中小学校、幼儿园及其他未成年人集中的场所。确因本人就学、居住等原因，经执行机关批准的除外。

第十三条　对于利用职业便利实施强奸、猥亵未成年人等犯罪的，人民法院应当依法适用从业禁止。

第十四条　对未成年人实施强奸、猥亵等犯罪造成人身损害的，应当赔偿医疗费、护理费、交通费、营养费、住院伙食补助费等为治疗和康复支付的合理费用，以及因误工减少的收入。

根据鉴定意见、医疗诊断书等证明需要对未成年人进行精神心理治疗和康复，所需的相关费用，应当认定为前款规定的合理费用。

第十五条　本解释规定的"负有特殊职责的人员"，是指对未成年人负有监护、收养、看护、教育、医疗等职责的人员，包括与未成年人具有共同生活关系且事实上负有照顾、保护等职责的人员。

第十六条　本解释自 2023 年 6 月 1 日起施行。

（二）注重解释的实践性和可操作性

法律解释应当注重实践性和可操作性，能够为司法机关在办理案件时提供明确的指导和帮助。因此，最高人民法院和最高人民检察院在制定司法解释和检察规则时，需要深入调研、广泛征求意见，确保解释内容符合实际情况和审判、检察工作的需要。

（三）完善解释的程序和机制

为了保障法律解释的公正性和透明度，最高人民法院和最高人民检察院需要完善法律解释的程序和机制。例如，可以建立公开征求意见制度、专家论证制度等，确保解释内容的公正性和合理性。同时，还需要加强对解释工作的监督和检查，及时发现和纠正存在的问题。争取通过司法解释，为法院审理案件提供明确的法律依据；通过指导性案例的发布，进一步明确法律适用的具体标准和要求。由此增强法律的可操作性和可预测性，为当事人提供更加稳定和可靠的法律保障。

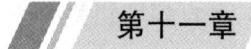

# 第十一章 立法监督

## 第一节 立法监督概述

各国立法机关内部对立法质量的监督方式因政治体制、法律传统及立法程序的不同而有所差异。以下是对一些主要国家立法机关内部对立法质量监督方式的概述。

### 一、中国

在中国，全国人民代表大会作为最高国家权力机关及其常务委员会作为常设机关，对立法质量进行严格的监督。其内部监督方式主要包括：

（1）立法审查：在立法过程中，全国人大及其常委会对法律草案进行多次审议，包括初审、二审甚至三审，以确保法律草案的合法性、合理性和可操作性。

（2）专门委员会审查：全国人大设有多个专门委员会，如宪法和法律委员会、财经委员会等，这些委员会会对相关领域的法律草案进行专业审查，提出修改意见和建议。

（3）立法后评估：立法实施一段时间后，全国人大及其常委会可能会组织对法律实施情况进行评估，以检验立法质量，并根据评估结果对法律进行必要的修改或废止。

### 二、美国

在美国，国会作为立法机关，其内部对立法质量的监督方式包括：

(1) 委员会审议：国会设有多个委员会，负责审议与各自领域相关的法律草案。委员会成员会对法律草案进行深入研究，提出修改意见，并举行听证会听取公众和相关利益方的意见。

(2) 两院审议：法律草案在参议院和众议院分别进行审议，两院之间会进行协商和妥协，以确保法律草案的完善性和可接受性。

(3) 总统"审查"：行政立法机构制定的新行政立法在正式颁布实施前，需要递交总统进行审查，以确保其符合总统的执政方针政策和不与现有法律相冲突。同时，总统对国会立法有口袋搁置权，这种权力包含对国会立法的审查。

### 三、英国

在英国，议会作为立法机关，其内部对立法质量的监督方式相对独特：

(1) 议会辩论：议会通过辩论和质询等方式对政府的立法提案进行讨论和审议，确保立法提案的合法性和合理性。

(2) 专门委员会审查：议会设有多个专门委员会，如财政委员会、法律委员会等，这些专门委员会会对相关领域的立法提案进行专业审查，并提出修改意见和建议。

(3) 议会批准：立法提案在经过议会辩论和审议后，需要获得议会的表决批准才能成为正式的法律。

### 四、德国

在德国，联邦议会作为立法机关，其内部对立法质量的监督方式包括：

(1) 立法听证：在立法过程中，联邦议会会举行听证会，邀请相关领域的专家、学者和利益相关方中发表意见，以确保立法草案的科学性和民主性。

(2) 委员会审议：联邦议会设有多个委员会，负责审议与各自领域相关的立法草案。委员会成员会对立法草案进行深入研究，并提出修改意见和建议。

(3) 宪法法院审查：虽然宪法法院不是立法机关内部机构，但德国宪法法院有权对法律的合宪性进行审查，从而间接地对立法质量进行监督。

各国立法机关内部对立法质量的监督方式多种多样，但核心目标都是确保立法活动的合宪性、合法性、合理性和有效性。这些监督方式共同构成了各国立法质量保障体系的重要组成部分。

## 第二节 我国的立法监督体制

我国的立法监督体制是确保立法活动合法、合理、科学、民主的重要机制。根据《立法法》及最新资料，我国的立法监督体制可以从以下几个方面进行详细阐述。

### 一、立法监督的定义与重要性

立法监督是贯穿整个立法活动过程的一项重要活动，它不仅关注立法过程的合法性和合理性，还关注立法结果的完善性。立法监督在现代立法实践、立法制度和立法理念中具有非常重要且不可缺少的位置，它有助于杜绝恶法、劣法和笨法的出现，促进良法的产生。

这里的立法监督要与人大运行中的立法监督区别开来。后者是指有权立法的国家机关为确保法律法规得到有效遵守与执行，对其创制的法律规范之实施情况进行监察与督促的活动。这一机制旨在保障法律的正确实施，防止权力滥用，维护法制的统一与权威。而这里的立法监督是指立法监督机关对立法程序和立法质量的监督，这种监督确保立法过程的公正、透明和合法。

### 二、立法监督的主体

（一）国家权力机关的监督

全国人民代表大会及其常务委员会是我国最高国家权力机关，有权对立法活动进行监督。全国人大可以撤销全国人大常委会不适当的决定（包括法律），全国人大常委会可以撤销与宪法、法律相抵触的行政法规和地方性法规。

地方各级人民代表大会及其常务委员会也对其行政区域内的立法活动进行监督，如撤销本级人民政府制定的不适当的规章等。

（二）行政机关的监督

国务院作为最高行政机关，有权改变或撤销其所属各部门发布的不适当的决定和命令,以及地方政府规章和地方各级国家行政机关的决定和命令。国务院最新公布的《法规规章备案审查条例》[1]对地方性法规、经济特区法规、浦东新区法规、海南自由贸易区法规、自治州自治县自治条例单行条例、规章的备案审查作了较为完备的规定。本条例自2024年11月1日起施行。

地方人民政府(如省、自治区、直辖市的人民政府)也有权撤销下一级人民政府制定的不适当的规章。县级以上人民政府有权改变或撤销所属部门或下级行政机关不适当的决定。

(三) 司法机关的监督

虽然司法机关(法院和检察院)的主要职责是司法审判和法律监督,但它们在审理案件时,也会对作为裁判依据的行政法规、地方性法规、规章等进行一定程度的初步审查,认为其同宪法或者法律相抵触的,可以向全国人民代表大会常务委员会提出进行审查的建议,以确保其合宪性与合法性。其中最高人民法院和最高人民检察院认为行政法规、地方性法规、自治条例和单行条例同宪法或者法律相抵触,或者存在合宪性、合法性问题的,可以向全国人大常委会书面提出进行审查的要求,由全国人大有关的专门委员会和常务委员会工作机构进行审查、提出意见。[2]

### 三、立法监督的方式

(一) 事前监督

主要在立法生效前进行,包括听证、审议、表决、审查、批准等制度。例如,国家法律在立法程序中,由宪法和法律委员会对其合宪性问题进行审查和处理。再如设区的市地方性法规在公布前需报本省(市、区)人大常委会批准,以初步审查其与宪法、法律、省级条例相抵触的情况。

(二) 事后监督

在立法生效后,通过备案审查,通过应要求、应建议的审查,对其实施过程中的合宪性、合法性进行监督。如发现与宪法、法律相抵触的情况,审查机关提出意见,由制定机关作出处理。

---

[1] 《法规规章备案审查条例》(中华人民共和国国务院令第789号)。
[2] 现行《立法法》第110条。

## 四、立法监督的程序

立法监督的程序包括立法监督的启动、实施和执行等阶段。虽然《立法法》及相关法律对立法监督的程序有所规定，但总体上仍显原则性和宣言性，具体性和程序性的规定较少。因此，在实践中，立法监督的程序性保障仍需进一步加强和完善。

## 五、立法监督的现状与问题

我国已经建立了较为完善的立法监督体制，包括国家权力机关、行政机关和司法机关在内的多个主体共同参与立法监督活动。

通过事前监督和事后监督相结合的方式，对立法活动进行全面、有效的监督。

同时，存在如下不足：①立法监督体系仍有待完善，特别是在程序性规定方面需要加强。②立法监督的实效性有待提高，部分监督活动尚未充分发挥其应有的作用。③公民参与立法监督的广度和深度有限，需要进一步加强民主监督机制的建设。

我国的立法监督体制在保障立法活动的合法、合理、科学、民主等方面发挥了重要作用。然而，面对新的形势和任务要求，我们仍需不断完善立法监督体系、加强程序性保障、提高监督实效性，并加强民主监督机制的建设以推动立法监督工作的进一步发展。

# 第三节 我国立法监督的方式和流程

我国的立法监督机制在保障立法活动的合法、合理、科学、民主方面发挥着重要作用。这些监督机制主要通过以下方式工作。

## 一、国家权力机关的监督方式

（一）全国人民代表大会及其常务委员会

（1）撤销权：全国人大有权撤销全国人大常委会不适当的决定（包括法律），而全国人大常委会则有权撤销与宪法、法律相抵触的行政法规和地方性法规。这一权力确保了国家最高立法机关对立法活动的最终监督权。

（2）审查权：全国人大各专门委员会负责审议全国人大常委会交付的被认为同宪法、法律相抵触的各类法规、决定和命令，并提出报告由全国人大常委会决定。这种审查机制有助于及时发现和纠正立法中的问题。

（二）地方各级人民代表大会及其常务委员会

地方各级人大及其常委会对其行政区域内的立法活动进行监督，如撤销本级人民政府制定的不适当的规章等。这种监督机制确保了地方立法活动的合法性和合理性。

## 二、行政机关的监督方式

（一）国务院及其所属部门

国务院有权改变或撤销其所属各部门发布的不适当的决定和命令，以及地方政府规章和地方各级国家行政机关的决定和命令。这种监督方式有助于维护国家行政体系的统一和协调。

国务院司法部对地方政府规章同国务院部委规章之间或国务院部委规章相互之间的矛盾进行协调，无法协调一致的，报国务院决定。这进一步确保了行政法规和规章之间的协调性和一致性。

（二）地方人民政府

地方人民政府（如省、自治区、直辖市的人民政府）有权撤销下一级人民政府制定的不适当的规章。这种层级监督机制有助于确保地方立法活动的规范性和有效性。

## 三、司法机关的监督方式

司法机关的选择性适用虽然不直接构成立法监督，但通过对立法结果的适用性评价，间接地促进了立法质量的提升。

## 四、监督机制的工作流程

（一）立法监督的启动

通常由有权机关（如全国人大、国务院等）根据工作需要或公众反馈，启动对特定立法活动的监督程序。

（二）立法监督的实施

通过审查、听证、质询等方式，对立法活动的合法性、合理性、科学性、民主性进行全面评估。

必要时，可以组织专家、学者、公众等参与讨论和评估，以确保监督结果的客观性和公正性。

（三）立法监督的执行

根据监督结果，有权机关可以作出撤销、改变或要求修改立法等决定。

相关立法机关或行政机关必须执行这些决定，以确保立法监督的实效性和权威性。

**五、监督机制的特点**

（1）多层次性：从国家最高权力机关到地方各级权力机关，再到行政机关和司法机关，形成了多层次、全方位的立法监督机制。

（2）多样性：监督方式多样，包括撤销权、审查权、听证、质询等多种手段，以确保监督的全面性和有效性。

（3）程序性：虽然程序性规定仍有待加强和完善，但现有的立法监督机制已经初步建立了相对完整的程序框架。

综上，我国的立法监督机制通过国家权力机关、行政机关和司法机关的共同努力，确保了立法的合法性、合理性、科学性、民主性。这些监督机制在维护国家法制统一、促进法律体系协调发展方面发挥着重要作用。

# 第四节 合宪性审查

我国立法的合宪性审查体制机制是保障宪法权威和法治统一的重要制度。根据《立法法》及《宪法》的相关规定，以下是我国立法的合宪性审查体制机制的详述及其存在的不足。

**一、合宪性审查体制机制详述**

（一）审查主体

全国人民代表大会及其常务委员会是我国合宪性审查的主要主体。特别是全国人大设立的宪法和法律委员会，在法律的合宪性审查方面承担着重要职责。此外，全国人大常委会也依据宪法规定享有宪法解释和法律解释的职权，可以在解释宪法和法律的过程中解决法律同宪法是否一致或是否相抵触的问题。

（二）审查模式

我国采取的是以立法权为基础、以立法机关为载体的合宪性审查制度。这种制度将合宪性审查工作嵌入立法机关的立法活动，依附于立法过程，按照立法权运行方式发挥作用。具体来说，就是在立法程序中，对法律草案进行审议时，同时进行合宪性审查。

（三）审查对象

合宪性审查的对象主要包括法律草案以及已生效的法规、条例、行政特区本地法律等，不包括已生效的法律。这些对象在提交全国人大宪法和法律委员会进行审议时，或者在备案审查时，需要接受合宪性审查。

（四）审查程序

合宪性审查的程序主要包括提起、审议和决定三个环节。具体程序可能因审查对象的不同而有所差异，但总体上都是按照法律规定或根据提请送审的程序进行。

（五）审查标准

合宪性审查的标准主要是依据宪法进行审查，确保立法活动符合宪法的原则和精神。同时，也会考虑法律之间的协调性、科学性等因素。

## 二、存在的不足

（一）宪法解释程序机制缺失

尽管宪法和法律委员会在解释宪法和法律方面做了一些工作，但正式的宪法解释程序机制尚未明确。这导致在合宪性审查过程中，对宪法规定的解释存在不足，影响了审查的质量和效果。

（二）审查范围和深度有限

目前，我国合宪性审查的范围主要集中在法律草案和已生效行政法规、地方性法规、自治条例、单行条例上，不包括已生效的法律，而且对于其他规范性文件如规章、司法解释等的合宪性审查相对较少。此外，审查的深度也有待加强，需要更加深入地分析立法是否符合宪法的原则和精神。

（三）公众参与不足

在合宪性审查过程中，公众参与的程度相对较低。这导致了一些社会关切和公众意见未能得到充分反映和考虑，影响了审查的民主性和科学性。

（四）监督机制不完善

虽然我国已经建立了较为完善的立法监督机制，但在合宪性审查方面的监督机制仍有待完善。需要加强对合宪性审查工作的监督和管理，确保其按照法律规定和程序进行。

### 三、改进措施

针对以上不足，可以采取以下措施加以改进：

（1）明确宪法解释程序机制：尽快贯彻党的十九届四中全会要求，落实宪法解释程序机制，明确宪法解释请求的提起、审议与通过程序。"在备案审查工作中落实健全宪法解释工作程序的要求，准确把握和阐明宪法有关规定和精神，回应社会有关方面对涉宪问题的关切。"[1]

（2）扩大审查范围和深度：将所有法律纳入合宪性审查范围，将法律纳入提起审查的范围，将规范性文件纳入合宪性审查范围，并加强审查的深度和力度。

（3）加强公众参与：建立公众参与机制，广泛听取社会关切和公众意见，确保合宪性审查工作的民主性和科学性。

（4）完善监督机制：加强对合宪性审查工作的监督和管理，确保其按照法律规定和程序进行，并接受社会监督。

通过以上措施的实施，可以进一步完善我国立法的合宪性审查体制机制，维护宪法权威和法治统一。

---

[1] 全国人民代表大会常务委员会《关于完善和加强备案审查制度的决定》（2023年12月29日第十四届全国人民代表大会常务委员会第七次会议通过）第5条。

第三编

# 立法过程

# 第十二章
# 立法观念和立法方针

## 第一节 立法观念

### 一、坚持党的领导、人民当家作主、依法治国的有机统一

在立法工作中,坚持以习近平新时代中国特色社会主义思想为指导,贯彻习近平法治思想,坚持党的领导、人民当家作主、依法治国的有机统一,是中国特色社会主义法治体系建设的核心要义,也是全面依法治国必须遵循的基本原则。这一原则深刻体现了中国特色社会主义法治道路的本质特征,确保了立法工作的正确方向和高质量推进。

（一）坚持党的领导

党的领导是立法工作的根本保证。中国共产党是中国特色社会主义事业的设计者和领导核心,党的领导也是中国特色社会主义最本质的特征。在立法工作中坚持党的领导,就是要确保立法工作的政治方向正确,保证立法决策体现党的主张和人民意志的统一。具体来说,包括:①确保立法工作的政治方向。党的领导确保立法工作始终服务于党和国家的中心任务,反映社会发展的客观规律和人民群众的根本利益。②以党代会和党中央全体会议重大决策部署引领立法。中国共产党以党代会的报告和中共中央委员会全体会议的决策引领立法,表征着国家重大改革方向。比如2022年党的二十大后,党的二十大报告和本届中央委员会历次全体会议的决定,就是引领立法的重大决策文件,譬如党的二十届三中全会通过的《关于进一步全面深化改革 推进中国式现代化的决定》明确提出了19项立法任务。全国人大常委会行使备

案审查监督职权时,明确把是否符合党中央的重大决策部署和国家重大改革方向作为审查重点之一[1]。③制定立法规划和计划。党通过审查批准立法规划和立法计划,引导立法工作有序开展,确保重要领域和关键环节的法律制度建设得到加强。④加强立法工作的组织协调。中国共产党中央全面依法治国委员会和地方党委的相应机构通过加强立法工作的组织协调,促进立法机关、行政机关、司法机关之间的沟通协调,形成立法合力,协调推进中国特色社会主义法治体系和社会主义法治国家建设。

(二)人民当家作主

人民当家作主是社会主义民主政治的本质和核心。在立法工作中坚持人民当家作主,就是要确保立法工作充分体现人民的意志和利益,保障人民通过各种途径参与立法活动,实现立法过程的民主化、科学化。具体来说,包括:①加强人权法治保障,保证人民依法享有广泛权利和自由。把体现人民利益、反映人民愿望、维护人民权益、增进人民福祉落实到依法治国全过程,使法律及其实施充分体现人民意志。[2]全国人大常委会行使备案审查监督职权时,把是否符合宪法规定、宪法原则和宪法精神,是否超越权限,是否减损公民、法人和其他组织权利或者增加其义务,采取的措施与其目的是否符合比例原则作为审查重点,以保障人权。②广泛征求民意。立法机关在制定法律时,应当广泛征求社会各方面的意见和建议,特别是要听取基层群众和利益相关方的声音,确保立法反映人民的真实意愿。③推进立法公开。立法机关应当通过公开立法信息、公开立法程序等方式,提高立法的透明度,保障人民群众的知情权、参与权、表达权和监督权。④完善立法听证和论证制度。对于涉及人民群众切身利益的重要立法事项,立法机关应当组织听证会、论证会等活动,让人民群众直接参与立法过程,发表意见和建议。⑤赋予公民、社会组织立法监督权即审查建议权。根据我国《立法法》第 110 条,社会团体、企事业组织和公民认为行政法规、地方性法规、自治条例和单行条例同宪法或者法律相抵触的,可以向全国人大常委会提出审查建议。2018 年至 2024 年全国人大常委会每年收到公民、组织提出的审查建议:2018 年 1229 件;2019

---

[1] 全国人民代表大会常务委员会《关于完善和加强备案审查制度的决定》(2023 年 12 月 29 日第十四届全国人民代表大会常务委员会第七次会议通过)第 11 条第 2 项。

[2] 中共中央宣传部:《习近平新时代中国特色社会主义思想学习纲要》,学习出版社、人民出版社 2019 年版,第 99 页。

年226件；2020年5146件；2021年6339件；2022年4829件；2023年2827件；2024年5682件，这些审查建议都获得了全国人大常委会法工委的认真处理，用法工委主任沈春耀的话说，"我们对审查建议逐一进行研究，与有关方面充分沟通，深入调研论证，提出审查处理意见"。〔1〕

（三）依法治国

依法治国是党领导人民治理国家的基本方略。在立法工作中坚持依法治国，就是要确保立法工作符合宪法和法律的规定，维护社会主义法制的统一、尊严和权威。具体来说，包括：①遵循宪法原则。立法工作必须遵循宪法的基本原则和规定，确保制定的法律符合宪法的精神和要求。②立法要追求形式法治与实质法治的统一。形式法治是指宪法至上、法的统治、不抵触上位法等，而实质法治是指规范公权力、保障公民权利和自由等实质价值目标的实现。③提高立法质量。立法机关应当注重提高立法质量，制定科学、合理、可行的法律规范，确保法律具有针对性和可操作性。④加强立法监督。加强对立法工作的监督，确保立法活动严格按照法定程序进行，防止立法权被滥用或不当行使。2024年修正的《各级人民代表大会常务委员会监督法》增加了全国人民代表大会常务委员会对最高人民法院、最高人民检察院作出的具体应用法律的解释的合宪性审查及处理。同时增加了各级人民代表大会常务委员对本级监察委员会、人民法院、人民检察院制定的规范性文件的审查。〔2〕

总之，在立法工作中坚持党的领导、人民当家作主、依法治国的有机统一，是中国特色社会主义法治建设的重要原则。这一原则不仅保障了立法工作的正确方向和高质量推进，也为中国特色社会主义事业的全面发展提供了坚实的法治保障。

---

〔1〕 沈春耀：《全国人民代表大会常务委员会法制工作委员会关于2024年备案审查工作情况的报告——2024年12月22日在第十四届全国人民代表大会常务委员会第十三次会议上》，载http://www.npc.gov.cn/c2/c30834/202412/t20241225_442028.html；沈春耀：《全国人民代表大会常务委员会法制工作委员会关于十三届全国人大以来暨2022年备案审查工作情况的报告——2022年12月28日在第十三届全国人民代表大会常务委员会第三十八次会议上》，载http://www.npc.gov.cn/npc/c2/c30834/202212/t20221230_321013.html；沈春耀：《全国人民代表大会常务委员会法制工作委员会关于2023年备案审查工作情况的报告——2023年12月26日在第十四届全国人民代表大会常务委员会第七次会议上》，载http://www.npc.gov.cn/c2/c30834/202312/t20231229_433996.html，2025年1月7日访问。

〔2〕 参见《各级人民代表大会常务委员会监督法》（中华人民共和国主席令第39号）第41、第42、第43条。

## 二、实践贯彻全过程人民民主

在立法工作中实践贯彻全过程人民民主,是确保立法活动充分反映人民意志、保障人民权益、激发人民创造活力的重要途径。以下是如何在立法工作中实践贯彻全过程人民民主的具体措施:

(一)坚持党的领导,确保立法方向正确

(1)加强党对立法工作的领导。党的领导是全过程人民民主在立法工作中得以实践的根本保证。党通过制定立法规划和计划,引导立法工作有序开展,确保立法工作始终服务于党和国家的中心任务。

(2)确保立法决策体现党的主张和人民意志的统一。立法工作要始终坚持党的领导,确保立法决策既符合党的路线方针政策,又充分反映人民群众的意愿和诉求。

(二)拓宽民主渠道,保障人民广泛参与

(1)完善立法公开制度。立法机关应当通过公开立法信息、立法草案、立法进程等方式,提高立法的透明度,保障人民群众的知情权、参与权、表达权和监督权。

(2)丰富立法参与形式。通过座谈会、论证会、听证会、问卷调查、网络征求意见等多种形式,广泛听取社会各方面的意见和建议,特别是要关注基层群众和利益相关方的声音。

(3)设立更多基层立法联系点。基层立法联系点是深化民主立法、开门立法的一项创新举措。通过设立基层立法联系点,可以更加直接地听取基层群众的意见和建议,使立法更加接地气、察民情、聚民智。建立基层立法联系点,要考虑到各种类型的基层:如农村基层、牧区基层、林业基层、渔村基层、边疆基层、社区基层、军队基层、海岛基层、公司基层、商会基层等等,布局要合理,要配备基本的人员、设备和考核制度,要建立双向联系制度。

(三)加强立法协商,凝聚立法共识

(1)健全立法协商机制。在立法过程中,加强与人大代表、政协委员、专家学者、社会团体的沟通协商,充分听取各方面的意见和建议,凝聚立法共识。

(2) 注重平衡各方利益。立法工作要妥善调整和处理各种社会关系、利益关系，既充分体现最广大人民根本利益，又统筹兼顾不同方面群众具体利益，努力在立法中寻求最大公约数。

*(四) 坚持科学立法，提高立法质量*

(1) 遵循立法规律。立法工作要遵循立法规律，注重立法的科学性、合理性和可行性，确保制定的法律符合社会发展的实际需要。

(2) 加强立法调研和论证。在立法过程中，要加强立法调研和论证工作，深入了解实际情况，广泛收集数据资料，为立法决策提供科学依据。

(3) 注重法律体系的协调性和统一性。立法工作要注重法律体系的协调性和统一性，避免不同法律之间的冲突和矛盾，确保法律体系的完整性和稳定性。

*(五) 加强立法监督，确保法律实施效果*

(1) 完善立法监督机制。建立健全立法监督机制，加强对立法工作的监督和检查，确保立法活动严格按照法定程序进行。

(2) 明确公布违反宪法、违反法律或者有合宪性、合法性问题的审查案例，接受社会公众监督。目前没有明确具体的公布方式，只有年度总结报告。

(3) 加强法律实施效果的评估。定期对法律实施效果进行评估和反馈，及时发现问题并采取措施加以解决，确保法律得到有效实施并取得良好效果。

综上，在立法工作中实践贯彻全过程人民民主需要坚持党的领导、拓宽民主渠道、加强立法协商、坚持科学立法以及加强立法监督等多方面的努力。通过这些措施的实施可以确保立法工作更加民主化、科学化、规范化并真正反映人民意志和利益。

## 三、完善以宪法为核心的中国特色社会主义法律体系

党的二十大报告强调完善以宪法为核心的中国特色社会主义法律体系。坚持依法治国首先要坚持依宪治国，坚持依法执政首先要坚持依宪执政，坚持宪法确定的中国共产党领导地位不动摇，坚持宪法确定的人民民主专政的国体和人民代表大会制度的政体不动摇。加强宪法实施和监督，健全保证宪法全面实施的制度体系，更好发挥宪法在治国理政中的重要作用，维护宪法权威。加强重点领域、新兴领域、涉外领域立法，统筹推进国内法治和涉外

法治，以良法促进发展、保障善治。推进科学立法、民主立法、依法立法，统筹立改废释纂，增强立法系统性、整体性、协同性、时效性。完善和加强备案审查制度。

完善以宪法为核心的中国特色社会主义法律体系，是全面依法治国、建设社会主义法治国家的基石。结合张文显等学者的论述，我们可以从以下几个方面来深入探讨这一重要议题：

（一）宪法的核心地位与基础性作用

宪法是国家的根本大法，是治国安邦的总章程。完善中国特色社会主义法律体系，首先要坚持宪法的核心地位，确保所有法律法规都符合宪法精神，维护宪法权威。这要求我们在立法、执法、司法、守法等各个环节都坚持依宪治国、依宪执政，确保宪法得到全面、有效实施。

（二）科学立法与民主立法

完善法律体系，必须坚持科学立法、民主立法。科学立法要求立法工作要遵循客观规律，反映人民意愿，解决实际问题；民主立法则强调立法过程要广泛听取各方面意见，保障人民参与立法的权利。通过科学立法和民主立法，可以增强法律的针对性、可操作性和有效性，提高立法质量。

（三）加强重点领域立法

随着经济社会的发展，新兴领域、涉外领域等不断涌现，对立法工作提出了新的要求。完善法律体系，必须加强这些重点领域的立法工作，如生育促进、数字经济、网络安全、生态环境保护、涉外法律等。通过制定和完善相关法律法规，为经济社会发展提供有力的法治保障。

（四）推进法律体系的系统性与协同性

法律体系是一个有机整体，各法律部门之间需要相互衔接、相互协调。完善法律体系，必须注重法律体系的系统性和协同性，加强法律、行政法规、地方性法规等之间的衔接和配套，避免法律之间的冲突和矛盾。同时，还要加强法律解释和适用工作，确保法律得到正确、统一实施。

（五）加强宪法实施与监督

完善法律体系，不仅要制定好法律，还要确保法律得到有效实施。这要求加强宪法实施和监督工作，建立健全宪法监督机制，加强对法律法规的合宪性审查，确保法律法规符合宪法精神。同时，还要加强宪法宣传教育，提高全社会的宪法意识，形成尊崇宪法、学习宪法、遵守宪法、维护宪法的良好氛围。

完善以宪法为核心的中国特色社会主义法律体系是一项长期而艰巨的任务。我们需要不断总结经验、创新方法、完善机制，努力构建完备的法律规范体系、高效的法治实施体系、严密的法治监督体系、有力的法治保障体系，为全面建设社会主义现代化国家提供坚实的法治保障。[1]

### 四、立法中的价值平衡

在立法过程中，价值平衡是一个至关重要的原则，它要求立法者在制定法律时充分考虑并平衡各种相互冲突的利益和价值。刘平教授在其相关论述中，虽然没有直接系统地阐述立法中的价值平衡，但我们可以从其关于法律与公共政策、立法目的及其实施中的主要问题等论述中，提炼出关于立法中价值平衡的一些核心观点和启示。

（一）法律与公共政策的辩证关系

刘平教授曾指出，法律与公共政策虽然存在着一立一破的差异性，但两者都应遵循立法的基本规律。在法律与公共政策的制定和实施过程中，立法者需要平衡法律的稳定性和公共政策的灵活性，确保两者在作用上形成互补，在形态上合理合法地相互转化。这种平衡体现了立法者对公共利益与个人权利、社会秩序与自由发展等价值的权衡和取舍。

（二）立法目的的双重性

以著作权法为例，刘平教授强调了《著作权法》的立法目的包括保护创作和建立利益平衡关系。这里，保护创作原则被视为第一性，而建立利益平衡关系则被视为第二性。这一论述实际上揭示了立法中价值平衡的一个重要方面，即在保护原创作者利益的同时，也要兼顾作品使用者、传播者乃至社会公众的利益。通过制定《著作权法》，立法者旨在实现创作者与社会公众之间的利益平衡，促进文化的繁荣与发展。

---

[1] 张文显：《新时代全面依法治国战略布局和重大任务》，载 https://www.chinalaw.org.cn/index.php/portal/article/index/id/19644.html，2024年8月13日最后访问。张文显：《全面推进中国特色社会主义法治体系更加完善》，载《法制与社会发展》2023年第1期。张文显：《进一步全面深化改革必须坚持全面依法治国（学习贯彻党的二十届三中全会精神进一步全面深化改革的重大原则）》，载《人民日报》2024年8月9日。张文显：《建设中国特色社会主义法治体系》，载《法学研究》2014年第6期。

### (三) 立法过程中的价值考量

在立法过程中，立法者需要全面考量各种价值因素，包括但不限于公平、正义、效率、秩序等。这些价值因素往往相互交织、相互冲突，立法者需要运用智慧和判断力，在它们之间找到最佳的平衡点。例如，在制定环境保护法律时，立法者需要平衡经济发展与环境保护之间的关系；在制定劳动法律时，则需要平衡劳动者权益与用人单位利益之间的关系。

### (四) 公众参与与民主立法

刘平教授等学者的论述还强调了公众参与在立法过程中的重要性。公众参与不仅有助于立法者更全面地了解社会各界的利益诉求和价值观念，还有助于增强立法的民主性和科学性。通过公众参与，立法者可以更加准确地把握社会脉搏和时代精神，从而制定出更加符合社会实际需要和人民利益的法律。这种民主立法的过程本身就是一个价值平衡的过程，它要求立法者充分听取各方面的意见和建议，在充分协商和妥协的基础上达成共识。

立法中的价值平衡是一个复杂而细致的过程，它要求立法者具备高度的责任感和使命感，充分运用理性、智慧和判断力，在各种相互冲突的利益和价值之间找到最佳的平衡点。只有这样，才能制定出既符合社会实际需要和人民利益、又具有前瞻性和稳定性的法律。[1]

## 第二节 立法方针

### 一、党领导人民代表大会制度

党领导人民代表大会制度，主要体现在以下几个方面：

首先，人民代表大会制度是我国的根本政治制度，它体现了国家的性质，符合我国的国情和实际。这一制度的核心是保证国家一切权力属于人民，人民通过人民代表大会这一组织形式参与国家事务的管理，行使当家作主的权

---

[1]《"立法与国家治理论坛"第二讲成功举办》，载 http://fxy.cupl.edu.cn/info/1088/10642.htm，2024年8月13日访问。刘平：《著作权法立法目的及其实施中的主要问题》，载 https://www.sohu.com/a/149468429_221481，2024年8月13日访问。《[享法]"创新政府立法机制"，听大咖&司青一起谈！》，载 https://www.thepaper.cn/newsDetail_forward_12422541，2024年8月13日访问。

利。在这个过程中,党的领导是至关重要的。

其次,中国共产党在革命胜利后,领导人民建立了人民代表大会制度。这种制度形式是由中国共产党在把马克思主义基本原理同中国具体实际相结合的过程中,逐步得出的历史性结论。新民主主义革命胜利后建立的政权,只能是工人阶级领导的、以工农联盟为基础的人民民主专政;与此相适应的政权组织形式,只能是民主集中制的人民代表大会制度。

最后,党通过人民代表大会制度来领导和治理国家,确保人民的利益得到最大化的实现。人民代表大会制度具有鲜明的中国特色和巨大的制度优势,它能够有效地反映人民的意愿,保证人民当家作主,同时推动国家的民主化进程。

总的来说,党的领导和人民代表大会制度是我国政治体制的重要组成部分,它既确保了党的领导地位,同时也保证了人民的权益得到充分保障和实现。通过这种制度形式,党和人民能够紧密地联系在一起,共同推动国家的发展和进步。

**二、党领导立法作为立法质量的保障**

党领导立法能有效保障立法质量,主要体现在以下几个方面。

(一) 立法理念的引领

党领导立法首先体现在对立法理念的引领上。党的理论和路线方针政策是立法的根本遵循。党通过立法工作,将党的主张和人民的意志转化为国家意志,确保立法工作始终沿着正确的方向前进。这种引领不仅保证了立法的政治正确性,也提升了立法的价值导向,使立法更加符合社会发展的需要和人民的利益。

(1) 以人民为中心。作为立法理念的"以人民为中心",是当代中国全面推进依法治国的重要思想指引。它强调立法活动应始终以人民的利益为出发点和落脚点,确保法律的制定和执行都符合广大人民的根本利益。

具体而言,"以人民为中心"的立法理念要求:①立法体现人民的意志,通过选举制度等保证人民有权决定国家工作人员的选任,持续参与对国家和社会事务的管理,并监督国家机关和工作人员是否依法履职。②立法维护人民的合法权利,将事关人民生活的事项纳入法治调整的轨道,通过加强重点领域的立法，为民生夯实法治的根基。③立法回应人民的利益期待，确立公平正义的制度环境，确保人民平等参与和平等发展的机会，严格执法、公正司法，在法律实施中回应人民的利益期盼。这一理念体现了中国共产党人对法治基础、法律目的、法律效果的深刻认识，也是新时代立法工作的价值取向和工作重点。

（2）促进社会公平正义。①立法应当致力于促进社会公平正义，保护弱势群体，缩小社会贫富差距。在制定法律时，应充分考虑各方利益，尤其是弱势群体的利益，以实现社会的公平与和谐。②立法要平等尊重和关怀公民。民主、法治和人权的一个共同基本要求就是政府要平等尊重和关怀所有公民。这一点不仅是宪法原则，也应该是所有立法的原则。[1]③立法要均衡调整地区之间的经济社会发展水平，防止弱势地区长期陷入低度发展的比较劣势。一个国家是一个民族共同体和命运共同体，地区之间、城乡之间不应该在发展机会上有显著的差别。我们是单一制国家，中央政府的立法调控手段非常多元，其功能之一是保障地区发展的均势。

（二）立法过程的民主化

党领导立法工作要注重立法过程的民主化，确保立法工作广泛听取、吸纳各方面意见。在立法全过程中，党推动立法机关通过座谈会、听证会、论证会等多种形式，广泛征求社会各界的意见和建议。这种民主化的立法过程，有助于增强立法的科学性和民主性，提高立法质量。同时，它也体现了党对人民民主权利的尊重和保障。

（三）立法体制机制的完善

党领导立法还体现在对立法机制的完善上。党通过推动立法机关加强立法制度建设、完善立法体制机制，不断提高立法质量和效率。例如，党推动立法机关完善立法规划、立法计划制度，加强重点领域立法，推进立法精细化、精准化。同时，党还推动立法机关加强立法监督，确保法律得到有效实施。这些机制的完善，为立法质量的提升提供了有力保障。

（四）立法内容的科学性

党领导立法注重立法内容的科学性。党通过加强对立法工作的统筹协调，

---

[1] 参考［美］罗纳德·德沃金：《认真对待权利》，信春鹰、吴玉章译，上海三联书店2008年版，第241~245页。

确保立法工作符合经济社会发展的客观规律。在立法过程中,党推动立法机关深入研究立法涉及的重大问题,广泛征求专家学者的意见,确保立法内容科学合理、切实可行。这种科学性的立法过程,有助于提升立法的针对性和有效性,提高立法质量。

（五）立法效果的保障

党领导立法还体现在对立法效果的保障上。党通过推动立法机关加强对法律实施情况的监督检查,确保法律得到有效实施。同时,党还推动立法机关加强法律宣传普及工作,增强全社会的法治意识。这些措施有助于增强法律的实施效果和社会影响力,从而进一步提升立法质量。

综上所述,党领导立法是立法质量的保障。党通过对立法理念的引领、立法过程的民主化、立法机制的完善、立法内容的科学性以及立法效果的保障等方面的努力,确保了立法工作始终沿着正确的方向前进,为国家的法治建设提供了有力支持。[1]

### 三、宜粗不宜细

从学术角度来看,"宜粗不宜细"作为立法方针,是在特定历史条件下形成的一种立法策略,其利弊分析需结合具体的社会、经济、政治背景进行深入探讨。

（一）有利之处

（1）灵活性与适应性:"宜粗不宜细"的立法方针赋予法律条文较大的解释空间和灵活性,使其能够更快地适应快速变化的社会经济环境。在改革开放初期,面对诸多未知和不确定因素,这种灵活性有助于政府及时应对新情况、新问题,减少因法律滞后而带来的阻碍。

（2）促进改革与发展:在推动重大改革或促进经济发展的过程中,过于细致的法律条文可能会束缚改革者的手脚,限制创新的空间。采用"宜粗不宜细"的方针,可以在一定程度上避免法律成为改革的障碍,为改革和发展创造更加宽松的法律环境。

（3）立法效率:在立法资源有限的情况下,过于追求法律条文的精细化

---

[1] 参见封丽霞:《党领导立法的逻辑与意义》,载《行政法学研究》2023年第3期;朱宁宁:《党领导的立法工作为高质量发展提供坚实法治保障》,载《法治日报》2024年7月4日。

会导致立法过程冗长复杂,影响立法效率。采用"宜粗不宜细"的方针,可以简化立法过程,缩短立法周期,提高立法效率,使法律尽快出台并发挥作用。

(二) 不利之处

(1) 法律确定性不足:过于粗疏的法律条文可能导致法律解释和适用的不确定性增加,给司法和执法带来困难。这种不确定性可能损害法律的权威性和公信力,损害社会主义法制的统一与尊严,影响公众对法律的信任度。

(2) 权力滥用风险:"宜粗不宜细"的立法方针可能给行政机关或其他权力机关留下较大的自由裁量权空间,增加了权力滥用的风险。在没有明确法律约束的情况下,权力机关可能出于自身利益考虑而作出不利于公众利益的决策。

(3) 法律空白与漏洞:过于粗疏的法律条文可能无法全面覆盖社会生活的各个方面,导致法律空白和漏洞的出现。这些空白和漏洞可能成为不法分子逃避法律制裁的借口,损害社会公平正义。

(4) 不利于法治建设:从长远来看,"宜粗不宜细"的立法方针可能不利于法治建设的深入推进。法治要求法律具有明确性、稳定性和可预测性,而过于粗疏的法律条文则难以满足这些要求。因此,在法治建设的过程中,需要逐步细化法律条文,提高法律的精确性和可操作性。

具体例子,如《信托法》的配套制度缺位。《信托法》在 2001 年颁行,其中第 4 条授权国务院制定关于信托机构的行政法规,但至今仍未出台。[1]《信托法》上的信托登记制度、信托税制等具体规则也未得到明确。这导致禁锢信托制度功能发挥的很多问题迟迟无法得到解决,《信托法》的制度优势无法充分发挥。

"宜粗不宜细"的立法方针在我国立法史上有着深厚的历史背景。这一方针最早可追溯至改革开放初期,当时由于立法工作量巨大、人力资源有限,以及社会经济环境复杂多变,立法者倾向制定较为粗疏的法律条文,以便在后续实践中逐步完善。这一方针在当时的特定历史条件下具有一定的合理性

---

〔1〕 目前实施的是《信托公司管理办法》(2025 修正)(2007 年 1 月 23 日中国银行业监督管理委员会令 2007 年第 2 号公布,根据 2025 年 5 月 15 日《国家金融监督管理总局关于修改部分规章的决定》第一次修改),属于部门规章。

和必要性。"宜粗不宜细"作为立法方针具有其特定的历史背景和现实意义，但也存在一定的局限性和潜在风险。在立法实践中，应根据实际情况灵活把握这一方针的适用范围和程度，以实现立法质量与效率的平衡。

综上所述，在当前的法治建设中，需要逐步向精细化立法的方向迈进，完善法律体系，提高法律质量和效率。[1]

### 四、政策之法与授权立法

在探讨作为立法方针的政策之法与授权立法时，我们可以从学术角度对两者进行深入分析。

（一）政策之法

政策之法，简而言之，是指通过政策形式来体现和实现法律的功能与价值的立法方式。它并非传统意义上的成文法或制定法，而是由党的决策部署与相应的国家政策获得法律化而来，同时体现在国家政策、行政命令、政府指导意见等具有普遍约束力的规范性文件中。以政策为指导的原则实际上就是党领导立法的保障。[2]政策之法具有灵活性、时效性和针对性强的特点，能够迅速应对社会经济发展的新情况、新问题。

（1）灵活性：政策之法能够根据社会经济发展的需要，及时调整和变化，以适应新的形势和要求。这种灵活性使得政策之法在应对突发事件、推动改革创新等方面具有独特的优势。

（2）时效性：政策之法的制定和实施往往具有明确的时效目标，能够在较短时间内产生显著的社会效果。然而，这也要求政策之法在制定过程中必须充分考虑其长期影响和可持续性。

（3）针对性：政策之法通常针对特定的社会问题或领域进行制定和实施，具有较强的针对性和实效性。这种针对性使得政策之法能够更有效地解决具体问题，推动相关领域的发展。

（4）权威来源：虽然直接关于"政策之法"作为学术概念的权威来源可

---

[1] 赵廉慧：《我国法治事业需要更精细的立法技术》，载 https://www.sohu.com/a/284859142_690952，2024年8月13日访问。王礼明：《宜"粗"则粗，宜"细"则细——谈我国立法的一个指导思想》，载《法学》1995年第4期。

[2] 吴大英等：《中国社会主义立法问题》，群众出版社1984年版，第155页。

能较少,但我们可以从政策学、法学交叉领域的学术研究中找到相关支持。例如,政策与法律的互动关系、政策转化为法律的过程等研究都涉及政策之法的相关内容。

(二)授权立法

授权立法是指行政机关或其他非立法机关依据立法机关的授权进行立法活动的行为。它通常发生在立法机关因自身能力有限或为了应对特定情况而需要借助其他机关的力量进行立法时。授权立法具有从属性、有限性和灵活性等特征。

(1)从属性:授权立法是立法机关立法权的延伸和补充,其立法活动必须严格遵循立法机关的授权范围和目的。这种从属性保证了授权立法在宪法和法律框架内的合法性和有效性。

(2)有限性:授权立法在授权范围、立法事项和立法程序等方面都受到严格的限制。这种有限性旨在防止授权机关滥用立法权,保障立法活动的规范性和权威性。

(3)灵活性:授权立法能够根据社会经济发展的需要,及时制定和修改相关法规,以应对复杂多变的社会环境。这种灵活性使得授权立法在推动改革、促进发展等方面具有重要的作用。

关于授权立法的法律规定,我们可以参考《立法法》《行政法规制定程序条例》等法律法规。

政策之法与授权立法作为立法方针的两种不同形式,各有其独特的优势和适用范围。政策之法在灵活性、时效性和针对性方面具有优势,能够迅速应对社会经济发展的新情况、新问题;而授权立法则在从属性、有限性和灵活性方面表现出色,能够弥补立法机关在立法能力方面的不足,推动改革和发展的深入进行。在实践中,我们应根据具体情况选择合适的立法方式,以实现法律效果和社会效果的有机统一。

## 五、立法中的权衡与妥协

立法中的权衡与妥协是一个复杂而重要的过程,它涉及多个方面的利益考量与平衡。

(一)立法目的的权衡

刘平在谈到《著作权法》时,明确指出《著作权法》的立法目的和原则包括保护创作和建立利益平衡关系。这本身就是一种权衡的体现：一方面要保护创作者的权益，激发创作热情；另一方面要建立合理的利益分配机制，确保作品能够合法传播，满足社会公众的需求。这种权衡在立法过程中至关重要，它要求立法者必须在保护创作者利益与促进作品传播之间找到一个合适的平衡点。

（二）利益群体的博弈

立法过程往往涉及多个利益群体的博弈，刘平指出，在《著作权法》中，原创作者、传播者（如音乐著作权协会）和使用者之间的利益需要得到平衡。这要求立法者在制定法律时，要充分考虑各利益群体的诉求和利益，通过妥协和协商来达成一个各方都能接受的方案。例如，在数字化网络技术广泛应用的背景下，原创作者的市场交易地位和维权能力进一步弱化，立法者需要采取措施加强对创作者的保护，同时也要确保作品的合法传播和使用者的合理需求得到满足。

（三）法律实施中的权衡

立法不仅仅是制定法律文本的过程，更是法律实施和效果评估的过程。刘平在论述中提到了《著作权法》实施中的一些问题，如各类作品的使用者法律意识和守法经营意识不够高、独家授权模式可能导致的垄断问题等。这些问题都需要立法者在法律实施中进行权衡和妥协。例如，针对独家授权模式可能导致的垄断问题，立法者可以通过制定反垄断法或相关法规来规范市场行为，防止垄断行为的发生；同时也可以通过加大执法力度和司法保护来维护原创作者的权益。

（四）立法技术的运用

在立法过程中，立法技术的运用也是权衡与妥协的重要体现。刘平在谈到地方立法中法的编纂制度时指出，法的编纂是一种立法行为，它要求立法者将散见于不同法律文本中属于同一部门或同一类别的全部法律规范进行整理、归类和系统化。这个过程本身就是对立法技术的运用和对法律规范的权衡与妥协。通过编纂制度可以消除法律之间的矛盾和混乱，提高法律的系统性和协调性。

总而言之，立法中的权衡与妥协是一个复杂而重要的过程。它要求立法者充分考虑各利益群体的诉求和利益、在保护创作者与促进作品传播之间找到平衡点、在法律实施中进行灵活调整并运用适当的立法技术。只有这样才能制定出既符合社会发展需要又能够得到有效实施的法律制度。[1]

### 六、作为改革试验的地方立法实践

作为改革试验的地方立法实践，是推动国家治理体系和治理能力现代化的重要途径之一，具有深远的意义和独特的价值。以下是对这一实践的认识：

#### （一）先行先试的探索性

地方立法实践往往承担着为国家整体改革探索路径、积累经验的任务。在改革进入深水区、攻坚期的背景下，许多改革措施需要在地方层面先行试点，通过实践检验其可行性和效果。地方立法作为改革的法制保障，能够为这些试点提供法律支撑和制度保障，确保改革在法治轨道上平稳推进。

#### （二）创新性与灵活性

改革试验的本质在于创新，而地方立法实践则为这种创新提供了广阔的空间。相较于国家层面的立法，地方立法更具灵活性和针对性，能够更快速地响应地方经济社会发展的需求和改革的需要。通过制定具有地方特色的法律法规，地方立法实践能够推动制度创新、管理创新和服务创新，为改革提供强有力的法制保障。

#### （三）民主性与参与性

地方立法实践强调民主立法、科学立法和依法立法。在立法过程中，需要广泛听取各方面的意见和建议，充分反映人民群众的意愿和诉求。通过公开立法信息、开展立法听证、进行立法评估等方式，地方立法实践能够增强立法的民主性和透明度，提高立法的科学性和合理性。同时，这也能够促进公民参与和社会监督，推动法治社会的建设。

#### （四）协调性与平衡性

作为改革试验的地方立法实践，需要协调好各方面的利益关系，平衡好改革与稳定、发展与保护的关系。在立法过程中，需要充分考虑不同利益群体的诉求和利益，通过制定科学合理的法律制度和政策措施，确保改革的顺

---

[1] 刘平：《行政法规在法律体系中的地位不可替代》，载 https://www.moj.gov.cn/pub/sfbgw/zcjd/202403/t20240329_496772.html，2024年8月13日访问。刘平：《转型社会与依法治国》，载 https://law.ecnu.edu.cn/5e/7f/c45058a614015/page.htm，2024年8月13日访问。刘平：《关于地方立法中法的编纂制度的应用》，载上海市法学会编：《上海法学研究》（2020年第3卷·数字化转型中的法治），上海人民出版社2021年版。

利推进和社会的和谐稳定。同时,也需要注重法律制度的系统性和协调性,确保地方立法与国家立法相衔接、相配套。

(五) 示范性与引领性

地方立法实践的成功经验和创新成果往往具有示范性和引领性。通过总结和推广这些经验和成果,可以推动其他地方乃至全国范围内的改革和法制建设。同时,地方立法实践也可以为国家层面的立法提供有益的参考和借鉴,促进国家法治体系的不断完善和发展。

(六) 平衡好尊重公民权与处罚权

地方立法越来越多,在法律关系上,要注重平衡好尊重公民权与处罚权。尊重公民权是宪法的基本原则,而适当的处罚权是保障地方立法实效的必要条件。如果因为追求立法实效,设立处罚权,但是这种处罚权的行使,有可能造成对公民权的侵害或限制,那么,就需要改善这种处罚权的设立,直至取消,以保障公民权的安全。

总之,作为改革试验的地方立法实践是推动国家治理体系和治理能力现代化的重要力量。我们需要充分认识其重要性和独特性,加强对其的研究和探索,推动其不断发展和完善。

# 第十三章

# 立法规划与立法决策

## 第一节 立法规划

### 一、不同层次的立法规划

立法规划是国家法治建设的重要组成部分，对于确保法律体系的系统性和科学性具有重要意义。在中国，立法规划不仅体现了党和国家对法治建设的高度重视，对立法规律的遵循，也反映了社会经济发展的实际需求。

全国人大常委会的立法规划是以五年一届为单位，如《十四届全国人大常委会立法规划》，这一届的立法规划内容分为三部分：第一类项目：条件比较成熟、任期内拟提请审议的法律草案（79件）；第二类项目：需要抓紧工作、条件成熟时提请审议的法律草案（51件）；第三类项目：立法条件尚不完全具备、需要继续研究论证的立法项目。

国务院的立法规划也是按照五年一规划一年一计划制定的，如《国务院2024年度立法工作计划》明确的立法项目及负责起草的单位共分为三类：第一类，拟提请全国人大常委会审议的法律案（21件），还有预备提请全国人大常委会审议的法律案26件；第二类，包括拟制定、修订的行政法规（30件），还有预备制定的行政法规19件和预备修订的行政法规18件；第三类包括拟完成的其他立法项目3种。

在地方层面，有省、自治区、直辖市人大常委会的地方立法五年立法规划、年度工作计划，省、自治区、直辖市人民政府的政府规章五年工作规划、年度工作计划，设区的市人大常委会的地方立法五年立法规划、年度工作计划，设区的市人民政府的政府规章和五年工作规划、年度工作计划等。

这些立法规划和年度立法工作计划，都是面向人大代表、政府部门、社会公众公开征集之后，由专业人员分析论证，根据轻重缓急、成熟度拟定出来，又经过立法机关决策机制作出的，具有立法项目准名单的指导意义。

## 二、立法规划的背景与意义

（一）立法规划的背景

中国的立法规划是在中国特色社会主义法治体系不断完善的过程中逐步形成的。自改革开放以来，随着国家经济的快速发展和社会治理的日益复杂，立法需求急剧增加。为了适应这一变化，国家开始制定和实施立法规划，以确保立法工作的有序进行。特别是进入新时代以来，以习近平同志为核心的党中央高度重视立法工作，明确提出全面依法治国、建设社会主义法治国家的目标，为立法规划提供了更加明确的方向和指引。

（二）立法规划的意义和必要性

立法规划的意义在于通过科学规划和合理安排立法项目，确保立法工作的系统性和前瞻性。它有助于避免立法工作的盲目性和随意性，提高立法质量和效率。

立法规划是调整立法主体有限的立法能力和立法项目在轻重缓急之间紧张关系的立法制度，其目标在于指导立法进程，使立法进程与国家或区域经济社会法治的需求相适应，为法治建设和物质、政治、精神、社会、生态五个文明的发展提供科学有效的规则体系。

首先，立法规划有利于立法更好地配合党和国家的方针、政策和工作重点。立法规划与党和国家的经济社会发展规划、不同时期的工作重点相一致。立法规划要服务于贯彻落实党中央决策部署，以高质量立法服务保障党和国家工作大局。

其次，立法规划有利于社会主义法律体系的完善。立法规划与社会主义法律体系完善呈正相关关系，因为立法规划能够促进法律体系的内部协调和外部衔接，为法治体系的建设提供坚实的制度保障。

最后，立法规划有利于稳妥有序推进立法，有利于提高立法质量。立法者在制定立法规划与年度立法计划时会考虑立法项目的轻重缓急、成熟度、可执行度，分出准备、积极论证、预备提请审议、拟提请审议等类型，有利于把握节奏，精心谋划，提高立法质量。

### 三、立法规划的原则

（一）坚持党的领导

党的领导是中国特色社会主义最本质的特征，也是立法规划必须遵循的首要原则。在立法规划过程中，必须始终坚持党的领导地位，确保立法工作的正确政治方向。这要求立法机关在制定和实施立法规划时，要深入贯彻党的路线方针政策和决策部署，将党的领导贯穿于立法工作的全过程和各方面。

（二）以人民为中心

立法为了人民、依靠人民、造福人民、保护人民是社会主义法治的本质要求。因此，立法规划必须坚持以人民为中心的原则，充分反映人民群众的意志和愿望。这要求立法机关在制定立法规划时，要广泛听取人民群众的意见和建议，确保立法项目贴近民生、符合民意。

（三）紧迫性、成熟度与前瞻性考虑

立法的紧迫性往往反映国家战略与社会经济科技发展需求。比如随着老龄化的加深，最新发布的《中国统计年鉴2024》显示，2023年，中国65岁及以上人口数已经达到21 676万人，我国65岁及以上人口占比达到了总人口15.4%，老年抚养比为22.5%。老年人的养老与照护已经成为日趋紧迫的立法命题。按国际惯例，我国正在"中度老龄化"的社会形态中加速行进。辽宁全省已经进入"重度老龄化"，养老金问题日益严峻。南开大学经济学院教授原新指出，缴纳养老金的人越来越少，领取养老金的人越来越多，养老金的可持续性受到挑战。未来十年是老龄化加速时期，养老金领取人数将大幅增加。养老金支出总额上涨，但筹资却越来越难。学界普遍认为，到2025年至2039年之间基础养老金累计结余将消耗殆尽并出现累计赤字。[1] 2024年12月30日中共中央、国务院公布的《关于深化养老服务改革发展的意见》，可以作为相关立法的政策基础。

而成熟度就是在紧迫性基础上，相应的立法命题是否有成熟的立法方案

---

[1]《我国"中度老龄化"加速，老年抚养比升至22.5%，养老出路何在？老龄社会的挑战与应对》，载 https://news.china.com/socialgd/10000169/20241205/47709840_all.html，2025年1月7日访问。

和立法制度设计,这就需要以成熟的立法研究成果为基础,设计出具有可行性的制度方案,如如何提高养老金收入、如何大幅度地提高养老照护容量和水平,并能够适应未来 5 年至 10 年老龄化加速所带来的需求。

前瞻性也是立法规划的一个重要考虑因素。缺乏前瞻性的立法项目既可能是一个不仅方向错误的立法决策,也可能是一个不仅不能解决问题反而可能激化矛盾的立法设计。先行调研的立法项目,就要瞄准具有前瞻性的立法项目,进行立法调研。

(四)坚持科学立法、民主立法、依法立法

科学立法、民主立法、依法立法是新时代立法工作的基本要求。立法规划作为立法工作的重要组成部分,也必须坚持这些原则。科学立法要求立法规划要遵循立法规律,确保立法项目的科学性和合理性;民主立法要求立法规划要广泛听取各方面的意见和建议,确保立法项目的民主性和公正性;依法立法则要求立法规划必须严格遵守宪法和法律的规定,确保立法项目的合法性和权威性。

**四、立法规划的内容**

(一)立法项目的确定

立法项目的确定是立法规划的核心内容。在确定立法项目时,需要综合考虑国家经济社会发展的实际需要、人民群众的迫切需求以及法律体系的内在要求等因素。具体来说,立法项目可以包括以下几个方面:一是涉及国家安全和重大利益的立法项目;二是涉及经济社会发展全局的立法项目;三是涉及人民群众切身利益的立法项目;四是涉及生态环境保护等社会关注的热点问题的立法项目。

(二)立法项目的分类与排序

在确定立法项目后,还需要对其进行分类和排序。分类的目的是明确立法项目的性质、范围和重要程度等基本信息;排序则是为了确定立法项目的优先顺序和时间安排。一般来说,立法项目可以按照重要程度、紧急程度、可行性等因素进行分类和排序。同时,还需要根据立法工作的实际情况和需要,适时调整立法项目的分类和排序。

(三)立法项目的实施与监督

立法项目的实施是立法规划的关键环节。在实施过程中,需要严格按照立法程序进行，确保立法工作的规范性和合法性。同时，还需要加强对立法项目的监督和管理，确保立法项目的顺利推进和有效实施。具体来说，可以通过建立立法项目责任制、加强立法调研和论证、完善立法评估机制等方式来加强立法项目的实施和监督。

### 五、立法规划的实施与成效

（一）立法规划的实施情况

近年来，中国立法规划的实施取得了显著成效。一方面，立法规划为立法工作提供了明确的方向和指引，促进了立法工作的有序进行；另一方面，立法规划还促进了法律体系的不断完善和内部协调，为法治国家的建设提供了坚实的制度保障。具体来说，在生态环境、经济发展、社会治理、民生保障等领域出台的一系列重要法律法规，为相关领域的发展提供了有力的法律支持。

（二）立法规划存在的问题与不足

尽管立法规划的实施取得了显著成效，但也存在一些问题和不足。例如，部分立法项目在实施过程中存在进度缓慢、质量不高等问题；部分立法项目与实际情况脱节，难以满足社会发展的需要；部分立法项目在实施过程中缺乏有效的监督和评估机制等。这些问题和不足需要引起高度重视并采取措施加以解决。

（三）法治督察

各级党组织的依法治国（国家、省区市、市州、县市区）委员会通过督察的形式，对各级政府立法规划及规范性文件制定规划进行督导和巡察，有利于规划的实施。

### 六、如何保证立法规划的质量

第一，需要对国家和社会发展的总体需求有清晰深入的把握。这是对大局的把握。立法就是要在某个主题上，进行相对系统的规范体系设计和厘定。这样的立法主题往往在党的决策部署中、国务院的政策决定里有所包含，所以党的决策和国务院的政策是最重要的依据。同时必须反映社会层面的需求，因而采取公开征集的方式。

第二，需要加强对人民需求和人民利益的认识与尊重。人民需求和人民利益是立法首先要维护的。人民需求集中体现在"国家尊重与保障人权"，人民利益在于把我国建设成为富强民主文明和谐美丽的社会主义现代化强国，在于实现中华民族伟大复兴。这是宪法的规定，需要通过有针对性的立法规划加以落实。

第三，需要广泛收集各级人大代表、社会各界、公众的立法建议。除了收集政府、政府部门的立法建议外，还需要重点收集各级人大代表、社会各界、公众的立法建议。

第四，需要对既有的立法、立法能力、立法资源、拟定的立法项目有一个总体的适配。立法规划不是列的立法项目越多越好，因为有些立法项目不必立，有些领域不需要定规矩，反而需要交给社会自治。另一方面，就是立法能力和立法资源是有限的，需要量力而行。

第五，需要国际视野，需要对国家所处的国际体系和国际立法趋向有清醒实证的把握。全球已经融为一个休戚与共、技术同步的国际共同体，对国际治理方法的把握有时候至关重要。

### 七、立法规划的未来展望

#### （一）加强立法规划的科学性和前瞻性

未来立法规划需要更加注重科学性和前瞻性。一方面要加强对经济社会发展趋势的预测和分析，确保立法项目能够适应未来发展的需要；另一方面要加强对立法项目的论证和评估工作，确保立法项目的科学性和合理性。

#### （二）完善立法规划的民主参与机制

立法规划需要更加广泛地听取各方面的意见和建议。未来可以通过建立更加完善的民主参与机制来增强立法规划的民主性。例如，可以通过召开座谈会、听证会等方式广泛听取专家学者、社会组织和人民群众的意见和建议；可以通过网络调查等方式收集更加广泛的民意信息；可以通过建立立法联系点等方式加强与基层群众的沟通和联系等。

#### （三）加强立法规划的监督与评估

立法规划需要建立更加完善的监督和评估机制来确保其有效实施。未来可以通过建立立法项目责任制等方式加强对立法项目的监督和管理；可以通过建立立法评估机制等方式对立法项目的实施效果进行评估和反馈；可以通过加强立法宣传和解读等方式提高公众对立法工作的认识和参与度等。

总之，立法规划是中国特色社会主义法治建设的重要组成部分。通过科学规划和合理安排立法项目，可以确保立法工作的有序进行和法律体系的不断完善。未来中国将继续加强立法规划工作，不断提高立法质量和效率，为全面建设社会主义现代化国家提供坚实的法治保障。

## 第二节 立法决策

### 一、不同层次的立法决策

（一）执政党层面的立法决策

执政党是中国特色社会主义事业的领导力量，其掌握立法领导权，自然掌握立法决策权。

（1）对立法项目提出建议。整个中国特色社会主义制度和中国式现代化需要治理体系和治理能力的现代化，治理体系和治理能力的现代化需要哪些立法，中国共产党的中央机关具有发言权。党的二十届三中全会通过的《关于进一步全面深化改革　推进中国式现代化的决定》部署了19部（类）法律的制定任务。

（2）执政党的路线方针政策指导立法。这是政治学的基本原理。执政党提出执政路线方针政策，立法机关等据此制定法律，这在德沃金那里，叫"政策之法"。[1]

（3）审批立法规划。全国人大常委会立法规划，是经党中央批准，全国人大常委会为明确其任期内立法的总体安排和部署，围绕国家中心工作，按照一定程序所编制的指导立法工作的文件。从第七届到第十四届全国人大常委会，均是在任期届始之年编制立法规划，并报党中央同意后印发执行。[2]

---

[1] 这一译法（政策之法）首见于高鸿钧、赵晓力主编：《新编西方法律思想史（现代、当代部分）》，清华大学出版社2015年版，第204~250页。

[2] 张春生主编：《立法实务操作问答》，中国法制出版社2016年版，第1页。

(4) 对立法草案提出立法修改意见。正式提交审议的立法草案，在提交审议之前，需要单独征求同级党委会常委的意见。这在不同位阶的立法上是基本的惯例。

(5) 在具体人民代表大会上，决定具体议程。党中央总书记在全国人民代表大会召开期间，担任人大主席团执行主席，其在决定具体立法议程、提出立法提案上具有决定权；地方党委书记在本级人民代表大会召开期间，具有类似的地位。

（二）立法机关层面的立法决策

(1) 决定具体立法项目。具体立法项目能否纳入立法规划或者年度立法计划，还是由立法机关参照多方面的意见，作出决定。

(2) 制定公布立法规划和立法计划。按照《立法法》第56条，全国人大常委会通过立法规划和年度立法计划、专项立法计划等形式，加强对立法工作的统筹安排。

(3) 决定具体立法项目的起草人。《立法法》第57条规定，通过提前介入法律草案起草工作，决定由立法机关内部委员会或者工作机构起草，或者吸收专家参与起草，或者委托第三方起草，决定具体法律草案起草人。

(4) 推进立法项目。通过解决立法程序中和立法过程中的重大疑难问题，推进具体立法项目的继续实施。

(5) 对审议中的重大争议问题作出决定。

（三）行政机关行政法规和规章制定层面的立法决策

(1) 决定是否启动行政立法项目。国务院法制机构应当根据国家总体工作部署，对行政法规立项申请和公开征集的行政法规制定项目建议进行评估论证，突出重点，统筹兼顾，拟订国务院年度立法工作计划，报党中央、国务院批准后向社会公布。列入国务院年度立法工作计划的行政法规项目应当符合下列要求：①贯彻落实党的路线方针政策和决策部署，适应改革、发展、稳定的需要；②有关的改革实践经验基本成熟；③所要解决的问题属于国务院职权范围并需要国务院制定行政法规的事项。

而对于规章来说，国务院部门法制机构，省、自治区、直辖市和设区的市、自治州的人民政府法制机构（以下简称"法制机构"），应当对制定规章的立项申请和公开征集的规章制定项目建议进行评估论证，拟订本部门、本级人民政府年度规章制定工作计划，报本部门、本级人民政府批准后向社会公布。年度规章制定工作计划应当明确规章的名称、起草单位、完成时间等。

（2）制度设计的决定。制度设计的决定，应该由行政法规、规章的立项申请单位或者起草单位首先提出建议，由相关法制部门同意后，提交国务院或者国务院部门或者人民政府决定。

（3）以决定的方式通过行政立法。行政法规草案由国务院常务会议审议，或者由国务院审批。国务院常务会议审议行政法规草案时，由国务院法制机构或者起草部门作说明。

（四）其他层面的立法决策

（1）备案审查。通过备案审查，实现人大常委会和上级政府对行政法规、军事法规、监察法规、地方性法规、自治条例和单行条例、规章及行政特区法律等审查，这既是立法监督，也是一种立法决策方式。

（2）合宪性审查。合宪性审查是实现宪法效力的必选途径，也是维护法制统一和尊严的最重要制度。世界范围内合宪性审查[1]已为90%的国家宪法所接受，大部分国家的合宪性审查制度在有效运行。我国的合宪性审查是由全国人大常委会掌握，通过立法过程中的审议和立法后的备案审查、提请审查、专项审查等方式实施。合宪性审查直接认定具体法律规定是否有合宪性问题，是最重要的立法决策形式。

## 二、立法决策的程序

（一）执政党立法决策的程序

1. 主动部署

经过执政党集体讨论决定的立法决策建议会以党的文件的形式下达，这些立法决策建议一般不以直接的立法建议呈现，多数是以概括的指导思想呈现。但是，有时也会以明确的立法项目名称出现。同时，像立宪、修宪这样重大的立法决策，会以宪法建议案、修宪建议案的形式正式提出。

2. 批准程序

无论是人大的立法规划、年度立法计划，还是国务院、地方人民政府的立法计划，都要提交执政党机关批准。

---

[1] 此处取"合宪性审查"的广义。

3. 重大事项请示报告程序

立法中的重大事项，需要遵循《中国共产党重大事项请示报告条例》等请示报告，获得明确的答复。重大立法事项需由全国人大常委会党组向中共中央委员会请示报告。地方人大常委会向地方党委请示汇报。

(二) 立法机关决策程序

(1) 立法启动程序。一个立法项目经过立法论证进入年度立法计划，如果属于调研预备类项目，就可以开始调研、预备。如果属于提请审议类，就按照立法机关的决策，按照先后顺序进入审议程序。

(2) 立法推进程序。全国人大常委会会议的立法推进程序，包括法律案的提出、审议、表决和法律的公布，每一阶段都是按照立法推进程序按部就班进行。

(三) 行政立法决策程序

(1) 立法启动程序。行政立法的启动是从立项开始，列入国务院年度立法工作计划的行政法规项目，或者地方政府规章项目，开始正式起草工作。这些项目来自三方面：一是部门报请立项；二是面向社会公开征集的；三是政府法制机构根据政府总体工作部署提出的立法项目。

(2) 立法决定程序。行政立法最终要经过政府常务会议审议，行政法规草案由国务院常务会议审议，或者由国务院审批。国务院法制机构应当根据国务院对行政法规草案的审议意见，对行政法规草案进行修改，形成草案修改稿，报请总理签署国务院令公布施行。部门规章应当经部务会议或者委员会会议决定。地方政府规章应当经政府常务会议或者全体会议决定。法制机构应当根据有关会议审议意见对规章草案进行修改，形成草案修改稿，报请本部门首长或者省长、自治区主席、市长、自治州州长签署命令予以公布。

### 三、立法决策的正当性和质量保证

(一) 立法决策的正当性

(1) 立法项目的合宪性、合法性。立法决策的正当性首先要考量立法项目的合宪性、合法性。一个立法项目的合宪性、合法性审查首先在立法项目建议的评估论证。与《宪法》《立法法》及其他法律相抵触的立法项目不能进入立法计划。

(2) 立法项目的社会效力。立法项目要贯彻落实党的路线方针政策和决策部署，适应改革、发展、稳定的需要；同时也要符合社会大众的权利保护期待，具有鲜明的社会效力，这种品质往往是法效力的三大指标之一。[1]

(3) 制度设计的正当性和有效性。立法决策的正当性具体落实到其法律制度设计的正当性和有效性。法律制度缺乏正当性和有效性的立法决策，本身就没有正当性。一部立法的主要制度设计必须经过行业专家、法律专家、公众代表、利益相关方的认同，否则谈不上正当性。

(二) 立法决策的质量保证

1. 立法决策的民主程序

立法决策中的自下而上如政府部门的立法项目申报、社会征集、人大代表提案，立法论证中的论证会、听证会、座谈会，立法草案的社会征集和网上征求意见，立法讨论中的辩论，立法审议中的自由发言，立法表决中的多数决等等，都是必不可少的民主立法决策程序。

2. 立法决策者的调研沟通

立法决策者的充分调研，不仅是对各界意见的调研，还有对立法管辖的社会实务界的调研，不仅是对国内的调研，还有对国际先进经验的调研。同时，立法决策者与立法所管辖的主导性二元关系双方代表、相关主管部门、相关第三方等的沟通，对于质量保证同样至关重要。

3. 立法决策者的决策参考

立法决策者还需要对执法、司法中的相关案例、疑难案例有所参考，这样才能增强立法决策的针对性和制度设计的有效性。这就需要行政职能部门提出相关执法报告，需要司法机关提出司法报告，作为立法决策参考。

---

[1] [德] 罗伯特·阿列克西：《法概念与法效力》，王鹏翔译，商务印书馆2020年版，第89~91页。

# 第十四章

# 法案起草

## 第一节 法案起草概述

### 一、一个分支学科

立法起草是法学的最新分支学科。但它已经处于各国政府和国际组织研究的最前沿,这不仅仅是因为立法起草处于它们与人民之间沟通的核心。立法起草为(国家的、区域性或者国际性)行政部门与公民之间的沟通提供了一个独特的直接渠道。严格说来,它既起到意识形态的作用,也发挥功能性作用:它允许行政部门履行为公民服务的功能;它加强并促进公民对规划工作的参与。这两项举措均能增强公民对行政部门的信任。[1]

上引论述主要针对规制规则的起草。其实所有类别的立法起草都是需要纳入这个叫立法起草的分支学科。

立法起草既是一个系统工程,又是一个以专业研究为基础,以制度创设、规范表达为内容,以实质价值衡量为目标的法律草案生产过程。这样一个重大作业由权威专家操盘,跟一个见识平常的尝试者操盘,显然会有重大区别。

### 二、起草指引、设计、应用、论证

立法起草是一个指引、设计、应用、论证的具体过程。

---

[1] [希腊][英国]海伦·赞塔基:《立法起草:规制规则的艺术与技术》,姜孝贤译,法律出版社2022年版,中文版前言第1页。

首先要评估立法项目的立法必要性。这就广泛涉及立法指引的检验清单。[1]这里提供一个示例,仅供参考。

立法指引的检验清单

1. 确切的问题是什么?
a. 我们想要阻止什么损害或者其他不受欢迎的后果?
b. 谁或者什么受到了损害?
2. 损害风险的性质和规模是什么?
a. 问题发生的频率或者可能性有多大?
b. 有多少人或者情况受到影响? 严重程度如何? 以及问题什么时候出现?
3. 处理该问题有哪些选项?
a. 替代性行动方案有哪些,例如,从无为到完全禁止特定活动?
b. 有没有不涉及政府机构的替代方案?
c. 该问题可以在不进行任何规制的情况下被解决吗?
4. 每种选项可能产生的影响是什么?
a. 每种选项可能带来的好处是什么? 即它能在多大程度上降低估计的风险?
b. 该选项应当在多大程度上被打折扣,人们是否会为回应哪一选项改变他们的行为,进而导致风险降低的程度有所减少?
c. 由于间接的副作用或者其他可能源自该选项的危害,这又应当在多大程度上被打折扣?
5. 需要哪些行政管理机制?
a. 实施每种选项的机制是否最切合实际且有效?
b. 在机制涉及公共服务的情况下,鉴于其他主张,这种选项可以有效利用公共资源吗?
6. 预期收益的货币价值是多少?
a. 从货币角度来看,从每种选项中预期产生的收益的价值是多少?
b. 这个价值在多大程度上可能会被货币价值无法完全计算的其他收益所

---

[1] [希腊][英国]海伦·赞塔基:《立法起草:规制规则的艺术与技术》,姜孝贤译,法律出版社2022年版,中文版前言第39~40页。

增加（因为它们没有被市场化）？

7. 每种选项的估计成本是多少？

a. 总体而言，实施每一选项的政府预算成本（经常性和非经常性）是多少？

b. 为每种选项提供必要的行政机制（人事和非人事支出）的成本是多少？

c. 私营部门在遵守每种选项时，可能的直接成本（经常性和非经常性）是多少？

d. 私营部门在遵守每种选项时可能产生的间接成本是多少，如就竞争力下降而言？

8. 每种选项的成本收益如何？

a. 与预期收益相比，每种选项的成本如何？它们是否成比例？

b. 与可能降低的风险成本相比，每种选项所需的行政管理机制的效率如何？

c. 哪种选项最划算？

9. 哪些分配公平和公众感知方面的问题是相关的？

a. 成本和收益是否在社会不同群体之间被公平分配？

b. 对风险程度和消除风险的必要性而言，公众有何感知？

第二步是设计主要制度选择，即将立法中的主要制度设计出来，并用起草指引加以检验，再根据检验结论加以修改完善，直到符合起草指引的检验清单。

第三步是应用这些主要制度设计，完成一个系统化的立法草案，从总则、分则到附则。

第四步是论证立法草案，论证其内部体系的有效性与完整性，论证其与上位法的关系，做到不抵触、有特色、可操作、有价值。

## 第二节　法案起草人

### 一、法案起草人及其构成

法案起草人分为自任与任命两种。所谓自任之法案起草人一般是立法提案人或者提案单位自己选择起草提案文本。

所谓任命之法案起草人是指由立法机关任命的法律草案起草人，往往是起草小组，个别情况下也可能是一名主起草人，涉及根本法、基本法、部门法典的起草，一般是各方面专家组成的起草委员会。

### 二、法案起草人背后的利益集团

法案起草人背后并不一定有利益集团。但是在多数情况下，往往可以有迹可循地找到利益集团。这里的利益集团跟政治学上的利益集团[1]稍有不同，即这里的利益集团并不排斥政府中的利益集团。只要是试图影响立法的非立法主体以外的组织，都是这里所说的利益集团。

如果法案是由行政主管部门组织起草，其背后的利益集团就是行政主管部门代表的利益集团。最直接的就是掌握规制权和执法权的部门公职人员群体及其可能因此获得特殊利益的相关群体。这就是部门立法最为突出的弊端。

如果法案是由特定的提案人提出，提案人代表的利益群体就是法案背后的利益群体。这种利益集团或群体往往是公开的、显豁的。争取法案的通过本身就是争取群体权益的一种方式。这种利益群体往往在社会生活中受到不公平对待。因而，这种法案起草是推动社会进步的方式。

### 三、主管部门作法案起草人

主管部门作法案起草人，有其合理性。因为这些职能部门本身就是执法部门，他们积累了执法管理经验，首先是熟悉部门情况和社会层面的需求，

---

[1] 参见［美］杰弗里·M.贝瑞、克莱德·威尔科克斯：《利益集团社会》（第5版），王明进译，中国人民大学出版社2012年版，第6~18页。

对社会公众的真实想法不陌生。其次是能够把握相关法律关系的要津。"政府职能部门又是行政执法者,通过日常执法活动能够清楚掌握其中存在的主要问题,从而能够利用其行政管理优势来切中立法的目标以及提出解决问题的具体方案。"〔1〕

主管部门作为法案起草人的缺陷:

(1) 容易造成草案中的权利义务的不平衡。按照公共选择理论,政府部门也是理性人,追求自身利益最大化。倾向强化自身职权,忽略行政相对人的权利,增量行政相对人的义务。

(2) 容易造成权力-责任的不对等。倾向部门本位主义,强化部门权力,淡化部门责任,减轻部门人员的法律责任配置。为了克服这种倾向,《立法法》第74条规定,重要行政管理的法律草案由国务院法制机构组织起草。一些地方也作了类似规定,如《深圳市人民政府制定规章和拟定法规草案程序规定》。〔2〕

(3) 容易造成改革的迟延。基于公共选择理论的分析,主管部门一般不愿意主动改革,因为那意味着要放弃既有的利益格局,由此会引发利益丧失。

## 第三节 法案起草的过程与步骤

法案起草的过程与步骤是一个复杂而系统的过程,它涉及多个环节和多个参与者的共同努力。以下是根据多个权威来源整理出的法案起草的一般过程与步骤:

**一、决策与准备阶段**

(一) 作出法案起草的决策

立法决策权的范畴内,由有权机构或立法机关根据实际需要和立法规划,作出进行法案起草的决策。

(二) 确定起草机关

明确负责法案起草的具体机构或部门,这些机构或部门通常具有相应的

---

〔1〕 张春生主编:《立法实务操作问答》,中国法制出版社2016年版,第25页。
〔2〕 张春生主编:《立法实务操作问答》,中国法制出版社2016年版,第25页。

立法提案权或受委托进行法案起草工作。

（三）组织起草班子

组建专业的起草团队，包括法律专家、政策研究人员、行业专家等，以确保起草工作的专业性和全面性。

（四）明确立法意图

深入研究和理解立法背景、目的和意图，确保起草工作能够准确反映立法需求。

（五）进行调查研究

通过实地调研、座谈会、专家咨询等方式，收集相关数据和意见，为法案起草提供充分依据。

## 二、起草阶段

（一）搭架子和拟出法案提纲

在充分调研的基础上，构建法案的基本框架，并拟定详细的提纲，明确法案的主要内容和结构。

（二）正式起草法案

根据提纲和调研结果，逐条逐款地起草法案条文，形成初稿。在起草过程中，要注重条文的逻辑性和可操作性。

## 三、征求意见与修改阶段

（一）征求有关方面意见和协调论证

广泛征求相关部门、专家、学者和社会公众对初稿的意见，并进行充分的协调论证。对于收集到的意见和建议，要认真研究并合理吸纳。

（二）反复审查和修改

在征求意见的基础上，对初稿进行反复审查和修改，确保法案的科学性、合理性和可行性。这一过程可能需要多次迭代和完善。

## 四、形成正式稿与提交审议阶段

（一）形成法案正式稿

经过反复修改和完善后，形成法案的正式稿。正式稿应当结构严谨、内容完整、表述准确。

（二）提交审议

将法案正式稿提交给有权审议的立法机构进行审议。审议过程中可能会进一步修改和完善法案内容。

## 第四节　法案起草过程中需要注意的细节

在法案起草过程中，需要注意以下细节以确保法案的质量、科学性和可操作性：

### 一、准备阶段

（1）明确立法意图：深入理解立法的背景、目的和必要性，确保法案能够有针对性地解决实际问题。

（2）组建专业团队：挑选具备条件的起草人员，包括法律专家、政策研究人员、行业专家等，确保起草团队的专业性和全面性。

（3）调研充分：通过实地调研、座谈会、专家咨询等方式，收集立法所要调整的社会关系的情况和有关材料，确保立法基础扎实。

### 二、起草阶段

（1）结构合理：设计法案的整体结构，包括章节、条款等，确保逻辑清晰、层次分明。

（2）条文表述准确：使用清晰、简明、准确的语言表述条文内容，避免使用含糊不清或容易引起歧义的词汇。

（3）法律术语规范：准确使用法律术语，并确保与法律法规中的定义保持一致。对于专业术语，应在法案中进行适当解释。

（4）可操作性强：法案中的规定和要求应当明确具体，便于在实际操作中执行。避免使用过于主观或模糊的表述。

（5）创新性与地方特色：在符合法制统一的前提下，注重创新性和地方特色，使法案能够更好地适应本地实际情况。

### 三、征求意见与修改阶段

（1）广泛征求意见：将法案初稿广泛征求相关部门、专家、学者和社会公众的意见，确保立法过程的民主性和科学性。

（2）充分协调论证：对于收集到的意见和建议，要进行充分的协调论证，确保法案的合理性和可行性。对于争议较大的问题，要进行深入研究并妥善处理。

（3）反复修改完善：根据征求意见和协调论证的结果，对法案初稿进行反复修改和完善，确保法案的质量和效果。

### 四、提交审议阶段

（1）准备立法起草说明：撰写立法起草说明，详细阐述立法的必要性、主要内容和起草过程等，为立法审议机关提供完整的背景材料。

（2）按时提交审议：按照法定程序和时间要求，将法案正式稿和立法起草说明提交给有权审议的立法机构进行审议。

### 五、其他注意事项

（1）遵循立法程序：在法案起草过程中，要严格遵守立法程序和相关规定，确保立法活动的合法性和规范性。

（2）保护信息安全：在调研和征求意见过程中，要注意保护相关单位和个人的信息安全，避免泄露敏感信息。

（3）加强沟通协作：加强与相关部门、专家和社会公众的沟通协作，形成立法合力，共同推动法案起草工作的顺利进行。

通过注意以上细节，可以确保法案起草工作的质量和效率，为制定科学、合理、可行的法律法规奠定坚实基础。

# 第十五章

# 立法协商与立法听证

## 第一节 立法协商概述

以立法协商为主题词,可以在中国知网上搜到"C刊"论文42篇,不限"C刊"有314篇,最早的一篇发表于2002年。[1]我国立法协商的界定与形式可以从多个维度进行阐述。

### 一、立法协商的界定

立法协商作为社会主义协商民主的重要内容,其界定在学术界和实践中尚未达成完全一致的共识。但从多个维度出发,可以对其概念进行理解。

（一）广义与狭义

广义上,立法协商是指立法机关在立法过程中,通过多种形式与有关国家机关、民主党派、人民团体、基层组织、社会公众等进行沟通、协调、商议,充分听取意见、汇聚各方智慧、凝聚社会共识的规范化活动。这包括人大、政府立法机构、受委托起草组织等开展的立法协商。

狭义上,立法协商特指有立法权的人大及其常委会与政协委员、民主党派、工商联、无党派人士、人民团体、社会组织等特定主体就立法中的重大问题、重要制度开展协商的活动。

（二）多维度视角

（1）人民政协视角：立法协商是在国家性、地方性法律法规制定过程中,

---

[1] 林庆民：《立法协商的探索》,载《协商论坛》2002年第3期。

通过人民政协广泛发扬民主，更多地听取社会各界的意见、建议，促进立法工作的科学化、民主化的重要形式和途径。

（2）人大视角：立法协商是指具有立法权的人大及其常委会或行使相关立法权限的法定主体，在立法活动中与特定或者不特定主体之间的协商民主活动。

（3）政府视角：立法协商是政府在制定行政法规、部门规章、地方政府规章过程中与人民政协的各党派和社会各界协商的过程。

（4）政党视角：立法协商是各级党委在领导立法过程中听取各党派和社会各界意见，保障人大提交的法律和法规文本能够很好地体现人民意志，实现党的意志与人民意志的有机复合、有机统一。

（5）人民团体视角：人民团体可以从它们的角度出发提出协商议题，在人民政协或其他机构按照各自团体的章程草案及其他立法议题进行协商。

## 二、立法协商的形式

立法协商的形式灵活多样，主要包括以下几种：

（一）会议协商

召开立法座谈会、论证会、听证会等，邀请相关主体参与讨论，充分听取各方意见。例如，多年来，全国政协通过双周协商座谈会等形式开展立法协商，取得了显著效果。

（二）书面协商

通过发放征求意见函等方式，向相关主体书面征求立法意见和建议。

（三）网络协商

利用各级人大网站、代表履职平台、微信、微博等征求意见建议，或将网络形式与传统形式相结合，开展网络+听证、网络+互动、问卷调查等。

（四）其他形式

（1）设立基层立法联系点、立法专家库、聘请立法顾问、与高校合作建设立法基地等，为立法协商提供人才保障和智力支持。

（2）到人民政协机关听取立法意见建议，也是立法协商的一种重要形式。

综上所述，我国立法协商的界定与形式体现了广泛参与、平等协商、科学民主、务实有效的特点，为推进全面依法治国、提高立法质量提供了有力的保障。

### 三、立法协商流程

从政府视角出发，立法协商的流程通常涉及多个环节，旨在确保立法的科学性、民主性和合法性。以下是一个概括性的立法协商流程。

（一）立法规划与计划阶段

（1）立法需求征集：政府相关部门通过公开渠道、座谈会、研讨会等方式，广泛征集社会各界对立法工作的意见和建议，了解立法需求。

（2）立法规划与计划编制：在充分调研和论证的基础上，政府法制机构会同相关部门编制立法规划和年度立法计划，明确立法工作的重点、节奏和方向。

（3）协商议题确定：在立法规划和年度立法计划中，筛选出涉及面广、影响大、社会关注度高的立法项目作为立法协商的议题。

（二）立法草案起草与审查阶段

（1）草案起草：由政府相关部门或委托第三方机构起草立法草案，确保草案内容符合法律法规的要求，体现社会公共利益和各方合理诉求。

（2）初步审查：政府法制机构对立法草案进行初步审查，评估其合法性、合理性和可行性，并提出修改意见。

（3）立法协商程序启动：在立法草案形成初稿后，政府法制机构会商相关部门，启动立法协商程序，明确协商的范围、方式、时间和参与主体等。

（三）立法协商实施阶段

（1）组织协商会议：政府法制机构组织召开立法协商会议，邀请政协委员、民主党派、工商联、无党派人士、人民团体、社会组织、专家学者以及利益相关方等参加，就立法草案的内容进行充分讨论和协商。

（2）听取意见建议：在协商过程中，政府相关部门认真听取各方意见和建议，并做好记录。对于合理的意见和建议，及时吸纳到立法草案中。

（3）反馈与沟通：政府法制机构将协商结果和立法草案的修改情况，及时反馈给参与协商的各方，并就相关问题进行进一步的沟通和解释。

（四）立法草案审议与通过阶段

（1）提交审议：经过立法协商和修改完善后的立法草案，由政府法制机构提交政府常务会议或全体会议审议。

(2) 审议通过：政府常务会议或全体会议对立法草案进行审议，并根据审议结果作出是否通过的决定。如获得通过，则形成正式的立法文件。

(3) 公布实施：立法文件经政府首长批准后，通过政府公报、政府网站等渠道向社会公布，并按照法定程序实施。

需要注意的是，不同地区的立法协商流程可能略有不同，但总体上都遵循着科学民主立法的原则和精神。此外，随着信息技术的发展，立法协商的形式也在不断创新和完善，如网络协商、视频会议协商等形式的引入，使得立法协商更加便捷和高效。

## 第二节 立法协商的必要性

立法协商的必要性主要体现在以下几个方面：

### 一、推进依法治国和科学民主立法的现实需要

(1) 实现依法治国的必然要求：立法协商是全面推进依法治国、建设法治国家的重要环节。通过立法协商，可以确保立法工作更加符合宪法和法律的规定，更好地体现人民的意志和利益，保护人民的权利，推动国家各项事业在法治轨道上稳步前进。

(2) 提高立法质量的关键举措：立法协商有助于广泛汇聚民意、集中民智，使立法工作更加贴近实际、贴近群众、贴近生活。通过充分听取各方面意见和建议，可以收集少数群体的意见，可以及时发现和纠正立法中的问题和不足，提高立法的针对性和可操作性，从而提升立法质量。

(3) 实现科学立法的有效途径：科学立法的核心在于尊重和体现客观规律。立法协商可以邀请专家学者、实际工作者等参与立法过程，对立法中的重大问题、重要制度进行科学论证和评估，确保立法内容符合实际情况和客观规律，增强法律的科学性和合理性。

### 二、加强协商民主建设的重要内容

(1) 发扬社会主义民主的重要形式：立法协商是社会主义协商民主的重

要组成部分,是发扬社会主义民主的重要形式。通过立法协商,可以拓宽人民群众有序参与立法的途径和渠道,保障人民当家作主的权利,推动社会主义民主政治建设不断向前发展。

(2)促进社会和谐稳定的重要手段:立法协商有助于协调各方利益诉求,化解社会矛盾纠纷。在立法过程中,通过充分协商和沟通,可以平衡各方利益关系,减少立法争议和阻力,增强法律法规的社会认同感和接受度,从而维护社会和谐稳定。

### 三、提升法律实施效果和公众认可度的需要

(1)增强法律的权威性和公信力:立法协商使法律在制定过程中充分吸纳各方意见和诉求,体现了民主和科学的精神。这样的法律在实施过程中更容易得到公众的认可和支持,从而增强法律的权威性和公信力。

(2)提高法律的执行力和实效性:立法协商有助于确保法律内容符合实际情况和客观规律,具有针对性和可操作性。这样的法律在执行过程中更容易得到贯彻和落实,从而提高法律的执行力和实效性。

总结以上三点,立法协商在推进依法治国、提高立法质量、加强协商民主建设以及提升法律实施效果和公众认可度等方面都具有重要的必要性。因此,各级政府和立法机构应当高度重视立法协商工作,不断完善相关制度和机制,推动立法协商工作取得更加显著的成效。

## 第三节 立法协商的方法

推进立法协商的具体措施可以涵盖多个方面,以下是一些关键措施。

### 一、加强制度建设和规范化

(1)制定和完善立法协商相关法规:出台或修订相关文件,如《政府立法协商工作规则》等,为立法协商提供制度保障。这些法规应明确立法协商的适用范围、参与主体、协商方式、工作流程、意见采纳反馈机制等,确保立法协商工作的规范化和程序化。

(2)建立常态化机制:将立法协商纳入立法工作的常态流程,如每年或

每季度定期组织立法协商活动,形成制度化、规范化的协商机制。这有助于确保立法协商的连续性和稳定性。

### 二、拓宽参与渠道和增强透明度

(1) 扩大参与主体范围:邀请人大代表、政协委员、民主党派、工商联、无党派人士、人民团体、社会组织、专家学者以及社会公众等广泛参与立法协商,确保协商的广泛性和代表性。

(2) 利用多种协商方式:采取书面协商、会议协商、网络协商等多种方式,提高协商的灵活性和便捷性。例如,可以通过发放征求意见函、召开立法座谈会、论证会、听证会,以及利用互联网和新媒体平台征求意见等方式,拓宽公众参与立法的渠道。

(3) 加强信息公开:及时发布立法相关信息,特别是对社会重点关注条款进行内容解读,为公众提出意见建议提供便利和参考。这有助于增强立法的透明度和公众参与度。

### 三、注重协商实效和结果反馈

(1) 提高协商质量:在协商过程中,要注重各协商主体间的平等地位,建立对话、辩论、沟通机制,充分听取各方意见和建议,最大限度凝聚立法共识。

(2) 加强结果反馈:在立法协商完成后,及时整理并说明参与协商各方的主张、意见采纳情况以及实施情况和问题,向参与立法协商的主体或社会公众反馈。这有助于提升公众参与立法的积极性和满意度。

### 四、加强人才和智力支持

(1) 建立专家库和立法顾问制度:聘请法律、经济、社会等领域的专家学者作为立法顾问或纳入专家库,为立法协商提供专业咨询和智力支持。

(2) 加强与高校和研究机构的合作:与高校和科研机构建立合作关系,共建立法研究基地或联合开展立法研究项目,提升立法协商的理论水平和实践能力。

### 五、强化组织领导和协调配合

（1）加强组织领导：各级政府和立法机构应高度重视立法协商工作，将其纳入重要议事日程，加强组织领导和工作协调。

（2）建立联动机制：建立立法工作联席会议制度或联合工作机制，加强立法部门与其他政府部门、社会团体、高校及研究机构的沟通和协调，形成立法工作合力。

（3）加强培训和宣传：加强对立法协商工作人员的培训和宣传，提高其业务能力和政治素质。同时，加大对立法协商工作的宣传力度，提高社会知晓度和认可度。

通过以上措施的实施，可以有力推进立法协商工作的深入开展，提高立法质量和效率，促进社会主义法治建设的不断完善和发展。

## 第四节 立法听证

### 一、立法听证的形式要求

立法听证的形式要求主要体现在以下几个方面，以确保听证过程的公正性、公开性和有效性。

（一）听证方式的多样性

立法听证可以采取多种形式进行，包括但不限于现场会议、网络会议、视频会议等。这些形式的选择应基于实际情况和需要，以确保听证活动的顺利进行和公众的广泛参与。

（二）公开透明的原则

（1）公开举行：立法听证应当公开举行，允许公众旁听和媒体采访报道。除非涉及国家秘密、商业秘密、个人隐私，或者法律、行政法规另有规定，听证会的情况应当通过文字、图片、网络直播等形式向社会公开。

（2）信息公开：听证会的时间、地点、内容、参加人员等信息应当提前公告，确保公众知晓并有机会参与。听证过程中，听证陈述人的意见和观点也应当公开，允许公众了解并监督。

（三）听证陈述人的代表性和广泛性

（1）代表性：听证陈述人应当具有代表性，能够反映不同利益群体的观点和诉求。听证机构在遴选听证陈述人时，应确保持不同观点的各方人数基本相当，且具有广泛性和代表性。

（2）广泛性：听证陈述人的范围应广泛，包括与听证事项有利害关系的公民、法人和其他组织，以及了解听证事项的专家学者等。这有助于确保听证意见的全面性和多样性。

（四）听证程序的规范性

（1）报名与遴选：公民、法人或其他组织要求担任听证陈述人或旁听人的，应按照公告规定提出申请。听证机构应根据行业特点、专业知识、报名顺序等因素，按照持不同观点的各方人数基本相当的原则确定听证陈述人。

（2）听证准备：听证机构应在听证会举行前通知听证陈述人和旁听人参加听证会，并提供与听证会相关的资料。听证陈述人应就有关事项进行准备并按时参加听证会。

（3）听证过程：听证会应按照既定程序进行，包括听证主持人宣布听证会开始、介绍听证事项和听证陈述人、部门陈述人说明情况、公众陈述人陈述观点与理由、听证主持人归纳分歧点并组织辩论等环节。听证过程中应保障听证陈述人的平等发言权，允许其在规定时间内发言并补充意见。

（五）听证结果的反馈与运用

（1）听证记录：听证会应当制作听证记录，客观、真实、准确、全面反映听证会情况。听证记录包括听证笔录和听证陈述人、旁听人提交的书面材料或视听资料等。

（2）听证报告：听证会结束后，听证机构应依据听证记录制作听证报告。听证报告应包括听证会的基本情况、听证会上争议的主要问题、听证机构的处理意见和建议等内容。听证报告应作为立法建议项目、地方性法规草案的补充材料或审议地方性法规草案的参阅材料。

（3）意见采纳情况说明：听证机构应当在立法建议项目、地方性法规草案的说明或审议审查法规草案的报告中，对听证会参加人员的意见和建议的采纳情况予以说明。这有助于增强立法的透明度和公众参与度，提高立法质量。

总而言之，立法听证的形式要求涵盖了听证方式的多样性、公开透明的原则、听证陈述人的代表性和广泛性、听证程序的规范性以及听证结果的反馈与运用等方面。这些要求共同构成了立法听证活动的基本框架和操作规范。

### 二、立法听证的实质要求

立法听证的实质要求主要体现在以下几个方面,这些要求旨在确保立法过程的公正性、公开性、科学性和民主性:

（一）基本原则

（1）公开、公正、公平：立法听证应当遵循公开、公正、公平的原则,确保所有相关利益方都有平等的机会参与并表达意见。

（2）有序性：听证会的进行应当有序,避免混乱和无序的状态,以保证听证会的效率和效果。

（二）听证会的组织和准备

（1）确定听证会的时间和地点：听证会应当在合理的时间内举行,并提前通知相关参与方。听证会的地点应当便于公众参加。

（2）发布听证会公告：公告中应当明确听证会的目的、内容、时间、地点、参与方式等,以便公众了解并参与。

（3）确定听证参与人：听证参与人应当包括听证主持人、记录员、听证陈述人、听证旁听人等。听证陈述人应当具有广泛性和代表性,能够反映不同利益方的观点。

（三）听证会的程序

（1）开场陈述：听证会主持人宣布听证会开始,介绍听证会的目的、程序和规则。

（2）听证人陈述：听证人就立法事项进行说明,阐述立法背景和目的。

（3）听证陈述人发言：听证陈述人按照规定的顺序和时间进行发言,陈述与听证事项有关的事实、信息或者发表意见。

（4）质证和辩论：在听证主持人的组织下,听证陈述人之间可以进行质证和辩论,以充分阐述各自的观点和依据。

（5）最后陈述：听证会结束前,听证陈述人可以进行最后陈述,总结自己的观点和请求。

（四）听证笔录和报告的制作

（1）听证笔录：听证会应当制作详细的听证笔录,记录听证会的全过程和所有发言内容。听证笔录应当客观、真实、准确、全面。

（2）听证报告：听证结束后，应当根据听证笔录和相关法律法规制作听证报告。听证报告应当客观、公正地反映听证会的情况和各方意见，为立法决策提供重要参考。

（五）其他要求

（1）保障公众知情权：除涉及国家秘密、商业秘密、个人隐私或者法律、行政法规另有规定外，听证会应当公开举行，允许公众旁听和媒体报道。

（2）尊重各方意见：听证会应当充分尊重各方意见，不得压制或歧视任何一方的观点。

（3）遵守法律法规：听证会的举行和听证报告的制作应当严格遵守相关法律法规的规定，确保立法活动的合法性和有效性。

综上，立法听证的实质要求是多方面的，旨在通过公正、公开、科学、民主的立法听证程序，提高立法质量，保障公众利益。

# 第十六章

# 立法评估和立法修正

## 第一节 立法前评估

立法前评估是指在启动立法程序前,对立法项目的一系列重要方面进行系统性分析和评价的过程。这一过程旨在为立法机关提供决策参考,确保立法活动的科学性、民主性和前瞻性。具体来说,立法前评估主要包括以下几个方面:

### 一、评估内容

(1) 立法必要性:分析拟立法项目是否确实存在社会需求,是否有迫切的立法必要,以及立法能否有效解决现实问题。

(2) 立法可行性:评估立法项目在技术、经济、社会等方面的可行性,包括法律条款的可操作性、实施成本、社会接受度等。

(3) 法规中主要制度的科学性:审查法规中的各项制度设计是否合理、科学,是否符合法律原则和社会实际。

(4) 可操作性:分析法规在实际操作中的难易程度,是否便于执法、司法和守法。

(5) 法规实施的预期效果:预测法规实施后可能带来的社会效果、经济效果和法律效果,以及这些效果是否符合立法初衷。

(6) 社会影响:评估法规实施可能对社会各阶层、各利益群体产生的影响,以及这些影响是否积极、可控。

## 二、评估目的

立法前评估的主要目的是为立法机关提供全面、客观的决策依据,帮助立法机关从源头上提高立法质量,降低立法成本,增强立法的针对性和实效性。通过立法前评估,立法机关可以更加科学地确定立法项目,优化立法方案,完善法规内容,从而确保出台的法律法规能够真正符合社会实际,顺应人民需求,推动社会进步。

## 三、评估方法

立法前评估通常采用多种方法相结合的方式进行,包括但不限于:

（1）文献研究：收集和分析相关法律法规、政策文件、研究报告等文献资料,为评估提供理论支撑和数据支持。

（2）实地调研：通过走访、座谈、问卷调查等方式收集社会各界对立法项目的意见和建议,了解实际情况和需求。

（3）专家咨询：邀请法律、经济、社会等领域的专家学者参与评估工作,提供专业意见和建议。

（4）模拟分析：运用数学模型、仿真技术等手段对法规实施效果进行模拟分析,预测可能产生的结果和影响。

（5）读者投票：在主要新闻网站,设定关于立法前评估的读者投票,征求社会公众的意见。这种形式更为开放,可以附带读者意见等民意调查。

## 四、评估意义

立法前评估对于提高立法质量、推动科学立法具有重要意义。它有助于立法机关在立法过程中更加审慎地权衡利弊得失,避免盲目立法和立法浪费；有助于增强立法的针对性和实效性,提高法律法规的实施效果；有助于促进立法工作的民主化、科学化议程,增强立法的公信力和权威性。

立法前评估是立法工作中的一个重要环节,它对于确保立法活动的科学性、民主性和前瞻性具有不可替代的作用。可惜多数现代立法都没有认真做立法前评估,仅请专家做个形式上的立法前评估报告,实际上参考意义有限。

## 第二节 立法后评估

### 一、何为立法后评估

立法后评估是指在某一立法实施了一段时间后,对其实际效果、所起作用以及存在的问题等进行的综合评估。这种评估活动旨在通过科学的方法和手段,对立法的实施情况进行全面、深入地分析,以发现问题、总结经验、提出改进建议,从而推动立法的不断完善和提高。具体来说,立法后评估包括以下几个方面的内容:

(1) 实施效果评估:主要评估立法在实际执行过程中是否达到了预期的目标和效果,包括法律规范的实施情况、社会反响、公众满意度等方面。通过收集和分析相关数据和信息,评估立法对社会经济发展、公共利益保护等方面的实际影响。

(2) 作用评估:评估立法在调整社会关系、维护社会秩序、促进公平正义等方面所起的作用。这包括立法是否有效地解决了特定领域的问题,是否促进了相关制度的完善和发展,以及是否对公众行为产生了积极的引导和规范作用。

(3) 问题评估:在评估过程中,还需要关注立法实施中存在的问题和不足。这些问题可能包括立法本身的缺陷、执行过程中的偏差、公众对立法的理解和接受程度等。通过深入分析问题产生的原因和影响,为后续的立法改进提供有针对性的建议。

立法后评估的开展需要遵循一定的程序和标准,通常包括确定评估对象、制定评估方案、收集评估信息、开展评估分析、形成评估报告等环节。评估过程中,可以采用问卷、座谈、研讨、论证、评议等多种方式,广泛听取各方面的意见和建议。同时,还需要运用科学的方法和技术手段,对评估数据进行深入分析和研究,确保评估结果的客观性和准确性。

立法后评估对于提高立法质量、推动法治建设具有重要意义。通过立法后评估,可以及时发现和纠正立法中的问题和不足,促进立法的不断完善和提高。同时,立法后评估还可以为立法者提供有价值的反馈和建议,帮助他们更好地了解公众对立法的需求和期望,从而制定更加符合社会实际和公众利益的法律法规。

## 二、立法后评估的方法

立法后评估的方法或步骤通常包括以下几个方面:

(一) 确定评估对象

选择评估对象:根据立法工作的需要,选择需要评估的法律法规。这些法律法规既可能是新出台的,也可能是已经实施了一段时间的,但存在修改或废止必要性的。

考虑因素:在确定评估对象时,应充分考虑法律法规的实际意义、实施效果以及存在的问题等因素。

(二) 制定评估计划

明确评估目的:评估的目的可能是为了了解法律法规的实施情况,发现存在的问题,提出改进建议,或者为后续的立法工作提供参考。

确定评估范围:明确评估将涉及哪些方面,如立法质量、实施效果、社会影响等。

制定时间安排:合理规划评估工作的各个阶段,确保评估工作能够按时完成。

人员组成:确定评估工作小组的成员,包括法制工作人员、相关部门工作人员以及可能邀请的专家、学者、公众代表等。

(三) 开展评估工作

(1) 收集数据:通过问卷调查、实地调研、座谈会、视频讨论会等方式,收集与评估对象相关的数据和信息。这些数据和信息应全面、客观、准确。

(2) 分析数据:对收集到的数据进行分析和整理,找出存在的问题和不足,提出改进建议。分析过程中应注重数据的可靠性和有效性,确保评估结果的准确性。

(四) 形成评估报告

(1) 撰写报告:对评估工作进行总结,形成正式的评估报告。报告应包括评估工作的基本情况、评估结论及建议等内容。

（2）报告内容：①评估工作的基本情况：包括评估对象、评估目的、评估范围、评估方法、评估过程等。②评估结论：对法律法规的立法质量、实施效果、社会影响等方面进行总结和评价。③建议：针对评估中发现的问题和不足，提出具体的改进建议。

（五）评估结果的应用

（1）反馈意见：将评估报告反馈给立法机关和相关部门，供其参考和决策。

（2）后续工作：根据评估报告的建议，立法机关和相关部门可以采取相应的措施，如修改、废止法律法规，或者制定相关的配套制度等。

（六）保障措施

（1）公众参与：在评估过程中，应充分保障公众的有效参与，听取公众的意见和建议。

（2）透明度：评估工作应公开透明，评估报告应及时向社会公布，接受社会监督。

需要注意的是，具体的立法后评估方法或步骤可能会因地区、领域和法律法规的不同而有所差异。因此，在实际操作中，应根据具体情况进行调整和完善。

## 第三节　立法修正

### 一、立法修正的范围

立法修正的范围广泛，涵盖了多个层面和类型的法律法规。具体来说，立法修正的范围主要包括以下几个方面：

（一）法律层面的修正

全国人大及其常委会制定的法律：全国人民代表大会及其常务委员会制定的法律，包括刑事、民事、国家机构等方面的基本法律，在需要时可以进行修正。这些法律的修正通常是为了适应社会发展的新形势和新需求，或者弥补原有法律中的缺陷和不足。

（二）行政法规的修正

国务院制定的行政法规：国务院作为最高国家行政机关，有权制定和修改行政法规。这些行政法规的修正主要是为了更好地执行法律，或者根据社会经济发展的需要，对行政管理事项进行规范和调整。

（三）地方性法规的修正

地方性法规：地方性法规是由省、自治区、直辖市以及设区的市、自治州的人民代表大会及其常务委员会根据本行政区域的具体情况和实际需要制定的。这些法规的修正旨在更好地适应地方经济社会发展的需要，解决地方性问题。

（四）自治条例和单行条例的修正

自治条例和单行条例：民族自治地方的人民代表大会有权依照当地民族的政治、经济和文化的特点，制定自治条例和单行条例。这些条例的修正主要是为了保障少数民族的合法权益，促进民族地区的经济社会发展。

（五）规章的修正

国务院部门规章和地方政府规章：虽然《立法法》没有直接规定规章的修正程序，但根据相关规定，规章的制定、修改和废止也需遵循一定的法律程序和原则。规章的修正主要是为了细化法律、行政法规和地方性法规的规定，确保法律法规的有效实施。

（六）其他法律文件的修正

除了上述类型的法律法规外，立法修正还可能涉及其他法律文件，如司法解释等。这些法律文件的修正同样是为了适应社会发展的需要，确保法律体系的完整性和一致性。

立法修正的范围涵盖了从国家基本法律到地方性法规、自治条例和单行条例以及规章等多个层面和类型的法律法规。通过立法修正，可以不断完善和更新法律体系，以更好地适应社会发展的新形势和新需求。

## 二、立法修正的方式

立法修正的流程是什么？

立法修正的流程是一个严谨、规范的过程，旨在确保法律的权威性、稳定性和适应性。以下是我国立法修正的一般流程：

（一）提出法案

（1）主体：立法修正的提议可以由有立法提案权的机关、组织和人员提出，如全国人大代表、国务院等。

（2）内容：明确修正的目的、内容以及预期效果，形成具体的法律修正案。

（二）审议法案

（1）审议机构：全国人大或其常委会的专门委员会、工作委员会等有权主体将对法律修正案进行正式的审查和讨论。

（2）审议：审议过程中会充分发扬民主，集思广益，广泛听取各方意见，凝聚共识，确保法律修正的合理性和可行性。审议可能包括多次会议，对法律修正案进行深入的讨论和修改。

（三）表决和通过法案

（1）表决方式：经过审议后，法律修正案将提交给全体会议或常委会会议进行表决。表决通常采用无记名投票或举手表决等方式进行。

（2）通过条件：对于一般法律的修正，需要达到法定多数（如全体代表或常委会组成人员的过半数）才能通过。而对于宪法的修正，则需要由全体代表的三分之二以上的多数通过。

（四）公布法律

（1）公布机关：法律修正案通过后，将由有权机关（如国家主席）签署主席令予以公布。

（2）公布内容：公布时会载明该法律的制定机关、通过日期和施行日期，以及修正的具体内容。公布法律是立法程序的最后一步，也是法律生效的必要条件。

在整个立法修正过程中，需要遵循宪法和法律的规定，确保修正案的合法性和合理性。同时，还需要充分考虑社会各方面的利益和意见，进行广泛的民意征集和专业的法律研究，确保修正后的法律能够真正符合社会的需要和发展方向。

总的来说，立法修正的流程是一个复杂而细致的过程，涉及多个环节和多方参与。通过这一流程，我们可以及时对现行法律进行必要的调整和完善，以更好地保障人民群众的合法权益，推动社会的和谐与进步。

### 三、立法修正的诸种因素

立法修正的诸种因素涉及多个方面，这些因素共同作用于立法过程，推动法律的完善与更新。以下是对立法修正主要因素的归纳：

（一）社会因素

社会变迁：法律是社会关系的调整器，当社会变迁到一定程度时，通常要求法律进行相应的修改。社会变革、经济发展、文化进步等都会带来新的社会关系和社会需求，这些变化要求法律及时作出回应。

社会现实需求：立法需要回应社会现实需求，如公共安全、环境保护、消费者权益保护等方面的需求增加，会促使相关法律的修改和完善。

（二）经济因素

经济发展：经济作为社会生产方式中最活跃的因素，其变化会不断向法律程序提出新的标准，要求法律通过立、改、废等方式来保持与经济的协调发展。例如，市场经济的发展需要更加完善的合同法、公司法等法律制度来保障。

技术革新：新技术的出现和应用也会对法律产生影响，需要法律进行相应的修改。例如，互联网技术的发展带来了网络安全、电子商务等新问题，需要法律进行规范和调整。

（三）政治因素

政策变化：政策是立法的先导和依据，政策的变化会直接影响法律的修改。国家和政党的政策、立法政策等都会对法律修改产生明显的指导作用。

政治体制：政治体制的变化也会推动法律的修改。例如，政治体制改革中涉及权力分配、权力监督等方面的变化，都需要通过法律的形式进行确认和保障。

（四）法律内部因素

法律体系协调：在现行法律体系中，任何法律的具体变化都可能对其他法律产生影响，引发它们的修改。法律之间的协调性和一致性是法律体系稳定性的重要保障。

法律实施效果：法律的实施效果也是推动法律修改的重要因素。如果某部法律在实施过程中存在漏洞、不足或者不适应社会发展的情况，就需要通过修改来完善。

（五）其他因素

（1）国际因素：随着全球化的深入发展，国际因素也越来越成为影响立法修正的重要因素。国际条约、国际惯例、国际标准、国际竞争等都会对国内立法产生影响。

（2）社会舆论和公众意见：社会舆论和公众意见对立法修正也有重要影响。立法机关在修改法律时需要充分考虑社会舆论和公众意见，确保法律符合民意和社会需求。

综上，立法修正的诸种因素是多方面的、复杂的，需要立法机关在立法过程中充分考虑各种因素的综合作用，确保立法的科学性、民主性和合法性。

## 第四节　立法修改的三种形式

### 一、三种形式的形成

我国立法实践中法律修改主要有三种形式：修订、修改决定和修正案。1996年以前，除1988年宪法修改使用宪法修正案外，其他法律修改主要使用修改决定形式，通过时全国人大或其常委会作出"关于修改××法的决定"。

1996年3月《刑事诉讼法修正案（草案）》提请审议，全国人大通过了修改刑事诉讼法的决定。这次修改幅度较大，修改内容较多，重新公布时，在编排校对方面工作量很大，同时也不便于人们学习掌握和对照应用。基于上述原因，对于修改的条文和内容较多，修改幅度较大的法律，全国人大常委会决定不再使用修改决定形式，而开始使用修订形式。1997年对《刑法》进行全面修改时，直接采用了修订草案的形式。1999年对《刑法》个别条文修改时采用了修正案形式。此后，法律修改的三种形式得以形成，沿用至今。

现在，修正案形式用于对《宪法》和《刑法》的修改，修订形式与修改决定用于其他法律的修改；修订形式适用于法律的全面修改；修改决定形式适用于法律的部分修改。[1]

### 二、法律修改的三种形式

（一）修订形式

以修订形式修改法律的，是以"××法（修订草案）"的形式提请审议，

---

[1] 参见张春生主编：《立法实务操作问答》，中国法制出版社2016年版，第17页。

由相关部门向全国人大或者常委会作"关于××法（修订草案）的说明"，全国人大或常委会经审议后以"××法"的形式通过，修订后的法律由国家主席发布主席令公布施行。

（二）修改决定形式

以修改决定形式修改法律的，一般是以"××法修正案（草案）"的形式提请审议，由相关部门向全国人大或其常委会作"关于××法修正案（草案）的说明"，全国人大或其常委会经审议后作出"关于修改××法的决定"，修改决定由国家主席发布主席令公布施行。

（三）修正案形式

修正案是指国家立法机关通过一个法律案对宪法或基本法律部分条文作出修改的一种立法形式，主要用于法典化程度高、稳定性强的宪法和基本法律的修改。截至目前，全国人大通过了5个宪法修正案、12个刑法修正案。[1]

---

[1] 参见张春生主编：《立法实务操作问答》，中国法制出版社2016年版，第17~18页。

第四编

# 立法技术

# 第十七章
# 立法体例

## 第一节 立法成典与立法成法

### 一、立法成典

我国正在编纂环境法典,这是正式列入全国人大常委会2024年立法工作计划的重大立法项目。在此之前,我国已经完成了《民法典》的编纂。

从立法体例上,何为法典?确实值得研究。一般说来,法典是具有开创性意义的、系统的整体性的涵盖特定领域单行法的统一领域立法。这个界定有以下要点:

(一)有开创意义

所谓有开创意义,是指在立法涵盖范围和领域统一法制定上,具有首创的价值。

在立法调整范围上,必须是在本领域最为广阔的。无论是民法典,还是生态环境法典,都是在市民社会、生态环境保护领域上最为广阔的。如我国七编制民法典包括总则、物权、合同、人格、婚姻家庭、继承、侵权责任。我国正在制订的生态环境法典,第一份专家建议稿包括总则、污染防治、自然生态保护、自然资源开发利用中的环境保护、能源节约与资源综合利用、循环经济与废弃物综合利用、应对气候变化七编[1]。竺效认为:"目前,我

---

[1] 参见北京卓亚经济社会发展研究中心编:《生态环境法典草案专家建议稿及说明》,中国民主法制出版社2021年版。

国环境法律制度的框架已基本形成,但环境法律制度供给不足、法律制度相互矛盾和前后冲突、法律制度碎片化和重复率高等问题仍然存在,迫切需要通过构建体系化、整体性的法律规范体系加以解决。"[1]世界上确实已经制定了较多体系化整体性的环境法典,对于这种调整统一的人与自然生态环境之间关系的法律,本质上是适合法典化的。

(二) 系统的、整体性的

法典当然是系统化和整体性的法律规范体系。系统化一是指将调整的法律关系的广度与深度做到极致;二是指包括了全面的要素与主体,法律要素方面既包括法律规则、法律原则,也包括法律政策、法律标准等,主体既包括法律权力主体、法律责任主体,也包括法律权利主体、法律义务主体等;三是有内在的体系和法理界分,内在的逻辑分工体系是按照法律关系上的特殊性分开的。

所谓整体性的,一是指与单行法相对的全面性。法典就是要在整合单行法的基础上,覆盖整个领域的法律关系和法律行为;二是指与零散相对的整全性。法典不是抓住主要法律制度设计,制定针对性的小切口的法律法规,而是尽量囊括本领域的所有法律关系,即使在不能制定具体规则之处,也要制定概括性的原则、规定法律政策。

(三) 涵盖特定领域单行法

法典是全领域的系统法律规范体系,在形成过程中它必然取代了复数的单行法,成为涵盖全体相关法律关系的集大成法律。像生态环境法典的编纂,要整合现有40多部生态环境保护、污染防治等方面的单行法,[2]和众多行政法规,所以,是一个艰巨的立法任务。

(四) 统一领域立法

法典的成因在于单行立法分散、碎片化、制度供给不足、法律矛盾、前后冲突、立法协调不够、分工欠妥当、法律空白、法律漏洞、立法资源浪费,最重要的是立法理念不统一,造成领域立法不统一。"全国人大宪法和法律委员会副主任委员江必新说,编纂生态环境法典可以起到填补法律漏洞、整合

---

[1] 蒲晓磊:《首部生态环境法典草案专家建议稿已完成 专家呼吁适时启动生态环境法典编纂工作》,载《法治日报》2020年12月12日。

[2] 参见 https://www.mee.gov.cn/ywgz/fgbz/fl/index.shtml,2025年1月10日访问。

法律资源、消除法律冲突、提升法律质量等效果，使生态环境法律制度进一步提档升级。"[1]

统一领域立法首先是立法理念的统一，如生态环境法典的理念是生态文明、绿色发展、美丽中国。"绿色发展转型、生态文明建设成为最大公约数；建设"美丽中国"和生态文明被写入宪法；人民群众对良好生态环境的需求与日俱增；生态环境保护法治实践探索方兴未艾……吕忠梅举例说，生态环境法典已经具备了深厚的政治和民意基础。"[2]立法理念的统一，对厘定法典内容、基本原则和主要制度等都会起到指导和协调作用。

其次是法律制度供给的统一。统一领域立法是在统一领域立法理念和统一领域立法目的指导下法律制度供给的统一，这种统一在于法律制度的体系化和协调化。这一点正符合"增强立法的系统性、整体性、协同性、时效性"[3]的立法要求。

统一领域立法还在于领域立法的统一。领域立法是法典的用武之地，生态环境保护领域，数字领域，国家安全领域，行政执法领域、教育领域、涉外领域等等，都是可以采取法典立法的综合的立体化领域。如周佑勇先生所言，传统的法治资源供给路径则因循部门立法模式，容易造成法律规范的"碎片化"与部门壁垒，导致单一的部门法规范与复合性社会实践问题之间出现鸿沟。基于国家治理现代化的需要，领域立法已成为新兴交叉问题的重要法律规制范式，它通过统筹考虑各种法治资源的属性、功能及其协调关系，可以促进不同学科知识实现跨领域的交叉融合，为领域性问题提供立体化的综合性解决方案。[4]

## 二、立法成法

这里的立法成法，是指较为灵活的立法形式，单行法、决定、条例、办

---

[1] 蒲晓磊：《首部生态环境法典草案专家建议稿已完成 专家呼吁适时启动生态环境法典编纂工作》，载《法治日报》2020年12月12日。

[2] 蒲晓磊：《首部生态环境法典草案专家建议稿已完成 专家呼吁适时启动生态环境法典编纂工作》，载《法治日报》2020年12月12日。

[3] 《立法法》第55条。

[4] 周佑勇：《从部门立法到领域立法：数字时代国家立法新趋势》，载《现代法学》2024年第5期。

法等等。

　　法律的生命在于实施。只要制度设计符合民主、科学、人本等原则，就主要看法律的实施环节。正确地设定权利–义务、权力–责任以及特权、豁免等制度至关重要，这是法律的内核。好的制度设计甚至会自动生效，即相关法律主体依照法律争相主张自己的权利、自觉承担自己的责任，从而拉动新法的实施。

　　立法成法采取灵活有效的立法形式。比如减轻中小学生课业负担的立法，限定孩子的每天作业量就可以，违者妨碍中小学生健康全面成长，承担违法责任，超出限度的作业，学生不用承担。任何一种打压方式都是妨碍中小学生健康全面成长的违法，这样的立法不需要制定成法典，把关键的令行禁止和法律责任规定清楚，把追究法律责任和承担法律责任的程序设计牢靠就可以，不用很多条文。

### 三、法典的不足

　　（1）法典的不足在于不能及时伴随社会的进步。法典的编纂卷帙浩大，而数字时代社会变迁迅速，数字科技革命带来的技术进步和结构变化都会影响基本的法律关系。多编制法典从立项到编纂完成，再到审议表决通过，至少也得5年，甚至10年左右，这中间的社会变迁都要适应。而且法典生效之后，需要修正时，由于法典体系大，牵一发而动全身，修正也比单行法困难。

　　（2）法典的不足在于不能包含法律之全部。首先，那些极易变化的板块不宜加入法典，因为法典须有基本的稳定性。比如《民法典》中不宜加入破产法、版权法、专利权法等，因为这些法律板块和法律关系依时势变迁须经常修改，如穗积陈重所言，在英国破产法每三四年就有修改之必要。[1]其次，要细致规定之法律不可编入到法典中。因为如果编入，法典就会特别的浩瀚复杂，影响法典的简明。[2]

　　（3）法典的不足在于不能免除立法解释、司法解释之累。由于法典在全不在繁，法典的具体条文是相对简约概括的，适用起来，需要明确具体含义

---

〔1〕　［日］穗积陈重：《法典论》，李求轶译，商务印书馆2014年版，第20页。
〔2〕　［日］穗积陈重：《法典论》，李求轶译，商务印书馆2014年版，第20页。

时，或者出现新情况，需要明确适用依据时，就需要立法解释。而司法机关面对错综复杂、花样翻新的案情时，具体应用法典条文时，也有诸多的不周延，就需要动用司法解释。因而，法典的具体实施，免不了大量求助于法律解释。

（4）法典的不足在于不能终止单行法。以往，罗马查士丁尼在完成法典（Codex）、会典（Digesta）以及法规提要（Institutes）之后，又另行发布了154个新敕令（Novellæ Constitutiones）。如今各国民法典的出台，知识产权法类单行法、国际私法、不动产登记法等可能还游离于法典之外。其他法典，亦是同理。

## 第二节 "小快灵"与"大而全"

本节讨论的主题与第一节讨论的主题密切相关。

### 一、立法体例上的小快灵型立法

2020年11月16日，习近平总书记在中央全面依法治国工作会议上指出："要研究丰富立法形式，可以搞一些'大块头'，也要搞一些'小快灵'，增强立法的针对性、适用性、可操作性。"为贯彻落实习近平总书记重要指示精神，时任委员长栗战书在第二十六次全国地方立法工作座谈会上进一步强调，要紧密结合地方实际，突出地方立法特色，善于通过"小切口"解决实际问题。

立法体例上的小快灵立法是指立法主题细腻、针对性治理任务单一、立法条文简洁、立法过程相对快捷、追求特色实效的立法体例。

所谓立法主题细腻，是指立法题目小，覆盖法律关系简单；所谓针对性治理任务单一就是类似彩礼治理、电动车上楼治理、古树名木保护、献血等对单一问题的制度化处理。

所谓立法条文简洁是指，去掉各种搭配性的条文，直接规定有实质规范效力的条文，不追求体系化，甚至可以不区分章节，一气呵成，求实效，减少条文数目，每个条文表达干练简洁。

立法过程相对快捷是指，因为主题小，法律关系清晰单一，所涉法律利益相对单纯，立法争议小，立法过程自然就会推进快，立法周期相对短。

所谓追求特色实效是指，追求小切口的针对性，通过特定法律关系的调整规制，只求解决特定的痛点、难点、堵点、断点，缓解痛点、直击难点、疏通堵点、联结断点，精准有效，不及其余。

## 二、立法体例上的大而全立法即体系性立法

（一）界定

"大而全立法"这一概念，并非一个严格的法律术语或标准的学术用语，而更像是对某种立法现象或立法倾向的描述。一般而言，它可能指的是立法过程中追求法规体例的完整性和内容全面性的倾向。这种立法方式试图通过一部法律或法规来涵盖某个领域或问题的所有方面，从而形成一个全面、系统的法律体系。

（二）主要特征

（1）内容全面：大而全立法追求内容的全面性，即尽可能地将某个领域或问题的所有方面都纳入法规的调整范围。这有助于形成一个完整的法律规范体系，减少法律漏洞和空白。

（2）体系完整：除了内容全面外，大而全立法还注重法规体系的完整性。它试图通过合理的法规分类和层级结构，形成一个逻辑清晰、相互衔接的法律体系。

（3）调整范围广泛：由于追求内容的全面性和体系的完整性，大而全立法往往具有广泛的调整范围。它可能涉及多个功能领域或多个方面的问题，从而形成一个综合性的法规体系。

（三）缺陷

然而，大而全立法也存在一些潜在的问题和挑战。例如，过于追求全面性和完整性可能导致法规过于复杂和冗长，难以理解和执行。此外，随着社会的不断发展和变化，某些法规可能变得过时或不再适用，需要进行修订或废止。因此，在立法过程中需要权衡全面性和灵活性之间的关系，以确保法规的适应性和有效性。

大而全立法在实践中的弊端主要体现在以下几个方面：

1. 实用性不强

大而全的立法往往追求内容的全面性和体系的完整性,这可能导致法规条文过多、过于冗长,反而降低了其实用性。

过于复杂的法规体系可能使得公众难以理解和执行,从而影响了法规的普及和实施效果。

2. 缺乏针对性

大而全的立法往往试图涵盖某个领域或问题的所有方面,但可能忽视了不同地区、不同情况下的具体差异和特殊需求。

缺乏针对性的法规可能难以有效应对特定问题,从而降低了其解决问题的有效性。

3. 立法成本高

制定和实施大而全的立法需要投入大量的人力、物力和财力。

如果法规体系过于庞大和复杂,可能还需要额外的资源来支持其修订和更新。

4. 立法周期长

由于大而全的立法需要涵盖的内容广泛,其制定过程可能相对漫长。

这可能导致法规无法及时反映社会发展和变化的需求,从而降低了其时效性和适用性。

5. 重复立法

大而全的立法往往容易与上位法或其他地方性法规产生重复。

这种重复不仅浪费了立法资源,还可能引发法律冲突和不确定性。

6. 难以修订

一旦制定了大而全的立法,其修订过程可能相对复杂和困难。

这是因为修订需要考虑到整个法规体系的协调性和一致性,而不仅仅是单个条文的修改。

7. 实施难度大

大而全的立法在实施过程中可能面临诸多挑战,如执法难度大、监管成本高等。

这些挑战可能使得法规难以得到有效执行,从而影响了其实际效果。

相比之下,"小切口"立法则更加注重针对性和实用性。它通常针对特定问题或需求进行立法,具有条文简洁、易于理解和执行等特点。这种立法方式在实践中往往能够更有效地解决问题，提高法规的适应性和有效性。因此，在立法过程中，应根据实际情况和需求选择合适的立法方式，以更好地满足社会的需要。

总的来说，"大而全立法"是一种追求法规体例完整性和内容全面性的立法倾向。然而，在实际操作中需要谨慎对待其潜在的问题和挑战，以确保法规的适应性和有效性。同时，也需要根据具体情况灵活调整立法策略和方法，以更好地满足社会的需求和期望。

### 三、地方立法中的小快灵

地方立法中的小快灵逐渐占据主导地位，我调查分析了多个设区市的地方性法规立法成就和立法规划。发现小快灵立法在总体立法中约占49%，在习近平总书记提倡小快灵立法体例之后，猛增到81%以上。领导人的提倡是一个重要原因，另外将基层治理作为地方立法权限带来的更多小切口立法项目也是原因，第三个原因是2016年以来的地方立法实践中，系统的大部头地方立法项目在前半期多数已经完成，好多城市的系统立法已进入修正程序，获得了更新与完善。这就意味着一个新动向，系统性地方立法更多通过修正的形式进行，而新立法多通过小切口的小快灵形式呈现。

（一）对小快灵立法体例的精准把握渐趋成熟

小快灵立法的核心特征是小切口。同时，体例小巧灵活是其形式特征。

小切口通过抓住经济社会生活中单一问题、限定立法项目的规范客体实现。比如有城市制定了《电梯安全条例》，包括总则、制造与安装、使用管理和维护保养、监督管理、法律责任、附则六章，共30条。没有基本原则这样的条款。属于小快灵。如果本市没有电梯制造产业，可以将条例标题改为《电梯安全运行条例》，把分章结构拿掉，条文压缩到26条以下。《金华市租赁厂房消防安全管理规定》（2024年）只有12条，便是将规范对象限于租赁厂房消防安全这样一个高度有针对性的小切口立法项目。

（二）核心制度设计的科学性逐渐到位

小快灵立法多是民生民营事务上的解决办法与促进发展办法、规定，尽管部分小快灵立法标题还是《××条例》。各地几乎都制定了物业管理条例，这一条例的核心制度设计，就是要确认业主组织自治，赋予业主组织法律地位，这一关键制度让业主组织得以与物业公司，按照民法典合同编的典型合同规定签署物业服务合同。这样，物业管理条例就会成为小快灵立法。这只是一个实例，任何立法都有一个核心制度设计，小快灵立法更需要以核心制度为重，尽量不及其余，才能成就小快灵立法。如《滨州市工程建设项目并联审批管理规定》（2020 年）的核心制度（第 3 条）是并联审批，"本规定所称工程建设项目并联审批（以下简称并联审批），是指工程建设项目在立项用地规划许可、工程建设许可、施工许可、竣工验收各阶段，依法需要由多个部门办理的具有关联性的审批事项，分别由发展改革、自然资源规划、行政审批服务和住房城乡建设部门牵头负责，组织协调相关部门联合办理或者集中办理，限时办结的审批方式。"

（三）是否可以将小快灵立法进一步延伸到县区的问题

这里涉及一个重要问题是县区人大和人民政府是否可以制定小快灵立法。按照目前《立法法》规定，县区没有立法权。但是，另一方面，对于耕地撂荒、细碎地块经营、公共图书馆服务、育儿补贴一类的事务，是否在严格控制质量的机制下，通过立法授权县区制定地方性法规和政府规章，以因地制宜拉动县区经济社会发展和地域性治理，确实是一个值得探讨的重大问题。

（四）立法效能的评估和地方立法信誉的积累

防止立法政绩观下的小快灵立法工程也是一个应该关注的问题。法律的制定，对一个立法主体来说，还是要有理有节，制定颁布一部，落实一部，尽管法律的实施是一个各方面综合的结果，如执法、司法和社会公众守法，但是关键的制度设计应该及时得到执法、司法和社会公众的良好反应和反馈。树立地方立法的信誉，提高其认可度需要一个过程，但确实应从一部一部的立法适用开始。比如一个城市制定实施了《优化营商环境条例》，那么经过 1 年的实施，就应该显示一定成效，经过 2 年至 3 年的实施，这一立法的效能就应该出来了，经过第三方评估，如果达到立法效能预期，就继续实施；如果未达到立法效能预期，找出原因，综合论证立法的修改空间，进行针对性修改。

## 第三节 主文、附则、附表

### 一、主文的逻辑结构

法律草案的逻辑结构一般包括：

（一）立法目的、立法宗旨和立法依据

此部分是通过立法目的、立法宗旨表述立法价值观，是法律之魂。立法价值观必须清晰、正当。立法依据是上位法的列举，十分重要。有些法律实际上有立法依据，但是首条缺失立法依据规定，建议在修订时弥补。如《预防未成年人犯罪法》，其立法依据应为宪法中关于保护儿童权益、未成年人的规定。

（二）适用范围

适用范围是指立法所调整的事务范围，立法所解决的法律问题，立法调整的法律关系。有些法律从题名已经框定适用范围，如《预防未成年人犯罪法》，正文不再专门规定适用范围。

（三）基本原则

基本原则是指调整法律关系、处理法律纠纷、做出法律行为、实现立法目的和立法宗旨、追究法律责任、解释法律条文的指导性原理和准则，即原则性规定。这些基本原则往往是立法价值观的具体展开，也是立法精神的表述。

基本原则可以是单条规定，也可以是多条规定。

（四）行政主管部门的权限与职责，或者专门实施机构的成立、权限与职责

对于行业法来说，必须有主管部门及其相关部门的权限、职责等的规定，将实施执行法律的任务分配清楚，由此厘定责任机关。

同时，如果是一部组织法或者专门机构法，就要规定专门机构或专门实施机构的成立、权限与职责，及其监督机关。

（五）与社会公众、公民、用户及在一线工作的专业人士的关系

这一结构性规定，有时候为立法机关所忽略，如果缺失这一结构，就违背了一个制度设计原则：制度设计是通过内嵌其中的能动性而构成的，即

"公共服务中的设计就在于要同人们广泛接触——包括用户、公民以及在一线工作的专业人士。这就要从他们的生活体验开始入手。"〔1〕

这一结构成分如何设计,确实要根据具体的立法项目分别对待。在这方面,有关立法提供了一些示范。如《预防未成年人犯罪法》在上一个结构后,规定了较为充分的面向各种组织和社会公众的 7 条规定,依次规定了有关社会组织的支持义务、社会工作服务机构的参与责任、任何组织和个人的禁止性义务、未成年人的义务、相关研究的提倡、相关学科与国际合作、对组织和个人的国家激励。这些规定构筑了一个内嵌于大社会之中的预防未成年人犯罪的社会之网。

(六) 主要法律关系与相应制度逻辑板块

一般来说,前五部分可以纳入总则。下面是分则。分则因法而异,可以根据法律管辖的范围,按照法律关系性质分类,分成不同的制度逻辑板块。这里所说的制度逻辑板块,就是根据法律关系的区别,区分出来的逻辑板块。如法国、德国、荷兰、我国《民法典》不同的分编,所调整的法律关系不同,排列顺序在于不同的解释逻辑。

尤其在编纂法典时,分编逻辑是否成熟是一个至关重要的问题。无论是生态环境法典,还是教育法典、基本行政法典,这都是需要集中攻关的命题。

经过集中攻关,分编逻辑达成了共识,一部法典的编纂就有主心骨,经由这一主心骨,搭建一个法律规范体系,就属于水到渠成的立法任务。

法律关系以特定主体间的权力-责任、权利-义务、特权-无权利、豁免-无能力、权利-权力为内容,其中权利-权力的平衡是对前面具体法律关系的综合考量,是法治闭环结构的宪法原则。

(七) 法律程序、法律行为与禁止的违法行为

从另外一个同样强健的逻辑上讲,好多法律从法律权利(或法律权力)-法律程序-法律行为上,展示了现代规制法的逻辑结构和主要内容。依法享有法律权力(或法律权利)的公民或者组织,按照法定的程序,获得法律行为的资格,有时候不仅遵循法律程序,还需要符合某种标准,才能获得合法行为的资格。这是现代规制法的立法法理学抽象。

---

〔1〕 [英]薇薇安·朗兹、马克·罗伯茨:《制度为什么重要:政治科学中的新制度主义》,徐常锌译,中国人民大学出版社 2024 年版,第 149 页。

同时，意味着相反的违法行为的罗列。这种禁为的种类、具体形态、性质、构成等都要规定清楚，相对来说，法律行为规定是授予的可为资格，违法行为是禁为的法律边界。一正一负，共同构成现代公民和组织的行为空间与边界，由此实现规范人们行为的目的，既激励又约束，实现立法目的和立法宗旨。

（八）监督检查

监督检查这一制度板块，往往需要在行政类法律，包括经济法、环境资源法，这样的公法类型上设计。

这是因为这一大类法律，主要靠自上而下的行政化实施执行，行政执法至关重要，执法中的越权、越位、滥用权力、寻租等腐败现象，需要自上而下的日常监督检查。

（九）法律责任

法律责任是规范性的保障，是立法的必备要件。

法律责任设计越有针对性，越具有可实施性。法律责任的设计以针对具体（类型）的违法行为为要津。这就需要与前面规定的违法行为一一对应。

法律责任设计要全覆盖。覆盖法律关系的各方，同时要包括监督检查主体、行政执法主体、主管部门负责人，对这些主体的责任设计要均衡，过罚相当，符合最密切联系原则等。

法律责任的设计不宜过于严苛，以弥补损失、承担责任、能引致自觉守法自觉履职为适度。设计严苛的法律责任，会引发过度犯罪、逃避、规避等负面现象。

二、附则

（一）附则的重要功能

不宜放在正文中的所有规定，都可以放在附则部分。这就是附则的重要功能。

（二）附则的类型

附则可以分为两种类型：一种是只规定关于法律法规生效时间，及相关法律法规废除时间。二是除去法律法规生效、废除的规定外，还有其他实质内容的规定，这些实质内容具有规范上的相对独立性，对正文规定的制度构成制度叠加、延伸或者配合，因而附则是相对灵活的逻辑结构。立法者应该重视附则的灵活运用。

### 三、附表

附表是将立法中涉及的技术标准、评价标准、检查评估标准等做成表格，如果涉及不同地区的差异，或者分级监管标准，或者任何更细致的执法标准，一并罗列清楚，作为执法标准。这样就能增强立法的适用性、协调性、可操作性和可执行性。

考虑到立法都是由第三方实施执行的性质与有效性，[1]所有附则、附表内的规范功能和辅助功能，都是非常重要的。

---

[1] [英]薇薇安·朗兹、马克·罗伯茨：《制度为什么重要：政治科学中的新制度主义》，徐常锌译，中国人民大学出版社2024年版，第145~146页。

# 第十八章
# 立法文本的结构

## 第一节 立法文本的一般构成

### 一、立法文本的形式构成

（一）法律条文的层次结构

立法主文由一系列的法律条文构成，这些条文按照一定的层次结构进行组织排列，以便清晰地表达法律的内容。常见的层次结构包括编、章、节、条、款、项、目等。

一是编，通常设置于重大的、篇幅长的法律文本中，用于将法律内容划分为几个相对独立的部分。如刑法分为总则编和分则编。编有编题，编的标题在逻辑上或内容上概括整编的条文。

二是章，通常作为一编之下的结构层次，具有中等篇幅的法律一般按章排列构成。章的设置有助于了解法律的整体结构和主要内容。章有章题，章的标题概括本章规定的内容主题。

三是节，设置于章之下，用于进一步细分章的内容，一般来说，也可以用于独立区分较小篇幅内容立法的不同板块。节有节题，节的标题往往概括一个相对独立的规范单元。比如《民法典》第一编第二章分为四节：第一节民事权利能力和民事行为能力；第二节监护；第三节宣告失踪和宣告死亡；第四节个体工商户和农村承包经营户。

四是条，是法律条文的基本单位，用于表述具体的法律规则、原则、法律政策或法律标准。条可以设有条旨，即该条的主旨，但一般法律正文不设条旨。

五是款,是条下一层的细分,用于表述条中某个具体问题的规定。

六是项,是款下一层的细分,用于列举或说明款中的具体内容。

七是目,是项下一层的进一步细分,用于更详细地列举项的内容。

(二) 法律条文的内容

立法主文的法律条文通常包含以下内容:

规范性内容:这是法律条文的核心部分,用于规定人们的权利、义务、责任,以及国家机关的职责、权限与责任。规范性内容通常具有强制性,要求人们必须遵守。

非规范性内容:这部分内容通常用于解释和说明法律条文的含义、适用范围和立法背景等。这样的内容往往是为了明晰一部法律的界限、边界和立法背景。它有助于人们更好地理解法律条文,并正确地适用法律。

(三) 法律条文的表述特点

立法主文的法律条文在表述上通常具有以下特点:

(1) 准确性:法律条文的表述必须准确无误,避免产生歧义或误解。准确性是规范性的基本需求。即使是法律原则的表述也是对应然性行为的准确表达,尽管这种准确表达建立在法律解释的基础上,但它的内涵与边界是基本准确的。

(2) 明晰性:法律条文的表述必须明白、清晰,避免含糊其词、模棱两可。明晰性与准确性都是规范性的基本需求。准确强调立法者想表达的东西要表达清楚。明晰强调法律条文对使用者(读者)而言的清晰明了。

(3) 简洁性:法律条文的表述应尽可能简洁明了,避免冗长和复杂的句子结构。简洁性是靠条款项目的适用和法律规范的清晰构成等实现。

(4) 逻辑性:法律条文的表述应具有逻辑性,确保各个部分之间的内在联系和一致性。这是法律作为一个规范整体的必然需求,主要通过法的结构规范化[1]和法律规范的逻辑结构等实现。这种逻辑性既是单个条文所需要的也是一部法律整体所需要的。

(四) 其他要素

除了上述层次结构和内容外,立法主文还可能包含其他要素,如标题、

---

[1] 参见汪全胜等:《法的结构规范化研究》,中国政法大学出版社2015年版。

序言、附则等。这些要素有助于人们更好地理解和适用法律文本。

其中，标题极为重要，因为它是法律的"名称"，标题一般由管辖区域、规范领域、法律类型（如组织法、行为法、促进法等）和立法层级（如法典、法、条例、办法等）组成。

序言只有在个别法律中使用，主要用于宪法类法律，一般不用于普通法律。而这些宪法性法律除规定制定主体、制定依据和立法目的这些重要内容外，往往根据需要规定该法律文本产生的历史背景、重要原则与精神、在特定领域的基本方针、政策与纲领。[1]法律可以根据需要设序言，序言一般采用段落式表述，阐明立法背景、指导思想等。

附则是指在法律文本中起辅助性作用的内容。附则的内容通常包括，其一，关于正文中所用名词、术语的界定；其二，关于解释权的授权规定；其三，关于制定实施细则的授权规定；其四，关于制定变通或补充规定的授权规定；其五，关于法律文件失效或废止的规定；[2]其六，不合适放在正文中的补充规定；其七，关于实施时间的规定。

## 二、法律文本的逻辑构成

（一）法律关系、法律行为和法律责任

法律文本作为规范社会行为、调整法律关系的重要载体，其逻辑构成主要围绕法律关系、法律行为和法律责任三大核心要素展开。

法律关系是法律文本构建的基石，它定义了不同主体间的权利义务关系。在法律文本中，通过明确法律关系的主体、客体和内容，为法律行为的发生提供了前提和基础。这些关系可能涉及个人与个人、个人与组织、组织与组织、组织内部等多个层面，确保了社会秩序的稳定和公平正义的实现。

法律行为则是法律关系动态变化的直接体现。在法律文本的指导下，主体通过实施合法行为来行使权利、履行义务，从而推动法律关系的演变。法律行为既包括积极作为，如签订合同、提起诉讼，也包括消极不作为，如遵守法律禁止性规定。

法律责任则是保障法律行为合法性和法律关系稳定性的关键机制。当主

---

[1] 参见汪全胜等：《法的结构规范化研究》，中国政法大学出版社2015年版，第47页。

[2] 参见王春业主编：《立法学》，河海大学出版社2024年版，第208页。

体违反宪法、法律规定或未履行法定义务时，将承担相应的宪法、法律责任，包括违宪责任、民事责任、行政责任、刑事责任等。法律责任的存在不仅是对违法行为的制裁，更是对合法行为的激励和保护。

法律关系、法律行为和法律责任三者相互关联、相互依存，共同构成了法律文本的逻辑框架。通过这一框架，法律文本得以系统地规范社会行为，调整社会关系，实现社会秩序的和谐与稳定。

(二) 法律目的、法律原则、法律规则和法律政策

法律文本作为社会规范和治理的重要依据，其逻辑构成主要包括法律目的、法律原则、法律规则和法律政策四大核心要素。

法律目的是法律文本的出发点和归宿，它体现了立法者的意图和期望达到的社会效果。在法律文本的制定过程中，明确法律目的有助于确保法律内容的针对性和实效性，为法律的实施提供明确的指导。

法律原则是法律文本中体现法律精神、指导法律规则制定的基本准则。它贯穿于整个法律体系之中，为法律规则的制定和实施提供了基本的价值导向和判断标准。法律原则不仅具有普遍性，还具有稳定性和连续性，为法律规则的灵活适用提供了依据，同时，法律原则具有弥补法律漏洞和独立适用的重大功能。

法律规则是法律文本中具体规定人们行为标准和法律后果的条款。它是对法律原则的具体化和细化，为法律的实施提供了具体的操作指南。法律规则具有明确性、具体性和可操作性，有助于确保法律实施的公正性和效率性。

法律政策则是法律文本中反映国家意志、指导法律实施和发展的重要方针。它体现了国家对法律事务的立场和态度，为法律的实施提供了宏观的指导和支持。法律政策通过将党和国家的决策部署法律化，引导经济社会发展适应时代需求，弥补社会结构上的非均衡。法律政策不仅具有导向性，还具有灵活性和适应性，能够根据社会发展的需要和法律环境的变化进行调整和完善。

法律目的、法律原则、法律规则和法律政策四大要素相互关联、相互依存，共同构成了法律文本的逻辑框架。这一框架不仅确保了法律内容的完整性和系统性，也为法律的实施提供了明确的指导和支持。通过这一框架，法律文本得以就其管辖范围有效地规范社会行为、调整社会关系，实现社会秩序的和谐与稳定。

## 第二节　法律规则的分类

### 一、授权性规则、义务性规则与追责性规则

这里说的授权性规则，有两种情况。第一种是规定非公权力主体可以作为、不作为或者请求他方作为、不作为的规则，即"授予"权利的规则。第二种是规定公权力主体有职权处理公共事务的规则，即授予权力的规则。这里不再作进一步细致阐述。授予权利的规则，一般用"可以""有权利""有……自由""享有……权利"。授予权力的规则，一般用"行使下列职权""有权""统一负责"等字眼。

义务性规则是指法律依据人们的法律主体人格和能力，或具体场景或情境下的社会连带地位，要求人们（包括自然人、法人、非法人组织、国家、政府部门等）履行的各种积极作为或避免作为的规则。义务在法哲学上是指道义上承担的任务。这种任务需要义务主体积极履行。所谓积极履行就是主动、想方设法地完成，包括有意识地克制自己以实现避免作为的义务，如不偷、不盗、不欺诈他人、不乱扔垃圾、公共封闭的空间内不得吸烟等。其他学者很少强调义务主体的积极作为性或有意识的避免作为性。本书认为这一点是十分重要的。法治国家的公民需要自觉主动积极地履行义务，这是法治文化养成的公民行为习惯。即使内心不情愿，行动上行为上和效果上必须主动积极适足履行法律规定的义务。否则，就会引发追责性规则的适用。义务性规则可以分为公法上的义务性规则、私法上的义务性规则、社会法上的义务性规则。诸如宪法、行政法、刑法、诉讼法、经济法等公法类法律规定的义务性规则，具有必要性、合作性和国家机关强制性。诸如民法、商法等私法类法律规定的义务性规则，具有场景性、关系性、身份性或者主体资格性、自担后果性。社会保障法、特殊群体权益保障法、安全法、社会组织法、劳动法、公益法等社会性法律规定的维护社会安全、社会公平、社会公益的义务性规则，包括规定政府、社会组织、经济组织、个人等主体的义务和负担，是保障社会团结和社会和谐的必要性立法设计。

追责性规则是指对于违反法律、规章或合同约定等行为，依法或依约对

行为人进行责任追究的规则。这些规则旨在确保行为人承担因其行为而产生的法律后果,从而维护社会秩序和公平正义。

以刑事责任追究为例,追责性规则体现在《刑法》中。根据该法,一切危害国家主权、领土完整和安全,分裂国家,颠覆人民民主专政的政权和推翻社会主义制度等行为,以及其他危害社会的行为,依照法律应当受刑罚处罚的,都是犯罪。当行为人实施了这些犯罪行为时,公安机关、检察机关和法院等机关将依法对其进行侦查、起诉和审判,以追究其刑事责任。

再如,在民事责任追究方面,追责性规则体现在《民法典》中。该法对民事责任有详细规定,如因侵权行为造成他人损害的,应当承担侵权责任。当行为人实施了侵权行为时,受害人可以首先自力救济,也可以使用调解等方式获得救济,让侵权人承担责任;作为最后的救济,受害人可以向法院提起诉讼,要求行为人承担赔偿损失等民事责任。

总之,追责性规则是法律体系中的重要组成部分,它们确保了法律的权威性和有效性,为社会的和谐稳定提供了持续性保障。

### 二、程序性规则与实体性规则

程序性规则与实体性规则是法律领域中两种不同类型的规则,它们在法律体系中发挥着不同的作用。

程序性规则主要涉及程序方面的权利和义务,关注的是实现实体性权利和义务的具体操作规程。其标志性用词通常与"程序""流程""步骤"等相关,如"审查流程""操作流程"等。例如,"诉讼程序"是一个典型的程序性规则词汇,它规定了诉讼参与人在诉讼过程中应遵循的步骤和流程。又如,"仲裁程序"则详细说明了仲裁双方在进行仲裁时应遵循的具体规则和步骤。

实体性规则直接涉及实体性方面的权利和义务,关注的是具体权利、义务的内容及其界定。其标志性用词通常与"权利""义务""责任"等相关,如"所有权""债权""刑事责任"等。例如,"所有权"是一个典型的实体性规则词汇,它明确规定了某人对某物的占有、使用、收益和处分的权利。

两者相辅相成,共同构成了法律体系的基本框架,确保了法律的公正、公平和有效实施。

### 三、确认性规则与构成性规则

确认性规则与构成性规则是法律体系中的两种重要规则类型,它们在法律调整中的作用和适用场景有所不同。

(一) 确认性规则

确认性规则是对在法律调整之前就已经存在的各种行为方式和行为关系进行评价,通过授予法律权利和设定法律义务对该行为关系予以确认并加以调整的规则。这种规则所调整的行为关系在该规则产生之前就已存在,如民事关系等,其作用只是按照一定的价值标准,对这些关系加以区分和选择,将某些既存的社会行为方式上升为法律上的权利义务,使之合法化和规范化,从而纳入法律调整的轨道。

在民法中,许多规定都属于确认性规则。例如,关于物权的规定,物权是权利人依法对特定的物享有直接支配和排他的权利,包括所有权、用益物权和担保物权。这些权利在《物权法》规定之前就已经存在,《物权法》通过确认这些权利的内容和效力,将其规范化,为权利人提供了法律保障。

(二) 构成性规则

构成性规则是以该规则的规定作为产生某种行为方式的前提条件的法律规则。在构成性规则生效之前,受其调整的社会关系并不存在,只有当规则产生之后,相关行为才可能出现。这种规则组织人们按规则规定的行为去活动,所指定的行为在逻辑上依赖规则本身。

举例来说,税法中关于税种和税率的规定是构成性规则的典型例子。在税法规定之前,具体的税收关系并不存在。只有当税法规定了某种税种和税率后,纳税人才需要按照这些规定缴纳税款,税务机关也才能依法进行税收征收和管理。

设定某机构的规则也是构成性规则的一种。例如,《公司法》中关于公司设立的规定,这些规定构成了公司设立的前提条件和法律依据。只有在符合《公司法》规定的情况下,才能设立合法的公司,并开展相应的经营活动。

综上所述,确认性规则与构成性规则在法律体系中各自扮演着不同的角色。确认性规则主要对已经存在的行为关系进行确认和调整,而构成性规则则通过规定新的行为方式和前提条件来创造新的社会关系。这两种规则共同构成了法律体系的基础，为社会的和谐、稳定和发展提供了有力保障。

### 四、强行性规则与指导性规则

强行性规则与指导性规则是法律体系中的两种重要规则类型，它们在法律调整中的作用和性质有所不同。

（一）强行性规则

强行性规则是指内容规定具有强制性质，不允许人们加以更改的法律规则。它为社会关系参加者规定了明确的行为模式，行为主体必须遵守规则的规定，不允许他们自行协议解决问题。义务性规则和职权性规则通常属于强行性规则。

举例来说，刑法中关于犯罪和刑罚的规定是典型的强行性规则。例如，《刑法》规定"故意杀人的，处死刑、无期徒刑或者十年以上有期徒刑"。这些规定是强制性的，不允许任何人随意更改或违反。税法中关于纳税义务和税率的规定也是强行性规则。纳税人必须按照税法规定的税率和纳税期限缴纳税款，不得自行协商或更改。

（二）指导性规则

指导性规则是指行为人可以自己决定是否按规则指定的行为模式办事，规则只具有指导意义而不具强制性，是一种命令性较弱的义务性规则。它允许行为人在一定范围内自行选择或协商确定行为方式和权利义务内容。

类型举例来说，国际法上许多规则对国家来说属指导性规则。例如，联合国《世界人权宣言》规定联合国成员国负有保护人权的义务，但该规定对成员国立法机关只具有指导性，不具有强制性。另一个典型例子是，国内促进类立法，比如《就业促进法》《乡村振兴促进法》《循环经济促进法》。这种法律以政策指导、政府规划、压实主体责任为手段，以国家战略的制度化和政府促进工程的实施为主要促进方式。[1]这类法律多是由法律政策构成，这种法律政策多是指导性规则。[2]

---

[1] 杨盛达：《论乡村振兴促进法的类型、功能与实施关键——以制度功能主义为分析视角》，载《聊城大学学报（社会科学版）》2023年第1期。

[2] 尽管法律政策多是指导性规则。但是，从法律要素上讲，法律规则与法律政策就可以并列，因为一方面，法律政策多来自党与国家的政策，不具有像一般规则那样的硬性规范效力，另一方面学术研究或者学理讲解的主要方向是细分。

综上所述，强行性规则与指导性规则在法律体系中各自扮演着不同的角色。强行性规则具有强制性质，要求人们必须遵守；而指导性规则则具有指导意义，允许人们在一定范围内自行选择或协商来确定行为方式和权利义务内容。

## 第三节 法律规范的结构

### 一、行为模式+法律效果说

（一）行为模式

行为模式，是法律规范中规定的行为标准，它以权利和义务的形式规定人们应当如何行为，包括可为、应为、必为和勿为的模式。这是法律规范本身的基本要求，也是其核心构成要素。具体而言包括：①可为模式：法律规范中允许人们实施的行为。这些行为是合法的，人们有权在法律规定的范围内进行。②应为模式：法律规范中规定人们应该实施的行为。这些行为是法律对人们的义务性要求，人们必须遵守，否则将承担相应的法律责任。③必为模式：法律规范中规定人们必须做出的行为。这些行为是法律对人们的责任承担要求，人们必须做出。④勿为模式：法律规范中禁止人们实施的行为。这些行为是违法的，一旦实施，将受到法律的制裁。

（二）法律效果

法律效果，是法律规则中对行为人的行为赋予法律评价和处理的部分。它通常包括三种：一是对违反义务性规定的行为提供一种否定性法律后果；二是对授权性行为提供一种肯定性法律后果；三是对承担责任的行为提供一种确认性法律后果。这体现了法律规范对人们行为的引导和规范作用。

肯定性法律效果是指，当人们遵守法律规范，实施合法行为时，法律将给予其积极的评价和相应的法律后果。例如，奖励、表彰等。

否定性法律效果是指，当人们违反法律规范，实施违法行为时，法律将给予其消极的评价和相应的法律后果。例如，罚款、拘留、刑罚等。

确认性法律效果是指，对于法律责任的分配，人们主动承担之后，法律给予确认承担责任、法律关系修复的法律效果。

### (三) 行为模式与法律效果的关联

在法律规范中，行为模式和法律效果是紧密相连的。行为模式规定了人们应当如何行为，而法律效果则是对人们行为进行评价和处理的结果。二者共同构成了法律规范的基本框架，确保了法律在社会生活中的有效实施。

具体来说，法律规范通过设定行为模式来引导人们的行为，使人们知道在特定情况下应该如何行为。同时，法律规范还通过设定法律效果来对人们的行为进行评价和处理，以确保人们遵守法律规范，维护社会秩序和公共利益。

综上，从行为模式和法律效果两个角度来看，法律规范的构成是完整且严谨的。它为人们提供了明确的行为指导，确保了法律在社会生活中的有效实施。

## 二、构成要件+法律效果说

以构成要件和法律效果来分析法律规范的构成，是一种深入剖析法律规范内在逻辑和适用条件的方法。这是德国著名法学家拉伦茨提出来的观点。[1]

### (一) 构成要件

构成要件是法律规范中用于描述某种事实状态或行为模式的要素，它是法律规范得以适用的前提条件。构成要件通常包括以下几个方面：

(1) 主体：指法律关系中享有权利或承担义务的人，包括自然人、法人和其他组织。在法律规范中，主体是构成要件的重要组成部分，它决定了法律规范适用的对象。

(2) 行为：指法律规范规定的主体应当为或不为的某种行为。行为是法律规范的核心内容，它规定了主体在特定情境下应当如何行动。

(3) 情境：指法律规范适用的具体环境或条件。情境通常包括时间、地点、方式等要素，它们共同构成了法律规范适用的背景。

(4) 结果：在某些法律规范中，结果也是构成要件的一部分。它指的是行为所导致的法律后果或影响，如合同的履行、权利的行使等。

### (二) 法律效果

法律效果是指法律规范中规定的，当构成要件得到满足时，所产生的法

---

[1] 周永坤：《法理学——全球视野》(第4版)，法律出版社2016年版，第166页。

律上的后果或影响。它通常包括以下几种类型：

(1) 肯定性法律效果：指当构成要件得到满足时，法律规范所赋予的某种权利或利益。例如，在合同中，当双方按照约定履行了合同义务时，他们就有权要求对方履行合同所约定的利益。

(2) 否定性法律效果：指当构成要件得到满足时，法律规范所施加的某种限制或制裁。例如，在刑法中，当行为人实施了犯罪行为时，他就需要承担相应的刑事责任，受到法律的制裁。

(3) 形成性法律效果：指法律规范通过构成要件的规定，导致某种法律关系或法律状态的产生、变更或消灭。例如，在民法中，当双方达成合同合意时，合同关系就得以产生；当合同被解除时，合同关系就得以消灭。

（三）构成要件与法律效果的关联

在法律规范中，构成要件与法律效果是相互关联的。构成要件是法律规范适用的前提条件，它决定了法律规范是否得以适用；而法律效果则是法律规范适用的结果，它体现了法律规范对人们行为的评价和引导。

具体来说，当构成要件得到满足时，法律规范就会产生相应的法律效果。例如，在刑法中，当行为人实施了犯罪行为（构成要件），他就需要承担相应的刑事责任（法律效果）。在民法中，当双方达成合同合意（构成要件），他们就有权要求对方履行合同所约定的利益（法律效果）。

综上所述，构成要件和法律效果共同构成了法律规范的内在逻辑和适用条件。它们相互关联、相互作用，共同确保了法律规范在社会生活中的有效实施。

### 三、应然行为说

以应然行为分析法律规范的构成，主要是从法律规范所设定的理想行为模式或标准出发，来探讨法律规范的内在逻辑和结构。

（一）应然行为的定义与特点

应然行为，即法律规范所设定的、人们应当遵循的行为模式或标准。它代表了法律对社会成员行为的期望和要求，体现了法律对公平正义、社会秩序等价值的追求。应然行为具有以下几个特点：

(1) 理想性：应然行为是法律规范所设定的理想状态，它超越了现实生活中的具体行为，为人们提供了一种行为上的指引和追求。

（2）规范性：应然行为是通过法律规范来设定的，具有法律上的约束力和强制性。人们应当遵循这些行为模式，否则将承担相应的法律责任。

（3）普遍性：应然行为是针对所有社会成员设定的，具有普遍性和一致性。它要求人们在相同或相似的情境下，应当采取相同或相似的行为方式。

（二）法律规范中的应然行为构成

法律规范中的应然行为构成主要包括以下几个方面：

（1）行为主体：法律规范首先明确了应然行为的主体，即谁应当遵循这些行为模式。这些主体可以是自然人、法人或其他组织。

（2）行为模式：法律规范详细描述了应然行为的具体模式或标准。这些模式或标准可以是积极的（如应当做什么），也可以是消极的（如不应当做什么）。它们为人们提供了明确的行为指引。

（3）行为情境：法律规范还规定了应然行为适用的具体情境或条件。这些情境或条件通常与行为主体的身份、行为发生的时间、地点、方式等因素有关。

（4）行为后果：法律规范对应然行为的后果进行了明确规定。当行为主体遵循应然行为时，将受到法律的肯定和保护；当行为主体违反应然行为时，将承担相应的法律责任。

法律原则也表达了一种应然行为。

（三）应然行为在法律规范中的作用

应然行为在法律规范中发挥着重要作用：

（1）指引作用：应然行为为人们提供了明确的行为指引，帮助人们了解自己在特定情境下应当如何行动。

（2）评价作用：应然行为成为评价人们行为是否合法的标准。当人们的行为符合应然行为时，被视为合法；当人们的行为违反应然行为时，被视为违法。

（3）预测作用：通过了解法律规范中的应然行为，人们可以预测自己在特定情境下可能面临的法律后果，从而做出更加明智的决策。

（四）应然行为与现实行为的差异与联系

应然行为与现实行为之间存在一定的差异。应然行为是法律规范所设定的理想状态，而现实行为则是人们在现实生活中实际采取的行为方式。由于现实生活中的各种复杂因素，人们的实际行为往往与应然行为存在一定的差异。然而，这种差异并不意味着应然行为没有价值或意义。相反，应然行为为人们提供了一种理想的行为模式或标准，引导人们不断追求更高的道德和法律境界。同时，通过法律制度的不断完善和司法实践的深入推进，我们可以逐步缩小应然行为与现实行为之间的差距，实现法律的公平正义和社会秩序的稳定。

由此可见，以应然行为分析法律规范的构成，有助于我们更加深入地理解法律规范的内在逻辑和结构，以及法律规范在社会生活中的重要作用。

# 第十九章
# 制度设计的技术

## 第一节 制度设计的要素

### 一、引言

法律制度设计能够将因袭前人的当代人拯救出来,实现制度设计预定的功能目标。当代人类面临着如此之多的治理目标,有些来自新的困局,有些沿袭旧的难题。这些困局与难题只能靠有效的法律制度设计来解决。

国家治理体系和治理能力现代化最为有效的切入点是法律制度设计的优化。不同于传统立法学教材,本部分对法律制度设计的相关基本问题做一些交叉学科阐述。主要集中于下列三个问题:①法律制度设计的核心含义是什么?②法律制度包括哪些分类?③法律制度设计的评估与评估方法。

### 二、法律制度设计的核心含义

有学者认为,制度是禁止不可预见行为和机会主义行为的规则。[1]这是一种功能视角的反向界定;正面而言,制度是一种规约人的行为的理性规则设计。从英文字意上看,制度是旨在促进一项事业或者项目的组织或者设计。这种界定强调了制度的目的和存在形式。另一个更接近法律制度内涵的字义界定是:制度是一种设定好的、结构化的行为模式或者人际关系,被视为一

---

[1] [德]柯武刚、史漫飞:《制度经济学:社会秩序与公共政策》,韩朝华译,商务印书馆2000年版,第3页。

种文化的基本成分。这是第三种界定。[1]这种界定强调了制度的实体内容。这些界定对我们认识制度的功能、目的、存在形式、实体内容有参考意义。实际上，特定的法律制度，如《环境保护法》上的生产者责任延伸制度[2]等，同时符合这三种不同视角的界定。

有学者认为："制度是一套已经达成均衡的行为方式及行为主体分享着的关于这些行为方式的已经达成均衡的意义解释。"[3]该学者受马克思的影响之后，又认为制度是人际关系的总和。他对这一界定的解释是：制度是组成社会网络的个体的心性结构之间，可达成的有利于生存而且是演化稳定的关系总和。[4]这里的界定很有启发性，既然制度以一套达成均衡的行为方式、均衡的意义解释和有利于生存且演化稳定的关系总和为本体，那么就意味着那些未达成均衡的行为模式、未达成均衡的意义解释、不利于生存且不稳定的人际关系就不属于制度之列。从法学视角解释，达成均衡的行为模式和达成均衡的意义解释指的是行为主体认同的行为模式和意义解释。以此推演，制度包括制度参与主体即行为主体达成共识的行为模式、意义解释和人际关系等构成要素。

诺贝尔奖获得者道格拉斯·C.诺思认为：制度是规范化或定型化的举止、行动或行为原则的载体，长期演化而成，它是支配社会生活和政治生活的关键性领域。在另一处，诺思认为，制度是一个社会的博弈规则，或者更规范地说，它们是一些人为设计的、形塑人们互动关系的约束。从而，制度构造了人们在政治、社会或经济领域里交换的激励机制。制度变迁决定了人类历史中的社会演化方式，因而是理解历史变迁的关键。[5]这是广义的制度，包括各个领域的正式制度与非正式制度。

制度法学派学者认为制度就是在指导和评价人类在其社会环境中的活动方面起到实际作用的法律规范。[6]这是一个相当宽泛的界定。这种观点认为

---

[1] "institution1, 4"，参见 [美] 兰登书屋辞书编辑室：《兰登书屋韦氏大学英语词典》（英文版），商务印书馆国际有限公司2016年版，第867页。

[2] 参见刘芳：《寻找缺失的循环链——生产者责任延伸法律问题研究》，人民出版社2012年版。

[3] 汪丁丁：《青年对话录：人与制度》，东方出版社2014年版，第26页。

[4] 汪丁丁：《青年对话录：人与制度》，东方出版社2014年版，第30页。

[5] [美] 道格拉斯·C.诺思：《制度、制度变迁与经济绩效》，杭行译，格致出版社、上海三联书店、上海人民出版社2008年版，第3页。

[6] [英] 尼尔·麦考密克、[澳] 奥塔·魏因贝格尔：《制度法论》，周叶谦译，中国政法大学出版社2004年版，第10页。

法是一种制度事实,这种事实是以某种特殊方式出现的复杂的事实:它们既是具有重要意义的规范的构成物,同时也作为社会现实的要求而存在。任何一个法律上的制度都不是一个单一的规则,也不是静止的东西,而是一套规则或者规则组合,是一个活动过程。[1]其主要观点如下:①法律是制度性的规范秩序。这是一种规范制定者的视角。这种规范秩序是可能确立的,因为人类有理性的协调能力。这种协调能力反过来又使制定规范、使用规范和执行规范的机构得以正规化和制度化。②通过判决并借助法律科学的发展,制度性规范秩序使立法规则的明确制定和背景性原则的清晰发展成为可能。在制度性规范秩序中,人被定义,并能拥有各式各样、不断变化的法律地位和关系。正是依赖于此,并依赖于法律的背景性原则,法官得以解释已发生、将发生或可能发生的事实与事件。③只有在对法律治理事业的内在目的作出了假定之后,法律的制度性特征才是可以理解的:这个目的就是按照关于正义和共同善的合理观念来实现它们。④通过考虑将法律素材的整个主题细分为公法、私法或有关这些法律的进一步的子范畴,就可以更好地观察法律的体系性。⑤法律制度化意味着,国家的法律具有实证性("被人为假定的")特征。这是法律与自治的道德的根本差异。另一方面,任何法律制度都不是价值无涉的。实际上,作为法律的任何制度性规范的存在都必须在最低程度上满足正义的基本要求。[2]

制度法学最初由法国的莫里斯·奥里乌提出。在权威辞书上,制度法学是指一种将各种制度视为法律人格化的社会关系体系的理论。一种制度是各种外部环境的复合体,它要求人们的行为与人们对待这些环境的态度持续地保持一致,尽管在一段时间内二者并不一定完全相同,但这些制度构成了作为法律基础的社会现实,它们比法律规则产生的更早,持续时间更久。[3]在20世纪之交,法国行政法学界有两种观点:一者认为国家行政的基础是公共权力;另一者认为国家行政的基础是公共服务。正是奥里乌综合其成,提出了"制度理论"。他认为,行政行为所带有的"公共权力"属性与它为社会提供

---

[1] 王启富、陶髦主编《法律辞海》,吉林人民出版社1998年版,第1002页。

[2] [英]尼尔·麦考密克:《法律制度——对法律理论的一种解说》,陈锐、王琳译,法律出版社2019年版,第444页以下。

[3] 《牛津法律大辞典》,光明日报出版社1988年版,第268页。薛波主编:《元照英美法词典》,北京大学出版社2003年版,第707页。

"公共服务"的目的并无矛盾。行政法恰恰是提供了这样一种行政框架，使行政机关在明确的权限范围内发挥其"公共服务"的作用。行政法在确定行政机关的权力限度时，本身便应当考虑它所提供的"公共服务"的范围和性质。在这个意义上，违反公共服务之目的的行为本身就是一种越权行为。奥里乌通过对法国"行政国家"模式的分析，认为可以通过在行政权内部分化出相对独立的"行政审判权"实现权力制约，从而使国家的集权性质得到明显的削弱。通过对公务员制度的结构与功能分析，即激励与约束机制相结合的制度设计，其为社会提供的秩序、和平和公共设施，由此可以确认公务员制度的正当性与合理性。[1]

美国当代学者劳伦斯·弗里德曼认为，对法律制度难以下一个定义，但法律制度由各种公认的次要制度组成，这些次要制度的"共同点在于都是制度，以规范或规则运行，与国家相连，或者有一个至少和国家行为相类似的权力机构"[2]。法律制度是一个系统，它的运行过程"是通过社会环境对法系统的'输入'系统对输入物的'处理'、作为处理结果的'输出'输出物对外部的'影响'和'效果'以及在此基础上社会环境对系统的'反馈'等步骤而构成的"[3]。这里把法律制度理解为一个"输入—处理—输出—反馈"的系统。

最后让我们借鉴一下制度主义与新制度主义政治学者眼里的制度观。从政治学产生，到近代社会契约论之前，政治学家多是从由哪个阶层执掌权力、统治者的政治道德等方面论述问题，到霍布斯、洛克、孟德斯鸠、麦迪逊等，开始关注制度——政府的形式结构。从国别上说，这种制度研究是从美国开始的。"这表明了法律对美国政治科学发展的影响。"[4]这里的法律主要指宪法。制度理论到20世纪中叶为行为主义研究取代，但是到20世纪70年代，政治科学开始重新发现制度，到80年代，正式宣布为"新制度主义"。它的

---

[1] 郑戈：《"公共权力"与"公共服务"的平衡——代译校者序》，载[法]莫里斯·奥里乌：《行政法与公法精要》（上册），龚觅等译，辽海出版社、春风文艺出版社1999年版，代序3~4页。

[2] [美]弗里德曼：《法律制度：从社会科学角度观察》，李琼英、林欣译，中国政法大学出版社1994年版，第1页。

[3] 季卫东：《法的根源与效果》，载[美]弗里德曼：《法律制度：从社会科学角度观察》，李琼英、林欣译，中国政法大学出版社1994年版，代译序第6页。

[4] [美]迈克尔·罗斯金等：《政治科学》（第9版），林震等译，中国人民大学出版社2009年版，第29页。

关键在于政府结构——立法机构、政党、官僚制度等等——有自己的生命，而且塑造那些生活在其中并从中获益的人们的行为与态度。[1]制度不是对社会力量的简单反映，而是改变人的行为的复杂规则。

无论是制度经济学上的制度内涵分析、还是政治学上的宏观的组织-功能分析，都是以法律制度为规则基础的。这些研究为法律制度研究提供了交叉学科上的参考。

以此为基础，我们认为制度是人类以内部结构设计、正当程序界定、有效讨论沟通为要素，以合意性效能产出为目标的，可持续运行的组织形式和规则体系。哲学家约翰·赛尔在其经典论文《什么是制度？》（What is an institution?）中定义：制度是任何一种被人们普遍接受的规则系统（亦包括程序及习惯），它使我们得以创造制度性效果。[2]制度设计就是特定有权主体以人类经验和个体理性为基础，以追求制度的功能目标为始点，通过制定规则、设定机构、促成运转、反馈完善所完成的组织、运行和治理社会和政府的实践过程。

一个制度具有相对独立性，如英美司法上的陪审制度、合同法上的缔约过失制度，首先需要界定这个制度的功能目标及适用条件，其次厘定这个制度适用的主体资格及其角色与相互关系，再次规定各方主体必经的程序和讨论，最后规定各方主体达成合意的方式、标准及其意义解释。这是通过制定一套规则体系完成一个制度设计所必备的要素。

制度的六要素是制度主体、内部结构设计、正当程序界定、有效讨论沟通、评价或解释标准、合理性效能产出。

制度主体指参与制度的各方，一般有资格界定。内部结构设计指主体之间的法律关系定位，交易关系、制约关系、审查关系等，如当事方与陪审团的关系就是一种依法通过庭审证据展示说服与被说服的关系，这种主体之间的法律关系在后文被称为主导性二元关系。一项制度就是以主导性二元关系为中心设计行为模式（可为、能为、禁为）和法律责任。正当程序界定指确认实质法律关系所需要走过的形式、程式与顺序。有效讨论沟通指制度主体

---

[1] [美]迈克尔·罗斯金等：《政治科学》（第9版），林震等译，中国人民大学出版社2009年版，第38页。

[2] 阎小骏：《当代政治学十讲》，中国社会科学出版社2016年版，第111页。

之间有法律实效的信息交换和意见交流、申辩，这一个要素是前一个要素的实质要求。解释评价标准指对实质法律关系和法律效果的确认标准与评价标准。合理性效能产出指一个制度的最终的持续的效能产出，强调合理性是指其前面要素决定的内部产出，不是非理性的外部决断的结果。制度的合理性效能产出是客观的，不受制度主体主观愿望的控制，更不受制度外主体的操控。

制度设计的六要素是：制度设计主体、制度功能目标、制定规则、设计机构、促成运转、反馈完善。

在制度构成六要素的基础上，厘定作为其成立前提的制度设计，制度设计是组织化治理的高级活动，是国家与社会及市场普遍存在的活动，在法治时代，制度设计均以法律规范的形式完成。制度设计的首要因素是制度设计主体，它是指把立法理念变成实际立法的少数人或个别人。汉斯·凯尔森1920年设计了世界上第一所宪法法院，汉密尔顿1791年设计了美国第一家国有银行[1]，保罗·沃伯格1910年设计了美国联邦储备系统，在中国李步云首先在2003年提出了法治政府的制度理念。

制度功能目标可以说是制度设计主体的设计动力，指通过制度设计意欲实现的特定公共功能。制度功能目标必须是正当的、合法的和可持续的。"集中营"这样的制度，首先其制度功能就是不正当和不合法的。制度功能目标是密切对应社会文化现实的，并服务于国家整体目标。政治制度的功能目标应该服务于政体的性质和国家主权属性。经济制度的功能目标应该服务于经济体制和经济繁荣本身。法治制度的功能目标应该服务于法治与公平正义的实现。具体制度的功能目标是相对独立的，其服务于具体制度所属的制度体系。

制定规则往往规定主要角色、行为模式、程序与标准。其中行为模式以主要角色的权利、义务、权力、职责、责任为主要内容。这是制度设计的主体部分。"制度是行动的模型与可能行动的框架：人们在制度的框架内与其他人一起组织他们之间的互动。个体们被假设可以在这些框架内做的事情是由规范和目的来指示的。"[2]法律制度的制定和实施均围绕权利和义务而展开，

---

[1] [美]查尔斯·亚瑟·科南特：《美国国父列传：亚历山大·汉密尔顿》，欧亚戈译，北京大学出版社2014年版，第62页。

[2] [美]詹姆斯·E.赫格特：《当代德语法哲学》，宋旭光译，中国政法大学出版社2019年版，第250页。

包括确定权利和义务的界限、政府的权力、权力限度、权力行使方式、职责、职责范围。并且必须包括违反义务所承担的法律责任，政府侵犯公民权利或者滥用权力、不履行职责所承担的法律责任，处理有关权利和义务的纠纷与冲突的方式等。

设计机构是制度设计的组织环节。通过这一机构平台，实现被设计制度的常态性程序化运作。美国联邦系统的独立控制委员会从产生制度功能目标到制定专门立法，再到机构依法组建，就是一个典型。[1]这些机构是一种人的组织，所有的人都有特定的角色。它是一个正在运作的系统，遵循着在特定真实时间框架中的特定规约与规则。它是有目的的。[2]设计机构需要遵循组织法原理，从其自身法定职权依据和范围、职责范围、职权形式、履行职责方式、决策方式、内部机关构成、人员构成、承担责任的方式等方面，都要精心设计。其中职权与职责的平衡、权力的内部制约与外部监督、权力行使手段与目的的合乎比例原则，都是机构设计中必须重点处理的命题。

促成运转是设计机构的下一个环节。制度设计出来，必须付之运行。这是制度设计的内在组成部分。机构只有运转起来才能实现其功能产出，所以促成运转是制度设计的重要环节。促成运转旨在实现其预设的功能，同时需防止其负外部性。这就需要机构运作者严格遵守机构宗旨、职权、行为模式、程序与标准，防止越权，也防止空转。机构运转是制度运行的标志，其追求的目标是制度运行成本与制度绩效的均衡、权力运作过程中的动态制约和动态平衡、微观的具体正义与宏观的均衡的统一。

反馈完善是制度设计闭环的最后一个环节。任何制度都不是一蹴而就的，对制度设计根据运行效果，做必要的调整与完善。制度依规运转，是制度真实有效的表征。在运转中，检验制度设计的效果，防止任何纰漏。特别是其是否完全适应制度环境，并能够持续稳定地实现制度效能，所以，要定期进行评估。综合评估制度的成本与产出、治理绩效与价值引导等，再依据评估结果对制度有针对性地调整完善。综合评估中的一个重要指标是社会评价，民众反馈的制度绩效是制度调整与完善的重要依据。

---

[1] 王名扬：《美国行政法》（上），中国法制出版社1995年版，第172页。
[2] [美]詹姆斯·E.赫格特：《当代德语法哲学》，宋旭光译，中国政法大学出版社2019年版，第250页。

### 三、法律制度包括哪些分类？

制度可以分为哪些类别？这是一个有着多种答案的问题。从宪法的权力分割上，可以分为立法制度、行政制度、司法制度、监督制度；制度分析与发展框架区分了操作、集体选择与立宪选择三个相互作用的层次与领域[1]，这就意味着政府层面的操作性制度、社会层面的法律制度、国家层面的宪法制度的相对分立。在道格拉斯·C.诺思看来，制度可以区分为正式制度与非正式制度，正式制度包括宏观上的制度结构、中观上的制度安排、微观上的程序；非正式制度指的是历史上长期演化而成的规范行为的习俗与规则。按照我国宪法序言中五个文明协调发展的要求，要建立物质、政治、精神、社会、生态文明五个方面的制度体系。从传统的法律部门划分，可以分为宪法制度、立法制度、行政法制度、民商法制度、经济法制度、社会法制度、刑法制度、诉讼法制度、生态环境法制度、国际法制度。[2]

从现代国家实现的制度功能上划分，我们认为现代国家制度体系有这么七个关键的制度：民主制度、宪治制度、法治制度、精神文化科技制度、社会制度、经济制度、生态服务保障制度。这一分类与我国宪法规定的"五个文明协调发展"相一致。前文我们得出了制度定义：制度是人类以内部结构设计、正当程序界定、有效讨论沟通为要素，以合意性效能产出为目标的，可持续运行的组织形式和规则体系。弗朗西斯·福山认为制度是那些"稳定的、有价值的以及重复发生的行为模式"，它的存在超越了领导人本身的任职期限。从根本上说，制度是那些具有持续性的且被用来塑造、限制以及转变人类行为的规则。[3]

我们对这七种制度的内部要素构成做出分析，并对这七种制度之间的结构性关系做出概述。

民主制度的功能目标是防止少数人或个人专制。专制是人类植根于人类社会历程的反思性界定。在古代的亚里士多德那里没有这个概念。人类追求

---

[1] [美] 迈克尔·麦金尼斯主编：《多中心治道与发展》，王文章等译，上海三联书店2000年版，第7页。

[2] 李林等：《中国法律制度》，中国社会科学出版社2014年版，第13页。

[3] Francis Fukuyama, *Political Order and Political Decay*: *From the Industrial Revolution to the Globalization of Democracy*, New York：Farrar, Straus and Giroupx, 2014, p.6.

人民当家作主是以国家为单位展开的。民主制度的内部结构设计一者是竞争性选举，一者是推举性选举。前者是在多党制基础上的制度设计；后者是在一党执政制基础上的制度设计。竞争性选举更为引人注目，甚至获得更多的公众认同。但是实践证明竞争性选举有政党极化的弊端，极化引起的认同政治往往会扭曲民意[1]。推举性选举照顾到不同身份、不同群体、不同职业的代表性，有其合理性，但应加强自下而上竞争性推举的设计，防止"庇护-附庸关系"[2]影响推举。民主制度的正当程序设计总体来说，各有各的要求，选举要符合自由、平等、直接、秘密等原则，弹劾程序包括提起弹劾、审查弹劾、表决弹劾、弹劾审判等程序。民主制度的有效讨论沟通要求有公开辩论及言论免责等具体制度。

民主有多数人暴政的潜在弊端，这就需要设计一个制度来克制这一弊端。经过一些具有高屋建瓴智慧的思想家与政治家的探索，宪治成为克制民主弊端的有效制度。这一制度的核心结构既包括对立法的违宪审查，也包括对行政法令和司法判决的审查，以捍卫宪法上保障的公民基本权利，保障人民的基本权利不为代表多数人意志的立法所侵犯。这一制度的正当程序设计一般按照司法程序并采取多数法官意见。宪治的具体制度不限于违宪审查，立宪与修宪本身是宪治的前提，无论立宪还是修宪都设计了有效讨论沟通环节，而且这一环节的标准以达到某种高标准为要件。

有了民主制度和宪治制度是否意味着一个现代国家的政治制度就完成了闭环呢，我们从诸多国家的治理经验看，实际上还缺一个制度体系，即法治制度体系。从功能目标上讲，要实现每一个人不凌驾于法律之上，依法具体保护社会上每一个独立个体，仅有民主和宪治是不够的，一个享有特权的个人或机构侵犯或压制一个独立个人或组织，通过民主或宪治未必能够提供及时有效的具体救济，只有法治制度才能提供及时救济。法治有两个核心结构一个是依法行政，另一个是中立性司法。这两个核心结构都特别强调正当程序，这就是行政程序和司法程序。这两者每一种都有极为丰富的内容。行政程序强调反对偏私、公平听证、处罚精准化。司法程序强调对等、法官独立、

---

[1] 2024年美国大选可以说是这种极化政治的最新表现，但不会是最后表现。

[2] 罗伯特·帕特南指出，在市民社会活跃度较低的地区更容易出现所谓"庇护-附庸关系"。参见［美］罗伯特·D. 帕特南：《使民主运转起来：现代意大利的公民传统》，王列、赖海榕译，中国人民大学出版社2015年版，第225页。

法官中立、直接性、亲历性等。有效的沟通是法治制度的核心要素之一，无论是依法行政，还是中立司法，还是其他具体法治制度，特定主体之间的有效沟通都是完成正当性执法、公正审判的核心要素。[1]

民主、宪治、法治制度构成政治国家制度体系的"三驾马车"，是现代国家政治文明的必备要素。政治国家与市民社会的两分可能只是一种古典自由主义国家图像的反映。但是确实反映了不同公共领域之间的结构性关系，尽管由于受不同政治文化的影响，政治国家与市民社会的两分状况在不同国家之间迥然相异。下面两种制度主要属于市民社会领域。

与法治最为密切的是精神文化科技制度，这是关系到人类发展的原创领域，这个领域的繁荣最为可靠的保障就是个体的独立、自治与多元。当代著名科学哲学家约瑟夫·阿伽西认为科学文化的最基本特征是自治。[2]没有精神上的独立、自治与多元，重大的科学创新与技术创新难以涌现。个体的独立、自治与多元是现代国家致送每个人的礼物，现代国家通过民主、宪治与法治实现了这一宝贵礼物的致送。精神文化科技制度的内在核心结构是尊重个性的教育。有人说教育的目的并不是要改变个人以适应社会，而是要养成更高的视界与职业雄心，为社会做贡献。尊重个性的教育要求教育者、学校管理者、教育体制调控者之间以尊重学生的个性与兴趣为中心，以发展学生的独立人格、实现自我为目的，引导、启发、激励学生认识自我、社会、国家与世界的关系，让学生认识到自我是推动社会、国家与世界发展的原动力。精神文化科技制度的正当程序界定是一种开阔视野、多向交流、遵从内心判断的形式，它的关键一点是免除外部的内容审查。有效的讨论沟通是精神文化科技制度的本质特征，无论价值认同、思想、教育、科学、技术的存在和创新，还是它们最终形成各自特有的改变社会的力量，都是共同体内部的沟通、交流、讨论的产物。

社会制度是社会安全所系。它的具体功能目标是让每个人获得生存保障。这是精神文化科技制度的结构性承重制度，也是市场经济制度的结构性承重制度。社会保障制度的核心结构是兜底式社会保障。对标准线以下的居民均

---

[1] 民主、宪治、法治都不是自足的，也都需要共同的内部结构设计，如横向分权与纵向分权、有限政府、扁平化自治组织、政府分支之间的平等、多中心治理结构等，这里无法展开。

[2] [美]约瑟夫·阿伽西：《科学与文化》，邬晓燕译，中国人民大学出版社2006年版，第1页。

实行平等社会保障,而且这种保障应涵盖物质、医疗和生存照顾。对于不同价值观、不同宗教信仰者,对因受教育有限而导致生存能力不足者,对罹患各种疾病者均需要设计平等的足以保证其尊严和生存的保障制度。教育作为社会保障的一种建设性制度,应该纳入制度保障。享有适度充分的文化、技能教育是每个公民的基本权利。社会制度的正当程序界定以应急管理程序和福利行政程序为代表。福利行政程序包括适用条件、判断基准、判断方法等,判断基准中又包括听证、告知和裁决等。应急管理程序包括应急预案和检测、评估与预警、处置与救援、恢复与重建。社会制度的有效讨论沟通同样是十分重要的实体要素和程序要素。就实体来说,社会乃是人际关系的综合,人与人之间、群体之间交流沟通越充分,越有利于建设一个和谐有序公正友善的社会。反之,相互隔离是社会矛盾的渊薮。就程序来说,任何社会组织、社会行动、社会救援都是沟通协商的成果,没有交流沟通,就不会有协商合作,这是人类行为中的自明之理。建立相互信任、合作和同频共振的社会资本,人们努力保持与其他人的关系与纽带,维护自己的声誉、信用和形象,积极参加社会活动和公共事务,遵守并维护规则体系,最终使得高品质的公共管理成为可能。

　　与政治国家、市民社会相并列的一个相对独立领域是市场。这一领域是为互通有无、满足人类物质需求服务的。市场为其他制度的运行提供经济基础,即为人类发展与社会建设提供物质保障。市场制度的核心结构是产权自主和竞争性营业。产权自主是指财产权的自由持有和自主处分。这需要严格的产权保护制度。以此为条件,开展竞争性营业是市场繁荣的结构与动力机制。经济增长的四个轮子是人力资源、自然资源、资本、技术革新和创新。这四个轮子的驱动力是竞争。"经济学中最深刻的结论之一,就是资源在完全竞争市场中的配置是有效率的。这个重要结论有一个前提假设,即所有的市场都是完全竞争的,没有任何如污染或不完全信息等外部因素。"[1]一言以蔽之,这就意味着完全竞争与外部因素的免除是竞争性营业的深层结构,也是市场制度的正当程序特征。有效的沟通是市场供求交易的实体要素与程序本质。合同制度是其制度体现。

---

〔1〕 [美]保罗·萨缪尔森、威廉·诺德豪斯:《经济学》(第19版·上册),萧琛等译,商务印书馆2011年版,第256页。

人类制度的场域越出了政治国家、市民社会、市场，立基于人与自然和谐共生，这一场域是自然生态系统。从我们人类视角，预期的功能目标就是促进人与自然和谐共生。这一制度就是生态系统服务保障制度。这一制度的核心结构是人类作为消费者对生态的保护。这一制度的核心关系是人类与生态系统的关系，或者说是人类与其他生物的关系。而生态系统为人类提供了最基本的生态服务：一是调节服务：空气和水的净化、废弃物的分解和无害化、极端气候调节，以及农作物害虫疾病的防控等。二是供给服务：为人类不断提供食物、淡水、耐用材料、药材、能源、工业原料、纤维和基因资源等。三是支持服务：紫外线防护、土壤形成和保持、农作物的授粉、养分循环、种子散布、生物多样性维持等。上述三类服务为人类在地球生存提供了可能。四是文化服务：精神娱乐、审美休闲、智力成长和心灵启发等。这类服务使地球成为人类诗意栖居的乐园。[1]这一制度的正当程序是环境影响评价和生态影响评估。这一制度的对话沟通程序是指在各个层面上应该存在的政府与企业间、政府与政府间、公民之间、绿色组织与其他主体之间的生态环境论坛和气候变化会议及联合行动。生态系统服务保障的追求目标是可持续发展：既满足当代人的需求又不损害后代人满足其需求的能力。

### 四、法律制度设计的评估与评估方法

第三部分制度设计以整体性视角分析了七种制度，民主、宪治、法治、精神文化科技、社会、经济、生态系统服务保障。七种制度分属于政治国家（前三种）、市民社会（第四种、第五种）、市场（第六种）、自然生态系统（第七种）。这四个领域的关系是一种结构性的支撑关系。这七种制度之间也是一种功能性的互补支撑关系：民主需要宪治、法治的功能性制衡和补强。以民主、宪治、法治建构起的政治国家为前置条件，后续的精神文化科技、社会、经济、生态系统服务保障才有健康和可持续发展的可能。精神文化科技制度的功能产出依赖于民主、宪治与法治提供的宽松、包容、自治、多元、安全和创新文化氛围。同时精神文化科技制度为其他制度的健康运行提供精神能量与人才支撑。社会保障、经济和生态系统服务保障为人类发展与国家繁荣提供价值关怀、物质保障与生态系统服务基础。

---

〔1〕［丹］S.E.约恩森：《生态系统生态学》，曹建军等译，科学出版社2017年版，第23页。

换一个视角，这些制度本身都需要法治的保障，没有法治，民主运行就不可能。"从历史上看，在没有法律和制度约束的情况下，统治者多数所带来的危害程度不会低于统治者个人。因此，我们讲的民主一定是'法治民主'。"[1]没有法治，宪治就失去了一个基础性构件与核心方法，无法保护每个社会成员的权益。没有法治，精神文化科技、社会、经济和生态系统服务保障就无法自主不受干扰地运行，无法实现持续的效能产出。这些基本制度的建立与运行都是借助法律实现的。所以从这个意义上，相应地形成了精神文化科技法治、社会法治、经济法治和生态系统服务保障法治。所以，本部分以"法律制度设计"为标题就是题中之义。

既然是设计，就要经得起实践的检验，就有一个评估问题。首先，我们讨论一下评估方法。一种制度设计如何，有两个较为有效的评估方法。第一种是制度本身主导性二元关系相对方的评估。即民主制度由普通选民评估，宪治制度由普通公民评估，法治制度由行政相对人和案件当事人评估，精神文化科技由精神文化科技教育权利享有者评估，社会制度由社会弱势群体成员评估，经济制度由市场主体和消费者评估，生态系统服务保障由普通居民评估。以问卷调查为主，设计合理的指标体系，如评价地方法治制度，可分为地方党委法治工作满意度、地方人大法治工作满意度、地方政府法治工作满意度、地方监察工作满意度、地方司法工作满意度评估等等。第二种方法就是由独立第三方进行评估。独立第三方具有相关专业知识技能，无利害关系，客观中立，评估指标系统全面。这种方法以专家测评为主，同时结合其他方面的调查数据。将这两种方法结合起来，可能最客观。

制度设计的评估根据评估的对象有不同的指标设定。有学者根据12项指标评估制度绩效。[2]

笔者认为制度设计的评估可以从下列四个方面进行：①内部构成评估；②价值评估；③成本-效能评估；④外部性及其边界、限度评估。

首先，看制度内部构成评估。①一个制度必须具备一个主导性二元关系。这是制度内部构成的第一要素。收养制度的主导性二元关系是收养人与被收

---

[1] 杨光斌主编：《政治学导论》（第4版），中国人民大学出版社2011年版，第44页。
[2] [美]罗伯特·D.帕特南：《使民主运转起来：现代意大利的公民传统》，王列、赖海榕译，中国人民大学出版社2015年版，第76页。

养人的关系。选举制度的主导性二元关系是选民与候选人的关系，或者选举人与被选举人的关系。②第二个要素是围绕主导性二元关系建立一个核心结构，两个小女孩分蛋糕的核心结构是同一个女孩先分-后取的行为模式。审判制度是一个原告与被告的二元关系，围绕这个二元关系是一个"控-辩-审"即由原告方-被告方-审判员构成的庭审结构。选举制度的核心结构是投票制度。要么是相对多数制度，要么是比例代表制，还有一种兼取两者的混合制。[1] ③第三个要素是相关辅助人员与对应规则。譬如庭审制度须具备证人、法庭记录员、法警及其行为规则等制度构成元素。小女孩分蛋糕可能需要一个监督员，以监督双方公平执行规则。选举制度的相关辅助机构是选举委员会和选举争议解决机构，辅助人员是计票员、现场监督员等。

其次，看制度的价值评估。一个制度是要维护一定的价值原则的，也就是制度所坚持的基本原则。制度的功能目标与制度的基本价值原则是不同的，基本价值原则是个体或群体通过制度实现的关于人类理想生存状态的最终偏好、目的、特性与标准。价值原则往往是评判制度的重要标准。在笔者看来，经济制度的基本价值原则应该是可持续增长和个体幸福。民主制度的基本价值原则应该是人的自由、平等。宪治的基本价值原则应该是保障人权原则。法治的基本价值原则是个体独立和公共利益。精神文化科技的基本价值原则应该是人的自主、多元和创新。社会制度的基本价值原则是人的生存尊严。生态系统服务保障的基本价值原则是人类生态安全和可持续发展。制度设计从功能目标的预设开始，就将价值原则蕴含其中，在处理主导性二元关系的核心结构设计即行为模式设计中，将价值原则转化为基本原则作为指导性原则，制度运行的过程就是价值原则输出的过程。对一个制度的价值评估应该从制度功能目标、主导性二元关系、行为模式、基本原则、价值原则输出等内部组分上进行。如果在这五个组分上都为正值，那评估得分肯定很高。如果有的组分上仅得零或负值，那就进行加权处理。价值评估的关键是就一个制度所要坚持的基本价值原则达成共识，并获得理性化的认识，防止价值失准。

再次，成本-效能评估与价值评估有密切联系，是一种更为社会化的评估方式。一个制度建立了一个主导性二元关系的行为模式，同时以机构作为制度执行的职责主体。宏观的制度体系在这两个方面都是复数的，具体的制度

---

[1] 阎小骏：《当代政治学十讲》，中国社会科学出版社2016年版，第136页。

在一个国家实施也需要一系列机构作为执行主体。所以，专门立法、依法组建机构维护制度的运行、相应纠纷的司法解决等都需要人才成本和财政成本的持续投入。那能不能产出预期的效能、产出多大的效能？这就需要实证的度量。举个实证的例子：1998年，美国律师协会就美国司法制度的运行状况进行的抽样民意测验显示：尽管存在许多问题，但仍有80%的受访者相信美国的司法制度是世界上最好的司法制度，这种自信主要来源于陪审制度，有78%的受访者认为陪审团是刑事案件中判定被告人无辜或有罪的最佳方式；另有69%的受访者认为陪审制度是美国司法制度最重要的组成部分。[1]而类似的对联邦最高法院的美国皮尤研究中心民调表明，如果2024年美国总统大选中出现法律问题需要联邦最高法院裁决，大选前只有20%受访者对其保持政治中立有信心，支持特朗普的人中有34%对联邦最高法院的中立性表示有信心，而哈里斯的支持者中只有6%表示有信心。[2]以普通受访者的认可度作为制度产出的度量，这是比较有说服力的。在这个评估中，效能产出是主要的，只要能得到民众或者第三方评估机构的认可，被评价的制度就有正当性。至于成本的考虑，主要放在如何降低成本上，在保证效能产出的前提下降低成本，当然是现代国家的基本理性。在制度比较的基础上，如果另一个国家的相应制度成本较低，而效能产出更显著，那么就需要研究能否优化制度的构成，寻求提高制度生产率即效能与成本之比。

最后，外部性评估及边界、限度评估。制度的外部性是指一项具体制度安排的创立、维持和取消，往往对大部分并未参与创立、维持和取消决策的人造成可能好或坏的影响。由于一项具体制度安排往往为不同身份角色的人规定了不同的行为规则，使他们具有不同的行为可行性空间或不同的博弈策略集。因此，它的外部性可能对于某种角色身份的人为正，对于另一些身份角色的人为负，并且其大小也可能不同。一项具体制度安排的外部性的大小与该项制度安排的创立、维持和取消的决策方式有关。或许决策越是专断，则由此产生的制度的外部性（不论正负）也越大。因为决策越专断，受其影响的人便越无发言权，越是只能被动地接受该项制度安排。制度外部性实质

---

[1] 齐树洁主编：《美国民事司法制度》，厦门大学出版社2011年版，第64页。尽管2020年之后的美国受访者几乎可以肯定已失去这样的自信。

[2] 《民调：大多数选民称美国最高法院无法公正裁决大选案件》，载 https://baijiahao.baidu.com/s？id=1813880795579804372&wfr=spider&for=pc，2024年11月18日访问。

上就是社会责任与权利的不对称。在改革过程中，制度外部性问题要解决的主要是如何在社会成员中分配制度变革所带来的新增利益的问题：一是"搭便车"，即为改革付出努力的人不能获得相应的全部报酬；二是"牺牲者"，即在改革中某些人承担了别人应该承担的成本。前一种情况使改革缺乏动力，后一种情况使改革增加阻力。

制度的边界要清晰，即规制的主体、客体、行为模式、范围等要清晰，养犬管理条例在很多地方执行效果并不明显，就是因为相关制度只关注养犬的品种与个头，而没有对养犬人的行为界限作出系统的规定。[1]有些教育法规，由于规定过于宽泛与原则化，缺乏具体的可落实的主体、客体、行为模式、范围、标准界定，因而缺乏基本的制度要素，执行效果较差。这也是某些其他类立法中亟须改善的方面。

与这两种评估相关，是对制度限度的评估。所谓制度限度指的是使用法律规制可能引起对市场的过多干预，因为这种制度会导致较大的负外部性，而其效能产出是极为有限的。世界范围内，存在"小而强"与"大而弱"两种政府。前者指法律赋予政府干预经济社会生活的权力是有限的，但是其执行能力强大，后者指法律赋予政府干预经济社会生活的权力是宽泛的，但是其执行能力实际上较为低下。[2]后者就是在制度设计时对制度限度未有评估，以为制度设计出来必有其价值；而前者往往对赋予权力的制度抱有足够的警惕，因而从根本上杜绝了相当多的权力，或者对于权力的赋予设计了足以限定其范围的制度。

### 五、结语

在我国，总体来说，立法者主要是边学边干的凭经验立法的职业人，他们（或她们）十分敬业勤勉，依照立法权限和立法程序进行成文法创制活动。立法者的主要任务是法律制度的设计，但一些立法者并没有清晰意识和自觉意识的立法者定位。有种说法，立法是神的事业，更是人的事业，因为立法要克服人的局限性。创新性的具有示范价值的立法可以全球分享，为人类的法治与正义作出贡献。我们只有对法律制度设计的相关原理有所认识有所把

---

[1] 曾祥华等：《立法过程中的利益平衡》，知识产权出版社2011年版，第36页。
[2] 阎小骏：《当代政治学十讲》，中国社会科学出版社2016年版，第152页。

握，才能更科学更有效地从事中国特色社会主义的伟大立法事业，才能成长为自觉的专业的优秀立法者。

## 第二节 权力-责任、权利-义务的对应与平衡

在法律制度设计中，保证权力-责任、权利-义务的对应与平衡是维护法律公平正义、促进社会关系和谐以及提高法律实施效果的关键。以下是对此问题的详细阐述。

### 一、权力与责任的对应与平衡

（一）法律赋予权力同时设定责任

法律制度在赋予某项权力时，必须同时设定相应的责任，以确保权力不被滥用。这一原则体现了责任法定原则，即权力的行使必须伴随着责任的承担。谈到民主国家权力下放的趋势，有学者指出，"近几十年来，一系列动机（民主化、行政效率、平息地区民族主义、卸下不受欢迎的负担）促使各国调整其内部权力和责任的分配。中央国家机构在某些情况下将权力下放给新的地方管理机构。在别处，中央国家机构则恢复了旧结构，并赋予它们新的责任"。[1]

（二）权责一致

责任的轻重应与权力的大小相适应，确保有多大的权力就须承担多大的责任。这有助于防止权力过度集中和滥用，维护法律的公正性和权威性。官本位体制的一个特点是权力配置与责任配置的非对称性，权力配置多于责任配置。

（三）严格追究违法行使权力的责任

法律制度应规定严格、高效的程序，及时追究违法行使权力的政治责任与法律责任。这既是对受害者的补偿，也是对权力行使者的有效约束，有助于实现权力与责任的平衡。

---

[1] [爱尔兰] 谢恩·马丁、[德] 托马斯·萨尔费尔德、[美] 卡雷·W. 斯特罗姆编：《牛津立法研究手册》，周尚君等译，当代中国出版社2024年版，第708页。

## 二、权利与义务的对应与平衡

### （一）法律面前人人平等

法律制度应确保每个社会成员在法律面前享有平等的权利，包括生命权、自由权、财产权等。这种平等不仅体现在权利的享有上，还体现在权利的保护和救济上。

### （二）权利义务相一致

在法律关系中，权利与义务是相互依存的。没有无权利的义务，也没有无义务的权利。因此，法律制度应确保权利与义务的平衡，即当事人在享有权利的同时，必须承担相应的义务。

### （三）理性约束权利行使

权利的行使应受到法律的理性约束，以防止权利滥用。法律制度应规定权利行使的边界和条件，确保权利在合法、合理的范围内行使。

## 三、综合措施

### （一）完善法律体系

通过不断完善法律体系，确保各项法律制度之间的协调性和一致性，从而更有效地保障"权力-义务-责任"的对应与平衡。

### （二）加强法律监督

建立健全法律监督机制，对公权力行使、义务履行和责任承担进行全程监督，确保法律制度得到有效执行。

### （三）增强法律意识

通过加强法治宣传教育，提高公民的法律意识和法律素养，使公民能够自觉遵守法律，维护法律的权威性和公正性。

综上所述，保证权力、义务、责任的对应与平衡是法律制度设计的重要目标。通过法律赋予权力同时设定责任、确保权责一致、严格追究违法行使权力的责任、确保法律面前人人平等、权利义务相一致以及理性约束权利行使等综合措施，可以有效实现这一目标。

## 第三节　以权利保障为中心

### 一、何为以权利保障为中心

在法律制度设计上，以权利保障为中心意味着法律制度的构建、完善和实施均以保障公民、法人和其他组织的合法权益为出发点和落脚点。这一理念体现了法治国家的基本原则，即尊重和保护人权，确保公民在法律面前享有平等的权利和机会。以下是对以权利保障为中心的法律制度设计的详细阐述：

（一）宪法保障为基础

宪法作为国家的根本大法，明确规定了公民的基本权利和自由，为权利保障提供了最高的法律基础。以权利保障为中心的法律制度设计，首先要求宪法对公民权利进行全面、系统的规定，并确立权利保障的基本原则和制度框架。同时，宪法还应对国家权力的行使进行限制和监督，防止权力滥用侵犯公民权利。"权利和权力是法理学的核心范畴，原因就在于整个国家法律制度都是为了实现和调整权利和权力的关系而进行的，都是为了更好地对这两者做出规划和调整。"[1]"权力来源于权利，权力受制于权利，同时，权力具有相对独立的强制支配性。"[2]因而，权力需要宪法的刚性约束。

（二）普通法律具体化

普通法律在宪法的基础上，对公民的基本权利进行具体化和细化，通过制定各项法律制度，确保公民权利在各个领域得到切实保障。这些法律制度包括但不限于民法、刑法、行政法、经济法、社会法等，它们共同构成了权利保障的法律体系。在法律制度设计中，应注重法律的明确性、可操作性和公正性，确保公民权利得到有效保护。

（三）司法救济途径

司法机关独立行使审判权，不受行政机关、社会团体和个人的干涉，确保公民权利在受到侵犯时能够得到公正、有效的司法救济。以权利保障为中

---

[1] 李步云：《法理学》，人民出版社2024年版，第145页。
[2] 李步云：《法理学》，人民出版社2024年版，第150页。

心的法律制度设计，要求建立健全司法救济机制，为公民提供便捷、高效的司法服务。这包括完善诉讼制度、加强法律援助、推动司法公开和透明等，以确保公民在权利受到侵害时能够及时获得法律救济。

（四）行政保护与社会监督

行政机关在行使职权时，必须遵循法律法规，确保行政行为的合法性，防止滥用权力侵犯公民权利。同时，建立健全行政监督机制，对行政机关的行政行为进行监督检查，确保公民权利在行政领域得到有效保障。此外，还应鼓励和支持公众参与国家事务和社会事务的管理，增强公民的权利意识和维权能力，形成对权利保障的社会合力。媒体监督也是社会监督的重要组成部分，应充分发挥新闻媒体的舆论监督作用，揭露和批评侵犯公民权利的行为，推动相关部门及时采取措施予以纠正。

（五）权利与义务的平衡

以权利保障为中心并不意味着只强调权利而忽视义务。在法律制度设计中，应注重权利与义务的平衡，确保公民在享有权利的同时，也承担相应的义务。尽管如此，权利与义务在立法上，应以权利为本位，两者间价值上的主次关系不能颠倒。[1]这有助于维护社会秩序和公共利益，保持社会的发展动力，促进社会的和谐稳定。

综上所述，以权利保障为中心的法律制度设计是法治国家建设的重要基石。它要求以宪法保障为基础，普通法律具体化，司法救济途径畅通，行政保护与社会监督有力，以及权利与义务的平衡。通过这些措施的实施，可以确保公民、法人和其他组织的合法权益得到有效保障，推动法治国家的建设不断向前发展。

## 二、为什么以权利保障为中心

现代法律制度设计之所以以权利保障为中心，主要基于以下几个方面的原因：

（一）尊重和保护人权

现代法律体系尤为尊重人的权利，包括人的最基本权利即人权。权利的实质即确认和保障人们的正当利益，它是一切法律关系的核心，是人们法律

---

〔1〕 李步云：《法理学》，人民出版社2024年版，第155~158页。

行为的驱动力。国家权力以保障公民权利为宗旨,以弘扬权利本位为特征。以权利保障为中心的法律制度设计,体现了对公民基本权利的尊重和保护,是法治国家建设的基本要求。

(二)促进公平正义

法律制度的根本目的是维护社会公平正义。以权利保障为中心,意味着在法律制度设计中,将公民的权利放在首位,确保公民在法律面前享有平等的权利和机会。这有助于消除社会不公,促进社会的和谐稳定。同时,通过法律手段保障公民权利,也可以有效遏制权力滥用和腐败现象,维护社会公平正义。

(三)适应社会发展需求

随着社会的不断发展,公民对权利保障的需求也日益增长。现代法律制度设计需要以权利保障为中心,不断适应社会发展的需求,完善法律制度体系,提高法律制度的可操作性和公正性。这有助于满足公民对权利保障的需求,提升公民的法律意识和维权能力,推动社会的法治化进程。

(四)维护社会秩序和稳定

以权利保障为中心的法律制度设计,有助于维护社会秩序和稳定。通过法律手段保障公民权利,可以减少社会矛盾和冲突,增强社会的凝聚力和向心力。同时,法律制度的完善也可以为公民提供明确的行为规范和预期,引导公民自觉遵守法律法规,维护社会的和谐稳定。

(五)推动法治国家建设

以权利保障为中心的法律制度设计是法治国家建设的重要基石。通过完善法律制度体系,加强法律实施和监督,提高法律制度的公正性和权威性,可以推动法治国家建设的不断深入。这有助于提升国家的法治化水平,增强国家的竞争力和国际影响力。

综上所述,现代法律制度设计以权利保障为中心,是尊重和保护人权、促进公平正义、适应社会发展需求、维护社会秩序和稳定以及推动法治国家建设的必然要求。

### 三、怎样以权利保障为中心

在现代法律制度设计中,以权利保障为中心是一个核心原则,它要求法律制度在构建、实施和完善过程中,始终将公民、法人和其他组织的合法权益放在首位。以下是一些具体做法,以确保在现代法律制度设计中以权利保障为中心:

(一) 明确权利保障的基本原则

确立权利优先原则:在法律制度的构建中,应明确权利优先于权力的原则,确保公民权利不受国家权力的非法侵犯。

平等保护原则:法律制度应确保所有公民、法人和其他组织在法律面前享有平等的权利和机会,不受任何歧视。[1]

(二) 完善权利保障的法律体系

制定全面的权利保障法律:包括宪法、民法、刑法、行政法、经济法、社会法等在内的法律体系,应全面覆盖公民的基本权利和自由,确保公民在各个领域都能得到法律的保护。

加强法律制度的可操作性:法律制度应具体、明确,具有可操作性,以便公民在权利受到侵犯时能够迅速找到法律依据,寻求法律救济。

(三) 强化司法救济机制

确保司法机关独立行使司法权:司法机关应独立行使审判权,不受行政机关、社会团体和个人的干涉,确保公民权利在受到侵犯时能够得到公正、有效的司法救济。

完善诉讼制度:简化诉讼程序,降低诉讼成本,提高诉讼效率,确保公民在权利受到侵犯时能够及时获得法律救济。

加强法律援助:为经济困难或特殊群体提供法律援助,确保他们也能享受到平等的法律保护。

(四) 加强行政保护与社会监督

规范行政行为:行政机关在行使职权时,应严格遵守法律法规,确保行政行为的合法性,防止滥用权力侵犯公民权利。

加强行政监督:建立健全行政监督机制,对行政机关的行政行为进行监督检查,确保公民权利在行政领域得到有效保障。

鼓励社会监督:鼓励和支持公众参与国家事务和社会事务的管理,增强公民的权利意识和维权能力,形成对权利保障的社会合力。同时,充分发挥

---

[1] 刘旭:《权利主体意识及制度保障》,载《特区实践与理论》2019年第3期。

新闻媒体的舆论监督作用,揭露和批评侵犯公民权利的行为。

(五) 推动法治教育与宣传

加强法治教育:通过教育体系加强法治教育,提高公民的法律意识和法律素养,使他们能够更好地了解自己的权利和义务,学会运用法律手段维护自己的合法权益。

开展法治宣传活动:通过各种渠道和形式开展法治宣传活动,普及法律知识,提高公民的法律意识和维权能力。

综上所述,在现代法律制度设计中以权利保障为中心,需要明确权利保障的基本原则、完善权利保障的法律体系、强化司法救济机制、加强行政保护与社会监督以及推动法治教育与宣传。这些措施共同构成了以权利保障为中心的法律制度设计框架,为公民、法人和其他组织的合法权益提供了有力的法律保障。

## 第四节 针对性、适用性和可操作性

### 一、法律制度设计的针对性

具体法律制度设计的针对性可以用"两个女孩分蛋糕"的场景来说明,针对这个分配正义困局的程序制度设计,就具有针对性。即两个饿坏了的女孩,面对一个可分食的蛋糕,在没有其他工具的条件下,一个女孩分,另一位先拿,这样的程序设计就是具有针对性的。

针对经济下行的压力,我国可以有针对性地设计个人破产免责制度、小微企业破产免责制度。"在我国的市场经营主体中存在个体工商户的概念。个体工商户未被纳入企业范围,即没有纳入《企业破产法》的适用范围。然而在大多数国家都是将其定义为小微企业(包括自我雇佣企业),纳入企业破产的范围。市场监管总局统计显示:截至2023年1月,我国市场主体达1.7亿户,其中全国登记在册个体工商户达1.14亿户,约占市场主体总量的三分之二,带动近3亿人就业。我国对市场主体组织类别的划分,使占大多数的个体工商户即小微企业不能获得企业破产制度的规范调整与救济援助。如果个人破产法不能及时出台,不仅不利于个体民营经济的发展,而且会进一步影响破产法实施的社会效果。"[1]

## 二、法律制度设计的适用性

法律制度设计的适用性指的是法律在实际应用中的可操作性和可实施性，即法律条文能否在具体案件中得以有效执行和应用。它要求法律条文必须明确、具体，并考虑到各种实际情况，以确保法律在实际操作中的可行性和公正性。

以美国的个人信用法律体系为例，其适用性体现在多个方面。首先，美国的《公平信用报告法》《平等信用机会法》《诚实借贷法》《公平债务催收作业法》《公平信用结账法》和《隐私权法》等法律明确了信息采集、使用、公开和保密等方面的规定，平衡了公共利益知情权与个人隐私权之间的矛盾。这些法律条文清晰明确，便于司法机关理解和应用。

其次，美国的个人信用体系采用了社会安全号（SSN）作为唯一标识，将个人的信用记录整合在一起，便于信用评估和风险管理。这种制度设计充分考虑了实际操作中的可行性，使得信用信息的采集和利用更加高效、准确。

此外，美国的个人信用服务机构实行自由的市场运作模式，这些机构由私人部门设立，专门从事个人信用资料的收集、加工整理、量化分析、制作和售后服务。这种市场化的运作机制使得个人信用服务更加灵活、多样，满足了不同消费者的需求。[2]

可以说，美国个人信用法律体系的设计充分考虑了适用性，使得法律条文在实际操作中得以有效执行和应用。这种制度设计不仅保护了消费者的合法权益，也促进了征信业及信用经济的发展。诚信缺失现象已经成为亟待解决的我国社会治理难题，引入法治化途径使得信用体系有法可依、有法必依。信用法治体系的建设是信用建设的基础性工作，信用建设长效机制必须依托制度体系进行建立健全。完备的信用立法体系、高效的信用法治实施体系、严密的信用法治监督体系、有力的信用法治保障体系等子系统需要互相支撑、互相配合。[3]

---

[1] 王欣新：《个人破产立法中的观念转换与制度支撑》，载《中国应用法学》2024年第1期。
[2] 刘瑛、陈柳西：《构建信用法治体系 破解诚信缺失难题》，载《中国信用》2020年第11期。
[3] 刘瑛、陈柳西：《构建信用法治体系 破解诚信缺失难题》，载《中国信用》2020年第11期。

### 三、法律制度设计的可操作性

法律制度设计的可操作性是指法律条文、规定或制度在实际操作中的可行性和便利性,即能否被有效地执行、遵守和应用。它要求法律制度不仅要具有明确性、具体性,还要考虑到实际操作中的各种因素,确保法律能够顺畅运行。

以交通法规为例,其设计的可操作性体现在多个方面。例如,交通法规对车辆行驶速度、交通信号灯的使用、行人过马路的规定等都进行了明确、具体的规定。这些规定不仅易于理解,而且在实际操作中具有很强的可操作性。同时,交通法规还规定了相应的处罚措施,以确保规定的执行。

此外,交通法规还随着社会的发展和交通状况的变化而不断更新和完善,以适应新的交通环境和需求。这种动态调整也体现了法律制度设计可操作性的重要性。

法律制度设计的可操作性主要体现在以下几个方面:

(1) 明确性与具体性:法律条文应当清晰明确,避免使用模糊、含糊不清的表述。同时,法律应当尽可能具体地规定行为准则、权利义务以及法律责任,使得守法者、执法者和司法者能够准确理解和执行法律。

(2) 现实针对性与可行性:法律制度的设计应当充分考虑社会现实和实际需求,确保法律条文具有现实针对性和可行性。这要求立法者在制定法律时,要广泛听取社会各界的意见和建议,确保法律能够切实解决实际问题。

(3) 配套措施与程序的完备性:为了确保法律的有效实施,法律制度设计应当包括相应的配套措施和程序。例如,明确执法机构的职责和权限、规定司法程序的具体步骤和时限等,以确保法律能够得到顺畅执行。

(4) 适应性与灵活性:法律制度设计应当具有一定的适应性和灵活性,以应对社会发展和变化带来的新情况和新问题。这要求立法者在制定法律时,要充分考虑未来的发展趋势和可能出现的新情况,为法律的修改和完善预留空间。

法律制度的可操作性是针对性、适用性的技术体现,没有针对性的法律制度设计,往往不能做到具体问题具体处理;不具有适用性的制度设计,缺乏制度运行的功效保障,往往是因为制度设计缺乏具体可行有效的运行模式。

总起来说，法律制度设计的针对性、适用性和可操作性是无法完全区分开来的三个基本特征。

## 第五节　法律责任的设计

### 一、法律责任的设计为何占据法律制度设计的"半壁江山"

按照周永坤教授的观点，法律责任是由于违反了法定义务或契约义务或者不当行使法定权利、权力，法律迫使行为人或其关系人所处的受制裁、强制和给他人以补救的必为状态。[1]

法律责任在法律实现中有多重要，法律责任的设计在法律制度设计中就有多重要。

（一）没有合适的法律责任设计，法律制度就无法实现如期的实效

法律制度的实效，指的是法律制度在社会生活中被实际执行的效果和状态，它关乎法律的权威性、公正性和社会功能的实现。法律责任设计作为法律制度的重要组成部分，对于确保法律制度的实效具有至关重要的作用。以下从几个方面论述没有合适的法律责任设计，法律制度就无法实现如期的实效：

1. 法律权威性的缺失

法律责任设计是法律权威性的重要体现。当法律制度中缺乏明确、合理的法律责任设计时，违法者可能因缺乏明确的法律后果而无所畏惧，从而轻视法律，导致法律失去其应有的权威性和约束力。

法律的权威性还体现在法律的普遍适用性和不可违抗性上。没有合适的法律责任设计，法律的普遍适用性将受到质疑，因为不同人或群体可能因缺乏统一、明确的法律责任而受到不同的对待，这违背了法律的公平原则。

2. 法律公正性的受损

法律责任设计是实现法律公正性的关键。法律责任应当与违法行为的性质、情节和后果相适应，确保违法行为得到应有的惩罚，同时保护无辜者的合法权益。

---

[1] 参见周永坤：《法理学——全球视野》（第4版），法律出版社2016年版，第229页。

如果法律责任设计不合理，可能导致重罪轻罚或轻罪重罚的情况，这不仅损害了法律的公正性，还可能引发社会不安和不稳定。

3. 法律社会功能的失效

法律的社会功能包括维护社会秩序、保障公民权益、促进经济发展等。合适的法律责任设计是实现这些社会功能的基础。

缺乏合适的法律责任设计，可能导致社会秩序的混乱、公民权益的受损以及经济发展的受阻。例如，在环境保护法中，如果缺乏严格的法律责任设计，可能导致环境污染行为得不到有效遏制，进而威胁人类生存环境和经济发展。

4. 法律实施效果的打折

法律的实施效果取决于多种因素，其中法律责任设计是至关重要的一环。合适的法律责任设计能够确保法律得到有效执行，从而实现法律制度的预期目标。

如果法律责任设计不合理或缺失，可能导致法律执行不力、法律效果打折。例如，在刑事法律中，如果缺乏明确的量刑标准和刑事责任追究机制，可能导致司法不公和冤假错案的发生，进而影响法律的公信力和社会效果。

综上所述，合适的法律责任设计对于实现法律制度的实效至关重要。它不仅关乎法律的权威性和公正性，还会直接影响到法律的社会功能和实施效果。因此，在法律制度建设中，必须高度重视法律责任的设计和完善，以确保法律制度能够如期实现预期目标。

（二）没有有力的法律责任设计，法律制度设计就会从始点上崩塌

法律制度的稳健运行与有效实施，离不开有力的法律责任设计。若缺乏这一关键环节，法律制度的设计将从根本上失去其稳固的基石，从而在始点上崩塌。

法律责任设计是法律制度的核心组成部分，它确保了法律的权威性和约束力。当法律责任设计缺失或无力时，法律便如同虚设，无法对违法行为产生有效的震慑和制裁。这种情况下，违法者可能会肆意践踏法律，而法律的公正性和公平性也将荡然无存。

进一步讲，法律责任设计的缺失会削弱法律的公信力。公众对法律的信任建立在法律能够有效维护社会秩序和公平正义的基础之上。如果法律无法对违法行为作出及时、公正的反映，公众对法律的信心将会动摇，进而可能

导致社会秩序的混乱和不稳定。

此外，有力的法律责任设计也是法律实施效果的保障。只有当法律能够明确、具体地规定违法行为的法律责任时，才能确保法律得到有效执行。否则，法律的实施将变得困难重重，甚至可能导致法律制度的瘫痪。

综上所述，没有有力的法律责任设计，法律制度的设计将如同无根之木、无源之水，无法在社会生活中发挥应有的作用。因此，在法律制度的设计过程中，必须高度重视法律责任的设计和完善，确保法律制度的稳健运行和有效实施。只有这样，我们才能构建一个公正、有序、和谐的社会环境。

（三）如果法律制度设计中法律责任缺位，这样的法律制度可能还没有道德伦理、风俗习惯管用

法律制度作为社会秩序的基石，其核心功能在于提供一套明确、统一且具有强制力的行为规范，以保障公民权益、维护社会稳定和促进公平正义。然而，如果法律制度设计中存在法律责任缺位，即未能对违法行为设定清晰、合理的法律后果，这样的法律制度可能会失去其应有的权威性和有效性，甚至在某些方面不如道德伦理、风俗习惯等社会调控手段管用。

首先，法律责任的缺位会削弱法律的威慑力。法律的本质在于其强制执行性，而法律责任正是这一特性的具体体现。当违法行为不能受到应有的法律制裁时，法律的威慑作用将大打折扣，人们可能更倾向于选择违法而非守法，因为违法成本较低或不存在。

其次，法律责任的缺位会影响法律的公正性。法律应当公正地对待每一个人，无论其身份、地位或财富。然而，如果法律责任设计不合理或缺失，可能导致司法实践中出现不公现象，如重罪轻罚、轻罪重罚或选择性执法等，这不仅损害了法律的公正性，也削弱了公众对法律的信任。

相比之下，道德伦理和风俗习惯等社会调控手段在某些方面可能更具优势。它们往往具有深厚的文化底蕴和广泛的社会基础，能够深入人心，形成强大的社会舆论压力。此外，这些手段往往更加灵活多变，能够根据具体情况进行适应性调整，以更好地满足社会的多元化需求。

综上所述，如果法律制度设计中存在法律责任缺位，这样的法律制度可能会失去其应有的权威性和有效性，甚至在某些方面不如道德伦理、风俗习惯等社会调控手段管用。因此，在法律制度设计中，必须高度重视法律责任的设计和完善，以确保法律制度能够充分发挥其应有的社会治理效能。

(四) 没有有效的法律责任制度设计与实现，法律就不是法律

法律，作为社会秩序的守护者，其核心在于通过明确的规则与责任来约束和规范人们的行为。若缺乏有效的法律责任制度设计与实现，法律便失去了其本质特征，就难以称之为真正的法律。

法律责任制度的设计，旨在确保违法行为能够得到及时、公正的制裁，从而维护法律的权威性和公信力。它不仅是法律条文的重要组成部分，更是法律精神的具体体现。当法律责任制度缺失或执行不力时，法律便如同一纸空文，无法对违法行为形成有效的震慑和制裁。

此外，有效的法律责任制度设计与实现，还能够促进法律的公平与正义。它确保每个人在法律面前受到平等对待，无论其身份、地位或财富。只有当法律责任制度得到严格执行时，法律才能真正发挥其维护社会秩序、保障公民权益的作用。

因此，没有有效的法律责任制度设计与实现，法律便失去了其应有的约束力和执行力，难以在社会生活中发挥应有的作用。这样的法律，不仅无法保障公民的合法权益，也无法维护社会的和谐与稳定，因此不能被称为真正的法律。

(五) 所有被称为法律的东西，都必须设计适当的法律责任制度

所有被称为法律的东西，其核心在于规范社会行为、维护社会秩序与公平正义。为实现这一目标，设计适当的法律责任制度至关重要。法律责任制度不仅明确了违法行为的法律后果，还确保了法律条文的有效执行。它既是法律权威性的体现，也是法律公正性的保障。通过设定明确的法律责任，法律能够对违法行为进行及时、公正的制裁，从而维护法律的尊严和公信力。同时，法律责任制度还能引导公众形成正确的法律观念，自觉遵守法律，共同营造和谐稳定的社会环境。因此，设计适当的法律责任制度是法律不可或缺的重要组成部分，它确保了法律在社会生活中发挥应有的功能和作用。

## 二、法律责任的构成与法律责任的权威性追究方式

(一) 法律责任的构成

法律责任由四大要素构成：行为、心理状态、损害、因果关系。

行为分为积极的行为和消极的不作为。心理状态区分为故意、过失，另

外还要考虑行为人的动机。损害是指造成的损失和伤害,包括实际损害、丧失所得利益及预期可得的利益,损害的形式主要有人身的损害、财产的损害、精神损害和其他方面的损害。法律上的因果联系包括直接因果联系和间接因果联系。作为损害直接原因的行为原则上要承担责任,而作为间接原因的行为只有在法律有规定的情况下才承担法律责任。[1]

法律责任的构成还包括将四大要素联系起来的归责原则:

(1) 行为、过错、因果联系、损害四者必备的归责原则。

(2) 不考虑心理状态的严格责任原则。

(3) 行为、过错并存,无需造成损害的归责原则。

(4) 即只要实施某行为,不管行为人的心理状态,也不论是否造成损害,均负法律责任。

(5) 另外,责任主体不存在任何可责言行,仅仅由于他的特殊社会角色,他必须承担法律责任,如连带责任、替代责任等。

(6) 属于正当防卫、紧急避险、被害人过错的行为,及因不可抗力引起的损害,或者行为人无责任能力,都属于正当的免责条件。

(二) 法律责任的权威性追究方式

法律责任的权威性追究方式主要体现为刑事责任、民事责任、行政责任以及违宪责任这四种责任追究的司法和行政程序。以下是对这四种责任追究方式的详细阐述:

1. 刑事责任追究方式

刑事责任是指行为人因其犯罪行为所必须承受的,由司法机关代表国家所确定的否定性法律后果。刑事责任的追究方式主要是通过刑事诉讼程序进行,具体流程包括:

(1) 立案侦查:公安机关或人民检察院在发现犯罪事实或犯罪嫌疑人时,应根据其管辖范围进行立案侦查。

(2) 提起公诉:侦查终结后,若认为存在犯罪事实且需要追究刑事责任,公诉机关将依法提起公诉。

(3) 审判与执行:法院依法进行审判,对犯罪者判处相应的刑罚,并由执行机关负责刑罚的执行。

---

[1] 参见周永坤:《法理学——全球视野》(第4版),法律出版社2016年版,第233~235页。

2. 民事责任追究方式

民事责任是指由于违反民事法律、违约或者由于民法规定所应承担的一种法律责任。民事责任的追究方式主要是通过民事诉讼程序进行，具体流程包括：

（1）起诉与受理：受害人或其法定代理人依法向法院提起诉讼，法院进行审查并决定是否受理。

（2）审判：法院依法进行审判，并判决责任方承担相应的民事责任，如赔偿损失、恢复原状等。

（3）执行：若责任方不履行判决，受害人可申请强制执行。

3. 行政责任追究方式

行政责任是指因违反行政法规定或因行政法规定而应承担的法律责任。行政责任的追究方式主要由行政机关依法进行调查、处理，具体方式包括：

（1）行政调查：行政机关对涉嫌违法的行为进行调查取证。

（2）行政处罚：若确认存在违法行为，行政机关将依法给予行政处罚，如警告、罚款、没收违法所得、责令停产停业等。

（3）行政强制：若行为人拒不履行行政处罚决定，行政机关可采取行政强制措施。

4. 违宪责任追究方式

虽然在我国现行的法律体系中，违宪责任并未作为一个单独的责任类型进行明确的规定，但在实际操作中，对于违反宪法的行为，通常会通过其他法律责任形式进行追究。例如，撤销违宪的法律法规、对违宪行为进行处罚等。这些追究方式体现了宪法作为根本大法的权威性和不可违抗性。

综上所述，法律责任的权威性追究方式体现了国家法律的严肃性和公正性。各种责任追究方式相互补充、相互协调，共同构成了我国法律责任体系的基本框架，为维护社会秩序、保障公民权益提供了有力的法律保障。

### 三、法律责任设定的合理性检验

（一）目的合理性

法律责任制度设计的目的合理性检验，关键在于其能否有效维护社会秩序、保护个体和集体权利，以及纠正违法行为。合理的法律责任制度应确保法律义务得到履行,当法律义务被违反时,通过明确的法律责任追究机制,强化规则的权威性,保障社会秩序的稳定。同时,它应平衡受损方与侵权方的利益关系,确保权利得到及时有效的救济。此外,法律责任制度还应具有纠正违法行为的功能,通过法律责任的追究,彰显社会正义,预防再次犯罪,并警示其他社会成员遵守法律。[1]

（二）内容合理性

法律责任设定的内容合理性主要体现在其全面性、明确性和适应性上。全面性意味着法律责任应覆盖所有可能违法的情形,确保法律无漏洞;明确性则要求责任条款表述清晰,避免模糊和歧义,便于理解和执行;适应性则是指法律责任设定需考虑社会发展和法律环境的变化,适时调整以符合实际需求。合理的法律责任设定不仅能有效遏制违法行为,还能保障公民权益,促进法治社会的建设。

（三）负担合理性

法律责任设定的负担合理性标准,主要体现为责任与违法行为相匹配、适度且不过度严苛。一方面,法律责任应与违法行为造成的损害或危害相当,不应过高或过低,确保既能有效惩戒违法者,又不至于造成过度惩罚。另一方面,法律责任的设定需考虑违法者的主观恶意、违法手段、社会危害程度等因素,确保责任追究的公正性和合理性。同时,还应避免残酷刑、报复刑,确保法律责任设定符合人道主义精神和社会伦理道德。[2]

（四）程序合理性

法律责任设定的程序合理性标准,是指在制定和适用法律责任时,应遵循公正、公开、公平的原则,确保程序的正当性和合法性。首先,法律责任的设定应经过充分的调研和论证,广泛听取各方意见,确保决策的民主性和科学性。其次,设定过程应公开透明,避免暗箱操作,确保公众对法律责任的知情权和监督权。再次,法律责任的适用应遵循法定程序,确保程序正义,避免程序违法导致的责任不公。最后,还应建立有效的救济机制,当法律责任设定或适用存在问题时,相关方能够及时获得法律救济,维护自身合法权益。

---

[1] 陈任芝:《国家审计的法律责任体系及其优化》,载《审计观察》2021年第7期。
[2] 李静:《科学合理设定法律责任》,载《法制日报》2019年1月30日。

# 第二十章
# 立法文本的表述技术

## 第一节 编章节条款项目的使用

### 一、编章节的使用

在立法文本的构建中,编、章、节的使用是组织法律内容、增强法律条文逻辑性和可读性的重要手段。它们不仅有助于法律体系的系统化和条理化,还能够让读者更加清晰地理解和把握法律的内在逻辑与结构。

"编"作为立法文本的最高层次结构,通常用于划分法律的不同部分或功能领域。一部大型的法律可能包含多编,每编都针对一个特定的功能领域或主题,如《民法典》中的"总则编""物权编""合同编"等。编的设置使得法律能够涵盖广泛而复杂的法律关系和规范,同时也便于读者快速定位到感兴趣或相关的法律内容。

"章"则是"编"之下的次级结构,用于进一步细分编内的法律内容。每一章都围绕一个具体的法律主题或问题展开,如"合同编"中的"合同的订立和履行"章。章的设置有助于将相关的法律条文聚集在一起,形成更加紧密的逻辑联系,从而方便读者理解和应用。

"节"则是"章"之下的更小单位,用于进一步细化章内的法律条文。节通常包含具体的法律规则、原则或制度,是法律文本中最具体、最可操作的部分。通过节的设置,法律条文得以更加详细地阐述和规定,使得法律的实施和执行更加具有可操作性。

总的来说,编、章、节在立法文本中的使用是一种有效的组织结构方式,它有助于将复杂的法律内容条理化、系统化,提高法律的可读性和易理解性。同时,这种结构方式也便于法律的修订和完善,因为当需要对某个具体的功能领域或问题进行修改时,可以更加精确地定位到相关的编、章、节,从而避免对整个法律文本的全面修改。

**二、条款项目的使用**

立法文本作为规范社会行为、保障公民权益、维护社会秩序的重要工具,其结构安排与表述方式对于法律的明确性、可操作性和权威性具有至关重要的影响。在立法文本的构建中,条款项目的使用是一种极为关键的组织手法,它不仅有助于法律内容的条理化、系统化,还能提升法律条文的可读性和易理解性。以下是对立法文本中条款项目使用的详细论述。

条款项目,作为立法文本的基本构成单元,通常包括条、款、项、目四个层次。这四个层次从大到小,层层细分,共同构成了法律文本的骨架。

"条"是立法文本中最基本的单位,也是最基本的法律表述形式。每一条都针对一个具体的法律规则、原则或制度进行规定。在立法实践中,每一条的编号都是唯一的,便于读者快速定位到相关的法律条文。同时,每一条的内容都应当具有独立性,即一条中的内容应当是一个完整的法律表述,不应与其他条的内容相互交叉或重复。每一条都应涵盖一个相对独立完整的"条旨"。

"款"则是"条"的进一步细分,用于将一条中的法律内容划分为若干部分,以便更加详细地阐述和规定。在立法文本中,款通常使用阿拉伯数字进行编号,如第一条第一款、第二款等。款的使用有助于将复杂的法律条文分解为若干个小部分,使得法律条文更加清晰易懂。

"项"则是"款"的进一步细化,用于将一款中的法律内容划分为若干个小项。在立法文本中,项通常使用中文数字进行编号,并加括号表示,如第一款第(一)项、第(二)项等。项的使用有助于将一款中的法律内容进一步细分,使得法律条文更加具体、明确。

"目"则是"项"的进一步细化,用于将一项中的法律内容划分为若干个小点。在立法文本中,目的使用相对较少,通常只在需要特别详细阐述某个法律问题时才会使用。目的编号通常使用阿拉伯数字,并加小圆点表示,如第（一）项第（一）目、第（二）目等。

条款项目的使用不仅有助于法律内容的条理化、系统化，还能提升法律条文的可读性和易理解性。通过合理的条款项目设置，立法者可以将复杂的法律内容分解为若干个小部分，使得法律条文更加清晰易懂。同时，条款项目的使用也有助于读者快速定位到相关的法律条文，提高法律查询和应用的效率。

此外，条款项目的使用还有助于法律的修订和完善。当需要对某个具体的法律规则或制度进行修改时，立法者可以更加精确地定位到相关的条款项目，从而避免对整个法律文本的全面修改。这不仅有助于降低立法成本，还能提高法律的稳定性和权威性。

综上所述，立法文本中条款项目的使用是一种极为重要的组织手法，它对于法律的明确性、可操作性和权威性具有至关重要的影响。因此，在立法实践中，我们应当高度重视条款项目的设置和使用，确保法律文本的科学性、合理性和有效性。

## 第二节　条旨的清晰与周延

### 一、条旨并不是正式法律文本的一部分

条旨，从字面上理解，即条文的要旨。它是对法律法规条文内容的精炼概括，旨在帮助人们快速理解法律条文的核心意义。在法律领域，条旨通常被用作立法、学法、执法、用法的一种工具和方法，具有理解、查阅法条的便利功能和立法指引作用。而正式法律文本，即法律条文，是法律规范的具体文字表述形式。它具有明确性和规范性，通过文字将国家的法律意志表达出来，成为人们可以理解和遵守的行为准则。正式法律文本具有强制性和约束力，是法律实施的基础。

条旨与正式法律文本的关系包括如下三点：

（1）非构成性：条旨并不是正式法律文本的直接组成部分。它是对法律条文的概括和提炼，而非法律条文本身。因此，条旨并不具有正式法律文本的强制性和约束力。

（2）辅助性：条旨在法律实践中主要起到辅助理解的作用。它帮助人们更快地掌握法律条文的核心内容，提高法律适用的效率和准确性。但条旨本身并不构成法律条文，也不具有法律效力。

（3）立法指引：虽然条旨不是正式法律文本的一部分，但它在立法过程中可能具有一定的指引作用。立法者可以通过条旨来明确法律条文的目的和意图，从而确保法律体系的连贯性和一致性。

由此可知，条旨并不是正式法律文本的一部分。它是对法律条文的概括和提炼，旨在帮助人们理解和适用法律。虽然条旨在法律实践中具有重要的辅助作用，但它本身并不构成法律条文，也不具有法律效力。因此，在理解和适用法律时，应以正式法律文本为准。

### 二、条旨的清晰

在立法释义文本中，条旨的清晰是确保法律解释准确、指导实践有效的关键。条旨，即条文主旨，是对法律条文中核心内容和意图的概括性表述，它如同法律条文的"眼睛"，通过它能够迅速捕捉法律条文的核心要义。

清晰的条旨有助于读者快速理解法律条文的主旨，把握法律的精神实质。在立法释义文本中，通过精准提炼和表述条旨，可以引导读者迅速定位到法律条文的核心内容，避免在冗长的法律条文中迷失方向。

同时，清晰的条旨也是法律解释一致性的重要保障。在立法释义过程中，对条旨的准确理解和表述有助于确保法律解释的一致性和连贯性，避免因解释者的主观理解差异而导致法律适用的混乱。

此外，清晰的条旨还有助于提升法律文本的可读性和易理解性。通过简洁明了的语言表述条旨，可以使法律条文更加通俗易懂，降低法律阅读的门槛，使更多的公众能够理解和遵守法律。

因此，在立法释义文本中，应当高度重视条旨的清晰性，通过精准提炼和表述条旨，确保法律解释的准确性、一致性和可读性，为法律的正确实施提供有力保障。

### 三、条旨的周延

在立法释义文本中，条旨的周延性至关重要，它关乎法律解释的全面性和完整性。条旨作为对法律条文核心内容的概括，应当尽可能地涵盖该条文的全部要点，避免遗漏或片面解读。

周延的条旨能够确保法律解释的全面性。通过对法律条文进行全面、深入的分析，提炼出条旨，可以确保法律解释涵盖条文的各个方面，避免因为片面理解而导致法律适用的偏差。

同时，周延的条旨也是法律解释一致性的基础。在立法释义过程中，对条旨的准确理解和表述有助于确保不同解释者对同一法律条文的理解保持一致，避免因理解差异而导致法律适用的混乱。

此外，周延的条旨还有助于提升法律文本的可读性和权威性。通过清晰、全面的条旨，可以使法律条文更加易于理解，增强法律的权威性和公信力。

因此，在立法释义文本中，应当注重条旨的周延性，确保法律解释的全面性和一致性，为法律的正确实施提供有力保障。

## 第三节 立法语言的特征和文字修饰环节单列的必要性

### 一、立法语言的特征

立法语言，作为法律文本的载体，承载着规范社会行为、保障公民权益、维护社会秩序的重要功能。其独特之处，不仅在于其严谨性、准确性，更在于其高度的专业性、权威性以及普遍适用性。以下是对立法语言特征的详细论述。

*（一）严谨性与准确性*

立法语言的严谨性是其最显著的特征之一。法律是社会规则的集中体现，其语言表述必须精确无误，以避免歧义和误解。立法者需运用法律术语，通过逻辑严密的语句结构，确保法律条文的意义清晰明确。例如，法律中的"应当""可以""不得"等词汇，均有着严格的法律含义，不可随意替换或省略。

准确性是立法语言严谨性的具体体现。法律条文中的每一个词语、每一个句子都需经过精心雕琢，以确保其意义的精确传达。立法者需对法律概念进行明确界定，对法律行为进行细致描述，对法律后果进行清晰阐述，以确保法律适用的公正性和确定性。

（二）专业性与权威性

立法语言的专业性源于法律学科本身的复杂性。法律涉及政治、经济、社会、文化等多个领域，其语言表述须具备跨学科的知识背景。立法者需运用法律专业术语，如"物权""合同""刑事责任"等，以体现法律的专业性和权威性。

同时，立法语言的权威性也是其重要特征。法律是国家意志的体现，其语言表述须具备不容置疑的权威性。立法者需通过严谨的法律逻辑、明确的法律规范，确保法律条文的权威性和约束力。这种权威性不仅体现在法律条文的表述上，更体现在法律实施的过程中。

（三）普遍适用性与规范性

立法语言的普遍适用性是其又一重要特征。法律是面向全社会的行为规范，其语言表述须具备广泛的适用性。立法者需考虑不同地域、不同民族、不同文化背景下的法律适用问题，以确保法律的普遍性和公正性。

规范性是立法语言普遍适用性的具体体现。法律条文需通过明确的行为规范，对公民的行为进行引导和约束。立法者需对法律行为进行细致描述，对法律后果进行清晰阐述，以确保法律适用的规范性和确定性。

综上所述，立法语言以其严谨性、准确性、专业性、权威性以及普遍适用性，成为法律文本不可或缺的重要组成部分。立法者需不断提升立法语言的质量，以更好地发挥法律在社会治理中的重要作用。同时，公众也应加强对立法语言的学习和理解，以更好地维护自身权益，促进社会的和谐稳定。

## 二、文字修饰环节单列的必要性

在立法过程的最后阶段，文字修饰环节的单列具有极其重要的必要性，这不仅关乎法律文本的准确性和严谨性，更会直接影响法律的可读性和权威性。

首先，立法语言的高度专业性和复杂性，使得法律文本往往显得晦涩难懂。通过文字修饰环节，立法者可以对法律条文进行精炼和优化，使其表述更加简洁明了，便于公众理解和接受。这一过程有助于提升法律文本的可读性，使法律更加贴近人民群众，增强法律的普及度和认同感。

其次，文字修饰环节是确保法律文本准确性和严谨性的重要手段。在立法过程中，由于各种因素的影响，法律条文可能会存在表述不清、逻辑不严等问题。通过文字修饰，立法者可以对这些问题进行修正和完善，确保法律条文的准确性和严谨性，避免法律适用过程中的歧义和误解。

此外，文字修饰环节还有助于提升法律的权威性和公信力。法律是国家意志的体现，其表述的准确性和规范性直接关系到法律的权威性和公信力。通过文字修饰，立法者可以对法律条文进行规范和统一，使其表述更加严谨、规范，从而提升法律的权威性和公信力，增强法律的约束力和执行力。

综上所述，立法过程最后阶段文字修饰环节的单列极其具有必要性。它不仅有助于提升法律文本的可读性和准确性，更能够增强法律的权威性和公信力，为法律的正确实施提供有力保障。

## 结　语

# 立法的本土性、现代性与有效性及其实现

立法的本土性是指基于本国、本行政区划的民情国情政情社情及其相互关系、制度环境、民众需求、文化氛围等本土要素，所决定了的立法形态、特征和界限等。

立法的现代性是指立法符合现代精神，这种现代精神包括物质生产的精神、精神生产的精神、人际团结的精神和个人层面的价值追求。目前全球处于第三次科技革命和第四次产业革命的深化时期，物质生产已经智能化，精神生产网络化、人机链接化和智能化，人工智能的算力与算法成为各行各业创新的加速器，人际团结国际化和身份认同化，全球政治潮流趋同化，个人层面的价值追求多元化。立法如何适应这个时代的精神，确实面临艰巨的挑战。

有效性是立法的核心追求。法的权威的制定、法的社会的实效与法内容的正确性是法效力的三大因素，由此有效性包括社会效力、道德效力和法律效力。法律体系的法律效力较多依赖于社会的效力而不是道德的效力。[1]这就是有效、实效与正当的关系，也就是凯尔森所分析的法效力、法实效及德沃金等所强调的法正当性之间的结合。

有效性取决于关键制度设计的科学性、民主性、包容性、均衡性、简洁性等品质。科学性在于抓住事物的本性，对公共选择理论、乌合之众理论、博弈论和人性论等有清醒务实的认识和恰当的应用。民主性在于尊重每个人，在程序上、实体上和形式上做到平等关怀与尊重每一个个体。包容性是指制度设计应尽量容纳更多的主体即更多的人，平等保障他们的权利。均衡性是

---

〔1〕〔德〕罗伯特·阿列克西：《法概念与法效力》，王鹏翔译，商务印书馆 2020 年版，第 89~92 页。

### 结　语　立法的本土性、现代性与有效性及其实现

指在权力-职责、权利-义务、权利-权力、特权-职责、豁免-忠诚、违法-责任、成本-收益之间的相对平衡，简洁性是指制度设计的程序、过程、环节、门槛等符合人性的需求，不能过于繁琐和等级化，以平等、自由、便捷等为特征。

为了实现立法的本土性、现代性与有效性，立法者需要把握好立法的借鉴与变通，继承与创新，本土化与客土化，以回应整个《新立法学》试图从立法论视域阐扬法治之法与有效之法的主旨。

立法的借鉴与变通是一个必然要发生的格局，问题是如何优化这一立法格局。该借鉴的要大方借鉴，但是确实有一个适配度的难题。这就需要科学变通，这种科学变通要与既有的制度环境适配，要立足于我国民众的善良愿望，要有效回应我国的政治文化，同时要评估预期的变通效应。我国在清末变法时，大量借鉴了其他国家的法律制度，在改革开放时代又增加了自主创新的重要维度，自新时代以来，又结合我国的发展阶段，强调法学自主知识体系的建构。应该说，这对于立法上的借鉴与变通增加了动力与方法论指导。要妥善把握自主知识个性与普遍知识共性之间的平衡，[1]要从方法论上接受文明互鉴论的指导。[2]

立法的继承与创新是我国百年来立法改革的主调。继承历史上仍有生命力和适应力的法律制度和法律精神，包括人类法制史上沿革下来的优良体制机制规范，和我国法制史上留存下来的立法例，比如 1954 年《宪法》为 1982 年《宪法》所继承。同时，结合现实和未来的需要，致力于制度创新才是当代立法的使命。人类已进入第三次科技革命的高潮期，人工智能、虚拟现实、星际交通、脑机接口、算力革命、能源革命、基因重组等正在改变人类生产生活面貌，代码即权力，数字技术即政治本身，未来已来，并且不断更新迭代，[3]立法必须适应之，通过制度创新、价值创新适应之。科技竞争、数字贸易、贸易集团化、排外主义正在重组全球化，一国的立法必须从长计议，

---

[1] 何志鹏：《中国自主知识体系建构的国际法学维度》，载《政法论坛》2024 年第 3 期。

[2] 参见曹顺庆、刘诗诗：《文明互鉴：中国自主知识体系建构的重要意识》，载《社会科学研究》2024 年第 2 期；何明：《中国式现代化的经验研究与自主知识体系建构》，载《开放时代》2024 年第 1 期。

[3] 参见［英］杰米·萨斯坎德：《算法的力量——人类如何共同生存？》，李大白译，北京日报出版社 2022 年版。

善作善为，有继承有创新，一切以利国利民为中心。

立法的本土化与客土化是一个立法适应和创造性转化问题。客土化是指通过引入外来土壤（客土）来改良或替换原有土壤的过程。客土是从其他地方搬运过来用于覆盖、填充或改良土壤性质的土壤，通常具有较好的肥力和较少的病虫害。客土化在农业、园林和某些工程建设中有着广泛的应用，主要用于增加土壤厚度、改善土壤结构或提高土壤肥力。这里我们将客土化类比到立法的创造性转化工程。比如，等级化、官僚化的公司内部结构阻碍创新，影响公司竞争力。在公司立法上，我们要大胆引入扁平化、伙伴化的公司结构，阻断官僚化的治理结构，推动公司法治的更新换代。所谓本土化，是指这样的客土化创新制度逐渐融入了既有的制度环境，生长了下来。

当代人类面临着如此之多的治理目标，有些来自新的困局，有些沿袭旧的难题。这些困局与难题只能靠有效的法律制度设计来解决。国家治理体系和治理能力现代化最为有效的切入点是法律制度设计的优化。法律制度设计能够将因袭前人的当代人拯救出来，实现制度设计预定的功能目标。由此实现四步走：

改革→脱困→发展→繁荣

**图3 法律制度设计的功能实现**

通过法律制度的设计和优化，实现国家、政府与社会领域的改革，这种改革既可以以改革法案为始点，也可以以公开的政策文件为始点。目标是脱困，并找到发展的立足点。在实施包容性的改革法案过程中，要着眼于脱困目标，其他方面可以适当包容，前提是不抵触其他法律。脱困目标实现之后，这时候可以通过法案修改或政策调整适当调整重心，目标是在运行中找到发展的可靠立足点，通过在立足点上的做大做强，进入发展阶段，发展到一定程度，必然跨过繁荣门槛。进入繁荣阶段，就意味着制度相对成熟了，制度就会巩固下来。

在我国，总体来说，立法者主要是边学边干的凭经验立法的职业人。我们只有对法律制度设计的相关原理有所把握，才能更有效地从事中国特色社会主义的伟大立法事业，才能成长为专业的优秀立法者。

制度设计需要就地取材。"制度很少是从零开始创制出来的。它们绝大多数都是现有要素或其他制度材料重新组合、重新排列所形成的产物,这些现有要素或制度材料恰好就在手边待人取用,而且即使大量损耗,它们依然能为新的目的服务。"[1]制度设计不只是宏大蓝图与正式规划。它要将那些尚在隐藏的、不被认可的或是令人讶异的潜在要素从可用的制度总目中发掘出来。我们明确制度设计借此发挥的四种策略:制度回忆、制度借用、制度共享、制度遗忘。这样设计出来的制度,只有从规则、惯例和叙事话语塑造者行动者日复一日的行为,只有这些策略在其中引发转变,才可判定它们是有效的。

英国"公共服务实验室"的主要宗旨同制度主义所提出的三大主张对照起来,构成制度设计的三点启示:①设计师表达价值观的过程:"并不存在什么中立的设计,公共服务的组织方式不可避免地影响到其达成的结果产出。"②设计是通过内嵌其中的能动性而构成的:"公共服务中的设计就在于要同人们广泛接触——包括用户、公民以及在一线工作的专业人士。这就要从他们的生活体验开始入手。"③设计是就地取材、拼合而成的:"以原型设计的概念开始实验,尝试多种事物,低成本的快速失败、迭代重复并从中学习。"[2]

制度设计需要试点试验,盲目地未加经验验证的制度创新,在我国立法中不受欢迎。当然,经历局部多地的试点试验的制度创新未必是可靠的制度设计,还需要开放的比较研究,去除不可靠的,留下多地试点试验共同的因果关系规律,将之设计成型。[3]

在此基础上,践行基本的设计原则。考虑到制度设计的立法核心地位,需要深入思考最有可能最大化设计成果且能对改革方案加以评估的设计原则。两大关键概念——稳健性和可修正性——令我们将以上的表述组织统合起来,同时又能表达出制度设计的核心矛盾。

稳健性可通过两项标准实现其操作化。其一,指导制度设计的价值观须具有清晰性。这种价值观符合法治之法的价值需求;其二,"第三方实施执行"的性质与有效性。这种性质与有效性符合"有效之法"的产出需求,对第三方既激励又约束。

---

[1] Lanzara, G. (1998), "Self-Detructive Processes In Institutional Building And Some Modest Countervailing Mechanisms", *European Journal of Political Research*, 33, 1-39.

[2] [英]薇薇安·朗兹、马克·罗伯茨:《制度为什么重要:政治科学中的新制度主义》,徐常锌译,中国人民大学出版社2024年版,第149~150页。

[3] 参见王廷勇、杨遂全、邹联克:《中国土地制度"试点经验"研究》,科学出版社2018年版。

可修正性也可更进一步,通过两项标准实现其操作化。其一,灵活性——也就是指,制度设计中所要具备的随时间而调整适应的能力,以及把握"从实践中学习"利好的能力;其二,可变性——也就是对不同地区不同设计变体的包容(甚至激励)程度。简言之,可修正性是要在力图确保制度安排在不同的当地环境、不断变化的情境条件下都能够有效运行,并具有创新和学习的能力。[1]

---

[1] [英]薇薇安·朗兹、马克·罗伯茨:《制度为什么重要:政治科学中的新制度主义》,徐常锌译,中国人民大学出版社2024年版,第145~146页。

# 后 记

在2024年除夕前五天,即南方小年,我敲着键盘写下《新立法学》的后记。

这本教材是2023年度我校规划教材。十分感谢学校的资助。

任教这些年来,没有想过写本立法学教材,曾经申报过宪法学教材,被评审专家pass掉了。

这本教材在我每周18节课的高度繁忙的间隙中,终于完成了。趁年假这段时间,做了修改校正。肯定有许多疏漏,请同行、读者批评指正。本教材所引立法截至2025年5月,特此说明。

《新立法学》定位于法治之法、有效之法的立法学理论阐释和立法规范解释。在这个中心任务下,较多借用了制度设计的多学科研究方法,包括政治学、经济学、社会学关于制度设计的研究成果。同时在法学内部,较多运用了法理学、法治理论研究成果。

十分荣幸,有这个机会把自己对立法学的体系性思考,以教材的形式呈现给读者。在这个过程中,我必须对我校马中东教授、李庆华科长、黄春平科长等表达衷心感谢。同时对我院季昌伟书记、杨道波教授、王仰文教授、刘海江教授等院领导表达我的衷心感谢。十分感谢山东大学肖金明教授、山东省社科院谢桂山研究员、山东省法学会行政法学研究会官钶会长、湖南师范大学周刚志教授、山东省自然资源厅张伟处长、赵善俊副处长给予的提携与指导。感谢北京航空航天大学王锴教授给予的解答,感谢我院李永军副教授就中国立法史部分给予我的指点。感谢杜蕾处长、逯恒纳科长等聊城市立法实务领导给予的帮助。我的同事翟欢博士、魏伟博士平时对我帮助良多,还有我这几年教授的本科生、研究生同学们,她(他)们的聪敏好学,给我带来了许多灵感与欣慰。

特别感谢本书编辑丁春晖编审的耐心、专业与助产士般的热诚。

最后必须感谢我的爱人秦莉莉、孩子杨邦赞、侄子杨学科、侄媳陈军艳，她（他）们多是我的法学同行，我很享受这样的家庭氛围。

杨盛达

2025 年 1 月 23 日初稿

2025 年 6 月 6 日定稿